Zum Gedenken an alle Opfer des Ersten Weltkrieges
1914 – 1918

DER ANDERE
GRABEN

Das Tagebuch und Fotos eines deutschen Offiziers
aus dem Ersten Weltkrieg

Lt. ALEXANDER PFEIFER
&
PHILIPP CROSS

DER ANDERE GRABEN

Erstmals veröffentlicht und gedruckt im Jahr 2024

Taschenbuch ISBN: 9781068609817

Urheberrecht © 2024 Philipp Cross

Originales Tagebuch, Fotos und Karten © Philipp, Alex und K. Cross

Alle Rechte vorbehalten. Kein Teil dieses Buches darf ohne schriftliche Genehmigung des Urheberrechtsinhabers reproduziert oder in irgendeiner Form verwendet werden, mit Ausnahme der Verwendung von Zitaten in einer Buchbesprechung.

Dieses Buch ist ein Sachbuch, basierend auf dem Kriegstagebuch von Alexander Pfeifer

Alle Arbeiten in diesem Buch von Alexander Pfeifer gehören rechtmäßig ausschließlich Philipp, Alex und K. Cross durch Erbschaft. Dazu gehören Texte, Fotos, Karten und Briefe. Einige Bilder, Karten, Zitate und Texte, die nicht von Alexander Pfeifer, Philipp, Alex und K. Cross stammen oder ihnen gehören, stammen aus gemeinfreiem Material oder aus privaten Sammlungen mit Erlaubnis des Eigentümers. Daher erfolgt die Danksagung korrekterweise im Hauptteil oder im Referenzabschnitt dieses Buches. Auf Quellen weiterer in diesem Buch aufgeführter Recherchen und Nachforschungen wird ebenfalls verwiesen.

Cover-Design: Philipp Cross & Rob Williams (Fiverr)
Fotokolorierung & Restaurierung: Florian Wein & Claudia D'Souza
Cover-Stockbild: Kjpargeter auf Freepik

Übersetzungen: Philipp Cross
Bearbeitung: Philipp & K. Cross
Formatierung: Philipp Cross

Verleger: True Perspective Press
Website: www.theothertrench.com

INHALT

An Der Westfront
1 1
2 9
3 18
4 27
5 34
6 47
7 54
8 65
9 72
10 83
11 92
12 103
13 117
14 126
15 134
16 146

Die Kämpfe in Den Karpathen und Die Befreiung Der Bukowina
1 153
2 162
3 174
4 185
5 190
6 197
7 205
8 211
9 220
10 235
11 242
12 254

Die 12. Isonzoschlacht und Der Siegeszug in Italien
1 263
2 266
3 274
4 283

Wieder An Der Westfront
1 287
2 291
3 300
4 306

LISTE DER GEFALLENEN 313
NACH DEM KRIEG 316
NACHWORT 322
BIBLIOGRAFIE 324

VORWORT

DAS LEBEN IN 2 WELTEN

Ich habe noch nie etwas über mich selbst geschrieben, aber ich möchte mit Ihnen eine Geschichte teilen, die mir immer so normal vorkam. Doch könnte sie von Ihnen als etwas Einzigartiges, wenn nicht sogar als etwas Seltsames empfunden werden. — Mein Name ist Philipp, 24 Jahre alt zum Zeitpunkt des Beginns dieses Buches, und der Sohn einer deutschen Mutter und eines ehemaligen britischen Armeesoldaten. Obwohl meine Familiengeschichte Jahrhunderte zurückreicht, beginnt meine persönliche Geschichte 1995 in einer kleinen deutschen Stadt namens Hameln. Diese schöne und historische Stadt ist der Ort, an dem mein Vater meine Mutter kennenlernte, als er dort stationiert war, wo ich geboren wurde und nach deren Hochzeit ein Jahr lang lebte. Ich bin also ein typisches „Soldatenkind", wie Leute oft Menschen wie mich nennen, die unter den gleichen Umständen auf die Welt kamen.

Während ähnliche Familienkonstellationen in Deutschland weiterlebten, zog ich mit meinen Eltern nach Greater Manchester in England, wo später mein kleiner Bruder geboren wurde. Das Aufwachsen war beinahe so, als würde ich zwei parallele Leben führen. Vom Tag unserer Geburt an sprach unsere Mutter ausschließlich Deutsch mit uns Kindern. Viele ihrer Verwandten und Freunde glaubten zuerst nicht daran, dass meine Mutter dies auf lange Sicht, nun in England lebend, konsequent beibehalten würde, damit wir uns in Zukunft problemlos mit unserer deutschen Familie verständigen können. Nun ja, da ich jetzt erwachsen bin, wünschte ich, ich könnte in die Vergangenheit reisen und allen Skeptikern sagen, wie falsch sie damals lagen. Als ich ungefähr zwei Jahre alt war, habe ich mich zum Beispiel an meine Mutter gewandt und gesagt: „Mama, wo ist der Ball?", und bald darauf wandte ich mich an meinen Vater und sagte dasselbe auf Englisch: „Daddy, where is the ball?". Es zeigte, dass mit ausgiebiger und konsequenter Umsetzung ein Kleinkind schon effizient zwei Sprachen sprechen und verstehen lernen kann.

Ich habe auch viel Zeit in den Ferien in Deutschland verbracht, manchmal über einen Monat am Stück, wodurch ich regelmäßig von der deutschen Sprache und Kultur umgeben war. Ich freute mich immer darauf, Zeit mit meiner Oma zu verbringen, nachdem sie von der Arbeit zurückgekommen war, oder auf die Zeiten, in denen mein Opa meinen Bruder und mich auf Tagesausflüge mitnahm. Ich habe sogar viele Weihnachten dort verbracht, wo das große Fest am Heiligabend gefeiert wird und nicht am 25. Dezember wie in England. Da ich beide Traditionen erlebt habe und immer noch Freude daran habe, fragten mich Leute in England immer: „Möchtest du am Weihnachtstag nicht lieber mit Geschenken aufwachen?", worauf ich immer erklärte, dass beide Traditionen auf ihre Art einzigartig sind — die Vorfreude, aufzuwachen und den ganzen Tag darauf zu warten, dass der Weihnachtsmann am Abend kommt, umgeben von gemütlichen Kerzenlichtern im Dunkeln und dem Klang herzerwärmender Weihnachtsmusik im Hintergrund — oder die Aufregung, ins Bett zu gehen, wohl wissend, dass „Father Christmas" das lang erwartete Fahrrad bringen wird, aber nur, nachdem er zuerst ein Glas Milch getrunken hat, das ihm zusammen mit der Karotte für die hungrigen Rentiere hinterlassen wurde. Diese Zeiten haben viele Erinnerungen geschaffen, die ich für den Rest meines Lebens immer in Ehren halten werde.

Zu Hause hier in England hatten wir sogar deutsches Fernsehen, welches ich ausschließlich guckte. Zum Beispiel alle damals beliebten Kindersendungen, sogar englischsprachige Sendungen, die auf Deutsch synchronisiert waren, wobei mir dann die englischen Originalfassungen etwas seltsam vorkamen. Meine Mutter hat uns auch oft deutsches Essen zubereitet und meine Oma hat Pakete mit herrlicher deutscher Schokolade oder Sachen geschickt, die man hier nicht bekam. Wenn Gäste zu mir nach Hause kamen, war es für sie oft so, als würden sie ein Miniatur-Deutschland betreten. Dies wurde sofort klar, als sie das „Willkommen"-Schild im Flur sahen, aus dem Wohnzimmer die Geräusche einer deutschen Fernsehsendung hörten und natürlich einige Gespräche auf Deutsch, wenn wir mit unserer Mutter sprachen.

Links nach rechts: mein Opa, meine Mutter, mein Bruder Alex, und ich – Weida, 2001.

Als ich in der Schule war, haben all diese Faktoren dazu geführt, dass ich mich etwas anders gefühlt habe, da ich mich mit bestimmten Dingen, über die meine Freunde oft sprachen, nicht identifizieren konnte; wie zum Beispiel „Das lustige Fernsehprogramm, das gestern Abend gezeigt wurde" oder „Die lustigen Sommerferien" hier in England, weil wir die Ferien oft in Deutschland bei meinen Großeltern verbracht haben. Bis zum Ende der Highschool war ich oft als „Der deutsche Junge" bekannt, obwohl ich nur die Hälfte dessen war, was sie behaupteten. Wenn ich zurückblicke, muss ich manchmal schmunzeln, wenn ich an die Zeiten denke, in denen ich gefragt wurde: „Auf welcher Seite wärst du im Krieg gewesen?", „Warum wird dein Name komisch geschrieben?", oder „Fühlst du dich eher Englisch oder Deutsch?". Auf die ersten beiden Fragen würde ich immer eine witzige Antwort finden, aber auf die Dritte? — „Ich weiß es nicht". Bis heute kann ich Ihnen keine eindeutige Antwort auf diese Frage geben, da es mir so vorkommt, als ob ich immer in zwei Welten gelebt habe, was andere nicht verstehen können, wenn sie sich nicht in einer ähnlichen Situation befinden.

Schneller Vorlauf in die Gegenwart, in der ich dies schreibe — ich besuche Deutschland immer noch so oft ich kann und spreche dort mit meiner Familie auf Deutsch. Ich nehme die Kulturen und Traditionen beider Länder an. Manchmal glaube ich, dass ich mich englischer fühle, weil ich hier in England aufgewachsen bin und wie ein typischer Einwohner aus dem englischen Norden spreche, lebe und mich verhalte; doch, wenn ich meinen Geburtsort für zwei Wochen besuche, verbessert sich mein Deutsch deutlich und ich verstehe den Humor, kenne die Bräuche, liebe das Essen und fühle mich genauso zu Hause wie in England. Manchmal kehre ich dann nach England zurück und muss mich beim Sprechen mehr konzentrieren, da ich Englisch eine Weile nicht gesprochen habe. Dann stelle ich mir wieder die dritte Frage, die ich mir seit meiner Kindheit gestellt habe. Wie erwartet war ich schon lange nicht mehr als „Der deutsche Junge" bekannt, seit ich erwachsen bin, und spreche meine starken deutschen Wurzeln normalerweise nicht an, wenn das Thema nicht darauf kommt. Allerdings finde ich es lustig, wenn meine Mutter mich unerwartet anruft, und ich gerade mit Freunden oder Bekannten zusammen bin, die dann einem Gespräch in fließendem Deutsch versuchen zu folgen, bei dem sie mich überrascht anschauen, als hätte ich mich in einen anderen Menschen verwandelt. Dann muss ich denen die lange Geschichte erzählen, die ich Ihnen gerade erzählt habe. Ich bin sehr dankbar für die Art und Weise, wie ich erzogen wurde, und es macht mir großen Spaß, den unerwarteten Zuhörern meine Geschichte zu erzählen.

Allerdings ist meine persönliche Geschichte nicht der einzige Grund, warum ich dieses Buch veröffentlicht habe — es ist nur ein kleines Puzzleteil einer besonderen Geschichte, die ich mit Ihnen und dem Rest der Welt teilen möchte. Ohne sie wären ich und viele andere heute nicht hier oder würden zumindest ein ganz anderes Leben führen.

DAS ERBE EINER FAMILIE

Jetzt, wo Sie meine Geschichte kennen, ist Ihnen vielleicht aufgefallen, dass das Leben wie ich aufgewachsen bin, ein Leben ist, das viele Menschen mit zwei Elternteilen unterschiedlicher Nationalität ähnlich führen könnten — vielleicht ein Freund oder eine Freundin, jemand den Sie kennen oder vielleicht sogar Sie selbst. Aber es wird Sie vielleicht überraschen, dass ich hier in dem Haus, in dem ich aufgewachsen bin, im Wohnzimmer sitze und schreibe, während ich auf dem 120 Jahre alten Sofa sitze, das einem kampferprobten deutschen Leutnant des Ersten Weltkriegs gehörte; während ich einen Kaffee trinke, der auf seinem alten silbernen Untersetzer ruht, während hinter mir an der Wand die Porträts 200 Jahre alter Vorfahren hängen. An der Wand rechts von mir hängt das Foto dieses deutschen Leutnants, in dem er stolz sein Eisernes Kreuz erster Klasse vorführt; und darunter das Porträt seiner kleinen Tochter (meiner Urgroßmutter) sowie ein malerisches Foto ihres extravaganten Gartens, während ich gelegentlich einen Blick auf alte Bücher auf einem alten Regal vor mir erhasche, die meinen Vorfahren gehörten, die die Napoleonischen Kriege und die Große Deutsche Einheit von 1871 miterlebt haben. An der Wand vor mir hängt auch ein altes Bild von Karl August, Großherzog von Sachsen-Weimar-Eisenach. Das Kleid seiner Tochter aus dem frühen 19.

Jahrhundert hängt oben im Schrank. Dies ist alles Teil der Geschichte — meiner Familiengeschichte.

Die väterliche Seite meiner Mutter hat im wahrsten Sinne des Wortes alles über die Jahre hinweg aufbewahrt. Diese Seite des Wohnzimmers, die in eine Art Museum der Vergangenheit meiner Familie umgewandelt wurde, ist nur ein kleiner Bruchteil dessen, was über Generationen hinweg weitergegeben wurde als eine Möglichkeit, das Erbe des Lebens meiner Vorfahren zu bewahren. Ich könnte Ihnen unmöglich die Einzelheiten jedes einzelnen Vorfahren nennen, der an der Wand hängt, oder Ihnen nicht die Geschichte jedes Gegenstandes erzählen. Allerdings möchte ich Ihnen meine Ururgroßeltern aus Weida in Thüringen vorstellen — Alexander und Johanna Pfeifer — einer von drei erfolgreichen Brüdern in der Textilindustrie, die in Weida eine Textilfabrik besaßen, sowie das beeindruckende Herrenhaus aus dem 18. Jahrhundert direkt daneben — und die Tochter einer Oberschichtfamilie namens „Filler", die Pfarrer und talentierte Musiker hervorbrachte und direkt von der unehelichen Tochter eines deutschen Königsherzogs abstammte, der mit allen großen Monarchien Europas verbunden war.

Unser Vorfahre Karl August, Großherzog von Sachsen-Weimar-Eisenach (1757-1828) – Ururenkel von König Georg I. von Großbritannien.

Das Zimmer im Haus, in dem ich in England aufgewachsen bin.

Angesichts dieser eher prestigeträchtigen Verhältnisse kauften sie Möbelstücke, Erbstücke, Porträts und sogar das erste Auto in der Stadt. Als ich als Kind gelegentlich das alte Haus der Familie besuchte, staunte ich über den großen Innenhof, den ich durch den gewölbten Eingang betrat, in dem der Vater meiner Mutter als Kind spielte. Dann ging ich die alte Steintreppe hinauf zur Residenz, über die vor über 200 Jahren ein betrunkener napoleonischer Soldat stürzte und sein Leben verlor; dann durch die alte Holztür, kurz bevor ich einen Blick auf den langen Flur erhaschen konnte, der kein Ende zu haben schien, wo links und rechts davon zahlreiche Türen zu verschiedenen Räumen mit unglaublich hohen Decken führten, an denen ich mit dem Knarren der aus dem 18. Jahrhundert alten Dielen unter mir vorbeiging. Ich ging an alten Gemälden, Spiegeln und Antiquitäten vorbei, und kurz darauf folgten einige andere antik aussehende Gegenstände. Dann betrat ich den Wohnzimmerbereich am anderen Ende des Korridors und setzte mich auf ein Möbelstück, genau wie das, auf dem ich jetzt sitze, und erwartete beinahe, dass mich jeden Moment jemand wie Mozart gekleidet begrüßen würde. Manchmal besuchte ich auch den anliegenden riesigen Garten, von dem aus ich einen perfekten Blick auf die wunderschöne mittelalterliche Osterburg von Weida hatte. Was ich Ihnen gerade beschrieben habe, ist nur ein kleiner Teil des alten Hauses der Familie namens „Das Pfeifersche Haus".

Als meine Urgroßmutter in die Nähe meiner Großeltern nach Hameln zog, brachte sie viele Gegenstände ihrer Eltern von zu Hause mit, darunter Möbel, Gemälde, Spiegel, Töpfe und Pfannen, Besteck, Bücher und alles andere, was man sich vorstellen kann. Bis sie starb, als ich 21 war, besuchte ich ihr Zuhause und nahm sofort den Geruch eines alten, antiken Geruchs wahr, den ich noch nie woanders gerochen hatte, und ich sah sofort die vielen Gegenstände in jedem Zimmer, die einst stolz in dem Haus der Familie ruhten. Es war im wahrsten Sinne so, als würde man mit einer Zeitmaschine zurück ins 19. Jahrhundert reisen, wobei ihr Wohnzimmer mit Gegenständen gefüllt war, von denen man sich unmöglich vorstellen konnte, dass jemand sie noch besaß — ein riesiges Gemälde aus dem 18. Jahrhundert, eine goldverzierte Glasvitrine mit den ersten goldenen Locken und Zähnen ihres Vaters; und der 250 Jahre alte schwarze Schrank, der einst einem längst verstorbenen Vorfahren gehörte, der Anwalt war. Sie erzählte immer Geschichten über Gegenstände und Menschen aus der Vergangenheit, bis zu dem Punkt, an dem man nicht mehr zuhörte, weil sie schon oft erzählt worden waren. Manchmal zeigte sie sogar ein altes Buch, in dem ein Stammbaum zu sehen war, den sie und ihr Vater Alexander mit Hilfe umfangreicher Recherchen und der Erkundung alter Kirchenbücher und Archive erstellt hatten. Dieser Stammbaum reicht bis ins 15. Jahrhundert zurück und enthält Angaben zur Herkunft, Todesursache und Beschäftigung der einzelnen Personen. Von deutschen Armeegenerälen, Mägden, Bauern und Pfarrern; Sterben eines natürlichen Todes oder in einem Fall jemand, der durch einen Schlag auf den Kopf ermordet wurde.

Obwohl ich verstehe, dass meine Familie Gegenstände weitergeben wollte, wie es in vielen anderen Familien üblich ist, verstehe ich immer noch nicht, warum sie so darauf fixiert waren, ihre Familiengeschichte so umfassend zu erforschen und zu bewahren. Lag es nur daran, dass es ihnen Spaß machte? Ein Weg, damit sie nie vergessen werden? Oder vielleicht, um diese Gegenstände zu schätzen, in der Hoffnung, dass ihre Geschichten und Erinnerungen eines Tages mit der Welt geteilt werden? — Es wird mir immer ein Rätsel bleiben. Eines Tages beschloss ich, weitere persönliche Artefakte, Fotos und Dokumente zu erkunden, die in den Schubladen eines alten Holzschranks versteckt waren, in den ich noch nie hineingeschaut hatte. Ich war während der zwei Stunden, die ich mit der Suche verbracht habe, einfach nur beeindruckt. Ich habe mindestens zwei Dutzend Alben meiner Familie gefunden, vom 19. Jahrhundert bis in die 1960er-Jahre. Ich fand auch eine große quadratische Eisenkiste, die komplett mit weiteren Fotos von Menschen aus dem 19. Jahrhundert gefüllt war. Daneben befand sich auch eine alte Ledermappe mit Geburts-, Heirats- und Sterbeurkunden, unterzeichneten Dokumenten aus dem 18. Jahrhundert, wichtigen Firmenverträgen, Diplomen und Gegenständen, die bedeutende Meilensteine im Leben meiner Vorfahren markieren, wie Schulzeugnisse, Zeichnungen, Hochzeitsprogramme und mehr.

Alexanders Tochter, meine Urgroßmutter, erwähnte immer, dass die Gegenstände ihrer Eltern eines Tages so weitergegeben werden, wie sie an sie weitergegeben wurden; und jetzt, nach ihrem Tod, befinden sich viele dieser Gegenstände hier in England, wie sie es sich immer gewünscht hatte. Der alte Geruch der Möbel ist längst verschwunden und ich vergesse manchmal, wie seltsam und einzigartig es doch ist, eine solche Familiengeschichte mit all diesen ‚Beweisen' zur Hand zu haben. Es ist jetzt alles genauso Teil von mir und meinem Leben, wie es für meine Vorfahren war — um in Erinnerung zu bleiben.

Das um 1900 fotografierte „Pfeifersche Haus", erbaut 1720.

Die Stadt Weida mit Blick auf die Osterburg und unten ein Teil des Gartens der Familie.

Von einer Quittung von 1908: Das Emblem des familiengeführten Textilunternehmens, das die Fabrik und das Wohnhaus der Familie zeigt.

Alexanders Frau und zwei Kinder

Alexanders engste Familie (Vorkriegszeit) – Von links nach rechts: Schwiegermutter Anna, Sohn Dieter, Schwester Line, Tochter Gudrun, Schwester Hilde und Ehefrau Johanna.

ALEXANDERS GESCHICHTE

Obwohl meine Familiengeschichte mehrere interessante Charaktere umfasst, konzentriert sich dieses Buch auf das außergewöhnliche Leben von Alexander Pfeifer, meinem Ururgroßvater, der eine Geschichte hinterlassen hat, die weit mehr beinhaltet als nur die weitergegebenen Möbel oder die Porträts an der Wohnzimmerwand. Seine Geschichte beginnt am Tag seiner Geburt, dem 4. Januar 1880. Wie Sie sich vielleicht schon vorstellen können, hatte Alexander eine Kindheit, die anders war als die der meisten deutschen Kinder zu dieser Zeit: Er lebte in einem großen Haus mit Dienstmädchen und bekam eine gute Schulbildung. Schulzeugnisse seiner Kindheit sind noch heute vorhanden, sowie seine ersten blonden Haarsträhnen und die Milchzähne, die seine Mutter aufbewahrte. Außerdem gibt es noch Zeichnungen, die er im Alter von 12 Jahren anfertigte.

Alexander auf einem Schulfoto als Kind abgebildet.

Das von ihm am 1.4.1892 in Greiz gezeichnete Bild eines Schiffes mit der Signatur „A.Pfeifer".

Als junger Mann hatte er immer den Wunsch, sein Wissen und seine Ausbildung zu nutzen, um Kinderarzt zu werden, was angesichts seiner zukünftigen Rolle als Direktor des Familienunternehmens nicht möglich war. Deshalb trat er 1900 im Alter von 20 Jahren in das Königlich-Sächsische Jäger-Bataillon Nr. 12 ein und stieg 1903 schon bald zum Feldwebel auf. Dabei handelte es sich um ein Elitebataillon von Einheiten mit Hauptquartier in Freiberg. Die Jäger waren von der Infanterie getrennt und bestanden hauptsächlich aus der Oberschicht. Sie waren traditionell auf Scharmützel-Taktiken spezialisiert und für ihre Loyalität und ihr Können bekannt.

Alexander (Zweiter von rechts) während seines Dienstes in Freiberg, 1902.

Alexander (ganz rechts) mit anderen auf einer unbekannten Feier während seines Dienstes in Freiberg.

    1905 heiratete er seine Liebste Johanna – ein Ereignis, an das wir uns durch das gefundene Hochzeitsprogramm noch immer erinnern, mit amüsanten und patriotischen Liedern, Gedichten, Namen und sogar dem alten, getrockneten Weinspritzer in einer Ecke mehrerer Seiten, der daran erinnert, wie viel Spaß dieser Tag damals gemacht hat. Sie bekamen 1909 ihr erstes Kind, Tochter Gudrun, und ein paar Jahre später ihren Sohn Dieter. Dies führte zu zahlreichen schönen Erinnerungen, darunter auch die unten dargestellte Taufe von Gudrun.

Alexander und Johanna (rechts) mit Freunden und Familie, 1909.

Alexanders Frau Johanna mit ihrem erstgeborenen Kind Gudrun.

Nach langem Militärdienst wechselte Alexander zum Preußisch-Kurhessischen Jäger-Bataillon Nr. 11, wo er als erfahrener Armee-Reservist fungierte, während er gleichzeitig seine Aufgaben in der Textilindustrie fortsetzte. Doch im August 1914 änderten sich seine Pläne und seine allgemeine Zukunftsperspektive, als er zu ehrenvollen Diensten für sein Vaterland einberufen wurde — ein Dienst für eine Sache, die die Welt für immer prägen würde, und eine Möglichkeit für Alexander, diese Gelegenheit zu nutzen, um ein bedeutendes Kapitel seines eigenen Lebens zu dokumentieren, das immer in Erinnerung bleiben wird.

DAS TAGEBUCH

Laut der bekannten Geschichte, die mir weitergegeben wurde, sagte Alexander seiner Frau Johanna, dass er ihr regelmäßig Notizen nach Hause schicken würde und sie diese Notizen verwahren sollte, bis er zurückkommt. Es sollte eine authentische Erinnerung an seine Kriegserlebnisse werden, die er nach Kriegsende unbedingt aufschreiben und aufbewahren wollte. Es war nicht vorauszusehen, dass diese Notizen nicht nur einen bestimmten Zeitraum des Krieges dokumentieren, sondern im wahrsten Sinne des Wortes die vierjährige Reise dieses einzelnen Mannes. Vom Feldwebel zum kommandierenden Offizier innerhalb eines hoch angesehenen Bataillons durch einige der bedeutendsten und blutigsten Schlachten auf drei großen Kriegsschauplätzen; die Aktionen, die dazu führten, dass ihm insgesamt 9 Orden verliehen wurden; die detailliertesten Beschreibungen des täglichen Lebens und der Abläufe; seine Beziehungen zwischen Freund und Feind oder Nahrung und Natur, oder sogar die vielen Male, in denen er dem Tod direkt ins Gesicht schaute und sah, wie ein Mann nach dem anderen einer der größten Grausamkeiten der Welt zum Opfer fiel — dem Krieg.

Alexander hat den Krieg unbeschadet überstanden, was sicherlich zutrifft, wenn man nicht die Narben des Grauens mit einbezieht, die sich bis zu seinem Tod in sein Gewissen eingeprägt haben. Als er nach über vier Jahren zurückkam, begann er mit dem, was er sich seit dem Tag seiner Abreise vorgenommen hatte. Er tippte die unzählbaren Seiten, die er unter den unterschiedlichsten Bedingungen und an den unterschiedlichsten Orten geschrieben hatte, ab und fügte sie in einem einzigen Buch zusammen, das die Familie lesen konnte. Daneben befanden sich auch zahlreiche Karten, von ihm aufgenommene Fotos, Briefe und Gegenstände gefallener feindlicher Soldaten; alles, was zu dieser epischen Geschichte passt. Dieses Tagebuch wurde von den meisten meiner Familie in Deutschland gelesen, aber auch von Freunden der Familie oder einer Handvoll Menschen, die sich dafür interessierten. Für alle, die es in die Hand nahmen, blieb es immer als etwas Einzigartiges in Erinnerung. Nach Alexanders Tod wurde dieses Tagebuch aufgrund ihrer sehr engen Beziehung meinem Großvater Gunter geschenkt, der dieses und viele andere Gegenstände über alles schätzte, was ihm gehörte. Nachdem der Vater meiner Mutter, Gunter, gestorben war, als ich 11 Jahre alt war, gehörte Alexanders Erbe mir, meinem Bruder und meiner Mutter.

Als ich jünger war, bewunderte ich gelegentlich die vielen Gegenstände, ohne viel über den Ersten Weltkrieg zu wissen. Ich wusste auch immer, dass das Tagebuch existierte, obwohl ich manchmal nur ein paar Seiten las und es dann wieder an seinen Platz legte, um weiteren Staub anzusammeln. Erst 2020 beschloss ich plötzlich, Nachforschungen über die englischen Soldaten anzustellen, denen die beiliegenden Postkarten gehörten. Dann wieder einmal, mit mehr Verständnis und Reife, beschloss ich, das geerbte Tagebuch zu öffnen, um es nach und nach von Anfang an zu lesen, was ich noch nie zuvor getan hatte. Doch an einem Tag wurden aus einer Seite bald fünf, aus denen dann ein Dutzend wurden, da ich einfach süchtig war und ständig versucht war, die nächste alte, gelb getönte, mit der Schreibmaschine beschriebene Seite aufzuschlagen. Es war fast so, als wäre ich die ganze Zeit an seiner Seite gewesen, und jeder seiner Tage war für mich eine ebenso große Überraschung wie für ihn. In diesem Moment fühlte ich mich beschämt, das

Tagebuch nie richtig gelesen zu haben, als mir klar wurde, wie außergewöhnlich es ist. Dann habe ich auch Dokumente, Zeitungsartikel und Briefe entdeckt, die er gesammelt und beschrieben hat, um ihre Relevanz für seine Kriegsreise zu erklären. Außerdem habe ich sechs Fotoalben und viele Umschläge gefunden, die mit Fotos gefüllt waren, die er persönlich gemacht hatte. Die meisten davon enthielten anschauliche Beschreibungen und Daten auf der Rückseite, um zu erklären, was abgebildet ist, und alle deckten sich mit seinen Erlebnissen, über die er in seinem Tagebuch berichtete. Das zur Verfügung stehende Material und der Umfang seiner Dokumentation sind wirklich so detailliert, dass man denkt, es handele sich um ein umfangreiches Projekt oder um eine Möglichkeit für ihn, diese Ereignisse eingehend zu reflektieren oder noch einmal zu erleben, um zu verarbeiten.

Mir war immer bewusst, dass er „Ein Offizier mit Top-Präsenz" war, wie mir immer gesagt wurde. Ich entdeckte dennoch, dass er jemand war, der Männer und Gebiete in einigen der berüchtigtsten Schlachten und Kampfzonen befehligte, ständig überlebte, während die meisten anderen, die er kannte, fielen. Er war auch jemand, der in einem Fall ein ganzes Bataillon von 3000 Russen mit nur 250 seiner Männer zurückhielt, was ihm das Eiserne Kreuz 1. Klasse sowie eine Auszeichnung gewährte, die nur an 365 andere verliehen wurde. Während ich es las, war ich einfach fasziniert von der Ausdauer, die er unabhängig von dem, was er gerade durchgemacht hatte, stets beibehielt. Die Einträge wurden manchmal in Echtzeit geschrieben und verwandelten sich dann in eine Art detaillierten Bericht, der so spezifische Elemente enthielt, dass ich glaubte, ich lese einen Roman. Dann las ich am Ende einen Eintrag, der mich erneut daran erinnerte, dass es sich tatsächlich nur um ein Tagebuch handelte. Ich war fasziniert und verstand schließlich, warum dies eines der wertvollsten Stücke in der Familiensammlung war und warum er noch lange nach seinem Tod von allen bewundert wurde.

Mir wurde schnell klar, dass dies nicht nur Familiengeschichte ist, sondern etwas, das wirklich Licht auf eine Seite des Krieges wirft, die hier oft übersehen wird — die deutsche Perspektive. Meine erste Idee war, dies für nicht deutschsprachige Menschen, die ich kannte, lesbar zu machen. Mein guter Freund Matthew Webb wusste immer, dass ich dieses Tagebuch hatte, wusste aber nicht genau, was es beinhaltete, und hielt es höchstwahrscheinlich für ein paar in einem Sammelalbum bekritzelte Notizen. Doch er war fasziniert, als ich ihm ein Buch mit getippten Seiten zeigte, das er dann von Anfang an zu lesen begann, nachdem ich begonnen hatte, die Seiten auf Englisch zu übersetzen. Diese Übersetzung der deutschen Originalversion, zu deren Fortsetzung er mich ermutigte, entwickelten sich im Laufe der Jahre zu meinem engagierten Projekt, bei dem ich insgesamt Stunden pro Seite aufwendete, um das Tagebuch Wort für Wort und Satz für Satz so präzise und originalgetreu wie möglich zu übersetzen und zu präsentieren. Es würde der englischsprachigen Welt endlich einen wahrheitsgetreuen Einblick in das Leben eines Mannes bieten, der bei ihren Vorfahren, die im Krieg gedient haben, ebenso verheerende Schäden angerichtet hat wie ihre Vorfahren bei ihm. Dann sammelte ich die vielen Hundert Fotos, scannte jedes einzelne und fügte sie zusammen mit den entsprechenden Einträgen und seinen schriftlichen Erklärungen ein. Dies ermöglicht uns, seine Worte im Gegensatz zu jedem anderen Tagebuch aus dem Ersten Weltkrieg konsistent zu visualisieren.

Außerdem habe ich die gefallenen Männer recherchiert, die er erwähnt und denen er begegnet ist, was dank seiner genauen Detaillierung und der Tatsache, dass er so viele Gegenstände von den Schlachtfeldern gesammelt hat, möglich war. Ich habe auch weitere Nachforschungen zu Menschen, Orten und Ereignissen durchgeführt, die immer noch mit Menschen und der Welt, in der wir heute leben, verbunden sind. Ich habe mit lokalen Historikern und anderen Personen Kontakt aufgenommen, um Familien zu finden und zu treffen, deren Verwandte direkt an seiner Reise beteiligt waren. Ich habe sogar mein eigenes, seltenes Exemplar des vor 90 Jahren gedruckten Tagebuchs seines Bataillons erhalten, um Ihnen Karten und Details zur Verfügung zu stellen, die Ihnen ein besseres Verständnis wichtiger Ereignisse ermöglichen. Ich habe Gräber besucht, bin tiefer in die Perspektiven seiner Feinde während bedeutender Schlachten eingetaucht, habe weitere Fotos und relevante Dokumente zu seinen Erlebnissen besorgt und habe durchgehend Erzählungen und Erklärungen gegeben — alles, um Ihnen einen der bisher authentischsten, informativsten, brutalsten und anschaulichsten Berichte über den Ersten Weltkrieg zu bieten. Dieses Buch soll die Perspektive eines Deutschen (Alexander Pfeifer) im Ersten Weltkrieg zum Leben erwecken, umfassend dargestellt von seinem Ururenkel, halb Engländer und halb Deutscher, der in England lebt und dessen Vorfahren einst Feinde waren. Dieses Buch dient auch als Erinnerung an alle, die gedient haben, und soll vielleicht eines Tages dafür sorgen, dass sich meine zukünftigen Enkel und Urenkel genauso an mich erinnern wie ich mich an Alexander und meine vielen anderen Vorfahren und ihre Geschichten. Dies ist meine Familiengeschichte — dies ist unsere Story.

Alexander Pfeifer

Philipp Cross

MEINE KRIEGSERLEBNISSE

Es handelt sich hier nicht um nachträglich aus der Erinnerung geschriebene Kriegsbilder, sondern es sind wörtlich die von mir täglich notierten Erlebnisse. Sie sind daher ein wahrhaftes Spiegelbild der schweren Kämpfe gegen Feind und Natur, die das Kurhessische Jäger-Bataillon 11 (Marburg), und im Besonderen meine Kompanie zu bestehen hatte. Es steht, besonders im Anfang, manches darin, was ich später als alter Frontkämpfer vielleicht nicht geschrieben oder wenigstens anders ausgedrückt haben würde, aber ich habe absichtlich nichts geändert, weil diese Berichte unverfälscht mein damaliges Empfinden wiedergeben sollen.

Alexander Pfeifer.

Leutnant der Landwehr und Kompanieführer im Kurhessischen Jäger-Bataillon 11 (Marburg).

An Der Westfront
(1914 – 1916)

1

4.8.1914 Heute am dritten Mobilmachungstag muss ich mich laut meinem Mobilmachungsbefehl in Weimar stellen. Unterwegs auf der Hinfahrt überall, besonders in Jena, riesige Menschenmengen am Bahnhof. Das Hurrarufen und Winken ist unbeschreiblich. In Weimar waren auf dem Kasernenhof viele 100 Reservisten versammelt, welche nach ihren Truppenteilen sortiert werden und denen mitgeteilt wird, wohin sie in Marsch gesetzt werden. Ich komme zum Landwehr-Jägerbataillon nach Marburg und ich bin sehr froh, dass ich wieder zu meiner alten Elitetruppe komme und nicht zur Infanterie. Hier treffe ich auch meine Schwester Line, welche sich als Krankenschwester ins Feld melden will.

Hinweis: Der Begriff „Landwehr" wird für die organisierten nationalen Streitkräfte verwendet, die eine erforderliche Ausbildung abgeschlossen hatten und nur in Kriegszeiten einberufen werden.

Den Abend bei Quensels verbracht. In der Nacht im Massenquartier auf Stroh in einem Saal gegenüber der Kaserne. Infolge des dauernden Kommens und Gehens sehr schlecht geschlafen.

5.8.1914 Früh halb 6 Abfahrt — Ankunft in Marburg abends 8:45. Bei meinem Transport sind allein aus Weida wenigstens 10 Mann, darunter Triller aus Seifersdorf. Eigentlich müsste ich in der Kaserne schlafen, aber ich habe mich, ohne erst zu fragen, im Kaiserhof einquartiert.

7.8.1914 Das aktive Bataillon ist bereits vor einigen Tagen fort. Man munkelt nach Belgien. Aus dem Rest der Reserve und dem größten Teil der Landwehr wird augenblicklich ein Reservebataillon zusammengestellt, welches am Sonnabend abrückt. Aus dem Rest der Landwehr sind heute 2 kriegsstarke Kompanien gebildet worden, die als Reserve vorläufig hierbleiben; wie lange, das richtet sich nach den Verlusten vorn — es kann 8 Tage, es kann aber auch sehr lange dauern.
Ich lasse mir von zu Hause meine Wäsche und meinen sächsischen Feldwebelsäbel nachschicken, da hier Mangel an Säbeln ist. Ich bin in der ersten Ersatzkompanie und habe unter mir 3 Oberjäger und 30 Mann. Vorläufig stehen

wir nur stundenlang auf dem Kasernenhof herum und haben sehr viel freie Zeit. Ich habe mich heute in ein Bürgerquartier einlogiert, in eine richtige Studentenbude. Nach dem Abrücken des Reservebataillons werden wir wohl mehr Dienst bekommen.

Hinweis: Da ein Jäger und ein Oberjäger von der Infanterie getrennt sind, sind sie das Äquivalent eines ‚Gefreiten' und einem ‚Unteroffizier'.

8.8.1914 Hier ist es mordslangweilig. Wir treten zweimal täglich an und stehen dann stundenlang herum. Heute habe ich das erste Mal wieder Uniform an; vorläufig noch die alte Friedensuniform. Morgen ist ein kleiner Übungsmarsch. Hier ist ein riesiger Andrang von Freiwilligen. Überall ist die Stimmung zuversichtlich.

9.8.1914 Unsere ganze Tätigkeit heute bestand in einem zweistündigen Spaziergang. Früh trinke ich Kaffee in der Kantine (mit Brötchen 15 Pfennig). Mittagessen gratis im Oberjägerkasino — sehr gut und reichlich. Gestern gab es Suppe, Spiegeleier mit Spinat und Kartoffeln; heute Linsen mit Bratwurst. Abendessen irgendwo in der Stadt auf eigene Kosten.

12.8.1914 Wir hoffen, dass wir bald wenigstens ins Etappengebiet, vielleicht nach Lüttich, nachgeschoben werden, denn hier ist es zu langweilig und ich möchte nicht den ganzen Feldzug hierbleiben.

14.8.1914 Wir marschieren jetzt immer früh um 6 Uhr ins Freie. Dort wird etwas geübt und 10 Uhr sind wir wieder zu Hause. Nachmittag 5 Uhr Befehls und Postausgabe, was eine Stunde dauert, und dann sind wir fertig. Dabei hat niemand, vom Major bis zum letzten Jäger, eine Ahnung vom neuen Exerzierreglement, denn alles ist Reserve. Unser Kommandeur ist Major von Nauendorf, im Zivilberuf Besitzer von Rittergut Pölzig binnen Ronneburg. Der Hauptmann ist Oberförster, und dann sind noch einige Reserveleutnants da, darunter ein Prinz Reuß, die man aber nur selten zu sehen bekommt.

Wir sind 500 Landwehrleute, eingeteilt in 2 Kompanien. Jede Kompanie zerfällt in 3 Züge, die von früheren aktiven Feldwebeln geführt werden. Jeder Zug hat 2 Halbzüge. Ich habe den zweiten Halbzug des ersten Zuges. Ein großer Teil unserer Leute ist nur garnisondienstfähig. Heute wurden wir untersucht; natürlich bin ich felddienstfähig. Es ist aber wohl keine Aussicht, dass wir je ins Feld kommen. Man spricht sogar schon davon, dass ein Teil wieder entlassen wird, weil man mehr Leute hat, als man braucht. Hier haben sich über 2000 Kriegsfreiwillige gemeldet, darunter sehr viele Studenten; manche Verbindungen geschlossen. Es sind aber nur 500 genommen worden, die seit einigen Tagen fest exerzieren.

Unser Reservebataillon ist vorgestern Nacht abgerückt (unser Nachbar Wieduwilt ist mit dabei). Wo es hinkommt, ist nicht bekannt. Es wird überhaupt alles sehr geheim gehalten. Man macht sich keinen Begriff, was hier für

Militärtransporte durchkommen — alle Viertelstunden ein langer Zug. Man sollte meinen, dass für so viele Menschen gar kein Platz an der Grenze ist. Uns ist auch aufgefallen, dass so viele schlesische und sächsische Truppen nach Westen fahren. Anscheinend hat man keine Hochachtung vor den Russen und will erst mit einem großen Schlag die Franzosen niederwerfen. Englands Kriegserklärung hat keinen besonderen Eindruck gemacht. Die Kriegserklärung von Serbien und Montenegro erregte sogar die größte Heiterkeit.

Ich beziehe die fürstliche Löhnung von monatlich 33,60 Mark. Hiermit komme ich aber gut aus, denn Wohnung und Verpflegung haben wir frei und für Bier, Kaffee und so weiter reichen 1,10 Mark pro Tag vollständig. Wir sind hier eine Unmenge Vizefeldwebel, so dass auf Beförderung kaum zu hoffen ist, zumal wenn wir nicht ins Feuer kommen. Fast ein Drittel unserer Leute sind ehemalige sächsische Jäger. Mehrere haben sogar mit mir in Freiberg gedient.

18.8.1914 Heute traf Landsturm ein, der den inneren Wach- und Sicherungsdienst übernimmt. Dadurch werden wir frei und kommen wahrscheinlich nach Belgien, wo unsere beiden Bataillone sind. Einige Kranke davon kamen dieser Tage aus Aachen zurück. Wir Feldwebel bekamen bisher nur Oberjägerlöhnung, alle 10 Tage 11,20 Mark, angeblich, weil wir überzählig wären. Das war aber nur eine Schikane vom Zahlmeister. Wir haben uns beschwert und bekommen jetzt die volle Löhnung von 19 Mark alle 10 Tage, wodurch sich meine Finanzen ganz erheblich bessern.

Ich sprach am Sonntag auf dem Bahnhof mit einem Soldaten, der gefangene Franzosen transportiert hatte. Diese hatten ihm gesagt: „Deutsche Brust nicht sichtbar, rote Hosen große Verluste." Die Franzosen haben nämlich noch die alten, weit sichtbaren Uniformen, während unsere Leute selbst auf nahe Entfernung kaum zu sehen sind. Das ist ein nicht hoch genug zu schätzender Vorteil, denn wir haben dadurch mindestens ein Viertel weniger Verluste, als wenn wir noch die alten bunten Uniformen hätten. Wir werden in die neuen feldgrünen Uniformen erst kurz vorm Ausrücken gesteckt.

19.8.1914 Heute habe ich zum ersten Mal geschossen, und zwar recht gut, nämlich auf 200-Meter liegend 10, 9 und 12. Durch das Schießen ist es jetzt nicht mehr so langweilig.

23.8.1914 Augenblicklich habe ich wieder mal Bahnhofswache. Jetzt kommen ununterbrochen Züge mit Landsturm durch; lauter Geraer, Greizer usw. Außerdem steht ein langer Zug da, mit dem Zubehör von 2 riesigen Belagerungsgeschützen; durch die Röhre könnte ich mit Leichtigkeit durchkriechen. Morgen werden wir feldgrün eingekleidet, daher nur die Felddienstfähigen. Wir werden aber wohl trotzdem noch einige Zeit hierbleiben. Vielleicht werde ich in nächster Zeit zunächst Offiziersstellvertreter, dann bekomme ich monatlich 150 Mark und 150 Mark Einkleidungsgeld.

14.9.1914 In den aller nächsten Tagen geht es fort, und zwar zum aktiven Bataillon vor Paris. Heute sind dazu 60 Jäger und die entsprechenden Chargen ausgesucht worden. Dabei nahm mich der Hauptmann bei Seite und fragte mich, ob ich auf Beförderung rechne und freiwillig mitwolle. Selbstverständlich sagte ich sofort ja. Ich hätte mich auch ohnehin gemeldet. Der Rest unserer Kompanien geht dann wahrscheinlich nächste Woche zum Reservebataillon ab, das vor Paris große Verluste gehabt haben soll.

16.9.1914 Wir sind vollständig eingekleidet. Offizierskoffer darf ich glücklicherweise mitnehmen.

17.9.1914 11 Uhr Vormittag Abmarsch mit Musik zum Bahnhof. 2 Offiziere (Leutnant von Boxberger, Leutnant Prinz Reuß), 3 Vizefeldwebel, 6 Oberjäger, 60 Jäger. Riesige Menschenmenge. Wir werden mit Blumen, Zigarren und anderen Liebesgaben überschüttet. Ich komme in ein Abteil 2. Klasse zusammen mit den Vizefeldwebeln Radecke, Oppermann und den Oberjägern Triller, Zwietze und Gottschneider. Fahrt über Lollar, Wetzlar, nach Koblenz, wo wir mehrere Stunden Aufenthalt haben.

Den Rhein 10 Uhr abends mit Gesang ‚Der Wacht am Rhein' passiert. Rheinbrücke mit Geschützen besetzt.

18.9.1914 Weiterfahrt über Andernach quer durch die Eifel nach Mayen (Kaffeepause) und Daun (Brote und Eier, Kaffee, Tee, Kakao) bis Gerolstein; hier Mittagessen — Kartoffelsuppe und Wurst. Hier in der Eifel ist es elend kalt.

Weiter nach Prüm und St. Vieth, wo das voraussichtlich letzte Schnitzel für längere Zeit vertilgt wird.

Am Abend weiter nach Montenau. In diesem elenden Nest bleiben wir 24 Stunden liegen. In den Wagen nur Kerzenbeleuchtung. Wir 6 Mann liegen auf den herausgezogenen Kissen nebeneinander auf Lücke wie die Sprotten. Allmählich gewöhnt man sich auch hieran.

19.9.1914 Früh für 5 Pfennig Kaffee und Milch, dann Schlachtfest mit Wellfleisch. Nachmittag Kaffee mit Pflaumen und Kranzkuchen, gebacken von Jäger Görlich. Seit unserer Abfahrt strömender Regen, Hundekälte und Sturm. Am Abend großartige Gesangsvorträge (Solo und Quartette) von unseren Jägern und Artilleristen, die in unserem Zug 15cm Granaten begleiten.

Abends weiter über Roetgen, wo es Erbsensuppe gibt. Wir sind in äußerst fideler Stimmung.

20.9.1914 Die dritte Nacht im Wagen haben wir glücklich hinter uns. Ankunft früh 6 Uhr in Aachen. Es regnet weiter in Strömen — Hundekälte. Weiter zur Grenzstation Herbesthal — Mittagspause, Bohnensuppe. Die Hauptstraße bildet die Grenze, die wir nachher mit „Hurra!" überschreiten werden. Infolge der zunehmenden Verdreckung lasse ich mich auf 3mm igeln; eine bisher ungeahnte Wohltat. Transporte von Truppen, gefangenen Franzosen und Zuaven *(eine Klasse französischer leichter Infanterie)*, sowie französischer Landsturm in Zivil, der bei der Kontrollversammlung gefangen wurde.

Die zurückkehrenden Truppen sehen furchtbar aus. Von den Verwundeten will ich lieber schweigen. Aber auch die unverwundeten Leute sehen entsetzlich aus — vor 7 Wochen ausmarschiert in funkelnagelneuen Uniformen und jetzt sind es abgerissene Stromer — keine Spur von der üblichen braunen Manöverfarbe. Mit eingefallenen Backen, ausgemergelt, als ob sie eben erst von einer schweren Krankheit auferstanden wären. Die Leute müssen furchtbar gelitten haben. In 4 Wochen werden wir nicht anders aussehen.

Abends langsam weiter über Verviers.

21.9.1914 Früh wachen wir in Station Henne, 7 Kilometer von Lüttich, auf. Rechts hoch oben auf steilem Berg ist das zusammengeschossene Fort Chaudfontaine. Die ersten ausgebrannten Häuser werden sichtbar. Aus vielen Häusern hängen weiße Fahnen zum Zeichen der friedlichen Gesinnung. Überall als Wache bayerischer Landsturm. Lüttich ist eine schmutzige Industriestadt; ohne größeren Aufenthalt passiert. Sehr schöne Gegend. Auf der Höhe hinter Lüttich sind deutsche Truppen mit der Herstellung von Schützengräben und Drahthindernissen beschäftigt.

Weiter über Waremme und Landen nach Tirlemont. Hier kommt Meldung, dass 6000 aus Antwerpen ausgebrochene Engländer anmarschiert kämen — große Begeisterung. Wir sitzen gefechtsbereit im Zug und warten. Leider war es ein blinder Alarm.

Hinter Tirlemont viele ausgebrannte Häuser und Schlösser, besonders entlang der Landstraße. Die meisten Dörfer sind aber unversehrt, und die Leute arbeiten auf den Feldern.

12 Uhr mittags in Löwen — schauriger Anblick. Das Häuserviertel um den Bahnhof ist vollständig ausgebrannt; ganze Straßenzüge sind zerstört. An der Kathedrale fehlen Turm und Dach. Das herrliche Rathaus ist unbeschädigt.

Mittagessen in Schaerbeek, einem östlichen Vorort von Brüssel — Brot, Kaffee, miserable Wurst. Weiter rings um Brüssel über Laeken. Rumplertaube *(ein Eindecker aus der Zeit vor dem Krieg)* kreist über Brüssel. Wunderbarer Justizpalast. Wir sehen einen Panzerzug; gepanzerte Lokomotive, Wagen durch Sandsäcke geschützt; in dem einen, ein Panzerturm. In Brüssel als Wache viele Matrosen und Marineinfanterie. In dieser Gegend fallen vor allem die großen, grünen Viehweiden auf.

Weiter nach Tubize, wo Schokolade, Obst und besonders schöne Trauben gekauft werden. Gutes Flaschenbier.

22.9.1914 Die Nacht halten wir im Dorf Hennuyères, wo ich früh mit dem inzwischen zu uns gekommenen Hauptmann Clasen Kaffee und Zucker kaufe und eine Kaffeemühle borge. Tadellosen Kaffee gekocht. Wir bleiben wegen Stockung auf unbestimmte Zeit hier liegen. Das Wetter hat sich glücklicherweise seit gestern gebessert. Gegen Gutschein ein Kalb geholt, geschlachtet und Gemüsesuppe mit Kalbfleisch gekocht. Tadelloses Essen. Wir führen das reinste

Zigeunerleben. Glücklicherweise bin ich durch meine früheren Touren nicht anspruchsvoll.

Nachmittag weiter über Braine-le-Comte, Soignes nach Mons (Bergen). Vor Mons nach dem Ende eines Gefechtes unserer 84er gegen die Engländer sind noch Schützenlöcher sichtbar — 2 große Massengräber.

Abends in Mons wegen drohender Empörung der Bevölkerung herausgeholt, mit geladenen Gewehren und aufgepflanztem Hirschfänger mit Gesang zum Rathaus marschiert, dort auf aus der Kavalleriekaserne geholten Matratzen eng und kalt übernachtet. Wir haben großes Aufsehen erregt und wurden wegen unserer Tschakos *(ein hoher zylindrischer Helm, der von den Jägern getragen wird)* für Österreicher gehalten.

Früh weiter — Fahrtänderung in Richtung Charleroi.

23.9.1914 Wir sitzen in Viehwagen auf dem Boden und lassen die Beine aus den Türöffnungen baumeln, da die Sonne scheint. Die Fahrt geht andauernd an großen Kohlenbergwerken und Fabriken vorbei. In unserem Zug sind 9 erbeutete englische Lastautos.

Abend in Charleroi. Als erste warme Nahrung an diesem Tage eine dünne Reisbrühe. Je weiter man vorkommt, desto fauler wird es anscheinend mit der Verpflegung. Sicher bekommen unsere Gefangenen besseres Essen. Vor dem Bahnhof stehen erbeutete französische Geschütze.

Die Nacht im Wartesaal 3. Klasse verbracht. Schön warm, aber fortgesetzt im Schlaf gestört, da einem alle Augenblicke das Stroh unter dem Leib für die durchkommenden Verwundeten weggezogen wurde. Wir haben es aber gern hingegeben, denn die armen Kerle sehen schauderhaft aus und riechen noch viel entsetzlicher. Wir bekommen hier schon einen kleinen Vorgeschmack von dem furchtbaren Elend des Krieges. Ich gehe mit keinen Illusionen an die Front, aber ich glaube, die Wirklichkeit ist noch hundertmal schlimmer. Unsere beiden Bataillone müssen furchtbare Verluste gehabt haben. Von dem Reservebataillon (1100 Jäger) sollen nur noch 280 felddienstfähig sein.

Katholische, Geistliche und Mönche sowie Samariter auf dem Bahnhof. Endlich wieder mal deutsches Bier getrunken und Frankfurter Würstchen gegessen. Als Proviant für 2 Tage 70 Brote und 1 Zentner Speck gefasst. Voraussichtlich lerne ich noch Speck essen. Am Nachmittag Weiterfahrt in Viehwagen durch ein sehr schönes Tal über Thuin in Richtung Chimay.

Die Nacht durchgefahren, bis Robechies. Noch nie eine so elende Nacht verbracht. Trotz Schwitzer, Müffchen, Filzschuhen und englischer Beutemantel gefroren wie ein junger Hund und keine Minute geschlafen.

25.9.1914 Früh 6 Uhr im Freien ein großes Feuer angebrannt und Kaffee gewärmt. Zu Mittag Erbsensuppe gekocht, Speck geschnitten und verteilt. Ich fungiere als Kompaniefeldwebel und habe das alles zu besorgen. In der Dorfkneipe mächtig viel Kognak getrunken, Orchestrion losgelassen, getanzt, Gesangsvorträge. Die Franzosen haben sich hier im Lande ihrer Verbündeten sehr übel aufgeführt; in der Kneipe die Kasse gebrochen, alles gemaust oder zerstört. Wir als Feinde haben uns dagegen hochanständig benommen.

Infolge des dauernden, stundenlangen Wartens kommen wir nur sehr langsam vorwärts. Wir sind nun schon 8 Tage unterwegs und sind noch nicht ein einziges Mal aus den Kleidern gekommen.

Weiterfahrt über Chimay nach Momignies. Hier ausgeladen und in einem Mönchskloster gut zu Mittag gegessen. Marsch angetreten, weil zwei Eisenbahnbrücken gesprengt sind. Nach 2 Kilometern die französische Grenze überschritten und nach weiteren 5 Kilometern in Anor in einer Fabrik auf Stroh übernachtet.

26.9.1914 Früh 6 Uhr Weitermarsch über Hirson (oben ein altes Fort) nach Origny, 13 Kilometer. Die Hälfte unserer alten dicken Landwehrleute ist fußkrank; ich natürlich nicht. Ganz in der Ferne ist der erste Kanonendonner hörbar. Unterwegs unendliche Transportkolonnen; viele Autos und Lastautos. Am Bahnhof Origny liegen wir von früh bis spät abends in der Sonne auf einem Stoppelfeld und warten auf einen Zug. Mittagessen selbst zubereitet — Erbsensuppe und Fleischklößchen.

Weiterfahrt über Laon nach Guignicourt westlich Neufchâtel.

An die Front

Aufgrund der enormen Spannungen wegen der Kriegsgefahr, die Deutschland den ganzen Juli 1914 über in Atem hielt und am 31. Juli ihren Höhepunkt erreichte, begann die Mobilmachung am 1. August. Zur Abwehr des Feindes berief Deutschland seine kampffähigen Männer ein, deren Zahl noch nicht feststand, die aber ständig zunahm. Begeisterung und Dienstbereitschaft flammten bei allen Bürgern im ganzen Land auf, und der Gedanke an ihre zahlenmäßige Überlegenheit vermittelte ein Gefühl großer Zuversicht. Marburg schien immer noch im Frieden zu liegen, als die Reservisten herbeiströmten, um das aktive 11. Jägerbataillon aufzufüllen und auch ein 11. Reserve-Jägerbataillon zu bilden. Die bis ins Detail durchdachte Mobilisierung begann sofort. Am ersten Einsatztag des Bataillons am 2. August wurden die lang untätigen Gewehre eingesammelt und poliert, und die Uniformen und Ausrüstung wurden rasch verteilt, gefolgt von einer Bataillonsfeier am Abend dieses Tages. Am nächsten Tag trafen die Pferde ein, die Feldfahrzeuge wurden beladen, die Pferde wurden angespannt und es folgte eine Probefahrt. Die erwarteten Reservisten wurden inspiziert, eingekleidet und in der Zwischenzeit dem aktiven Bataillon zugeteilt. Sie bildeten ein vorbereitetes, 1.300 Mann starkes Bataillon, das ganz sicher war, ihrem Heimatland Ruhm zu bringen. Doch wie lange wird dieser Enthusiasmus anhalten, nachdem weniger als zwei Monate vergangen sind und die Realität des Krieges bereits klar geworden ist?

Am 4. August, dem Tag von Alexanders Reise nach Marburg, war das aktive Bataillon einen Tag zuvor dabei zwei Züge zu besteigen, um sie im Rahmen des „Schlieffen-Plans" nach Belgien zu transportieren; ein Angriffsplan, um Frankreich einfach über die Niederlande und Belgien, statt über die gemeinsame Grenze zu vernichten und Frankreich innerhalb weniger Wochen zu besiegen. Dies führte dazu, dass Großbritannien infolge des Angriffs auf das neutrale Belgien Deutschland den Krieg erklärte. Im Rahmen dieses Plans nahm das 11. Jägerbataillon an ständigen Zusammenstößen zwischen Dinant, Mariembourg, Rocroi und an verschiedenen anderen Orten teil, die zur „Ersten Schlacht an der Marne" Anfang September führten. Das Ergebnis war das Scheitern des Schlieffen-Plans und die Einleitung eines Stellungskrieges. Durch den unerwarteten Gesamtwiderstand verlor das aktive Bataillon einen beträchtlichen Teil seiner Männer. Das Bataillon zog sich daraufhin in die Region Aisne zurück, wo Alexander eingetroffen ist, um die schweren Verluste auszugleichen. Jetzt beginnen seine ersten Kampferfahrungen.

Vor der Abreise – Alexander in Vorkriegsuniform – August 1914

2

27.9.1914 Früh 5 Uhr bei tiefster Finsternis ausgeladen. Auf dem Bahnhofsplatz wird ein Feuer aus einem Gartenzaun angezündet und Kaffee gekocht. Der Kanonendonner ist schon deutlich hörbar. 4 Kilometer marschiert bis zum Dorf Variscourt, wo unser Bataillon liegt. Einquartiert in einem Gutshof. Leider war die Hoffnung auf ein Bett trügerisch, denn plötzlich, als wir es uns gerade bequem gemacht und uns seit vielen Tagen wieder mal gründlich gewaschen hatten, kommt der Befehl zum Vormarsch in Stellung. Im Dorf sind nur wenige Leute — alles liegt 7 Kilometer weiter vorn in den Schützengräben.

Nach 2 Kilometern halten wir hinter einem Eisenbahndamm, da wir nur bei Nacht einigermaßen ungefährdet zu den vordersten Stellungen gelangen können. Auf dem Damm sind metertiefe Löcher von den Granaten der schweren englischen Schiffsgeschütze, die uns auf etwa 12 Kilometer gegenüberliegen. Die Schienen sind vollständig verbogen. Überall liegen lange, zackige Granatsplitter. Hinter uns steigt ein Fesselballon auf, der die Geschossaufschläge beobachtet. 150 Meter neben uns liegt eine Batterie schwerer 15cm Haubitzen; unheimlich lauter Abschuss. Mit lautem Fauchen und Zischen sausen die Granaten durch die Luft. 3 Flugzeuge sind über uns; eins anscheinend ein französisches. Deutlich hört man die feindlichen Granaten herüber fauchen, doch versinken die meisten, ohne zu explodieren, mit dumpfem Schlag weit vor uns in dem weichen Boden.

Abends 8 Uhr Abmarsch in ganz kleinen Abteilungen mit 100 Meter Abstand, um die Wirkung des Artilleriefeuers abzuschwächen, denn jetzt wird es ernst — ein verwundeter wimmernder Franzose wird vorbeigetragen.

Nach ungefähr dreiviertel Stunden wird die vorderste Linie erreicht. Die Hälfte des Bataillons liegt in Reserve in Erdhöhlen am Rande eines Kiefernwaldes, die andere Hälfte 50 Meter weiter vorn in tiefen Schützengräben. Ich habe ein Loch erwischt, in dem ich mich einigermaßen ausstrecken kann. Es ist zwar sehr eng und niedrig, aber besser als gar nichts. Durch ein Loch im Erdboden steigt man 2 Meter hinunter, worauf ein niedriger, unterirdischer Gang abzweigt, auf dessen einer Seite nischenartige Ausbuchtungen in dem Sand und Sandstein angebracht sind. Das sind unsere Wohnungen. Da der Boden mit Stroh belegt ist und die Öffnungen durch Strohmatten verhängt werden können, so ist es ziemlich warm und trocken in den Löchern. Ich bin als einziger der Ersatzabteilung der 1. Kompanie zugeteilt.

28.9.1914 Früh 5 Uhr plötzlich Alarm. Durch enge, zickzackförmige Laufgräben rücken wir zur Verstärkung in den vordersten Schützengraben. Die Franzosen kommen jedoch nicht. Vom Graben senkt sich eine weite Ebene hinab bis zu einem ungefähr 1000 bis 2000 Meter entfernten tiefen Schifffahrtskanal und zu den Schützengräben der Franzosen. Überall liegen tote Franzosen in Mengen auf den Feldern von einem vor einigen Tagen zurückgeschlagenen Durchbruchsversuch. Wenige Meter von mir liegt ein toter schwarzer Turko *(französische Kolonial-Infanterie)*.

Tag und Nacht donnern ohne Unterbrechung die Geschütze und die Granaten fauchen über unseren Köpfen hin und her. Schon an dem Geräusch in der Luft kann man erkennen, ob es eine Granate der Feld- oder der schweren Belagerungsartillerie ist. Großartig ist es, die Granateinschläge in die feindliche Stellung zu beobachten — ein Blitz und eine Rauchwolke. Erst nach einigen Sekunden hört dann das Zischen in der Luft auf und man hört den Knall der Explosion. Es ist ein ähnliches Geräusch wie bei einem Feuerwerk, die Raketen, die zischend in die Luft sausen, um dann mit einem Knall zu platzen. Nur ist hier der Knall ganz bedeutend stärker, zumal bei den schweren Kalibern, die einen unheimlichen Krach machen. Nach kurzer Zeit hört man aber schon gar nicht mehr hin, denn man gewöhnt sich schnell an alles. Gewehrfeuer ist sehr selten zu hören.

Wir können nicht über den Kanal hinüber, da die jenseitigen Höhen zu stark befestigt und mit schwerster englischer Schiffsartillerie besetzt sind. Die französische Artillerie soll sehr gut der unsrigen im Aufsuchen versteckter Aufstellungen überlegen sein; dagegen soll die französische Infanterie gar nichts taugen und schlecht schießen. Den meisten Schaden machen die schweren englischen Geschütze, die enorm weit schießen. Wir haben uns anscheinend hier nur defensiv zu verhalten und Durchbruchsversuche abzuwehren, bis die Franzosen umgangen und völlig eingeschlossen sind.

Eben kommt die Nachricht, dass sich Leutnant von Boxberger, der eben erst mit unserem Transport gekommen war, versehentlich beim Laden seiner Pistole erschossen hat. Schade um den sehr netten Menschen.

Ein Schrapnell platzt vor uns im Wald. Wir kriechen deshalb in unsere Erdhöhlen zurück.

Ich bekomme Nachricht, dass ich zum Offiziersstellvertreter befördert bin, leider nur mit Feldwebellöhnung. Abends 8 Uhr von der Infanterie abgelöst, über eine Stunde zurückmarschiert und in der Zuckerfabrik Guignicourt miserabel übernachtet.

29.9.1914 Den ganzen Tag untätig herumgelungert; nur dreiviertel Stunden mit Exerzieren beschäftigt. Gut zu Mittag gegessen und eine halbe Flasche französischen Rotwein getrunken. Seit dem 20. September zum ersten Mal wieder rasiert. Die Infanterie, die uns gestern ablöste, hat wenige Stunden darauf durch Artilleriefeuer 20 Tote und viele Verwundete verloren, weil die Leute so unbegreiflich leichtsinnig waren, Feuer anzuzünden. Wir waren vorsichtiger und haben deshalb in 48 Stunden keinen einzigen Verlust gehabt.

30.9.1914 Diese Nacht etwas besser geschlafen, so gut es eben in einem Maschinenhaus geht, bei dem Dach und Fenster durch Granaten und Schrapnells völlig durchlöchert sind. Zuckersäcke dienen als Zudecke. Es wird immer kälter.

Vormittag 10 Uhr plötzlich Alarm. Wir marschieren bis zum nächsten Dorf Condé, wo wir liegen bleiben. Nachmittag 4 Uhr Rückmarsch, da der Angriff (Turkos und Zuaven) ohne unsere Hilfe bereits abgeschlagen war.

Wieder in der Zuckerfabrik übernachtet. Abends auf dem Fabrikhof Konzert unserer Kapelle.

1.10.1914 Elend kaltes, nebliges Wetter. Später jedoch sehr schöner, sonniger Tag. Früh 8:15 Abmarsch. Nach 2 und ein viertel Stunden auf einer kleinen Wiese im Wald gelagert. Über uns kreist ein französischer Flieger, der ringsum von Infanterie beschossen wird. Plötzlich in der Nähe ein lauter Knall — der Kerl hatte eine Bombe abgeworfen, aber anscheinend ohne Schaden anzurichten. Flieger sind hier täglich zu sehen.

Zu Mittag im Dorf Amenancourt (13 Kilometer) Quartier bezogen. Wir sind Armeereserve, also weit weg vom Schuss. Wahrscheinlich will man das Bataillon nach den bisherigen großen Verlusten etwas schonen. In den Dörfern sieht es traurig aus. Nichts ist zu haben. Wasser ist selten und darf nur abgekocht getrunken werden. Die Bewohner sind entweder geflohen oder wie in Variscourt in der Kirche gefangen gehalten, um sie am Geben von Signalen zu hindern. Nur wenige verhungerte Frauen und Kinder lungern herum und betteln uns um Brot an.

2.10.1914 Seit vielen Tagen zum ersten Mal wieder geschlafen, ohne zu frieren. Die Postsperre ist verhängt, um die Armeebewegungen zu verschleiern. Früh etwas Dienst getan, Instruktion und Exerzieren, dann Dauerschlaf. Ich esse jetzt mit den Offizieren zusammen, was zwar durch die gesellschaftlichen Pflichten etwas lästig ist, aber auch wieder seinen Vorteil hat, weil man etwas Gutes zu essen und trinken bekommt; meist im Dorf geschossenes Geflügel, Rotwein und Sekt. Nur die Unterkunft ist miserabel.

Erhalte die erfreuliche Mitteilung, dass ich von jetzt an Offiziersgehalt bekomme, also 150 Mark Mobilmachungsgeld und 205 Mark Löhnung. Gestern haben 2 feindliche Flieger in Guignicourt, wo wir vor einigen Tagen lagen, durch Bombenwürfe ziemlichen Schaden angerichtet. Ferner wurden die auf den Bagagenwagen verladenen Instrumente unserer Musik durch Schrapnells beschädigt.

3.10.1914 Früh das übliche Exerzieren und Nachmittag Feldgottesdienst im Freien (Jäger, Infanterie, Artillerie, Ulanen, Braunschweiger Husaren).

Abends plötzlich Abmarsch vor in die Schützenlinie. Nacht wieder in der Erdhöhle verbracht. Wald vor uns furchtbar zerschossen; dicke Kiefern durch Granaten wie Streichhölzer geknickt. Auf den Feldern vor uns viele unbeerdigte Franzosen.

4.10.1914 In unserer Linie ist alles ruhig; nur in der Ferne ab und zu Kanonendonner. Gegen Abend rechts von uns eine Stunde lang starkes Artilleriefeuer. Abends durch Infanterie abgelöst und zurück nach Bertricourt marschiert. Sehr mäßig auf Stroh übernachtet. Alles hat mächtigen Durchfall infolge der unregelmäßigen Ernährung und Erkältung.

5.10.1914   Französischer Flieger wird erfolglos mit Schrapnells beschossen.

6.10.1914   Früh 3 Uhr wecken. Halb 5 Abmarsch nach Guignicourt. Abfahrt mit Bahn halb 9. Halb 11 treffen wir in Laon ein — oben auf dem Berg schön gelegen die große Kathedrale.
2:45 Nachmittag in La Fère. Große Viehweiden, ähnlich wie in Belgien; große Obstgärten mit wundervollem Obst. Ein ungewohnter Anblick für uns, da wir aus der Lause Champagne kommen, wo es fast nur Zuckerrübenfelder gibt. In Belgien war wenigstens in einigen Fabriken Betrieb, aber hier in Frankreich ist alles wie ausgestorben.
5:45 in St. Quentin. Im Wagen wieder elend kalte Nacht — ohne Schlaf.

7.10.1914   Früh 4 Uhr nach Cambrai. 6 Uhr Weitermarsch 16 Kilometer nach Arleux, wo wir uns einquartieren. Wir 4 Kompanieoffiziere bei einem Arzt.
Ganz anderes Leben als in der Lausechampagne. Reiches Land; viel Obst und Wein. Sehr gut gegessen. Unser Gastgeber stiftet erfreulicherweise 4 Flaschen sehr guten Bordeaux. Am Nachmittag sitzen wir mit einer Zigarette im Garten unter den Weinspalieren und sonnen uns. In der Ferne – Kanonendonner.
Zu den Flaschen von Monsieur le Docteur kommt noch eine Kiste gefundener Sekt.
Leider kann ich mein Zimmer und Bett nicht ausnutzen, denn 6 Uhr abends geht es wider Erwarten plötzlich noch 10 Kilometer weiter nach Vitry, wo wir 10 Uhr abends die Einwohner heraustrommeln und uns einquartieren. Seit 3 Wochen zum ersten Mal wieder in einem, allerdings unbezogenen Bett geschlafen.

8.10.1914   Das Vergnügen war aber nur sehr kurz, denn 3 Uhr nachts wecken. 4 Uhr Abmarsch in Richtung Arras durch eine Anzahl zerschossener und verbrannter Dörfer. Fortgesetzt der Donner unserer schweren Geschütze, die die Festung Arras beschießen; dazwischen ab und zu rollendes Gewehrfeuer. Stundenlang marschieren wir hinter unserer Kampflinie nach Norden, anscheinend zu einer Umgehung. Strahlend schönes Wetter. Flieger sind dauernd über uns, und einer wirft eine Anzahl Bomben ab. Im Dorf Souchez suchen wir in und hinter den Häusern Schutz vor den Granaten.
Mittag Vormarsch in die Schützenlinie gegen den Feind. Wir besetzen eine Höhe, von wo ein großartiger Überblick über den sich rechts im Tal abspielenden Kampf. Das Vorspringen unserer Schützen, das Platzen der Granaten und Schrapnells ist deutlich zu sehen. Vorläufig greifen wir noch nicht ein; nur ab und zu pfeift ein verirrtes Geschoss über uns weg. Nachmittag Befehl zum Angriff gegen einem im Tal liegenden von französischen Alpenjägern besetzen Wald — Zuerst springe ich mit meinem Zug hinter einen Strohfeimen,

um mich zu orientieren, dann weiter in wahnsinnigem Infanteriefeuer bis zu einem kleinen Erdwall, der einigermaßen etwas Deckung bietet.

Um uns sausen geradezu unheimlich die Geschosse oder schlagen mit durchdringendem Knall ein. Der Kriegsfreiwillige, Kellermann, bekommt neben mir einen Schuss durch die Hand. Sowie das Feuer nachlässt, kriechen wir vorsichtig auf dem Bauch den Abhang hinunter in eine Senkung, wo wir uns wieder sammeln. Dann geht es wieder im schärfsten Rennen über ein ganz flaches Feld vor bis zu einem Kleefeld, wo wir flach an den Boden gedrückt den furchtbaren Geschosshagel wehrlos über uns ergehen lassen müssen, denn vom Feind ist nichts zu sehen. Glücklicherweise ist es schon etwas dunkel. Wir graben uns die Nacht über tiefe Schützenlöcher. Stroh wird geholt und so liegen wir einigermaßen warm die Nacht über. Der Feind liegt uns auf 200 Meter gegenüber am Waldrand, wahrscheinlich tief eingegraben.

9.10.1914 Sowie es hell wird, geht die Schießerei wieder los. Die Verluste mehren sich. Infanterie schiebt sich im Laufschritt bei uns ein. Einer, der sich neben mich legen will, erhält einen Schuss durch den Oberarm und stürzt über mich. Wir bleiben bis Nachmittag so liegen. Dann kommt der wahnsinnige Befehl: „Zug Wachsmuth soll mit Zug Pfeifer bis in die Linie der Infanterie (Hohlweg am Wald) vorgehen. Angriff ohne Rücksicht auf Verluste vom Bataillon befohlen." — Mit 5 Mann (mehr folgten dem Befehl nicht) renne ich 50 Meter vor bis zu einer tiefen Rinne, wo Maschinengewehre der Infanterie liegen. In meinem ganzen Leben bin ich noch nicht so gerannt. Die Leute, die uns beobachtet haben, erzählten uns später, dass die Geschosse wie Hagel um uns eingeschlagen wären. Wir haben riesiges Glück, denn wir kommen unverletzt in Deckung. Dagegen werden die später springenden 10 Mann ohne Ausnahme niedergeknallt, was wir ohnmächtig auf 50 Meter Entfernung mit ansehen müssen. Schade um die braven Leute. Hierauf kommt der Befehl, dass weitere Angriffe der Jäger, weil aussichtslos, unterbleiben sollten. Bei Einbruch der Dunkelheit krieche ich mit meinen paar Mann wieder zurück in die alte Stellung.

Dieser Tag hat uns 46 Tote und Verwundete, also den dritten Teil der Kompanie gekostet. Wir werden durch Infanterie abgelöst und beziehen rückwärts auf der Höhe eine neue Stellung. Die ganze Nacht über graben wir uns in aller Hast neue tiefe Schützenlöcher.

10.10.1914 Früh beschießt zu unserer größten Freude unsere Artillerie den Wald, der uns gestern so zu schaffen gemacht hat. Dafür werden wir eine Stunde lang mit Granaten beschossen, die in allernächster Nähe krepieren; eine davon nur 2 Meter vor meinem Loch, welches mit Erdbrocken überschüttet wird. Die Explosionen sind so stark, dass jedes Mal der ganze Erdboden zittert. Trotzdem haben wir keine Verluste.

11.10.1914 Während der Nacht die Erdlöcher weiter vertieft; eine Hundearbeit bei diesem zähen, mit faustgroßen Feuersteinknollen durchsetzten

Boden. Ich habe die übrige Hälfte der Nacht in Erwartung eines feindlichen Angriffs verbracht, der aber ausbleibt. Seit Tagen nicht mehr gewaschen. Man verdreckt in diesen Löchern vollkommen. Zu trinken gibt es jeden Abend nur eine Feldflasche Tee oder Kaffee; sonst den ganzen Tag über nichts. Unsere Schützenlöcher befinden sich hoch oben auf dem Berg. Nördlich in den Wäldern ist der Feind. Östlich zieht sich von Süd nach Nord ein weites Tal, in dem unsere Infanterie vordrängt. Jenseits des Tales, noch weiter östlich, ist eine Reihe großer Bergwerksdörfer, zum Beispiel Lens, die beschossen werden und teilweise brennen.

    Früh und am Abend bekommen wir wieder einige Zeit heftiges Granatenfeuer, jedoch ohne Verluste für meine Kompanie. Einem Jäger fuhr eine Granate durch die Deckung in sein Schützenloch, glücklicherweise ohne zu krepieren und ohne ihn zu verletzen. Abend durch Infanterie abgelöst und im Dorf Givenchy-en-Gohelle auf einer Matratze übernachtet. Endlich wieder mal gewaschen — wohltuende Ruhe.

12.10.1914   2 Flieger werden durch bayerische Abwehrgeschütze beschossen. Wunderbarer Anblick; am blauen Himmel der Flieger und plötzlich entstehen rings um ihn herum wie Wattebäusche die weißen runden Schrapnellwölkchen. Gestern ist auf diese Weise einer von den Fliegern heruntergeholt worden, die uns wenige Tage vorher mit Bomben beworfen hatten.

13.10.1914   Wieder in Givenchy übernachtet und noch nie so gut geschlafen. Den ganzen Tag in Bereitschaft für den geplanten allgemeinen Nachtangriff, der aber unterbleibt. Die 14. Division trifft ein, so dass jetzt hier ein ganzes Armeekorps ist.

    Nachts große Schießerei hörbar.

14.10.1914   Ruhetag — gegessen und geschlafen. Französische Granaten schlagen, ohne zu krepieren, kaum 100 Meter neben meinem Haus ein. Man ist aber daran schon so gewöhnt, dass man kaum noch hinsieht.

15.10.1914   Wir sind Armeereserve, was immer die Vorstufe zu einer Riesenschweinerei ist. 5 Uhr früh östlich marschiert über die große Bergwerkstadt Lens nach Stadt Carvin, wo wir halb 10 ankommen. Unmengen schöner Birnen gefunden, ferner viel Rotwein im verlassenen Haus eines Lederfabrikanten.

    Noch 3 Kilometer weiter marschiert nördlich zur Stadt Annoeullin, wo wir uns in einer Brauerei einquartieren. Der Besitzer J. Lecieux-Thibaut, Brasseur, ist ein reizender alter Herr, der nach Friedensanschluss Nachricht von mir haben will. Rührende Verpflegung und seit dem 17. September zum ersten Mal wieder ausgezogen geschlafen.

16.10.1914 Früh etwas Dienst und dann gut gefrühstückt — Butterbrot mit Schinken und Süßwein.

18.10.1914 Wir haben jetzt ein paar sehr schöne Ruhetage und pflegen uns für die kommenden Anstrengungen. Wir leben jetzt wie der Herrgott in Frankreich. Zum Beispiel waren wir 4 Offiziere der 1. Kompanie bei der 3. Kompanie zu folgendem Festessen eingeladen: Junge französische Hasensuppe, gekochter Schinken mit Spargel, Erdäpfel und geschmolzener Butter, gebratenes Huhn mit Bratedäpfeln, eingemachte Früchte, Schokoladenspeise, Obst, Kaffee, Alter Malaga, Rotwein und Obstwein.

Wir 4 Offiziere der 1. Kompanie essen sonst immer gemeinsam und haben eine Kasse gegründet, aus der gekauft wird, was nicht kostenlos requiriert werden kann. Außerdem führen wir eine große Kiste auf der Feldküche mit, in der sich unsere Vorräte befinden. In Arleux hatten wir in einem verlassenen Haus eine Kiste mit 50 Flaschen Sekt erbeutet. Rotwein gibt es überall in Menge. Dazu kommen noch die vielen Liebesgaben. Oft kommen recht ulkige Sendungen an. Zum Beispiel bekam gestern unser Oberleutnant von seiner Frau eine kleine Flasche Kognak geschickt, wo es doch hier dieses Zeug in jeder beliebigen Menge gibt.

Der gestrige Abend brachte mir eine große Überraschung. Es waren 11 große Säcke Post angekommen, darunter für mich eine Anzahl Pakete und Briefe, die nur 7 Tage unterwegs gewesen sind. Es ist jedes Mal ein Freudenfest, wenn Post ankommt. Ich bin gut ausgerüstet; Wäsche habe ich genug. Allzu viel kann man ja nicht bei sich tragen und meinen Koffer habe ich hier zum ersten Mal seit 8 Tagen wiedergesehen. Mit der Beförderung geht es sehr langsam. Der Offiziersstellvertreter, Totzek, ist schon Anfang September zum Offizier gewählt worden und heute ist die Bestätigung vom Kaiser noch nicht eingetroffen. Mit dem Eisernen Kreuz wird es bei mir nicht mehr lange dauern, denn mein Vorgehen bei Notre Dame de Lorette hat sehr guten Eindruck gemacht. Wenn ich nicht vorzeitig verwundet werde, habe ich das Eiserne Kreuz spätestens in 4 Wochen. Sämtliche Offiziere haben es jetzt, mit Ausnahme von Prinz Reuß, der mit mir zum Bataillon gekommen ist.

Wenn wir auf dem Marsch sind, trage ich bei mir: Auf dem Tornister, Dachs genannt; Mantel, Zeltbahn, Kochgeschirr. Im Innern als Reserve 1 Hemd, 1 Unterhose, 6 Paar Strümpfe, 1 wollene Unterjacke, 1 Leibbinde, Müffchen, 1 Handtuch, Filzschuhe, Feldmütze, Wasch-und-Rasierzeug, Mappe mit Schreibmaterial, eiserne Ration bestehend aus 2 Doppelportionen Konserven, 3 kleine Blechdosen mit Kakao und eine mit Salz. Oft auch noch Obst und eine Flasche Rotwein. Am Leibriemen hängen: Säbel, Pistole, Patronentasche mit Munition, Zigaretten, Pfefferminztabletten, Würfelzucker, Streichhölzer; ferner Brotbeutel enthaltend Briefe, Taschenapotheke, Essbesteck und eine Menge Kleinigkeiten, Brot, Speck und so weiter. Ferner Feldflasche und Trinkbecher, Fausthandschuhe und um den Hals das Fernglas. Die Belastung ist also ziemlich groß. Im Koffer habe ich dann noch eine Menge Reservewäsche und 1 Paar Schnürschuhe. An den Ruhetagen wird die Wäsche von unseren Burschen gewaschen. Wir leben hier in Arleux herrlich und in Freuden; allerdings müssen wir immer bereit sein, binnen 10 Minuten abzurücken.

Für heute Nacht war Alarm erwartet worden; glücklicherweise wurde nichts daraus. Wir sind hier wohl so ziemlich auf dem äußersten rechten Flügel. Hier ist das reine Seeklima; fast immer feucht und neblig, aber nicht kalt. In den Schützengräben kann man es also schon aushalten, solange es nicht regnet; und für sich ist es unter der Erde wärmer und dann gibt es überall massig Stroh. Die Franzosen haben keine Scheunen wie wir, sondern das ganze Getreide steht in unzähligen Strohschobern überall herum. Mit einem Blick sieht man Hunderte davon. Wo man einen Schützengraben baut, ist gleich dahinter der nächste Strohschober. Gemein ist der allgemeine Durchfall, besonders im Schützengraben, wo es sofort einen geschossen wird, wenn man den Kopf etwas heraussteckt. Da muss man eben, so schwer es fällt, warten, bis die Nacht kommt.

Hier ganz in der Nähe liegt Courrières, wo vor einigen Jahren das große Grubenunglück war.

Hinweis: Die Bergbaukatastrophe von Courrières ereignete sich am 10. März 1906, wobei 1.099 Bergleute ums Leben kamen und immer noch die schlimmste Bergbaukatastrophe Europas ist.

Das Kriegstagebuch des Kurhessischen Jägerbataillons

Es überraschte mich, als ich herausfand, dass Alexanders Bataillon sein eigenes Tagebuch veröffentlichte, in dem jedes Ereignis, an dem das Bataillon beteiligt war, dokumentiert und weitere Fakten über seine Aktivitäten preisgegeben werden. Ich erhielt sofort mein eigenes seltenes Exemplar; gedruckt im Jahr 1931 in der veralteten Fraktur-Schriftart, das zahlreiche Karten, Berichte und detaillierte Informationen darstellt. Es enthält auch einige Fotos, darunter das unten gezeigte des Offizierskorps des Bataillons, aufgenommen im Oktober 1914. Wir sind nun in der Lage, einigen der vielen Namen, die Alexander oft erwähnt, ein Gesicht zu geben. Wie Sie feststellen werden, werden diese Informationen im Verlauf des Tagebuchs einige Antworten auf bestimmte Fragen oder Gedanken freigeben.

Von links stehend: *Lt. Pira, Lt. Wobeser, Lt. Prinz Reuß, Ober-Lt. von Apell, Lt. Swart, Lt. Mohr, Lt. Wachsmuth, Dr. Eppenstein, Lt. Brünig*

Von links sitzend: *Lt. Prinz Lippe, Lt. Berger, Hauptmann von Graeffendorff, Major Graf von Soden, Hauptmann von Ascheberg, Ober-Lt. Beutin*

3

20.10.1914 Früh halb 5 Vormarsch nordwestlich bis Dorf Salomé bei La Bassée. 8 Uhr allgemeiner Angriff des VII. Korps von Süden her gegen die Engländer. Unser Bataillon stürmt das Dorf Les-Trois-Maisons. Die 3. und 4. Kompanie haben schwere Verluste. Leutnant Prinz Reuß von der schlesischen Linie (18 Jahre alt) fällt durch Schrapnell; außerdem noch mehrere Offiziere verwundet. Ich ging mit meinem Zug und dem Kompanieführer Oberleutnant Beutin weiter rechts zusammen mit Infanterie sprungweise oder auf dem Bauch kriechend gegen das rechts hinter Les-Trois-Maisons liegende Dorf Lorgies vor. Bei der großen Chaussee bekommen wir sehr starkes Schrapnellfeuer. Der zwischen mir und Beutin liegende Bursche von diesem bekommt eine Schrapnellkugel in die Stirn und ist sofort tot. Das Gelände ist durch die vielen Längs- und Quergräben (hier ist fast jedes Feld von einem Graben umgeben) günstig. Ich habe deshalb trotz heftigem Gewehr- und Schrapnellfeuer bei meinem Zug nur 1 Toten und 2 Verwundete. Die Engländer bevorzugen Schrapnells, die Franzosen dagegen Granaten.

Wir kommen in Laufe des Tages bis auf kurze Entfernung an Lorgies heran, doch ist es unmöglich hineinzukommen. Wir liegen fast den ganzen Nachmittag im Regen in einem nassen Graben, aus dem wir nicht die Nase herausstecken dürfen. Fast noch unangenehmer als die über uns hinwegpfeifenden Geschosse ist die kalte Nässe, in der wir stundenlang liegen müssen. Bei Dunkelheit schließen wir uns unserer Kompanie im eroberten Dorf Les-Trois-Maisons wieder an. Dieses ist vollständig zerschossen. Wir versehen ein Gehöft mit Schießscharten und richten es zur Verteidigung gegen einen etwaigen Nachtangriff ein.

Ringsum brennende Dörfer und Strohfeimen — ein schauerlich schöner Anblick.

21.10.1914 Früh den Dorfrand besetzt und Schützengräben ausgehoben. Ich grabe mich mit meinen Leuten auf freiem Feld im feindlichen Gewehrfeuer ein. Später kriechen wir auf dem Bauch durch nasse Runkelfelder weiter vor in einen verlassenen englischen Schützengraben. Leider verliere ich bei dieser Kriecherei meinen Säbel. Dafür nehme ich ein Gewehr und schieße feste mit auf das gegenüberliegende Dorf Lorgies, welches auch von unserer Artillerie in Brand geschossen wird — der Kirchturm kracht zusammen. Wir selbst erhalten zeitweise sehr starkes Gewehr- und Schrapnellfeuer. Keine größeren Verluste, da in guter Deckung.

In der Nacht 20 Meter weiter auf die Höhe, da dort besseres Schussfeld und hier eingegraben.

22.10.1914 Den ganzen Tag dort gelegen, geschossen und selbst beschossen. Ab und zu regnet es. Unangenehmer Wind — sehr gefroren. Der

Feind räumt abends Lorgies und zieht westlich ab. Wir schwanken daher auch in diese neue Richtung und graben uns die Nacht über nochmals ein. Ich übernachte mit meinem Zug als Reserve in der Nähe in einem kleinen Haus.

Bei den tadellos ausgerüsteten Engländern kann man im Gegensatz zu den dreckigen Franzosen sehr viel Plus machen. Wir fanden in den verlassenen Gräben zentnerweise Konserven — 5 Kilo Büchsen „Corned Beef" von Liebig *(Essenshersteller)*, „Beef and Vegetables" *(Rindfleisch und Gemüse)*, Marmelade; eine Unmenge Zigaretten, Tabak, Biskuit; viele Ausrüstungsstücke wie Zelte aus Gummi, Spaten und so weiter. Patronen zu Tausenden. Nie aber habe ich Dum-Dum-Geschosse gesehen; die scheinen sie jetzt nicht mehr zu benutzen. Die Geschosse sehen genauso aus wie unsere.

23.10.1914 Die Engländer sind früh verschwunden. Wir in Schützenlinie hinterher und wir müssen lange laufen, ehe wir sie bei La Quinque Rue *(Straße)* wieder einholen. Dieser mit einigen Häusern besetzten Straße gegenüber haben sie eine schon früher vorbereitete, stark befestigte und mit Stacheldraht gesicherte Stellung eingenommen, in der sie den hartnäckigsten Widerstand leisten. Anscheinend wollen sie uns unter allen Umständen von Calais und dem Meer abhalten. Wir besetzen ein Gehöft und graben uns links davon eine. Kalte Nacht; der Komet ist sehr schön sichtbar.

Heute bei unserem Vorgehen landete ein englischer Flieger von uns beschossen wenige 100 Meter vor uns. Wir glaubten schon, er wäre abgeschossen. Wie sich aber dann herausstellte, hatte er die feindliche Artillerie von unserem unerwartet schnellen Vorgehen benachrichtigt, worauf diese in voller Flucht abrückte und ihre ganze Munition im Stich lassen musste. Auf diese Weise erbeutete meine Kompanie mehrere 100 Granaten und Schrapnells.

24.10.1914 Im Morgengrauen besetze ich mit meinen Leuten 150 Meter weiter vorn einen anderen Graben, wo wir uns wieder eingraben. Wir sind überhaupt die reinsten Erdarbeiter geworden. Nachmittag in einer Ackerfurche noch über 100 Meter einzeln auf dem Bauch vorgekrochen bis zu einem Graben, der nur 100 Meter vom feindlichen Schützengraben entfernt ist. Deutlich sehen wir die Engländer darin arbeiten, doch müssen wir paar Mann uns wegen der Übermacht ruhig verhalten.

Abend zur Kompanie zurück in das bereits erwähnte Gehöft 400 bis 500 Meter vom Feind, welches für die nächsten Tage unseren Stützpunkt bildet. Während der Nacht davor eingegraben, 200 Meter von den Engländern.

25.10.1914 Endlich wieder mal ein warmer Sonnentag. Man darf den Kopf nicht aus seinem Schützenloch herausstecken, denn sofort geht eine wüste Knallerei los.

Während der Nacht bei strömendem Regen wieder 50 Meter näher eingegraben.

26.10.1914 Früh lebhaft geschossen, um der 4. Kompanie und der Infanterie das Vorgehen zu erleichtern. Wir kommen aber nicht durch, da die Engländer zu schwer verschanzt sind und Drahthindernisse angelegt haben. Ohne Artillerievorbereitung ist da nichts zu machen. Unsere Linie besteht nur aus einer Reihe einzelner Schützenlöcher, die einige Meter auseinanderliegen. Bei Tag kann man nur dadurch miteinander verkehren, dass man sich Zettel in leeren Patronenhülsen zuwirft. Bei dieser Gelegenheit bekommt unser lieber Kompanieführer Oberleutnant Beutin einen Schuss durch den Arm. Von meinem Zug, der bis 15 Mann zusammengeschmolzen ist, werden 3 Mann verwundet. Das ganze Bataillon, das mit 1200 Mann ausrückte und später noch 200 Mann Ersatz bekam, ist nur noch 200 Mann stark.

Das uns gegenüberliegende, von den Engländern besetzte Dorf heißt Richebourg-l'Avoué. Nachts blödsinnige Schießerei der Engländer, wahrscheinlich aus Angst vor einem Angriff. Das Knallen hört ja Tag und Nacht nie auf, aber so wie die Engländer irgendein ungewöhnliches Geräusch hören oder sich sonst etwas einbilden, geht eine geradezu wahnsinnige Schießerei los, was gewöhnlich eine halbe Stunde dauert. Entweder sind sie nervös oder sie wollen uns von einem Angriff abschrecken. Wir ducken uns dann in unseren Löchern und freuen uns über diese unvernünftige Munitionsverschwendung.

27.10.1914 Im Morgengrauen geht die Hälfte der Kompanie zur Erholung ins Gehöft zurück, wo es über auch sehr ungemütlich ist, denn die Engländer schießen dauernd auf die Türen und Fenster, was uns mehrere Tote und Verwundete kostet, bis unsere Leute endlich klug werden. Andauernd sausen die schweren Granaten über uns weg. Wenn unsere 21cm Mörser drüben in Richebourg hineinfunken, zittern sogar bei uns die Wände. Die Explosion verursacht haushohe schwarze Wolken. Ab und zu prasseln Dachziegel auf uns herab, wenn ein Schuss bei uns durchs Dach fegt.

Früh machen wir Hühnerjagd im Gehöft. Mitten im Gewehrfeuer erlegt Vizefeldwebel Schöbitz mit viel Geschick und der Mistgabel einen jungen Hahn, den wir in Maggisuppe kochen und der uns ein Göttermahl dünkt. Dafür stifte ich am Nachmittag den von zu Hause erhaltenen Kaffee.

Abends Mitteilung, dass ich zur 4. Kompanie versetzt bin.

28.10.1914 Nacht im Schützengraben verbracht — die übliche Schießerei.

29.10.1914 Früh zurück ins Gehöft. Tagsüber halten wir uns, weil es im Gehöft immer gefährlicher wird, hinter Strohfeimen auf. Mein früherer Lehrling Kaiser bekommt im Gehöft einen Schuss ins Bein und am Abend das Eiserne Kreuz.

In der Nacht lösen wir die 2. Kompanie ab, die uns sehr üble Schützengräben hinterlässt.

30.10.1914 Wir sind in eine sehr böse Ecke gekommen. Die Engländer liegen zwar 600 Meter von uns, aber alle Augenblicke geht eine wüste

Schießerei los, was aber gar keinen Eindruck mehr auf uns macht. Vorige Nacht hat es furchtbar geregnet — überall entsetzlicher Schlamm. Wir sind förmlich mit Lehm überzogen.

31.10.1914 Nachts eine viertel Stunde zurück in ein zerschossenes Gehöft, wo der Stab liegt. Unterwegs von einem wahnsinnigen Geschoßhagel überrascht, den ich eine halbe Stunde lang hinter einem dicken Baum gekauert über mich ergehen lassen musste.

Tagsüber in einer Scheune auf Stroh ausgeruht.

1.11.1914 Früh 4 Uhr die 3. Kompanie abgelöst. Erwische ein schönes, regen- und schrapnellsicheres Loch. Tagsüber etwas sonniges, nicht kaltes Wetter. Unsere schwere Artillerie beschießt am Nachmittag einige Stunden die feindliche Stellung.

Nachts sehr kalt und regen. Meine erbeutete englische Gummizeltbahn bewährt sich ausgezeichnet.

2.11.1914 Früh 4 Uhr von Infanterie abgelöst und in Les-Trois-Maisons Quartier bezogen, welches wir vor einigen Tagen erstürmten. Hier stehen uns endlich 2 Ruhetage zur Verfügung, nachdem wir 13 Tage und Nächte ununterbrochen im Gefecht waren. Wir sind aber auch am Ende unserer Kräfte. Es geht zu sehr über die Nerven — Tag und Nacht die ewige Schießerei — keine Ruhe. Ein Kamerad nach dem anderen fällt und dabei sind wir dauernd durchnässt, verdreckt und verschlammt. Jetzt weiß ich, was Krieg bedeutet, und habe eine elende Wut auf die Engländer, die uns dies alles eingebrockt haben.

Wir halten mit nur 200 Jägern eine Linie von 1 Kilometer. Wenn das die Engländer ahnten, wären wir alle verloren. Gefangene erzählten, dass ihnen für jeden gefangenen Jäger oder Bayer einen Orden versprochen worden wäre. Mein jetziger Kompanieführer ist Hauptmann Clasen, ein ganz übler Leuteschinder. In unserem Reservegehöft war es zuletzt nicht mehr zum Aushalten, denn im Stall lag eine erschossene Kuh, die wir, weil sie so aufgedunsen ist, nicht durch die Türe bringen können. Wir haben daher die Türe notdürftig zugesetzt. Mich wundert nur, dass ich noch nicht meine übliche Mandelentzündung bekommen habe, trotzdem wir schrecklich unter dem naßkalten Wetter zu leiden haben. Ich hätte es nicht für möglich gehalten, dass man ein derartiges Leben aushalten kann.

In Les-Trois-Maisons besuche ich die Plätze, wo wir vom 20. bis 23. Oktober gekämpft haben, und die Gräber unserer Kameraden. Neben dem Haus, wo ich wohne, ist das freie Feld, wo ich mich am 21./10. früh im Kugelregen eingrub. Das Loch ist noch tadellos erhalten. Meinen Säbel habe ich auch wieder; nur die Scheide fehlt noch.

3.11.1914 Ruhetag. Beide Tage benutzt zur gründlichen Säuberung und zum Ausruhen von den Anstrengungen der letzten 13 Tage.

4.11.1914 Früh abmarschiert und die Infanterie in den alten Stellungen abgelöst. Nachmittag und die ganze Nacht durch regnet es in Strömen — höchst ungemütliche Nacht. Entsetzlicher Schlamm in den Gräben.

5.11.1914 Wir haben jetzt Inder gegen uns; kleine untersetzte Kerle mit bis auf kleine Zöpfchen glattgeschorenem Kopf, die nach Aussage Gefangener furchtbar unter der Kälte und Nässe leiden sollen. Hoffentlich krepiert die ganze Bande bald. Wir werden häufig mit Schrapnells beschossen, hatten jedoch keine Verluste.

6.11.1914 Früh 4 Uhr von der 2. Kompanie abgelöst. Wir bleiben den Tag über zur Reserve in einem Gehöft 20 Minuten hinter den Schützengräben.

7.11.1914 Abends die 3. Kompanie abgelöst; in der Nacht sehr gefroren — tagsüber etwas Sonne — schwere Granate schlägt dicht vor mir ein.
 Abends 9 Uhr führe ich die Kompanie nach La Bassée, ein Städtchen von 5000 Einwohnern, das jämmerlich zerschossen ist. Kaum ein Haus ohne Granattreffer; die meisten sind vollständig zerstört.

8.11.1914 In einem Bett mit Feldwebel Miesch übernachtet. Sehr viele Liebesgaben da. Den ganzen Tag gekocht, gegessen, getrunken und geschlafen.
 Wir bekommen 80-Mann Kriegsfreiwillige. Abends Abmarsch in die Schützengräben, wo wir den 9. und 10.11.1914 in der üblichen Weise verbringen. Ich habe die Oberaufsicht und Verantwortung für die ganze Kompanie; dadurch sehr viel Arbeit und sehr wenig Schlaf.
 Abends zurück als Reserve in das Gehöft, wo der Hauptmann sein Quartier hat.

12.11.1914 Heute sind wir wieder auf einen Tag in La Bassée; angeblich Ruhetag. In Wirklichkeit gibt es da aber mehr zu tun, wie sonst, vor allem jetzt, wo wir die vielen Freiwilligen haben, die noch die reinen Zivilisten sind und trotzdem Wunder glauben, was sie sind, weil sie sich freiwillig gemeldet haben. Die haben ja schöne Gesichter gezogen, als sie unsere Gräben sahen und den rauen Kriegston kennenlernten.

15.11.1914 Seit heute bin ich wieder in der 1. Kompanie.

18.11.1914 Morgen Abend kommen wir wieder auf 2 Tage nach La Bassée. Wir führen hier immer noch den bisherigen Grabenkrieg. Heute habe ich meinen Namen auf der Vorschlagsliste fürs Eiserne Kreuz gesehen. Das Wetter war die letzten Tage hundsmiserabel; fortgesetzt strömender Regen. Die Schlammkruste auf uns wird allmählich fingerdick. Merkwürdigerweise bleibt trotzdem bei mir die übliche Mandelentzündung aus. Wie abgehärtet wir sind, kann man deutlich an den neugekommenen Kriegsfreiwilligen sehen, die mächtig frieren, wo wir es noch schön warm finden.

20.11.1914 Wieder in La Bassée. Es verläuft jetzt ein Tag wie der andere — einige Tage Schützengraben, 2 Tage in einem nahe gelegenen Gehöft als Reserve und 2 Tage zur Erholung in La Bassée, wo wir heute und morgen sind. Heute war ein besonders schöner Tag für mich, denn ich erhielt von zu Hause nicht weniger als 7 Pakete. Meine erste Kompanie hat jetzt folgenden Offiziersbestand: 1 junger Leutnant; die 2. Kompanie hat 2 junge Leutnants; die 3. Kompanie 1 Reserveleutnant und die 4. Kompanie 1 Hauptmann und 1 junger Leutnant. Das ist alles, was noch übrig ist.

Liebesgaben gehen jetzt bei uns zentnerweise ein. Dazu kommt noch, dass unsere Jäger meist bessere Leute sind, die viel von zu Hause geschickt bekommen. Zigarren gibt es jetzt im Überfluss, während sie noch vor ein paar Wochen mit 1 bis 3 Mark pro Stück bezahlt wurden. Esswaren gibt es auch ganz genug, ebenso ganze Berge Wäsche. Was vor Wochen fehlte, gibt es jetzt zu viel. Als wir das letzte Mal in La Bassée waren, konnte man noch Kognak für 1 Mark das Liter kaufen, während Wein schon nicht mehr zu haben war. Heute gibt es schon keinen Kognak mehr. Es ist überhaupt in diesem vollständig zerschossenen Nest nichts mehr zu haben. Ich wohne hier in einem ganz hübschen Haus, habe ein Zimmer für mich, allerdings mit ganz primitiver Einrichtung — unbezogene Matratze. Dafür ist aber das Fenster nicht kaputt, was hier eine große Seltenheit ist. Die vielgeschmähte Feldpost ist gar nicht so schlecht, denn ich habe bis jetzt alles bekommen, die Briefe und Pakete meist in 8 bis 10 Tagen. Mehr kann man wirklich nicht verlangen. Heute las ich bereits die Kasseler Zeitung vom 15./11.

Wie ich gestern hörte, sind nach unserem Sturm auf Les-Trois-Maisons über 180 Engländer begraben worden. Das ist kolossal viel, wenn man bedenkt, dass nur höchstens ebenso viel Jäger gestürmt haben. Unsere Haupttätigkeit jetzt ist nicht Marschieren und Schießen, wie man sich das so gedacht hat, sondern Tag und Nacht anstrengendes Schanzen im Graben. Von unseren eben erst gekommenen Freiwilligen mussten schon mehrere wegen eines wieder auftretenden Bruchs zurück. Überhaupt kann man an diesen Freiwilligen so recht sehen, wie abgehärtet wir alten Krieger schon sind. Wenn wir ohne Mütze, Kopfhaube, Jacke, nur mit der Ärmelweste im Schützengraben sitzen, laufen die Neuen eingemummt wie die Nordpolfahrer herum und frieren trotzdem immer noch. Dabei haben sie ganz neue Uniformen, die viel wärmer sind als unsere alten abgeschabten und schon vielfach zerrissenen Sachen.

Seit gestern schneit es und alles ist weiß. Heute Nacht müssen mehrere Grad Kälte gewesen sein, denn die Straße ist hart gefroren. Trotzdem sitze ich jetzt beim Schreiben im ungeheizten Zimmer ohne Mantel und friere nicht. Viel schlimmer als die Kälte, gegen die man sich nicht schützen kann, war das Regenwetter der letzten Zeit, wo wir im Schlamm fast erstickt sind. Und trotzdem habe ich mich nicht erkältet, obgleich ich die völlig durchnässten Stiefel mehrere Tage nicht von den Füßen herunterbekam. Unsere aktiven Offiziere sind mit ganz wenig Ausnahmen ungenießbar. Von der Kameradschaft zwischen Offizieren und Mannschaften, von der immer in den Zeitungen gefaselt wird, habe ich noch nichts gemerkt. Im Gegenteil herrscht ein ganz unbeschreiblicher, rüder Ton. Eine Ausnahme ist mein jetziger Kompanieführer Leutnant Müller, der sehr nett ist und in einem nicht nur den Untergebenen sieht. Ich lebe mit ihm tadellos zusammen.

Sehr nette Leute sind auch die Reserveoffiziere, von denen leider nur noch einer übrig ist. Mein ganzes Geld, nämlich 205 Mark Löhnung, schicke ich nach Hause. Außerdem habe ich noch 45 Mark Kontributionsgelder für 15 Tage bekommen. Wenn ich 5 Mark bei mir habe, ist es schon zu viel, denn hier wird man tatsächlich keinen Pfennig mehr los. Es ist nicht mehr möglich, jeden Tag nach Hause zu schreiben, wie es von der Familie verlangt wird, denn abgesehen von der Nässe, die oft das Schreiben unmöglich macht, gibt es im Schützengraben auch keine Briefkästen. Man muss die Post gelegentlich einem Befehlsüberbringer, Sanitäter oder dergleichen Volk mitgeben, was aber nicht jeden Tag passt. Jedenfalls schreibe ich so oft, wie es geht.

Meine Taschenlampe funktioniert nicht mehr, denn auch die Ersatzbatterie war verbraucht. Da brachten zum Glück die Freiwilligen aus Marburg eine ganze Kiste voller Batterien mit. Genau so ging es mir mit Streichhölzern, ungefähr dem größten Wertgegenstand im Graben. Durch Zufall konnte ich mir jetzt wieder 2 volle Schachteln verschaffen. Hier haben überhaupt Sachen den größten Wert, die man zu Hause nicht ansieht. Ich schleppe zum Beispiel jetzt dauernd einen großen Kartoffelsack mit mir herum. Im Graben kommt Stroh hinein und dann ist es der schönste warme Fußsack. Außerdem macht man sich das Stroh im Unterstand nicht schmutzig. Handschuhe kann man nicht genug zum Wechseln haben. Ich stehe mit noch 8 anderen aus meiner Kompanie auf der Vorschlagsliste für das Eiserne Kreuz und werde es also nächstens bekommen. Dieser Orden steht hier in gar keinem Ansehen mehr, weil ihn Zahlmeister, Bagagenhengste und anderes Volk bekommen, was nie eine Kugel hat Pfeifen hören. Schade um den schönen Orden.

Meine Säbelscheide habe ich nicht wiederbekommen; ich laufe daher jetzt immer ohne Säbel herum, was ja auch im Graben viel bequemer ist. Im Gefecht habe ich stets ein Gewehr genommen und mit geschossen. Mit Beförderung sieht es sehr faul aus. Totzek wartet immer noch auf Beförderung; derselbe ist Kandidat der Theologie, was man aber nach seiner oft sehr wenig christlichen Ausdrucksweise und nach seinem Benehmen nicht vermutet.

Heute einen gemütlichen Abend bei den Herren von der Radfahrerkompanie verbracht.

Hinweis: Ein Kandidat der Theologie ist eine Person mit einem akademischen Abschluss in Religionswissenschaft.

Die Schlacht von La Bassée

Im Rahmen des Wettlaufs zum Meer, dem Kampf beider Seiten um die Küste der Nordsee, fand vom 10. Oktober bis 2. November die Schlacht von La Bassée statt. Dies war eine von vielen Schlachten, in denen die gegnerischen Armeen wiederholt versuchten, die Nordflanke ihres Feindes zu umzingeln. Nachdem die Deutschen die Stadt Lille östlich von La Bassée erobert hatten, griffen sie die exponierte britische Flanke weiter nördlich in Richtung Ypern in Belgien an. Nachdem die Briten nun zurückgedrängt sind, besetzen die Deutschen La Bassée und Neuve Chapelle, die die Briten versucht haben, einzunehmen. Mit Alexander als Teil der unterstützenden deutschen Verstärkung, die den Feind verfolgt, und mit der Lahore-Division des britischen Indischen-Korps zur Abwehr deutscher Angriffe, sind beide Seiten in eine Pattsituation geraten, nachdem die Ressourcen auf die ‚Erste Flandernschlacht' konzentriert wurden. Tag und Nacht, unter schlimmsten Bedingungen und unter ständigem Beschuss, werden Schützengräben ausgehoben — der Stellungskrieg hat nun begonnen.

Während der jüngsten Gefechte bekommen wir zum ersten Mal einen echten Einblick in die verheerende Wirkung dieser Ereignisse und erkennen, dass die Schrecken keinerlei Diskriminierung gegenüber Alter, Klasse oder den Plänen und Träumen aller Beteiligten mit sich bringen. Dieses Buch wird Sie immer wieder daran erinnern und die Dinge ins rechte Licht rücken. Ein Opfer, das mir jedoch am meisten ins Auge fällt, ist Prinz Heinrich XLVI zu Reuß, der als einer der wenigen deutschen Prinzen im Krieg fiel. Mit 18 Jahren war er gerade erst ein Mann geworden und würde von vielen immer noch als Junge angesehen werden — Wie war sein Leben? Was hatte er nach dem Krieg vor? Wo sah er sich in den kommenden Jahren mit seiner zukünftigen Frau und seinen Kindern? — All das hätte er gedacht und sich manchmal gefragt. Dies spielt jedoch keine Rolle mehr, da seine Existenz durch einen Granatsplitter einfach ausgelöscht wurde.

Prinz Heinrich XLVI zu Reuß

Der Angriff am 20. – 23.10.1914

Diese von Alexander gezeichnete, perfekt erhaltene Karte wurde während aktueller Ereignisse gezeichnet und beschreibt den Vormarsch des Bataillons in Richtung der englischen Stellungen nördlich von La Bassée. Von Annoeullin aus startete sein Bataillon einen dreitägigen Vorstoß zur Verfolgung der sich zurückziehenden Engländer und endete schließlich in der Nähe der englischen Stellung beim Heckenhof, der stark befestigt und verteidigt war.

1 = Heckenhof
2 = Jägerhof
3 = Apfelhof
4 = Bereitschaftsgehöft

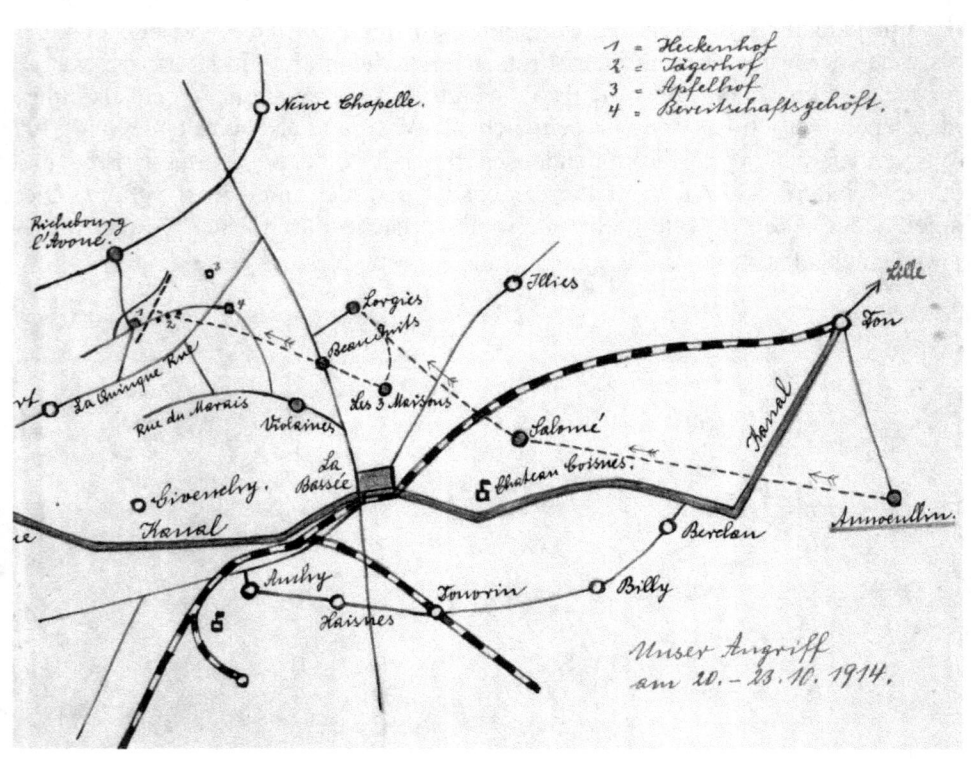

4

21.11.1914   Nach dem strömenden Regen der letzten Zeit, der die Gräben in einen fürchterlichen Zustand versetzte, herrscht jetzt starker Frost. Die Fenster sind jetzt dick zugefroren.

24.11.1914   Leider war die Freude nur kurz — es regnet schon wieder.

26.11.1914   Wir waren jetzt wieder 4 Tage im Graben. La Bassée ist jetzt durch andere Truppen besetzt. Wir sind heute und morgen als Reserve in einem Gehöft des Dorfes Violaines, ungefähr 800 Meter hinter der Front und kommen dann 2 Tage zur Erholung nach Salomé, dem Dorf, von dem aus wir vor einem Monat Les-Trois-Maisons stürmten. Vorige Woche war ein Angriff auf die englische Stellung geplant und wir hatten uns schon durch immer weiteres Vorgraben bei Nacht bis auf 50 Meter herangearbeitet, so dass wir bereits Handgranaten hinüberwerfen konnten. Zum Glück wurde aber der Angriff wieder aufgegeben, da die Engländer ihre ganze Linie unterminiert haben sollen und wir daher rettungslos beim Sturm in die Luft geflogen wären. Dafür kam der Befehl, uns in unseren Gräben für den Winter einzurichten.

Sofort ging es nun an die Arbeit. Wir haben unseren Offiziersunterstand vergrößert, so dass man jetzt darin lang liegen und aufrecht stehen kann. Die Wände haben wir mit Latten benagelt und mit grauem Futterleinen als Tapete bespannt. Ein großes Bordbrett, Spiegel und Thermometer sind aufgehängt. Tisch und Stühle, sowie ein kleiner Kanonenofen mit Holzkohlenfeuerung (kein verräterischer Rauch) sind vorhanden. Wir haben ferner 2 Geschirrkörbe, Futterkisten, Petroleumlampe und Weckuhr. An der Tür Vorhänge, auf dem Boden Stroh. Es ist jetzt urgemütlich drin und was die Hauptsache ist, warm und wir können dauernd kochen. Ähnliche große Unterstände mit Kochöfen, wenn auch nicht so luxuriös ausgestattet, haben wir für jeden der 3 Züge gebaut als Wärm- und Kaffeestuben. Außerdem hat natürlich noch jeder Jäger sein Einzelloch zum Schlafen. Die früheren Einzelschützenlöcher sind schon längst miteinander verbunden, so dass ein durchlaufender Schützengraben entstanden ist. Unsere Tätigkeit besteht jetzt nur noch aus Wach- und Schanzdienst. Bei Nacht wachen 2 Züge im vordersten Graben und der dritte Zug schläft hinten. Bei Tag wird dann gewechselt. Jede Nacht muss ein Offizier vorn mit wachen, was wir abwechselnd tun. In den 4 Tagen, in denen wir immer vorn sind, komme ich also einmal dran; das kann man schon aushalten.

Kürzlich war es einige Tage mordskalt, aber jetzt haben wir wieder dieses elende nasskalte Dreckwetter. Umso mehr freuen wir uns über unseren schönen Bau. Den ganzen Tag wird gekocht und gegessen. Meist gibt es früh Kakao, wozu wir gestern den von Tante Anna geschickten wunderbaren Kuchen gegessen haben. Wir drei, nämlich Leutnant Müller, Offiziersstellvertreter Totzek und ich, leben nämlich aus einer gemeinsamen Futterkiste. Was der eine bekommt, füttern die anderen mit. Auf diese Weise haben wir stets Abwechslung, denn wir sind aus ganz verschiedenen Gegenden, wo jeder seine besonderen Spezialitäten hat. Zu Mittag wird solid gefrühstückt; in den letzten Tagen meist rohen und gekochten Schinken und Schweizer Käse, dazu Rotwein. Nachmittag Kaffee und abends Feldküchensuppe und dasselbe wie zum Frühstück. Dazwischen wird alles Mögliche, was jeder geschickt bekommt, verdrückt. Not leiden wir also jetzt nicht. Oft kochen wir Bouillon aus Suppenwürfeln. Gestern haben wir uns sehr starken Grog aus Arrak gemacht, bis wir die nötige Bettschwere hatten. In Violaines hatte ich endlich wieder mal ein Bett zur Verfügung und habe wunderbar geschlafen.

Die Schützengräben haben wir jetzt mit Namensschildern versehen und die Namen nach Marburger Vorbild gewählt. Es klang zu ulkig, als Vizefeldwebel Schöbitz kürzlich meldete: „Melde Herrn Leutnant, dass ich nach Ecke Universitäts- und Haspelstraße verzogen bin." Wir machen es uns ebenso vergnügt wie möglich. Die Ziehharmonika wird mit Begeisterung gespielt. Dabei pfeifen fortgesetzt die Geschosse über unsere Köpfe, richten aber, wenn man nicht unvorsichtig ist, selten mehr Schaden an, da unsere Gräben allmählich so tief ausgebaut wurden, dass man aufrecht darinstehen kann. Nach und nach werden von uns alle Gehöfte der nächsten Umgebung abgerissen und das Holz zum Bau der Unterstände verwendet. Ganze Scheunentore werden nachts nach vorn geschleppt. Die Besitzer der Felder werden später monatelang arbeiten müssen, um die Unmenge eingebauter und eingerammter Balken wieder aus der Erde zu holen. An besonders nassen Stellen haben wir große Weinfässer eingebaut, in denen unsere Posten nun trockenstehen können.

Wir haben uns jetzt ein anderes Gehöft als Reserve aussuchen müssen, da das Bisherige in den letzten Tagen zu sehr mit schweren Granaten beschossen wurde. Es liegen dort Blindgänger (nicht krepierte Granaten) von 40 bis 50cm Länge und 15cm Durchmesser. Eine Granate von diesem Kaliber genügt, um ein Bauernhaus völlig zu zertrümmern. In unserem jetzigen Gehöft wohnen sogar noch 4 Frauen und 1 Kind, trotzdem täglich ringsum die Granaten und Schrapnells platzen und die Infanteriegeschosse einschlagen. Übrigens haben sich meine Sprachkenntnisse sehr vervollkommnet; wir unterhalten uns ohne Schwierigkeit mit den Franzosen. Wütend werden sie, wenn man ihnen sagt, die Engländer wären ihre Freunde, denn auf die sind sie spinnefeind, weil sie hier, wie die Russen gehaust haben. Schon oft wurde mir gesagt, die Deutschen wären ihnen zehnmal lieber als ihre Verbündeten. Wir geben aber auch den Leuten von unserem Essen ab und die Kinder bekommen Schokolade und so weiter. Dafür sind die Leute viel williger und dienststeifriger, als wenn wir sie schlecht behandeln würden.

An vielen Häusern in La Bassée und anderen Orten steht von unseren Soldaten angeschrieben: „Gute Leute, bitte schonen." Wo keine Bewohner mehr sind, wird natürlich alles, was wir gebrauchen können, in die Schützengräben geschafft. Die Stadt La Bassée ist auf diese Weise so ziemlich ausgeräumt. Unsere Öfen und sonstige Einrichtungen stammen zum Beispiel von dort, und es war eine Riesenarbeit, dies alles während der Nacht und im feindlichen Feuer nach vorn zu bringen. Denn die Entfernung bis zu uns ist ungefähr so, als wenn wir von Weida Öfen, Tische, Stühle und so weiter nach Wünschendorf oder Hohenölsen schaffen wollten. Unsere Gräben sind alle paar Schritte mit bogenförmigen Schutzwehren versehen, um Artilleriefeuer auf einen kleinen Raum zu beschränken.

29.11.1914 Wir sind jetzt keine „Frierenden und hungernden Krieger" mehr, sondern leben oft besser wie zu Hause. Unsere Leute bekommen viel zu viel geschickt. Wir haben ganze Säcke voll Liebesgaben bekommen, vor allem auch Kleidungsstücke, die wir auf die Packwagen nehmen mussten, weil jeder alles doppelt und dreifach hat. Es ist schon so weit gekommen, dass die Leute ihre Wäsche gar nicht mehr waschen, sondern einfach wegwerfen. Es ist vielfach jammerschade um die schönen, teuren Sachen, die hinausgeschickt werden. Das wird man natürlich zu Hause nicht glauben wollen.

Wir haben jetzt am englischen Gewehr die Vorrichtung zur Herstellung von Dum-Dum-Geschossen entdeckt, mit der man die Geschossspitzen abbrechen kann; sie scheint aber nur selten benutzt zu werden, denn die Verwundungen, die ich bisher sah, waren nicht unnormal. Auch zeigten Geschosse, die wir aus der Erde holten, keine Veränderung.

Wir sind hier mit allen möglichen Truppen zusammen — Bayer, Badener, Westfalen, Rheinländer und so weiter. Aus unserer Gegend niemand; die sind wohl in Russland. Wir gehören jetzt schon wieder zu einer anderen Brigade. Wir sind jetzt in Ruhe in Salomé und ich wohne in einem kleinen Haus zusammen mit Totzek und 3 Burschen. Der Eigentümer ist mit seiner Familie fort. Als Tischtuch dient uns das rotseidene, spitzenbesetzte Ballkleid von Madame.

Vorige Nacht haben die Inder angegriffen, sind aber abgeschlagen worden. Wir haben hier in Salomé das starke Geschütz- und Gewehrfeuer gehört. Da für diese Nacht wieder ein Durchbruchsversuch befürchtet wurde, mussten wir uns bereithalten, binnen 5 Minuten abzurücken. Es blieb aber alles ruhig und ich habe großartig geschlafen. Wir essen jetzt jeden Abend Pellkartoffeln mit Butter, was uns schon lange nicht mehr passiert ist. Kürzlich war ein Festtag, denn wir haben zu viert eine Flasche deutsches Bier getrunken. Gestern zur Feier des drohenden Angriffs sogar eine Flasche Sekt. Heute Abend rücken wir wieder auf 4 Tage in den Graben.

1.12.1914 Eben habe ich eine 14-stündige Nachtwache hinter mir. Wir haben uns die ganze Nacht mit den Engländern herumgeschossen, zumal wenn die Leuchtkugeln das Gelände taghell erleuchteten. Nun bin ich wieder für 8 Tage frei von Wache und habe so gut wie nichts zu tun. Die Kriegsfreiwilligen sind eine furchtbare Plage. Von militärischem Gefühl keine Spur und dabei so unbeholfen in jeder Beziehung, dass man ihnen zeigen musste, wie Holz klar gehackt und Feuer angemacht wird. Außerdem ist es eine schlappe Bande, die nichts aushält. Die Hälfte hat sich schon in den letzten 8 Tagen krankgemeldet, heute allein 4. Wir haben nichts wie Ärger mit den Kerlen.

4.12.1914 Wir haben uns jetzt wieder verbessert und uns einen neuen Unterstand gebaut, der über noch einmal so groß ist wie der bisherige. Es ist eine richtige Stube, mit Tür, Fenster, gefalzten Dielen, Ofen, großem rundem Tisch mit Wachstuch, 4 Stühlen und so weiter. Morgen wird tapeziert. Ferner kommen noch Matratzen und Steppdecken hinein, sowie eine große Petroleumhängelampe. Alles wird mit unserem, natürlich kostenlos requirierten Kompaniewagen in der Nacht bis dicht an den Graben herangefahren und dann hereingeholt. Wenn wir unsere Burschen fragen, was die Sachen in La Bassée gekostet haben, antworten sie immer: „Nichts. In dem Laden war kein Verkäufer." Wir haben zum Beispiel aus einem verlassenen Laden wundervolles Porzellan geholt. Fein ist auch das Französisch unserer Leute. Mein Bursche sollte eine Kaffeemühle holen, was er mit folgenden Worten erledigte: „Madame, le Mühl". Er hat sie aber trotzdem gebracht.

Heute haben wir den von zu Hause erhaltenen Kakao probiert; dazu gab es Schwarzbrot, Brötchen, Zunge, Sülze und rohen Schinken. Heute Mittag ist ein großes Diner, wozu wir den Artillerie-Beobachtungsoffizier einladen. Sekt ist schon angefahren. Bei dem jetzigen schönen Wetter kann man es hier schon aushalten, wenn nur die ewige Schießerei und Lebensgefahr nicht wäre. Die Engländer passen auf wie die Heftelmacher. Sowie man den Kopf heraussteckt, pfeifen einem die Geschosse um die Ohren. Fast jeden Tag gibt es Verluste, meist sofort tödliche Kopfschüsse. Kein Wunder bei der kurzen Entfernung; wir sind ja in der vordersten Linie nur noch 50 Meter auseinander. Immerhin haben wir es noch zehnmal besser, als wenn wir stürmen müssten. Die nächste Nacht verbringe ich mit dem Leutnant im Reservegehöft, wo ich mich endlich wieder seit 5 Tagen waschen kann. Das ist der größte Übelstand im Graben, dass man sich nicht waschen kann, denn das Wasser kann nur nachts von den rückwärtigen Gehöften herangeschafft werden und ist also zum Waschen viel zu kostbar.

Dann kommen wir wieder 2 Tage nach Salomé.

5.12.1914 Bei unserer Ankunft in Salomé erfahre ich soeben, dass ich das Eiserne Kreuz bekommen habe. Wahrscheinlich wird man zu Hause stolzer darauf sein als ich. Das Eiserne Kreuz habe ich besonders für die Führung meines Zuges bei den Angriffen auf Souchez-Loretto und auf Lorgies bekommen. Ich werde es nach Hause schicken, denn hier trägt man jetzt nur noch das Band am Knopfloch.

Hinweis: Das Eiserne Kreuz ist die Auszeichnung, die für herausragende Tapferkeit verliehen wird. Das Eiserne Kreuz 2. Klasse wird an einem Band gehalten, während das Eiserne Kreuz 1. Klasse an der Uniform befestigt ist und seltener verliehen wird, was ein höheres Prestige darstellt.

Heute Abend werden wir zum zweiten Mal gegen Typhus geimpft. In den letzten Tagen ging ein derartiger Paketregen auf mich nieder, dass ich gar nicht weiß, wo ich alles unterbringen soll. Eben sagte ich noch zum Leutnant, ich bekäme bestimmt einen Stollen geschickt und wenige Stunden darauf war er da. Besonders habe ich mich auch über den beiliegenden Tannenzweig gefreut, denn Tannen gibt es hier nicht. Ein einziger großer Nadelbaum steht zwischen den Engländern und uns, aber ist von einer Granate in der Mitte durchgerissen und die Krone hängt herab. Hier ist in den letzten Tagen außer der üblichen Schießerei nichts weiter vorgefallen. Gestern wäre es uns aber beinahe durch unsere eigene Artillerie schlecht gegangen. Ich ging gerade die Hauptstraße von Salomé entlang. Über mir kreiste ein feindlicher Flieger, der von unseren Abwehrkanonen beschossen wurde. Wir freuten uns eben, dass die Schrapnells so dicht bei ihm platzten, da kamen plötzlich mit unheimlichem Surren mehrere Sprengstücke heruntergesaust, wovon eins dicht neben uns mitten in die Straße fuhr.

Jetzt habe ich Lebensmittelvorräte für 4 Wochen. Ein großer Teil davon kommt in den Koffer, damit ich nicht in Versuchung komme, alles auf einmal aufzuessen. Augenblicklich ist wieder ein Sauwetter, warm, aber furchtbarer Regen und Sturm. Mir graut schon vor heute Abend, wo ich wieder 6 Tage vor muss, obgleich man sich schon an so vieles hat gewöhnen müssen. Wie oft habe ich nun schon Nachtwachen von 14 Stunden in strömendem Regen verbracht, ohne eine Minute Schlaf, stets im Freien in vorderster Linie und immer in Gefahr, angeschossen zu werden?

8.12.1914 Es ist sehr warm, aber dafür regnet es fast alle Tage; so viel Schlamm wie letzte Nacht habe ich in meinem ganzen Leben noch nicht gesehen. Bis hoch über die Knie bedeckt uns alle eine dicke Schlammkruste. Als wir die andere Kompanie ablösten, sind wir bis über die Knie im Schlamm gewatet.

9.12.1914 Wider Erwarten sind wir in dem jetzigen unglaublichen Dreck noch nicht erstickt. Heute gehen hier Gerüchte von einem großen Sieg über die Russen; hoffentlich ist es wahr.

Hier bei uns ist es bis auf die übliche Schießerei ruhig. Vorgestern habe ich das erste Mal meine Pistole benutzt, aber nicht gegen den Feind, sondern auf der Hühnerjagd. In einem Gehöft hinter dem Graben gab es noch eine Anzahl halb verwilderter Hühner. Zwei davon konnten wir fangen, aber die andern waren dann zu wild geworden und ich musste das Dritte mit der Pistole schießen. Wir haben es dann mit einem Suppenwürfel ‚Reis mit Tomaten' gekocht und ein sehr gutes Mittagessen gehabt.

10.12.1914 Nur mit Grauen geht man aus dem schönen Unterstand hinaus in den grundlosen Schlamm.

12.12.1914 Wir freuen uns schon wieder auf morgen Abend, wo wir nach 6 Tagen Schlamm wieder auf 2 Tage zum Trocknen nach La Bassée kommen. Gerade in der Weihnachts- und Neujahrsnacht wird meine Kompanie wieder vorn sein.

13.12.1914 Wir sind wieder in La Bassée. Die 6 Tage im Graben waren entsetzlich. Jede Nacht Regen und daher knietiefer Schlamm in den engen Schützengräben. In den letzten Tagen tropfte es auch noch durch die Decke unseres Unterstandes; es war die reine Tropfsteinhöhle. Der Dreck war so furchtbar, dass wir uns gar nicht mehr darüber ärgerten, sondern alles lächerlich auffassten. Es war dies der höchste Grad von Galgenhumor. Wir sind jetzt von den Engländern an der Stelle, wo sie eine lebende Hecke und ein ganz zerschossenes Gehöft (der sogenannte Heckenhof) zu einer kleinen Festung ausgebaut haben, nur noch 30 Meter entfernt. Man hört sie deutlich drüben husten.

Andauernd bewerfen sie uns jetzt mit Handgranaten, die mit starkem Knall explodieren, aber sonst ziemlich harmlos sind, denn man sieht sie kommen, gerade als wenn jemand hoch im Bogen einen handgroßen Stein herüberwirft. Man braucht dann bloß aufzupassen, wie die Wurfrichtung ist und verschwindet dann schnell um die nächste Schulterwehr *(ein Graben, der senkrecht zu einer Grabenlinie gegraben ist)*. Es sind schon mindestens 100 Stück nach unserem vordersten Graben geworfen worden, ohne dass bisher jemand getroffen wurde. Viel gefährlicher sind die Gewehrschüsse; sowie sich hüben oder drüben jemand nur im Geringsten zeigt, pfeifen die Geschosse. Hiervor ist man ja hier in La Bassée wenigstens sicher, dafür wird die arme Stadt fast täglich mit schweren Granaten beschossen. In diesem Trümmerhaufen gibt es jetzt gar nichts mehr zu kaufen, denn alles ist zerschossen.

Heute machen wir uns Glühwein von dem geschickten Arrak. Gegen früher, wo wir tagelang außer Feldküchensuppe nur trockenes Brot und Speck hatten, führen wir jetzt das reinste Schlemmerleben. Zigarren sind jetzt als Liebesgaben in solchem Überfluss vorhanden, dass wir nicht wissen, wohin damit.

Durch Seine Augen

Die Art und Weise, wie Alexander die Reihe der Ereignisse beschreibt, löst bei mir immer noch die gleiche Gänsehaut aus, wie an dem Tag, als ich sie zum ersten Mal gelesen habe — die schiere Brutalität, die entsetzlichen Bedingungen und die unvorstellbaren Bilder. Ein Teil von mir wünscht sich, einen realistischen Eindruck davon zu bekommen, Alexanders Erfahrungen wirklich zu begreifen, auch wenn die Realität erschreckend wäre. Es sind jedoch nicht nur die brutalen Kampf- und Lebensbedingungen, die mich interessieren (welche aber die am häufigsten diskutierten Themen des Ersten Weltkriegs sind), sondern auch die Kameradschaft, die alltäglichen Erfahrungen und die einzelnen Menschen, die daran beteiligt waren. Jedes einzelne Leben, welches nun, über 100 Jahre später, vergessen ist. Genau wie Sie jetzt nutze ich meine Vorstellungskraft und kreiere Bilder in meinem Kopf, die jeden erwähnten Ort und jede Person wieder zum Leben erwecken.

Was hat er gesehen und gefühlt? Wie sahen seine Freunde und Kameraden aus? Wie war es genau in diesem Moment, den er so anschaulich beschrieb? — Die überwiegende Mehrheit der heute existierenden historischen Dokumente und Kriegstagebücher überlassen diese Vorstellungen bisher dem Leser oder zeigen zumindest einige Bilder, die nicht vom Autor selbst festgehalten wurden. Was wäre, wenn ich Ihnen sagen würde, dass das Niveau und die Detailliertheit der folgenden Kapitel bald durch Hunderte von Alexanders selbst gemachten Fotos begleitet werden, die zusammen mit seinem Tagebuch diese Kriegserlebnisse wie nie zuvor dokumentieren? Es ist natürlich immer noch das Jahr 1914, und Alexander hätte nie vorhersehen können, wie lange dieser Krieg dauern würde. Während dieser Krieg voranschritt, fotografierte und dokumentierte er diesen. Er sammelt Postkarten, Dokumente und anderes Material, welches uns heute ermöglicht, in seine vor über 100 Jahren gemachten persönlichen Erfahrungen einzutauchen.

Von einer alten Postkarte: Die zerschossene Stadt La Bassée.

5

15.12.1914 Von zu Hause habe ich ein Familienbild mit den Kindern bekommen. Dafür habe ich mir aus einem gefundenen Spiegel mit gelber Celluloideinfassung einen feinen Bilderrahmen zum Aufstellen gemacht, denn bei uns im Krieg wird alles irgendwie verwertet. Mit Beförderung sieht es bei uns immer noch faul aus; bisher ist noch niemand Offizier geworden.

Heute Abend geht es wieder vor in den Graben. Das Wetter wird immer schlechter; fortwährend Sturm und Regen. Hoffentlich kommt bald Kälte, damit die Wege gangbarer werden.

17.12.1914 Es wird immer ungemütlicher, da es dauernd durch die Decke tropft; von dem Zustand der Gräben ganz zu schweigen.

Heute Abend waren wir abgelöst worden und ich hatte mit meinem Zug noch 2 Tage in einem Gehöft einige 100 Meter hinter der Front in Bereitschaft zu bleiben. Dann sollten wir wieder nach La Bassée kommen. Leider kam es aber ganz anders — Den Tag über amüsierten wir uns mit Hühnerjagd; wieder erledigte ich eins der letzten Hühner in dieser Gegend mit meiner Browningpistole. Am Abend kamen mit der Feldküche eine Menge Briefe und Pakete für mich und es schien alles in bester Ordnung zu sein. Trotzdem war in mir eine merkwürdige Unruhe, gerade, als hätte ich geahnt, was uns die nächsten Stunden bringen sollten. Ganz gegen meine Gewohnheit packe ich alle Liebesgaben schön wieder zusammen und mache überhaupt alles für einen sofortigen Aufbruch fertig. Die Fensterscheiben sind zerschossen und bei dem immerwährenden Sturm zieht es mächtig herein.

Früh ungefähr halb 5 werde ich durch eine wüste Artillerie- und Infanterieschießerei wach, was mich aber zunächst nicht aus der Ruhe brachte, denn die Engländer bekommen öfters diesen Schießkoller. Plötzlich aber wird die Tür aufgerissen und hereinstürzt ein verwundeter Oberjäger von der Maschinengewehrkompanie, der vor Schreck wie irrsinnig ist. Aus seinen wirren Reden entnehme ich, dass der Feind unsere 2. Kompanie überfallen, einen großen Teil davon niedergemacht und auch Maschinengewehre genommen habe. Die Inder hätten allen mit ihren krummen Messern die Kehlen abgeschnitten sowie alles niedergestochen. Ich alarmiere sofort meine Leute, die nebenan in Unterständen schlafen und im heftigsten Feuer besetzen wir einen als Aufnahmestellung schon früher ausgehobenen Schützengraben vorm Gehöft, um, falls unsere Leute zurückgedrängt werden, sie hier aufzunehmen und erneut Widerstand zu leisten. Kellermann, der schon auf der Lorettohöhe neben mir verwundet wurde und eben erst geheilt wiedergekommen war, bekommt neben mir einen Schuss durch den Fuß. Verwundete kommen vorbei und erzählen ebenfalls Schauergeschichten. Genaues war aber nicht zu erfahren. Später hörten wir aber, dass bei diesem Überfall gar keine Inder mit beteiligt waren.

Nach ungefähr 1 Stunde bekomme ich von vorn den Befehl, zur Unterstützung vor in den Graben zu kommen. Das war aber leichter gesagt, als auszuführen, denn die Straße war ungangbar, da sie mit Gewehr- und Artilleriefeuer förmlich überschüttet wurde. Bei derartigen Angriffen feuert bekanntlich die Artillerie hauptsächlich auf das rückwärtige Gelände, um das Heranbringen von Verstärkungen zu verhindern. Die nach vorn ausgehobenen Verbindungsgräben aber waren gestrichen voll Wasser. Immerhin lieber nass als totgeschossen, also rein in die Schlammbrühe — das war ein Staucher; über 1 Kilometer vor in Wasser und Schlamm. Fortgesetzt pfeifen die Geschosse über unsere Köpfe entweder mit lautem Zischen oder, wenn sie von weiter herkommen, mit einem leisen singenden Ton. Ab und zu surrt ein Querschläger wie ein wildgewordener Maikäfer vorbei. Dabei stockfinstere Nacht, die aber alle paar Sekunden blitzartig erhellt wird; dann folgt unmittelbar darauf ein entsetzlicher Krach und um uns prasseln die Schrapnellkugeln. Ununterbrochen schlagen Gewehrgeschosse mit unangenehm durchdringendem Peitschen ähnlichem Ton um uns ein.

Hinweis: Laufgräben werden gebaut, um als geschützter Weg nach hinten und an die Front zu dienen. Diese helfen den Männern, Vorräte und Lebensmittel zu transportieren.

Endlich kommen wir bis auf ein paar Leichtverwundete wohlbehalten vorn an, wo uns der Kompanieführer der 2. Kompanie, Prinz Lippe, mit einem Aufatmen empfängt. Hier herrscht eine unbeschreibliche Verwirrung. Es ist noch dunkel und kein Mensch weiß recht, was passiert ist und was Freund oder Feind ist, denn die Engländer, die uns überhaupt in solchen Schikanen über sind, haben die Tschakos unserer toten Jäger aufgesetzt und sind also im Halbdunkel nicht so leicht als Feinde zu erkennen. Patrouillen werden daher in die Verbindungsgräben nach vorn geschickt, wodurch wir endlich feststellen können, dass den Engländern der Überfall doch nicht ganz so geglückt ist, wie sie es sich gewünscht haben. Nur die Hälfte des vor der 2. Kompanie liegenden vordersten Grabens ist in ihrem Besitz, leider aber auch 2 M.G *(Maschinengewehre)*; außerdem fehlt ein ganzer Zug. Was nicht gefallen ist, wurde gefangen.

Wir sehen auf nur 30 Meter Entfernung die Engländer fieberhaft arbeiten. Mit mitgebrachten Sandsäcken haben sie im Handumdrehen Schießscharten nach uns zugebaut und schon ist die schönste Schießerei im Gange. Bei der kurzen Entfernung kein Kinderspiel. Immer wieder ermahne ich meine Leute zur äußersten Vorsicht. Eben noch rufe ich einen 2 Schritt neben mir stehenden Kriegsfreiwilligen an, der nach dem Schuss den Kopf zu lange oben behält. In diesem Augenblick gibt es dessen Kopf einen Ruck, der bekannte und so entsetzliche dumpfe Ton des Geschossaufschlags ertönt und langsam sinkt der Mann in sich zusammen. Das Geschoss ist in die Stirn eingedrungen und hat hinten die halbe Schädeldecke weggerissen. Noch im Fall krallt er seine Hände in die Wunde und beschmiert sich über und über mit seinem eigenen Gehirn. Es war ein furchtbarer Anblick. Aber gerade diese Wunde habe ich schon sehr oft gesehen, denn in den Schützengräben gibt es fast nur Kopfschüsse, die auf so kurze Entfernung explosionsartig wirken.

Ein Zurückerobern des Grabens im Sturm scheint mit Rücksicht auf die zu erwartenden großen Verluste nicht ratsam. Deswegen beschließen wir, in den Verbindungsgräben mit Handgranaten vorzugehen und zu versuchen, auf diese Weise die Engländer wieder hinauszuekeln. Vorher aber sollen sie noch von Pionieren mit Minenwerfern bearbeitet werden. Bevor aber alles zur Stelle ist, vergeht fast der ganze Tag und erst am späten Nachmittag beginnen die Minenwerfer ihre Tätigkeit. Es sind dies kleine Mörser, die mit Zündschnur versehene starke Sprengladungen auf kurze Entfernung durch die Luft schleudern. Bald sehen wir, wie die Minenwürste durch die Luft schlenkern. Die Explosion erfolgt kurz darauf beim Auftreffen mit einem ganz unglaublichen Knall. Haushoch steigen schwarze Rauchwolken. Aber auch die Engländer bewerfen uns in der gleichen Weise, nur sind ihre Minen viel kleiner und nicht so wirksam wie unsere; außerdem waren sie an diesem Tag schlecht gezielt.

Jetzt gingen nun auch unsere Granatwerfer vor — vornweg im Graben 2 Pioniere, die fortgesetzt Handgranaten vor sich hinwerfen. Sowie eine explodiert ist, springen sie sofort vor in den Rauch und werfen die nächste. Hinterher ein Zug Jäger mit aufgepflanztem Hirschfänger. Währenddessen nehmen wir andern den Feind unter kräftiges Gewehr- und Maschinengewehrfeuer. Die Sturmkolonne hält ab und zu einen Tschako mit einem Stock hoch, damit wir wissen, wie weit sie vorgedrungen sind. Wir richten uns dann mit unserem Feuer danach ein. Langsam geht es so vorwärts und am Abend haben wir die Hälfte der verlorenen Stellung wieder. Die Nacht verbringen wir natürlich in angespanntester Wachsamkeit, da es ja nicht unmöglich ist, dass wir wieder angegriffen werden. Es bleibt aber alles ruhig und so wie es hell wird, setzen wir die Säuberung des Grabens fort. Den Engländern muss diese Art des Vorgehens doch etwas unheimlich geworden sein, denn in kurzer Zeit und ohne Verluste haben wir unsere ganze alte Stellung wieder.

Am nächsten Tag kam unsere Rache. Wir sprengten vor dem von den Engländern zu einer kleinen Festung ausgebauten Heckenhof eine Erdmine hoch und stürmten, ehe sich die Engländer von ihrer Verblüffung erholen konnten, den Heckenhof und mehrere Reihen Gräben, wobei wir eine ganze Anzahl Engländer und auch Inder (Gurkhas) gefangen haben. In der übernächsten Nacht griffen uns die Engländer, die inzwischen 2 neue Regimenter zur Verstärkung herangezogen hatten, wieder an. Wir hatten die uns gegenüberliegenden Strohfeimen mit Leuchtraketen in Brand geschossen, so dass wir sie ankommen sahen, von uns mit einem tollen Feuer begrüßt. Leider versagten viele unsere Gewehre infolge des entsetzlichen Drecks und wir nahmen daher englische Gewehre, die anscheinend weniger empfindlich sind. Allein ich habe in dieser Nacht aus einem englischen Gewehr einen ganzen Patronengurt von 200 Stück verschossen. Nach heftigem Kampf mussten wir aber der Übermacht weichen, doch vollzog sich der Rückzug in unsere alte Stellung in vollster Ordnung und auf Befehl. Ich verließ als letzter vom ganzen Bataillon mit meinem Zug die englische Stellung; es war aber auch die höchste Zeit, denn 5 Minuten später wären wir umzingelt und gefangen gewesen. Schon am nächsten Morgen stürmten wir wieder und eroberten noch mehr wie am Tag zuvor. Die englischen Regimenter wurden vollständig zusammengeschossen, aber auch mein Bataillon hat in diesen Kämpfen 300 Tote und Verwundete gehabt.

Grauenhafte Bilder habe ich gesehen — 2 schwere Granaten schlugen mitten in meine Kompanie. Als sich der giftige, gelbgrüne Qualm verzogen hatte, war der Boden mit Toten und Verwundeten bedeckt. Von 2 Jägern waren nur der Kopf und ein Arm vorhanden. Aber auch unsere Artillerie und die Handgranaten haben furchtbar gewirkt. Massenhaft liegen zerrissene Engländer und Inder herum. Man ist aber so abgestumpft, dass man sich über nichts mehr aufregt. Gewehre brauchen wir in diesen Grabkämpfen nur wenig; wir machen alles mit Handgranaten, die jetzt jeder von uns zu handhaben versteht. Riesige Beute haben wir gemacht — indische sichelförmige Wurfmesser, wunderbare Pelze aus langhaarigem Ziegenfell, Tabak, Zigaretten, Marmelade, Biskuit, Konserven, Wollsachen und so weiter. Seit Tagen leben wir auf Kosten Englands. Man muss es den Engländern lassen, dass sie tadellos und vor allem äußerst praktisch ausgerüstet sind. England lässt sich den Krieg viel Geld kosten.

Als ich gestern im vordersten Graben Aufsicht hatte, bin ich mit einem Jäger einen Graben vorgekrochen, der zum englischen Schützengraben führt und der mit toten Engländern angefüllt ist. In der einen Hand die Pistole, in der anderen 2 Handgranaten — so schlichen wir uns vor und haben aus den Tornistern herrliche Sachen erbeutet wie Strümpfe, Brustwärmer, schottische Schals, Taschentücher, Wollmützen und so weiter. Bei dieser Gelegenheit erbeutete ich auch einen ganz neuen silberhaarigen Ziegenpelzrock, um den mich die vornehmste Dame beneiden würde. Fast alles, was wir jetzt anhaben, essen, trinken oder sonst wie benutzen, stammt von den Engländern. Unsere sämtlichen Leute laufen in den schönen, warmen, wasserdichten Ziegenpelzen herum. Sie sehen aus wie Eskimos. Leider ist mein Kompanieführer Leutnant Müller, der einzige Offizier der ganzen Kompanie, beim Sturm auf den Heckenhof von einem Inder erschossen worden. Vom Weihnachtsfest haben wir nichts gehabt. Ich saß im eroberten Indergraben und fror entsetzlich. Dabei schlugen fortgesetzt die schweren Granaten wenige Meter vor und hinter mir ein. Später als es dunkel wurde, haben wir auf der ganzen Linie im Schützengraben Weihnachtslieder gesungen, was aber die Engländer schwer geärgert haben muss, denn sie beehrten uns dafür mit Schrapnellfeuer.

Mondhelle Nacht. Vor uns auf den Feldern sind überall die Toten verstreut — das war ein Bild, das ich nie vergessen werde. Wir haben in diesen Tagen übermenschliches geleistet und entsetzliches Leiden ausgestanden. Unser allerschlimmster Feind war der knietiefe zähe Schlamm, aus dem man die Füße nur mit größter Anstrengung herausbrachte. Unsere Füße schwollen an und wurden wund, und jeder Schritt war eine entsetzliche Qual. Mühsam und stöhnend schleppten wir uns durch die Gräben. 14 Tage habe ich in meinen vollständig verschlammten, triefenden Sachen gesteckt, in 4 Tagen nur 2 Stunden richtig geschlafen und mich heute zum ersten Mal wieder seit 14 Tagen gewaschen. Wir sind körperlich und geistig vollkommen zusammengebrochen. Ich schäme mich nicht zu sagen, dass wir manchmal vor Verzweiflung geheult haben. Ein Trost ist nur, dass es den Engländern nicht anders geht. Gestern streifte der Tod wieder zweimal ganz knapp an mir vorbei — 2 Schrapnells platzten so dicht neben mir, dass ich den ganzen Tag fast taub war; die Splitter sausten mir nur so um den Kopf herum. Meine Uniform ist zur Hälfte gelbgrün geworden von den giftigen Dämpfen der englischen schweren Granaten. Unsere schönen Unterstände haben uns die feindliche Artillerie eingeschossen.

27.12.1914 Endlich sind wir wieder 2 Tage in La Bassée. Ich bin immer noch wie vor den Kopf geschlagen von den Schrecknissen der letzten Tage. Nie hätte ich geglaubt, dass ein Mensch derartige Strapazen aushalten könnte. Zu Hause kann man sich gar keinen Begriff machen, wie schrecklich es hier ist. Ich habe Leute gesehen, die mitten im Gefecht wie wahnsinnig wurden. Meine Berichte gehen deshalb auch jetzt etwas wie Kraut und Rüben durcheinander. Diese Tage werden ein ganz besonderes Ruhmesblatt in der Geschichte unseres Bataillons sein.

Es war schrecklich; überall Nässe, von unten das immer höher steigende Grundwasser, von oben tropft der dauernde Regen durch die Dächer der Unterstände und dazwischen dieser verfluchte zähe flandrische Schlamm — Tagelang ständig bis an den Bauch Nass; keine Möglichkeit, einmal die Strümpfe zu wechseln, denn man hätte die Stiefel nicht wieder an die Füße gebracht, die zu dickgeschwollenen wunden Eisklumpen geworden waren — die Hände voller blutiger, fast bis auf die Knochen gehender Risse — kein Schlaf — fast immer im Gefecht oder in Erwartung eines Nachtangriffs. Hoffentlich kommen wir nächstes Mal in Reserve, denn lange halten wir dieses Leben nicht mehr aus. Außer Leutnant Müller ist auch noch Leutnant von Seebach gefallen. Hauptmann Clasen ist schwer verwundet; in einer der letzten Nächte ging er mit mir vor an die Front, um die Linie für einen neu auszuhebenden Schützengraben festzulegen, und dabei bekam er direkt neben mir einen schweren Bauchschuss.

Heute Abend geht es wieder auf einige Tage in die Gräben.

Die Geschichte von Percy Walsh

Unter den von Alexander aufbewahrten Besitztümern befindet sich eine Zusammenstellung von Postkarten, die einst seine britischen Feinde am Tag ihres Todes bei sich trugen. Meine Mutter erzählt mir, dass ihr Vater diese zusammen mit vielen anderen alten Habseligkeiten Alexanders in einem Schrank aufbewahrte und dass sie sich daran erinnert, sie als Kind herausgenommen und angeschaut zu haben. Sie wusste damals nicht, welche Bedeutung die Fotos hatten. Nachfolgend finden Sie eine dieser Postkarten, auf die ich Sie aufmerksam machen möchte:

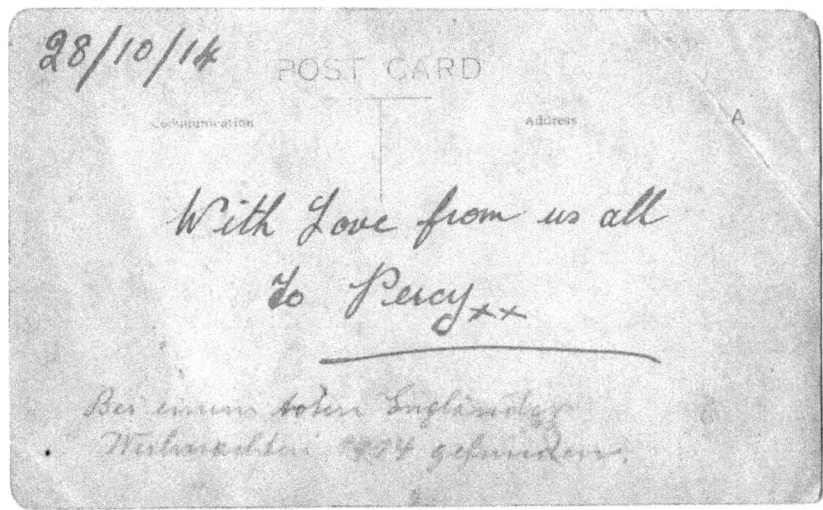

„Mit Liebe von uns allen - An Percy xx" – Dies ist eine Nachricht auf einer Postkarte, die bei einem 22-jährigen Percy Walsh aus Blackburn gefunden wurde. Er wurde am 22.12.1914 getötet, als die Deutschen den verlorenen Schützengraben zurückeroberten. Darunter schrieb Alexander: „Bei einem toten Engländer Weihnachten 1914 gefunden". Aufgrund dieser einfachen Nachricht und Alexanders Beschreibung würden die meisten zunächst wahrscheinlich denken, dass dies nicht genügend Informationen sind, um den Besitzer dieser Postkarte zu identifizieren. Nachdem ich jedoch in der ‚Commonwealth War Graves' Datenbank nach „Percy" gesucht hatte, fand ich nur einen Soldaten mit diesem Namen, der kurz vor Weihnachten starb. Er war der Einzige, dessen Wege sich mit meinem Ururgroßvater kreuzen konnten. Dieser Soldat ist in der Le Touret-Gedenkstätte begraben, weniger als eine Meile vom Heckenhof entfernt und neben derselben Straße, auf der diese Kämpfe stattfanden. Um meine Entdeckung zu bestätigen, habe ich dann Percys Bataillon (das Loyal-North-Lancashire-Regiment) recherchiert und herausgefunden, dass sich dieses Regiment genau in diesem Gebiet in einem Gefecht befand. Sie waren diejenigen, die direkt in Alexanders Sektor aus den Schützengräben zurückgedrängt wurden – Diese Postkarte gehörte diesem Mann!

Wie Sie sich vorstellen können, war ich aufgeregt und etwas überwältigt, als ich endlich ein positives Ergebnis hatte. Schließlich gehörte diese Postkarte über ein Jahrhundert lang immer zu meiner Familie, und jetzt verfügte ich über Informationen, die mir so viele weitere Antworten auf die Frage geben würden, wo alles begann. Dazu nutzte ich weitere Archive und entdeckte, dass Percy Walsh ursprünglich in der Stadt Blackburn lebte, die nur 30 Minuten von meinem jetzigen Wohnort entfernt liegt. Er war ebenfalls 22 Jahre alt, seit einem Jahr verheiratet und hatte damals einen kleinen, sechs Monate alten Sohn. Ich fand auch heraus, dass er Weber war, und ich fand sogar seine Adresse und die Namen seiner direkten Familienmitglieder heraus. All dies führte mich schließlich zu Informationen auf einer Website der Blackburn-Zentral-Bibliothek, die der Geschichte von Blackburn gewidmet ist. Als ich diese Website durchsuchte, entdeckte ich weitere Einzelheiten über Percys Bataillon und den Einsätzen – und dann sah ich es – ein Bild von Percy zusammen mit dazugehörigen Details, welche mit meinen zuvor gefundenen Informationen übereinstimmten. Ich habe sofort Kontakt mit der Bibliothek aufgenommen, um mehr zu erfahren.

Mein Besuch in Blackburn

Zusammen mit meinem Bruder besuchte ich am 20.08.2022 Mary Painter und Philip Crompton (einen Lokalhistoriker) in der Blackburn-Zentral-Bibliothek. Sie zeigten ihr starkes Interesse, indem sie mir ihre Hilfe anboten, da sie selbst auch mehr über das Tagebuch und Percys Leben erfahren wollte. Mit der Postkarte, Alexanders Bildern und Kopien seiner Tagebuchauszüge in meinen Händen erklärte ich meine Familiengeschichte und wie all diese Gegenstände in meinen Besitz gelangten. Das alles war für sie äußerst interessant und rührend, da sie darüber nachdachten, dass diese Postkarte einem Mann gehörte, der nicht weit von der

Bibliothek entfernt wohnte, in der wir saßen. Dieser Besuch verschaffte mir auch Zugang zur Ehrenliste seines Regiments und zu Soldatenfotos, darunter ein Bild von Percy aus einem Zeitungsartikel, in dem nach seinem Aufenthaltsort gesucht wurde, weil er als vermisst gemeldet wurde. Wie wir wissen, war Percy bereits tot:

> Danach besuchte ich den Ort, an dem er arbeitete, die 1887 erbaute Jubilee-Weberei in der ‚Gate Street'. Obwohl dieser Ort für die meisten Menschen keine Bedeutung hat, war er für mich äußerst faszinierend, da er in einer Seitenstraße versteckt war und man keinen Grund hätte, ihn zu erkunden. Hierhin ging er fast jeden Tag und verbrachte die meiste Zeit unter der Woche. Es war ein Ort, an dem er Freundschaften schloss, gute und schlechte Erinnerungen sammelte und an dem er täglich mit Menschen sprach und interagierte. Sein Wohnhaus existiert leider nicht mehr, aber ich habe ein nahegelegenes Kriegerdenkmal in der St. Judes Kirche besucht, an dem sein Name steht. Diese Besuche ermöglichten es mir, aus erster Hand einen Eindruck davon zu bekommen, wie sein Leben verlaufen sein könnte und in welcher Umgebung er aufgewachsen ist. Als ich darüber nachdachte, wurden mir die Gemeinsamkeiten zwischen Alexander und Percy klar — Alexander stammte aus einer Familie, die ein großes Textilunternehmen besaß und Weber beschäftigte; und Percy kam auch aus einer Weberfamilie:

Gefreiter Percy Walsh (1866, Loyal-North-Lancashire-Regiment, 1. Bataillon) – geb. 1893 – gest. 22.12.1914 (in der Nähe von Lorgies) – *Gedenkstätte Le Touret bei Richebourg (Tafel 27 und 28)*.

NACH DER SCHLACHT VERMISST

Gefreiter P. Walsh vom 3. Bataillon *(in Wirklichkeit dem 1.)* Loyal North Lancashires wurde nach einem Gefecht am 22. Dezember als vermisst gemeldet.

Gefreiter Walsh, dessen Frau in der Black-Diamond-Straße 4 wohnt, war Weber in der Jubilee-Weberei. Er ist erst seit etwas mehr als einem Jahr verheiratet.

Während meines Besuchs in der Bibliothek versorgte mich Philip Crompton auch mit Informationen über Percys Bataillon, das zu dieser Zeit direkt gegenüber von Alexander stand. Es enthielt auch Berichte über die Perspektive des Bataillons während der Schlacht.

22.12.1914 „Die Frontlinie wurde die ganze Nacht über gehalten. Wir erlitten einige Verluste durch Bomben, die aus einem deutschen Schützengraben geworfen wurden, der schräg zu unserer rechten Flanke verlief. Um 3 Uhr morgens wurden die Truppen von Northampton mit einer Kompanie weniger abgezogen, da die Schützengräben überfüllt waren. Zum Tagesanbruch entwickelte sich ein sehr starker deutscher Angriff aus Richtung La Quinque Rue und um 10 Uhr wurde die Linie unhaltbar, hauptsächlich aufgrund des Enfilade-Feuers von unserer rechten Flanke, die stark exponiert war.

Nach schweren Verlusten und einer sehr hartnäckigen Verteidigung beginnt der Rückzug von links, und etwa 300 Männern gelang es, die Rue de Boise zu erreichen. Das Bataillon wurde in der Rue de L'Epinette gesammelt und neu formiert. Die Maschinengewehrabteilung, die mit den Northamptons zusammenarbeitete, rückte zur Unterstützung vor und hielt eine Stellung ungefähr auf der Linie, auf der der Angriff in der Nacht zuvor begonnen hatte. Gegen 3 Uhr nachmittags wurde das Bataillon abgezogen und in Lacouture einquartiert."

„Unsere Verluste waren: Hauptmann Smart, Hauptmann Graham – gefallen; Hauptmann D. (unbekannt); Leutnant Batty-Smith, 2. Leutnant Gillibrand – vermisst; Hauptmann Hay – Leicht verwundet. 408 weitere Ränge sind gefallen, verwundet oder vermisst. 85 Loyal North Lancashire Soldaten wurden alle am 22.12.1914 im Einsatz getötet — Sie werden in der Le Touret Ruhestätte geehrt".

Die Suche nach der Walsh Familie

Nachdem ich Percy Walsh identifiziert hatte, begutachtete ich mit Hilfe von Philip Crompton seinen Stammbaum. Ich fand heraus, dass Percys Frau, Alice Walsh, später wieder heiratete und dass sein Sohn leider im Dienst der ‚Royal Air Force' während des Zweiten Weltkriegs starb. Ich dachte langsam, es gäbe wenig Hoffnung, noch lebende Verwandte zu finden, aber bald stieß ich auf Percys Bruder namens Frank Walsh, der eine Familie großgezogen hatte. Frank war Teil des öffentlichen Stammbaums eines Mannes namens Francis. Frank war als sein Großvater aufgeführt und Percy als sein Großonkel. Wie man sich vorstellen kann, war ich sofort ganz aufgeregt. Ich nahm sofort Kontakt mit Francis auf, damit er diese Verwandtschaft bestätigen konnte, und erklärte ihm die Geschichte von Percy, der Postkarte, das Leben von Alexander und die Ereignisse, die zum Tod seines Großonkels führten. Dies wurde nicht nur von Francis, sondern auch von zahlreichen anderen Cousins, die ebenfalls von Frank abstammen, mit großem Interesse aufgenommen. Es war auch interessant zu hören, dass sie alle aus derselben Gegend in Blackburn stammen, wohin mich diese Reise führte. Nach Rücksprache mit Francis und mit Mary und Philip, die ich zuvor in der Bibliothek kennengelernt hatte, arrangierten wir ein Zusammentreffen, das ich vorher nie für möglich gehalten hätte, als ich mit diesem Buch begonnen hatte.

Am Samstag, dem 22. Oktober 2022, fuhr ich eine halbe Stunde von meiner Heimatstadt zur Blackburn-Zentral-Bibliothek, um die Familie Walsh zu treffen. Ich freute mich sehr auf diesen Tag. Als ich mit Alexanders Tagebuch, seinen Fotos aus dem Krieg und Percys Postkarte neben mir auf dem Beifahrersitz nach Blackburn fuhr, wuchsen diese Gefühle der Aufregung und Vorfreude noch mehr — Zu diesem Zeitpunkt war ich seit über zwei Jahren völlig in Alexanders Tagebuch und Geschichte vertieft. Ich musste ständig über die Idee nachdenken, die Menschen zu treffen, die mit diesem einst unbekannten Soldaten verwandt sind, der irgendwie immer Teil meiner Familiengeschichte war und dessen Hinterlassenschaft an jede Generation weitergegeben wurde. Nachdem ich das Tagebuch so oft gelesen und analysiert hatte, könnte man sagen, dass es mein Lieblingsbuch geworden ist, und es war, als würde ich ihm gleich Leben einhauchen und selbst ein Teil der Geschichte werden. Mit all den Sachen in meinen Händen wurde ich um 10 Uhr morgens von Mary begrüßt, die mich zu dem großen Tisch führte, an dem wir uns zum ersten Mal trafen. Hier wurde ich von Philip Crompton und sechs Mitgliedern der Familie Walsh begrüßt.

Wir saßen zu neunt um den Tisch herum und die Postkarten, Fotoalben aus dem Krieg, relevante Bilder und das Tagebuch lagen auf dem Tisch ausgebreitet, damit jeder sie betrachten konnte. Ich erklärte die Geschichte von Alexander und wie alles nun im Nordwesten Englands gelandet ist. Wir tauschten Geschichten aus und ich erfuhr, dass sie nicht viel über ihre Vorfahren auf der Walsh-Seite wissen; nicht einmal über ihren Großvater Frank Walsh, da dieser viel zu früh verstarb. Sie erinnern sich jedoch an Einzelheiten wie die Tatsache, dass ihm ein Bein fehlte, das er möglicherweise während des Ersten Weltkriegs verloren hatte. Sie warfen einen Blick auf Percys Bild und sahen überraschenderweise zum ersten Mal, wie er aussah. Vor diesem Treffen führte Philip Crompton einige Nachforschungen an und verfolgte Percys Leben und militärische Aktivitäten bis zu seinem Tod. Es stellte sich heraus, dass vier der auf der Postkarte abgebildeten Soldaten – anhand ihrer Mützenabzeichen – dem „Duke of Cornwalls Light Infantry Regiment" angehörten. Der Tag war vermutlich etwas Besonderes, da sie alle von ihren Frauen und Partnern besucht wurden.

Percy war in England krankgeschrieben und war von seinem Bataillon getrennt. Er musste auf eigene Faust mit dem Schiff von Southampton aus, wo das besagte Regiment zu dieser Zeit teilweise stationiert war, nach Frankreich zurückkehren. Er verbrachte also bis zu seiner Einschiffung Zeit mit den Personen auf dem Foto, was bedeutet, dass einer der beiden Soldaten auf der rechten Seite, die nicht zu diesem Regiment gehörten, Percy war. Aufgrund der Ähnlichkeit mit dem Bild von Percy in der Zeitung war ich mir fast sicher, dass es der Soldat war, der auf dem Boden lag. Und als ein Mitglied der Familie Walsh diesen Mann ansah, sah er sofort eine Familienähnlichkeit — das Lächeln, die Augen, die gesamte Gesichtsstruktur und das Aussehen. Er zeigte mir ein Bild von seinem Vater, und man sah diese Ähnlichkeit sofort. Aber natürlich wäre diese Geschichte nicht vollständig, wenn ich Percys Postkarte nicht seinen lebenden Verwandten zurückgegeben hätte – Genau das habe ich getan.

Nach 108 Jahren gehört die Postkarte nun wieder der Familie Walsh. Die Reise begann, als die Kamera diesen besonderen Moment vor so vielen Jahren in Southampton festhielt, und das Bild fand später seinen Weg in Percys Tasche. Anschließend reiste es mit ihm zu den vom Krieg zerstörten Feldern und Dörfern rund um Richebourg in Frankreich und war anwesend, als Percy beim Angriff gegen die Deutschen teilnahm. Alexander und seine Männer eroberten die verlorenen Gebiete zurück, was zum Tod von Percy führte, der in dem zurückeroberten Schützengraben zurückgelassen wurde. Alexander verbrachte dann Weihnachten in Percys Nähe, als er die Postkarte entdeckte und aufbewahrte. Sie kam so nach Deutschland. Nach über 100 Jahren gelangte diese Postkarte wieder nach England, zu seiner Familie zurück und in die Stadt, die er sein Zuhause nannte. Dieser Tag fühlte sich wie ein Abschluss dieser Geschichte an, und es ist sicherlich eine Erinnerung, die ich niemals vergessen werde. Trotz der unglücklichen Umstände vor so langer Zeit, die Alexander und mich mit der Familie Walsh verbanden, waren es diese Ereignisse, die uns nun alle zusammenführten. Ich frage mich natürlich, was Alexander von all dem halten würde, wenn er noch am Leben wäre, und ein Teil von mir möchte gern glauben, dass er an meiner Seite war, als unsere beiden Familien zusammenkamen. Das bleibt meiner Fantasie überlassen, aber eines ist sicher — er wäre sehr stolz auf mich.

Ich (links) mit der Walsh Familie

Der Walisische Füsilier

Alexander fand eine weitere Postkarte, aber leider ohne Angaben zum ursprünglichen Besitzer, abgesehen von der Tatsache, dass es sich um einen walisischen Füsilier handelte:

Von Alexander geschrieben: *„Das ist das Regiment, gegen das wir gekämpft haben – Weihnachten 1914"*.

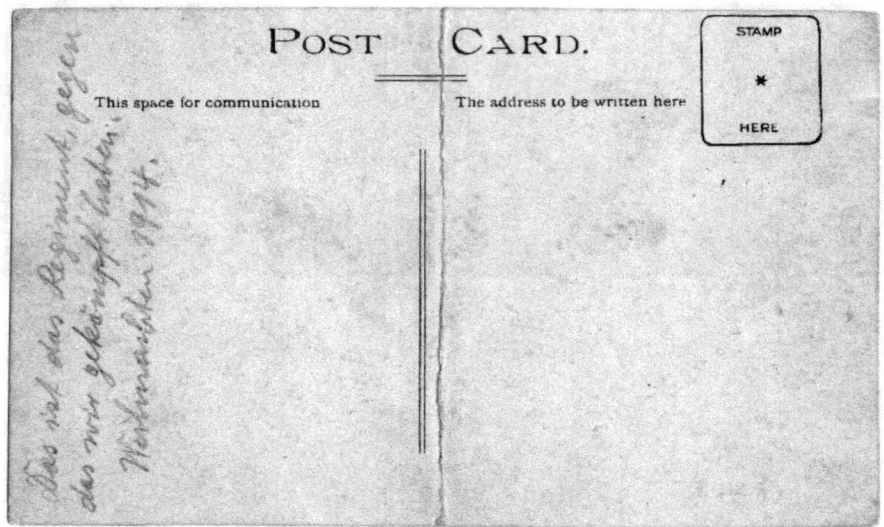

6

1.1.1915	Hier vorn ist es fürchterlich. Unsere neue Stellung ist keine Verbesserung, denn in den neu ausgehobenen Gräben stoßen wir teilweise schon nach einem halben Meter auf Grundwasser. Unsere alten schönen Unterstände sind meist zusammengeschossen und ersoffen; neue können in dem Schlamm kaum angelegt werden. Und dabei regnet es dauernd immer weiter und man wird überhaupt nicht mehr trocken. Alles ist krank; kein Wunder bei diesen Zuständen. Die Neujahrsnacht habe ich geschlafen, wurde aber nachts 12 Uhr durch ein furchtbares, viertelstundedauerndes Feuer auf der ganzen Linie wach; es war dies unser Neujahrsgruß an die Engländer.

4.1.1915	Heute zu meinem Geburtstag sind wir auf 1 Tag in La Bassée, wo ich eine Menge Briefe und Pakete vorfinde. Ich weiß gar nicht mehr, wo ich alles unterbringen soll. Wir haben wieder 5 schreckliche Tage hinter uns. Hier ist es genauso wie in Ypern. Zu Hause bedauert man uns wegen der Kälte und wir wünschen uns nichts sehnlicher als Kälte, damit endlich die Nässe und der entsetzliche Schlamm aufhört. Gegen Kälte kann man sich schützen. Da kommt eine ordentliche Ladung Stroh in den Unterstand und an Frieren ist nicht mehr zu denken. Dagegen gibt es gegen das immer höher steigende Grundwasser keinen Schutz. Es ist jammerschade, dass wir zu Weihnachten nicht 2 frische Regimenter hinter uns hatten; wir hätten bis ans Meer alles über den Haufen geworfen. Es fing so schön an, aber dann konnten wir paar 100 Jäger uns nicht weiter vorwagen. Wir wären sonst in Gefahr gekommen, abgeschnitten zu werden.

6.1.1915	Der von zu Hause erhaltene kleine Spirituskocher tut mir gute Dienste. Sprit gibt es genug, denn in La Bassée war eine große Spritfabrik, deren Vorräte beschlagnahmt wurden.

8.1.1915	Ich bin wieder in La Bassée und habe jetzt für wenigstens eine Woche Ruhe. Ich bin nämlich vorgestern in stockfinsterer Nacht an einem Stacheldraht hängen geblieben und kopfüber in einen alten englischen Graben gestürzt, wobei ich mir das rechte Knie verrenkt habe. Schlimm ist es nicht, aber ich kann doch nur mühsam humpeln. Ich bin gar nicht böse über diesen Unfall, denn nun kann ich mich doch mal richtig trocknen und ausruhen und brauche ein paar Nächte keine Angst vor plötzlichem Alarm zu haben.

Es ist dauernd ein entsetzliches Schweinewetter. Letzte Nacht regnete es durch unseren Unterstand wie durch ein Sieb. Jetzt kann ich nun in aller Ruhe die Dankkarten für die vielen Pakete schicken.

9.1.1915	Eben komme ich aus der Revierstube, wo man mir das Knie mit Jod gepinselt hat. 2 Tage soll ich noch so ruhen und dann beginnt das Massieren.

Tag und Nacht regnet es weiter; täglich melden sich Leute, die nun schon wochenlang nicht mehr richtig trocken geworden sind, krank, und das soll nun das gelobte Land Frankreich sein. Und dazu das dauernde Artilleriefeuer; wir haben kürzlich allein auf meinem kleinen Kompanieabschnitt in 3 Stunden 85 Schuss gezählt. Dabei war das nur ein normaler Tag. Wenn die Kerle ihren Rappel bekommen, dann kann man die einzelnen Explosionen gar nicht mehr unterscheiden. Das muss man dann ohne jeden Schutz über sich ergehen lassen. Diese Weihnachtstage, wo ich aus dem Schüttelfrost nicht herausgekommen bin, zählen zu den schlimmsten, die ich im ganzen Krieg mitgemacht habe. Nur mit Grauen denke ich auch heute noch daran. Wir hatten uns das Weihnachtsfest ganz anders vorgestellt. Nach dem Tod von Leutnant Müller ist jetzt Hauptmann von Apell, bisher Bataillonsadjutant, unser Kompaniechef. Es ist dies ein sehr tüchtiger und energischer Mann, bei dem die Kompanie gut aufgezogen ist. Allerdings gibt es bei ihm nicht mehr das gemütliche Zusammenleben, wie mit Leutnant Müller.

Dienste hatte ich eigentlich in letzter Zeit nicht viel, denn Totzek und ich wechselten sich während der Nacht mit der Aufsicht im vordersten Graben ab; also der eine wacht von halb 9 abends bis 2 Uhr nachts und der andere dann bis ungefähr 8 Uhr morgens; am anderen Tag wurde dann gewechselt. Im Ganzen also nur 6 Stunden, aber auch die können zur Qual werden, wenn man dauernd im Wasser und Regen steht. Kommt man dann in den Unterstand, so liegt man auf nassem Stroh und deckt sich mit nassen Decken zu und lässt gottergeben den Regen durchs Dach auf sich träufeln. An den schlimmsten Stellen haben wir an der Decke leere Konservenbüchsen aufgehängt. Wenn man dann im Dunkeln daran stößt, bekommt man die ganze Ladung auf einmal ab. Ungeziefer haben wir nicht, denn hier könnten ja höchstens nur Wasserflöhe gedeihen.

12.1.1915 Jetzt sitze ich in La Bassée in meinem warmen Zimmer und esse den ganzen Tag. Gestern gab es Wildentenbraten und Spargel; vielleicht passt das nicht recht zusammen, aber geschmeckt hat es großartig. Jetzt kann man hier auch Bier bekommen, die große Flasche Löwenbräu, Hofbräu oder Mathäser für 40 Pfennig. Wir haben jetzt wieder viel Ersatz bekommen; infolgedessen sind die Kompanien nur noch 2 Tage vorn und haben dann immer 2 Tage Ruhe. Seit 2 Tagen schien nach wochenlangem Regen endlich wieder mal die Sonne.

Dafür ist am ***13.1.1915*** wieder ein umso scheußlicheres Wetter.

15.1.1915 Das Wetter will sich nicht bessern und das Grundwasser steigt immer höher. Eben wird erzählt, dass gestern Abend ein Jäger der 3. Kompanie im Schützengraben ertrunken ist. Wir hatten Gräben, an denen wir ein Schild angebracht hatten: „Nur für Schwimmer." Das gibt einen Begriff, wie es bei uns aussieht. Vielleicht werde ich zum Kaisers Geburtstag befördert. Man darf in dieser Beziehung die Verhältnisse hier bei uns nicht mit denen bei der Infanterie vergleichen, denn wir sind doch ein uraltes Bataillon mit einem großen Stamm von Offizieren und Reserveoffizieren. Dagegen fehlt natürlich bei den vielen neugegründeten Reserve- und Landwehrregimentern dieser Stamm und man ist daher bei diesen auf schnelle Beförderung angewiesen. Bei uns setzt Zwang erst jetzt ein, nachdem ein großer Teil der alten Offiziere gefallen oder verwundet ist. Bei der Infanterie wäre ich schon längst Leutnant.

20.1.1915 Am Heckenhof habe ich eine Menge Zettel mit indischer Schrift gefunden. Das orientalische Seminar in Berlin hat festgestellt, dass es sich um einen seltenen Gurkhadialekt aus Nepal handelt, und zwar sind es meist Gebete, Namensverzeichnisse und Kompaniebefehle, in denen die Leute ermahnt werden, ihre Pflicht zu tun. Auch viele englische Briefe haben wir beim Bataillon abgegeben. Ein Engländer schrieb an seine Frau in einem noch nicht abgeschickten Brief, sie hätten in Hazebrouck 48 Stunden Ruhe gehabt. Da wäre die Nachricht gekommen, die Deutschen wollten nach Calais durchbrechen und da wären sie nach hier transportiert worden, an die übelste Stelle, die er seit seiner Landung gesehen habe. 2 Tage lang hätten sie infolge unseres Feuers nicht zum Trinkwasser gekonnt, so dass sie den Regen in den Zeltbahnen aufgefangen und getrunken hätten. Er hoffe, dass dieser elende Krieg bald zu Ende wäre. Für den Schreiber dieses Briefes war allerdings der Krieg zu Ende, denn er lag mit zerschmettertem Schädel mit vielen anderen in dem Graben, wo ich meinen Ziegenpelz erbeutete.

Hinweis: Beide Armeen sammelten und lasen regelmäßig die Briefe ihrer Feinde, um potenziell nützliche Informationen zu sammeln. Alexander kann fließend Englisch und spielt daher eine Rolle in diesem Prozess.

Nachdem ich das Eiserne Kreuz habe, werde ich nun auch den Weimarischen Falkenorden bekommen. Ein Oberjäger von uns, der aus Weimar stammt und die Hauptmacher im dortigen Kriegerverein kennt, hat an diese geschrieben, dass man uns wohl vergessen habe, weil wir einem anderen Armeekorps angehören. Die Regierungen von Lippe und Oldenburg haben schon beim Bataillon angefragt, ob Landeskinder das Eiserne Kreuz hätten und ob sonst noch jemand für eine Auszeichnung vorgeschlagen würde. Ich pfeife ja schließlich darauf, denn die Hauptsache ist doch, dass man aus diesem Schlamassel heil wieder nach Hause kommt.

Der Gefallene Gurkha

Während der Winteroperationen 1914-1915 standen die Deutschen häufig dem Indischen-Korps (Lahore-Division) der britischen Armee gegenüber; den nepalesischen Gurkhas. In demselben Graben, in dem Alexander Percys Postkarte entdeckte, fand er auch einen schriftlichen Bericht an einen gefallenen Gurkha-Sergeant, der in einem seltenen Gurkha-Dialekt geschrieben ist. Er fand außerdem eine entsprechende Liste von Namen sowie ein Kukri-Messer. Alle diese Gegenstände sind seit über einem Jahrhundert aufbewahrt, und sie existieren bis heute, damit ich sie Ihnen zeigen kann. Meine Mutter hat klare Erinnerungen an das Kukri-Messer, eine Machete, die aus dem indischen Subkontinent stammt und eng mit den nepalesischen Gurkhas verbunden ist. Es war während ihrer Kindheit eine ständige Präsenz. Sie sagt, dass sie es früher als Kind betrachtete und wie es für ihre Familie so normal schien, es zu besitzen. Diese 17-Zoll-Waffe – immer noch scharf und für den Kampf geeignet – hat bis heute noch sichtbare kleine Auswirkungen auf ihre Kanten, die sich aus der Verwendung des ursprünglichen Eigentümers ergeben. Stellen Sie sich vor, was dies in den Feldern und Gräben um La Bassée gesehen hat. Wurde dies möglicherweise während der Schlachten im Dezember gegen Deutsche eingesetzt?

Das Folgende fasziniert mich am meisten über Alexander, was im Verlauf seines Tagebuchs deutlicher wird — die Tatsache, dass er manchmal eher wie ein Reporter als wie ein Soldat wirkt und sich trotz allem, was um ihn herum geschieht, damit beschäftigt, bis ins kleinste Detail herauszufinden, was und mit wem er es zu tun hat. Auf der nächsten Seite befindet sich die Liste der Namen der gefallenen Gurkhas, die bei dem verstorbenen Sergeant gefunden wurde. Die Liste, die kürzlich von einem Übersetzer begutachtet wurde, erlaubt es nun, die Namen zu entziffern:

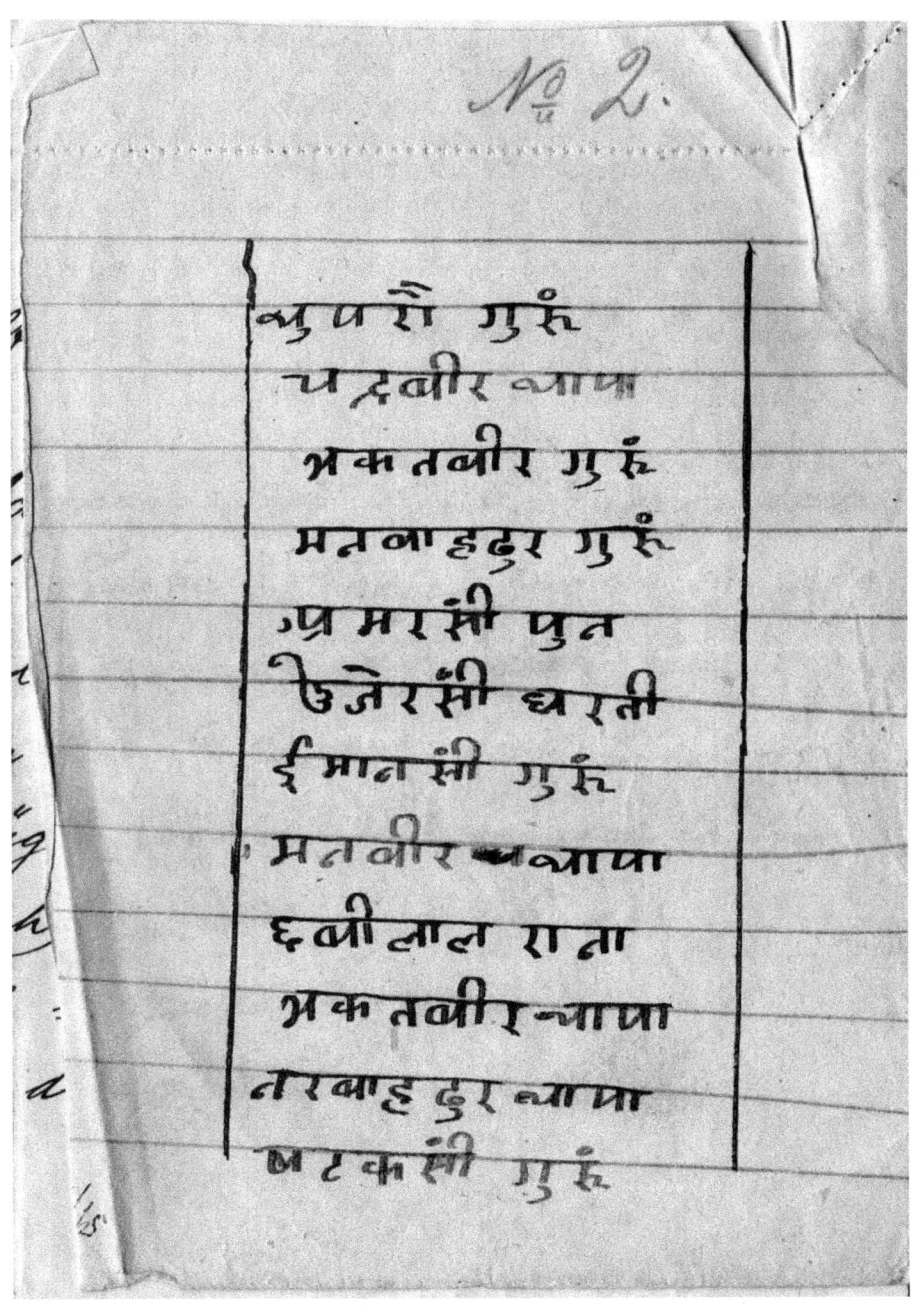

Von oben nach unten: „*Thuparau Gurung; Chandrasing Thapa; Bhakatbir Gurung; Manbahadur Gurung; Amarsing Pun; Ujarsing Gharti; Imansing Ghurung; Manbir Thapa; Chhabilal Rana; Bhakatbir Thapa; Narbahadur Thapa; Khataksing Gurung*".

Um diese nächste handschriftliche Notiz desselben Gurkha vollständig verstehen zu können, musste ich meine eigenen Nachforschungen anstellen. Nachdem ich mich an Journalisten und Forschungsgruppen in Nepal gewandt hatte, ließ ich die Notizen weitergeben an Oberstleutnant John P. Cross OBE (ehemaliger britischer Veteran des Zweiten Weltkriegs und Gurkha-Historiker, der fließend Nepali spricht) und Buddhiman Gurung, einen nepalesischen Kulturexperten. Nach der Analyse stellten sie fest, dass es in einem seltenen Gurkha-Dialekt geschrieben ist, der schwer zu entziffern war, aber nach 20 Minuten konnten sie die Bedeutung ungefähr erfassen:

„Zu seiner besten Zeit verbrachte der unglückliche Hauptmann (20) seine Jahre mit Kämpfen. Alle werden durch die Hand des Feindes getötet. Obwohl er im Regiment war, blieb seine Liebe zu Nepal. Er starb und sein Geist ging zu Kailash. In Richtung Gandal - Sikkim waren Hauptmann Bimsing Bhandari (21); Harke Thapa; Jataraj Dharma Khatri; Kommandant-Adjutant, Nainasing Khatri; und Sarup Kumar – Partiman Thapa".

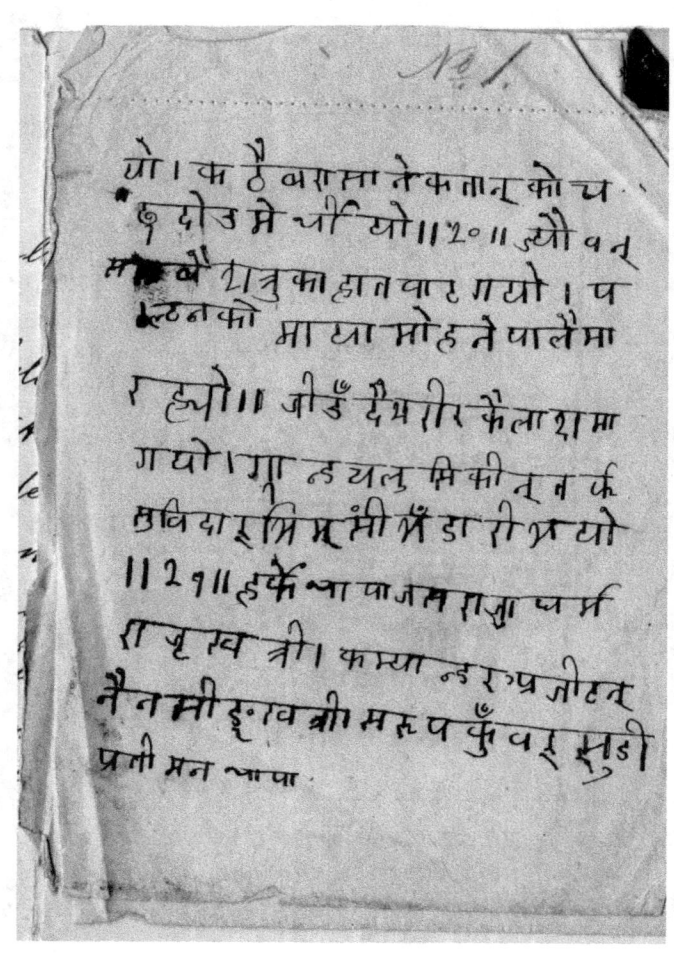

Mein Besuch an der Westfront

Im Jahr 2024 machte ich mich tatsächlich daran, das zu tun, was ich lange Zeit beabsichtigt hatte, und besuchte die Schlachtfelder und Kriegerdenkmäler in Frankreich und Belgien. Diese Gelegenheit ermöglichte es mir, aus erster Hand zu sehen, wo viele der Ereignisse in diesem Tagebuch stattfanden; sowie andere wichtige Schlachtfelder, Denkmäler und die Gräber von Menschen zu besuchen, die mit Alexander verbunden sind. Diese Orte erscheinen einem heute jedoch so gewöhnlich und friedlich. Es ist daher noch schwieriger zu verstehen, dass all dies, was Sie bisher gelesen haben, tatsächlich um La Bassée geschah — die Hauptstraßen, die zu Festubert und Richebourg führen, sind mit Autos befahren. Die Bauern arbeiten auf den umliegenden Feldern; und Wohnhäuser stehen nun um und über den Stellen, an denen die Heckenhof-Position und die Kampfgräben positioniert waren. Der einzige offensichtliche Beweis des Krieges sind hier die vielen Militärfriedhöfe, die in der Region verstreut sind. Zwischen den Bereichen der jüngsten Kämpfe um dem Heckenhof liegen nun die ‚Commonwealth' Le Touret- und die indischen Neuve-Chapelle Denkmäler. Ich besuchte diese und fand auch Percy Walsh unter den vielen tausend genannten Namen.

Unten und rechts: *Das Le-Touret-Kriegerdenkmal — Beim Besuch bei Percy Walsh*

Rechts: *Das indische Neuve-Chapelle-Kriegerdenkmal*

7

22.1.1915   Dauernd bekommen wir eine Menge Liebesgabenpakete. Wir haben schon nach Hause geschrieben, man solle uns nicht mehr so viel schicken.

24.1.1915   Eben kam von der Division die Anfrage, ob ich Landwehr 1 oder 2 wäre. Demnach scheint es jetzt mit der Beförderung ernst zu werden.

26.1.1915   Morgen zu Kaisers Geburtstag wird ein großer englischer Angriff erwartet — für gebührenden Empfang ist gesorgt. Ich bin noch nicht wieder dienstfähig. Der Arzt soll zu meinem Hauptmann gesagt haben, es könne noch 14 Tage dauern. Mir soll es recht sein. Eben kommen hier große Truppentransporte durch. Bei uns ist es in letzter Zeit ruhig gewesen, daher, was man an der Front ruhig nennt. Die Schießerei hört ja nie ganz auf.

27.1.1915   Von zu Hause bekam ich geräucherten Aal geschickt; damit mache ich mir heute zu Kaisers Geburtstag ein Schlemmerfrühstück. Wir haben jetzt etwas besseres Wetter, denn es ist etwas kälter geworden und es hat, so unglaublich es klingt, seit 8 Tagen nicht mehr geregnet. Urlaub gibt es hier nicht. Man bekommt höchstens mal auf ein paar Tage Erholungsurlaub in das Erholungsheim nach Don bei Lille.
    Zu Hause ist der Weizen so rar und wir liegen in den Gräben auf ungedroschenem Weizenstroh und schießen die Strohschober beim Feind in Brand. Da gehen Tausende von Mark verloren. Was lagen doch im Anfang für totgeschossene Kühe und Schweine herum, um die sich niemand kümmerte?

30.1.1915   Vor einigen Tagen kam ein neuer Vizefeldwebel zu uns, ein Assessor Rosenthal. Er spielt wunderbar Klavier, und zwar viele von den klassischen Sachen, die bei uns zu Hause gespielt werden. Seitdem Ende Oktober im Jägerhof der Kriegsfreiwillige Kirpeit fiel, der ebenfalls ein Künstler war, habe ich heute endlich wieder mal gut spielen hören; das war ein ganz besonderer Genuss. Wir richten jetzt musikalische Abende im engsten Kreis ein. Hoffentlich ist der Krieg bald zu Ende. Wir haben ihn gründlich satt.

1.2.1915   Gestern habe ich durch meinen Feldwebel unter der Hand beim Hauptmann anfragen lassen, ob es angängig ist, sich zur Infanterie versetzen zu lassen, weil anscheinend beim Bataillon keine Möglichkeit sei, weiterzukommen, worauf ihm der Hauptmann sagte, ich wäre bereits eingereicht und die Bestätigung vom Kaiser könne täglich eintreffen. Sonst ist hier nichts von Bedeutung passiert, nur sind die Engländer sehr nervös geworden. Täglich kreisen ihre Flieger über uns und die Artillerieschießerei will gar nicht mehr aufhören; die ganze Nacht rollt ringsum das Infanteriefeuer. An Kaisers

Geburtstag war früh Feldgottesdienst im Bahnhofsgüterschuppen, denn die Kirche ist vollständig zerschossen; dann war Promenadenkonzert.

Wenn ich vergessen haben sollte, mich bei jemandem für ein Paket zu bedanken, so muss man dies mit unserem aufregenden Leben entschuldigen. Im Krieg wird man sehr schnell alt und tapplich; die Nerven machen nicht mehr so mit wie am Anfang.

5.2.1915 Heute war ein wundervoller Sonnentag. Anscheinend wird es hier in diesem Lauseland auch mal Frühling.

6.2.1915 Eben war hier in La Bassée sogenannte dicke Luft, denn die Engländer bombardierten die Stadt mit schweren Geschützen. Rings um mein Haus schlugen die Granaten ein; in ein Haus kaum 50 Meter von mir 3 vom allerschwersten Kaliber. Wunderbar sah es aus, wie die Rauchwolken und die Balken wohl 50 Meter hoch in die Luft fuhren.

9.2.1915 Hier ist täglich anderes Wetter; manchmal das schönste Frühlingswetter und gleich darauf, wenn der Wind vom Meer kommt, was meist der Fall ist, regnet und stürmt es wie toll. Wenn man hört, der ist enttäuscht von Frankreich, denn so dreckig wie das Land sind auch die Bewohner. Wasserleitung und Kanalisation gibt es wohl nur in den allergrößten Städten. Bei uns ist es doch hundertmal schöner.

Bei der Beschießung am 6./2 fuhr hier in La Bassée eine Granate in den Stall unserer M.G-Kompanie und erschlug 10 Pferde, ein sehr großer Schaden für uns. In unserem Offizierskasino, wo gerade irgendein Geburtstag gefeiert wurde, räumte ein Sprengstück den ganzen Kaffeetisch ab. Es wurde aber nur ein Offizier durch einen Glassplitter am Kopf verletzt. In der betreffenden Straße sind durch den Luftdruck alle noch vorhandenen Fensterscheiben zersprungen, was besonders schmerzlich ist, denn Ersatz dafür gibt es nicht.

Totzek ist jetzt endlich zum Kaisers Geburtstag Leutnant geworden.

Ich habe mir jetzt ein Zimmer ganz allein für mich eingerichtet, mit Ofen, Bett, Schrank, Truhe, Spiegel, Wanduhr, Bildern und einer großen Fächerpalme. An der Wand hängen englische Gewehre, Seitengewehre, Patronengürtel, Pistolen und so weiter. Es ist sehr gemütlich. Hoffentlich bleiben wir noch einige Zeit hier.

11.2.1915 Seit gestern Abend bin ich Leutnant geworden. Eben war der Assistenzarzt bei mir und war sehr dafür, ich solle lieber für ein paar Wochen in ein richtiges Lazarett gehen, statt hier zu sitzen, wo keine richtige Pflege ist. Es ist ja nichts Ernstliches mit dem Knie, aber für den Dienst im Graben und für das Laufen über die von Granaten zerrissenen Straßen und Felder langt es doch nicht. Ich fahre also morgen oder übermorgen zur Krankensammelstelle Don und komme wahrscheinlich nach Douai. Wenn es aber irgend geht, suche ich nach Lille zu kommen, wo Line ist. Wahrscheinlich werde ich 2 bis 3 Wochen im Lazarett bleiben.

13.2.1915 Gestern fuhr ich von La Bassée mit dem Zug nach Don, wo ich übernachtete und beim Oberstabsarzt und einem Dutzend anderer Ärzte und Apotheker zum Abend- und Mittagessen eingeladen wurde. Heute früh wurde ich untersucht. Der Befund ist: „Leutnant Pfeifer leidet an einer Zerrung der Seitenbänder des rechten Knies verbunden mit Muskelatrophie (das heißt Schwächung der Muskeln infolge mangelnder Bewegung). Zur Wiederherstellung der Felddienstfähigkeit ist eine mehrwöchige medicomechanische Massage- und Bäderbehandlung notwendig."

Heute bin ich nun weiter nach Douai gefahren, wo ich im Lazarett übernachte.

14.2.1915 Seit dem Abmarsch ins Feld zum ersten Mal wieder weiß überzogen geschlafen und mit deutschen Schwestern gesprochen. Da hier keine geeigneten Apparate sind, fahre ich heute weiter nach Valenciennes, wo ich wahrscheinlich bleiben werde. Ich werde natürlich versuchen, nach Deutschland zu kommen. Eben habe ich mir Douai angesehen und einen Frühschoppen gemacht.

15.2.1915 Ich bin im Etappenlazarett Valenciennes, welches sich in einer riesengroßen, ganz neuen Schule befindet und tadellos eingerichtet ist. Ich wohne mit einem Offiziersstellvertreter in einem schönen Zimmer mit Zentralheizung, elektrisches Licht und Paradiesbett; Bedienung durch katholische Schwestern — sehr gute Verpflegung. Gestern Abend gab es Lendenbeefsteak; heute früh Kaffee, Brot und Butter; 10 Uhr Bouillon; 12 Uhr Suppe, deutsches Beefsteak, Bratkartoffeln, Kohl, Kompott, 1 Flasche Rotwein; 2 Uhr Kaffee. Alles sehr gut und reichlich. Man kann es also hier schon aushalten, nur ist es mordslangweilig. Nach der monatelangen Aufregung wirken diese Ruhe, Ordnung und Sauberkeit ganz unheimlich und man kann nicht schlafen, weil das gewohnte Schießen fehlt. Überhaupt kommt man sich hier wie in einer anderen Welt vor — keine zerstörten Häuser mehr; auf der Straße elegant angezogene hübsche Französinnen; endlich wieder mal Gelegenheit, mit deutschen Mädchen zu sprechen. Da merkt man erst, wie furchtbar verwildert man geworden ist.

Heute früh ist mein Knie mit Röntgenstrahlen fotografiert worden. Vom Befund wird es abhängen, ob ich hier bleibe oder noch weiter zurückkomme. Nach Hause schicke ich heute 500 Mark. 150 Mark behalte ich hier, da ich mir verschiedene Sachen, Achselstücke und so weiter anschaffen muss. In den nächsten Tagen bekomme ich auch wieder 70 Mark Kontributionsanteil. Jetzt bekomme ich 310 Mark Gehalt. Hier habe ich natürlich alles kostenlos. Heute Nachmittag werde ich mir mal die Stadt ansehen, vorausgesetzt, dass man aus dem Lazarett herauskommt.

16.2.1915 Gestern Nachmittag habe ich mir Valenciennes angesehen. Es ist eine große, schmutzige Fabrikstadt; schön sind nur das alte Rathaus und eine Kirche. Man sieht hier keine Spuren des Krieges. Alle Läden sind auf und die elektrische Straßenbahn fährt. Aber alle Damen, wenigstens die besseren, gehen Schwarz gekleidet, viele tief verschleiert. In einer Konditorei habe ich Kaffee getrunken, für mich ein festliches Ereignis. Heute früh ist zur Kontrolle auch noch das andere Knie geröntgt worden. Dann habe ich in einer richtiggehenden Badewanne gebadet, was ein ganz besonderer Genuss war.

Heute ist wundervolles Wetter. Am Nachmittag gehe ich wieder spazieren; danach, ob es erlaubt ist, wird selbstverständlich gar nicht erst gefragt, denn da heißt es doch sicher nein. Ich will Äpfel und Apfelsinen in einem gestern entdeckten Delikatessengeschäft kaufen. Morgen wird es sich nun entscheiden, ob ich hier bleibe oder nach Deutschland komme, was ich aber nicht glaube, denn neuerdings ist man darin sehr streng.

17.2.1915 Heute war hier großes Leben. Die Gefangennahme der 50.000 Russen wurde durch Marktkonzert und Glockenläuten gefeiert. Die Gesichter der Franzosen waren sehenswert, als auf dem Marktplatz viele 100 Soldaten „Heil Dir im Siegerkranz" und „Siegreich Wollen wir Frankreich Schlagen" sangen. Dann war Frühschoppen mit deutschem Pilsner, der Schnitt 40 Centimes.

Was eigentlich mit meinem Knie ist, haben anscheinend die Ärzte immer noch nicht raus; zu dritt stehen sie drumherum und schütteln die Köpfe. Dabei kann ich ganz gut laufen, denn ich gehe ja jeden Tag in der Stadt spazieren. Ich kann nur das Bein nicht ganz durchdrücken und auch nicht ganz krumm machen; dabei sticht es bei jeder Bewegung darin. Der Doktor sagte heute, er wolle mich erst noch ein paar Tage beobachten. Er scheint zu glauben, dass ein Nerv beschädigt ist.

19.2.1915 Mir geht es sehr gut. Kein Wunder bei der tadellosen Verpflegung. Jeden Mittag bekommen wir 1 Flasche Rot- oder Weißwein. Kürzlich habe ich den Lazarettinspektor besucht. Der Erfolg war 2 Flaschen Rotwein, 1 Flasche Weißwein und 1 Flasche Sekt. Man lernt das Räubern im Krieg. Es sind alle sehr gemütliche Leute hier; alle Ärzte und Beamte sind Bayer oder Württemberger. Wir sind jetzt in meinem Zimmer zu dritt — ein Offiziersstellvertreter mit dem Eisernen Kreuz 1. Klasse aus Schleswig, ein Reserveleutnant aus Baden und ich aus Thüringen. Täglich werde ich jetzt massiert.

22.2.1915 Leider bin ich von den Ärzten für ein paar Tage ins Bett gesteckt worden. Man will es jetzt mit Ruhe und Umschlägen versuchen.

24.2.1915 Heute früh gab es eine große Überraschung. Die Tür ging auf, und hereinkamen mein Bruder Friedrich und meine Schwester Lina. Da haben wir den ganzen Vormittag erzählt und dann in meinem Zimmer zu Mittag gegessen.

26-27.2.1915 Die erste Post seit 14 Tagen ist gekommen und gleich eine ganze Menge Briefe und Pakete. Zu Hause scheint man einen merkwürdigen Begriff von unserem Leben zu haben. Das kommt aber nur durch diese verfluchten Kriegsberichterstatter, die so schöne Artikel schreiben, ohne jemals vorn gewesen zu sein. Ich habe jedenfalls im ganzen Krieg nie einen gesehen und alle Herren, die ich befragt habe, auch nicht. Zu Hause regt man sich darüber auf, weil man sich etwas einschränken und Kartoffelbrot essen muss. Den Leuten gönnte ich nur einen einzigen Tag in unseren Wassergräben; die wären für immer kuriert.

Hier im Lazarett habe ich wieder mal so richtig feststellen können, dass die, die wirklich vorn im Feuer waren, gewöhnlich sehr ruhig und wenig mitteilsam sind. Gefährlich gebärden sich dagegen die Autofritzen, Postriche, Bagagenhengste und so weiter, die die größten Räubergeschichten erzählen. Hier gibt es solche Typen in Menge. Wenn man sieht, wie solche Kerle stolz mit dem Eisernen Kreuz herumlaufen, möchte man es selbst gar nicht mehr tragen.

Heute fährt Leutnant Caroli mit dem Lazarettzug nach Deutschland. Ich bin nun ganz allein in meiner Abteilung; nebenan liegt nur noch ein Etappenhäuptling, der vom Pferd gefallen ist und ungefähr dasselbe hat wie ich.

4.3.1915 Seit gestern darf ich wieder rausgehen.

9.3.1915 In den letzten Tagen war hier alles überfüllt. Infolge der Erstürmung der Lorettohöhe kamen eine Menge Verwundete hier an. Da gab es nun viel zu erzählen, denn auf derselben Höhe habe ich ja Anfang Oktober mein erstes Gefecht mitgemacht. In dem kleinen Tal, wo wir damals den unglücklichen Sturmangriff machten, sollen jetzt noch Jäger unbeerdigt liegen; es kam eben niemand hin. Wenn ich damals nicht solches Glück gehabt hätte, läge ich jetzt auch mit dort. Es herrschen eben an der Front Zustände, von denen man sich zu Hause gar keinen Begriff machen kann. Der eine Pionier, der nebenan liegt, hatte Weihnachten auch den Heckenhof mit gestürmt. Wie ich jetzt erfuhr, hatte die Mine, die wir damals sprengten, eine Sprengladung von 4 Zentnern. Wenn man bedenkt, dass schon eine einzige kleine Dynamitpatrone im Loitscher Steinbruch so knallt, dass man es in Weida hört, so kann man sich einen Begriff machen, wie damals die Erde schwankte, als 4 Zentner kaum 200 Meter von uns explodierten.

Eben war der Arzt wieder da; ich soll viel spazieren gehen, damit das Knie wieder gelenkig wird. Wie lange ich noch hier bleibe, weiß ich nicht. Mir graut es, wenn ich an La Bassée denke; nicht etwa vor der Schießerei, denn die lässt mich ganz kalt, sondern vor dem elenden Dreckleben und den stundenlangen Nachtwachen in Schlamm und Wasser.

13.3.1915 Mein armes Bataillon ist am 10./3 fast völlig vernichtet worden. Zur Belohnung für das lange Aushalten in den Wassergräben vor Richebourg sind wir am 3./3 etwas weiter östlich in trockenere Gräben mit sehr schönen Unterständen gekommen. 3 Tage darauf eröffneten die Engländer, man sagt aus

64 Geschützen, ein fürchterliches Feuer auf die Stellung. Die 1. und 3. Kompanie werden durch die schweren Granaten bis auf einzelne Leute zerschmettert und verschüttet. Dann brachen 2 englische und 1 indisches Regiment durch und besetzten das Dorf Neuve Chapelle, etwa 800 Meter dahinter. Die 2. und 3. Kompanie rückten mit ein paar M.G vor und griffen verzweifelt an, aber auch sie haben durch das Artilleriefeuer schwerste Verluste. Pioniere, Bayer und was sonst in den umliegenden Ortschaften gerade ist, kommen zu Hilfe und es gelingt, die Engländer wieder etwas zurückzutreiben.

Allein vorm Dorf sollen 800 bis 1000 tote Engländer liegen. Auf unserer Seite sollen wir nur 4 Geschütze gehabt haben, die bald ihre paar Granaten verschossen hatten und erst nach langer Zeit wieder neue Munition bekamen. Bis jetzt weiß ich, dass von uns 1 Offizier tot und 5 verwundet sind. Über viele andere konnte ich nichts erfahren; vielleicht sind sie gefangen oder liegen verschüttet in den Gräben. Wahrscheinlich ist drei Viertel vom Bataillon erledigt. Hier ist eine ganze Anzahl verwundete Jäger angekommen, die Schauergeschichten erzählen, aber natürlich über den endgültigen Ausgang auch nichts wissen. Es ist ein Jammer; als ob wir nicht schon genug Verluste gehabt hätten. Mit meinem Knie ist es besser geworden; nur wenn ich längere Zeit laufe, fängt die Sehne wieder an zu schmerzen. Sonst geht es mir gut und wir amüsieren uns, so gut es in diesem dreckigen Nest möglich ist. Meine Knieverletzung hat mir wahrscheinlich das Leben gerettet, denn von meiner 200 Mann starken Kompanie sollen nur noch 7 Mann am Leben sein.

19.3.1915 Gestern sagte ich dem Stabsarzt, ich möchte wieder zum Bataillon, da wir fast keine Offiziere hätten. Er meinte aber, ich solle nur noch ein paar Tage hier bleiben. Es ist nicht leicht, aus der Front zu kommen, aber anscheinend ist es noch schwerer, wieder vorzukommen. Hier wird eine neue Division zusammengestellt; die Leute sind mit russischen Gewehren ausgerüstet.

Von meinem Kompaniefeldwebel Dinter bekam ich unterm ***21.3.1915*** folgenden Brief:

„Hier ging es in den letzten Tagen wüst her. Am 6./3 rückten wir nach Halpegarbe in eine neue Stellung. Abends am 9. rückte die 1. und 3. Kompanie in Stellung. Am nächsten Morgen begann ein blödsinniges Artilleriefeuer. Eine Gelbe nach der andern schlug in unsere Stellung, so dass es bald keine Deckung mehr gab. Das Gelände hinter dem Graben bestreuten sie mit Granaten und Schrapnells, so dass nur unter schweren Verlusten Verstärkungen herangezogen werden konnten. Dann stürmten die Engländer in dichten Kolonnen, drangen bei der 3. Kompanie in den Graben ein und fielen der Ersten in den Rücken. Der kleine Rest, welcher noch übrig war, wurde gefangen genommen. Es war schrecklich. Die 1. Kompanie verlor in den 4 Tagen 1 Offizier (Ziegler), 2 Vizefeldwebel, 8 Oberjäger, 13 Gefreite und 110 Jäger. Da können Sie sich ungefähr ein Bild machen. Leutnant von Baumbach ist gefallen, Leutnant Wachsmuth und Küsten schwer verwundet, Prinz Solms und Swart leicht."

Die Schlacht von Neuve Chapelle

Während sich Alexander von seiner Knieverletzung erholte, war sein Bataillon an der sogenannten „Schlacht von Neuve Chapelle" beteiligt, die vom 10. bis 13. März 1915 dauerte. Es handelte sich um die erste geplante britische Offensive und gilt heute als bedeutendes Kapitel des Krieges. Ziel war es, die deutschen Linien zu durchbrechen und das Dorf Neuve Chapelle zu erobern. Die Briten versuchten, dies auszunutzen, um den Höhenzug von Aubers weiter östlich und möglicherweise auch Lille einzunehmen, doch dies scheiterte aufgrund mangelnder Kommunikation und Ressourcen. Die Verlustschätzungen für die Briten liegen bei rund 12.500 und für die Deutschen bei 10.000. Diese Offensive kam für die Deutschen überraschend, da sie schlecht vorbereitet und zahlenmäßig unterlegen waren. Da Alexander nicht als Zeuge anwesend war, muss er sich ausschließlich auf die Informationen anderer verlassen, um uns zu sagen, was vorgefallen ist. Spätere Berichte nach der Schlacht verhelfen uns jedoch zu einem besseren Einblick in beide Perspektiven.

Das britische Lincolnshire-Regiment (2. Bataillon) war am ersten Infanterieangriff nach der langen Bombardierung deutscher Stellungen beteiligt. Oberstleutnant George McAndrew, Kommandeur des Regiments, wurde leider getötet. Das Kriegstagebuch seines Regiments beschreibt dies folgendermaßen:

„Um 8:05 Uhr hoben die Geschütze ihr Visier und die Infanterie griff an. Der Oberst war bei den angreifenden Kompanien. Das Bataillon erhob sich gleichzeitig und stürmte in unglaublich kurzer Zeit in den ersten Graben, nachdem es den Stacheldraht durchtrennt hatte, wobei es nur etwa 20 Mann verlor. Die Blockadegruppen gingen dann durch die Schützengräben und verfolgten alle zuvor mit ihren Granaten. Hauptmann Peake hat gute Arbeit geleistet. Kurz darauf wurde ihm in den Kopf geschossen... Oberstleutnant GB McAndrew wurde zwischen dem ersten und zweiten deutschen Graben getötet. Sein rechtes Bein wurde von einer unserer eigenen Granaten in Stücke gerissen. Er starb auf der Frage nach seinem Regiment, ohne sich über die Schmerzen zu beschweren, die er erlitten hatte".

Obwohl die Deutschen durch den britischen Angriff überrascht wurden und ihre Linien an vielen Stellen infiltriert worden waren, gaben sie nicht so leicht auf, wie viele erwartet hätten. Obwohl die Chancen gegen sie standen und die Verluste hoch waren, gelang es Alexanders Bataillon, die Briten so lange wie möglich aufzuhalten, wie im Bataillonstagebuch beschrieben wird:

„Die 1. Kompanie, noch halb betäubt durch das ohrenreißende der berstenden Granaten, stürzt an die Trümmer der Sandsackmauer und nimmt zusammen mit dem unversehrt gebliebenen Maschinengewehr die stürmenden Engländer unter energisches Feuer — Der Angreifer stutzt, als der nicht mehr erwartete Widerstand aufflammt. Tod und Verwundung lichtet seine dichten Reihen — sie wanken. Unter schweren Verlusten flüchtet er in die Ausgangsstellung zurück".

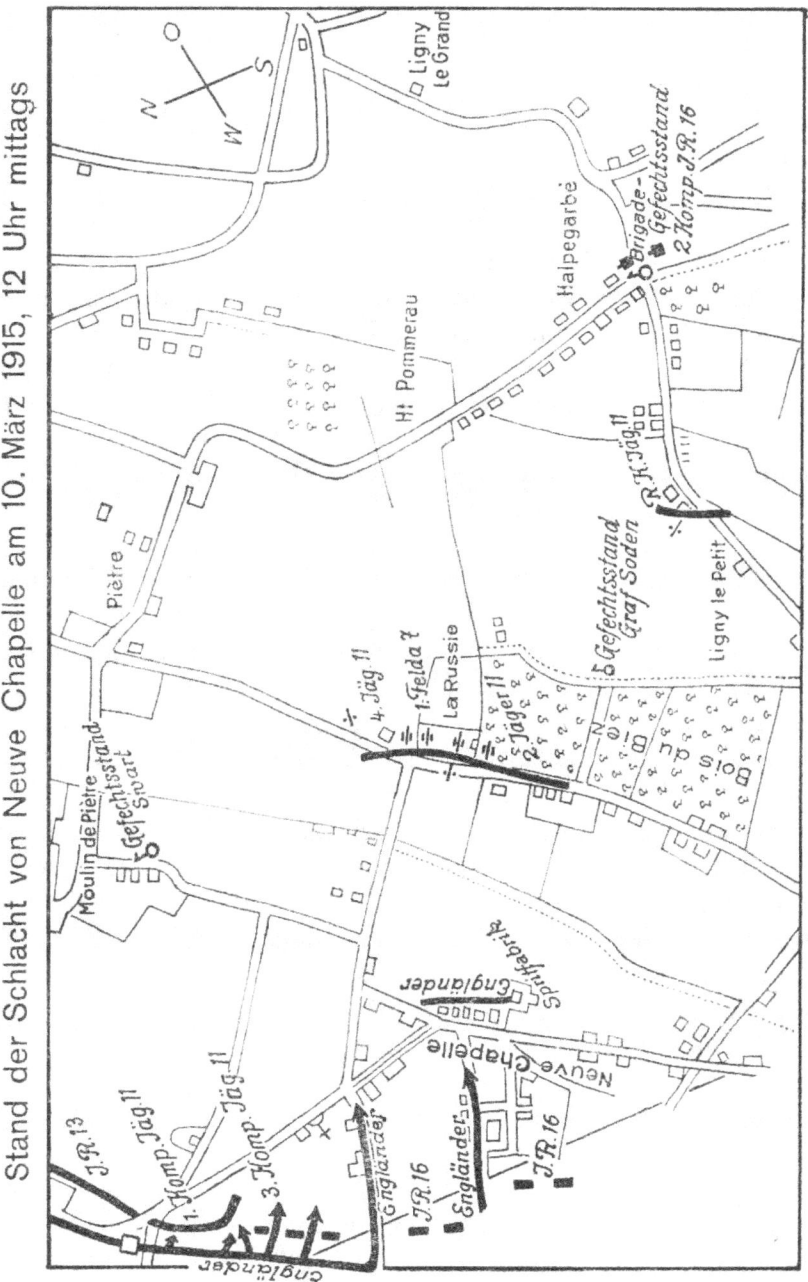

Aus der Sicht von Alexanders 11. Jägerbataillon mit den von links angreifenden Engländern.

Das Verdrehte Rechte Knie

Haben Sie schon vom Schmetterlingseffekt gehört? Das ist etwas, worüber ich manchmal nachdenke, ein Phänomen, bei dem eine Entscheidung im Bruchteil einer Sekunde oder eine Änderung der Ereignisse die Zukunft erheblich beeinflussen und ihren Verlauf oft völlig verändern kann. Dieses Tagebuch enthält viele dieser Beispiele. Wie Alexander nach der Schlacht von Neuve Chapelle sagte, die seine Kompanie von 200 auf 7 Mann fast vollständig vernichtete, rettete ihm seine Knieverletzung höchstwahrscheinlich das Leben. Er hätte sich leicht dazu entschließen können, nicht das Risiko einzugehen, sich in den englischen Graben zu schleichen, und hätte stattdessen die restliche Zeit mit seiner Kompanie in Stellung verbringen können. Denken Sie auch an die Zeit zurück, als Hauptmann Clasen direkt neben Alexander in den Bauch geschossen wurde, wie er am 27.12.1914 erwähnte. Dieser englische Soldat hätte leicht zuerst auf Alexander zielen können, aber irgendetwas veranlasste ihn, sich anders zu entscheiden.

Ich möchte, dass Sie sich vorstellen, was möglicherweise passiert wäre, wenn Alexander sich an diesem Tag nicht entschieden hätte, in den englischen Schützengraben zu gehen, sowie die verschiedenen Ereignisse, die dazu führten, dass diese „glückliche" Entscheidung fiel. Wenn man seinen Rang, die gesamten Ereignisse im Tagebuch und sein zukünftiges Leben nach dem Krieg berücksichtigt, ist klar, dass sich das Schicksal vieler Menschen auf beiden Seiten erheblich verändert hätte — Heute würden Menschen leben, von denen wir noch nie gehört haben — Diese Menschen würden das Leben anderer beeinflussen und diesen Schmetterlingseffekt weiter fortsetzen — Meine Familie und ich würden nicht existieren — Jeder, mit dem ich jemals täglich in Kontakt gekommen bin, hätte eine andere Version des Tages gelebt. Mit diesen Überlegungen ist es klar, dass das Tagebuch nicht existieren würde, sowie meine Gelegenheit es Ihnen vorzustellen. Jetzt reflektieren Sie und denken Sie über sich selbst nach. Welches alternative Leben würden Sie führen, wenn Sie Ihre Zeit nicht mit der Lektüre dieses Buches verbringen würden?

Was auch immer Ihnen in den Sinn gekommen ist, sind wir uns einig, dass Ihr Tag anders wäre, wenn der englische Soldat nicht auf Hauptmann Clasen gezielt hätte, wenn Alexander nicht so viel Glück gegen Percy und sein Bataillon gehabt hätte; und sicherlich, wenn Alexander sich nicht das rechte Knie verdreht hätte.

23.3.1915 Es scheint endlich Frühling zu werden, denn es hat mal 2 Tage die Sonne geschienen. Gestern Vormittag warf ein Flieger 3 Bomben auf die Stadt, wovon aber nur eine explodierte. Außer ein paar zerbrochenen Fensterscheiben wurde kein Schaden weiter angerichtet. Die Etappenfritzen hier sind mordsstolz, dass sie es auch mal haben knallen hören; die werden schöne Schauergeschichten nach Hause schicken. Mir graut vor jedem Brief, den ich schreiben muss; Zeit dazu ist genug da, aber man hat zu nichts Lust; schlafen kann man auch nicht, immer ist man in einer ewigen Unruhe. Anderen geht es genauso. Vorn im Graben war es mir viel wohler als hier, wo man sich so unnütz vorkommt.

26.3.1915 Geld habe ich hier mehr als genug, obgleich ich viel ausgebe, denn es ist alles sehr teuer: Eier – 15 Centimes; Apfelsinen – 20 Centimes; 1 Schnitt deutsches Pilsner – 40 Centimes; 1 Kilo Äpfel – 1,60 Franc. Brennspiritus gibt es in der ganzen Stadt nicht mehr. Wie ich höre, ist Totzek leicht verwundet. Er hat einen Streifschuss auf seine große Schnauze bekommen, worüber sich das ganze Bataillon freut. Ich habe noch nie einen Menschen gesehen, der so unsympathisch und unbeliebt ist wie der, und dabei ist er Kandidat der Theologie. In den nächsten Tagen geht es wieder nach vorn. Ich fahre über Lille, denn ich muss mich erst erkundigen, wo das Bataillon jetzt steckt. Bei der Gelegenheit werde ich Line mit besuchen.

30.3.1915 Ich bin als dienstfähig aus dem Lazarett entlassen worden.

31.3.1915 Soeben sitze ich mit Line in Lille im Hotel Royal beim Mittagessen. Morgen geht es weiter zum Bataillon. In Lille sieht es stellenweise bös aus; ganze Häuserreihen, besonders am Bahnhof, sind zusammengeschossen. Sonst ist hier ein Mordsbetrieb.
Am Nachmittag waren wir in Roubaix.

Line Pfeifer (Alexanders Schwester) – Lille, 1915

Eglise St. Martin, Roubaix.

Das Rathaus und der Kirchturm, Lille

1.4.1915 Südlich über Seclin nach Phalempin zum Generalkommando des VII Armeekorps gefahren, wo ich erfuhr, dass mein Bataillon südlich vom Kanal La Bassée-Béthune in Stellung liegt und dass die Ruhestellung die Orte Billy und Berclau südöstlich La Bassée sind. Da es von hier keine Verbindung dorthin gibt, fuhr ich nach Lille zurück, wo ich übernachtete.

2.4.1915 Heute fahre ich mit der Bahn nach Don, wohin ich mir telefonisch den Wagen bestellen werde. Seit einigen Tagen ist hier herrliches Frühlingswetter; wenn nicht zu viel geschossen wird, muss es jetzt in den Gräben sehr schön sein.
Wir sollen wieder über 800 Mann Ersatz bekommen haben.

8

3.4.1915 Nun bin ich wieder an der Front und mir ist sehr wohl dabei; das Herumdrücken hinter der Front ist nicht nach meinem Geschmack. Ich bin also gestern von Lille mit der Bahn über Don nach Bauvin-Provin gefahren, wo ich zufällig mit einem Ersatztransport (130 Jäger) zusammentraf. Ferner waren dabei 5 ganz neugebackene Leutnants, die erst vor ein paar Monaten als Freiwillige eingetreten waren. Nach ein paar Wochen an der Front haben sie einen fünfwöchigen Ausbildungskursus in Deutschland durchgemacht und sind dann sofort Offiziere geworden. Jetzt geht es also schneller als wie bei uns armen Frontschweinen im Anfang. Überhaupt ist jetzt das Bataillon merkwürdig zusammengestellt, denn uns sind jetzt 2 Train-, 1 Ulanen- und 1 Artillerieoffizier zugeteilt.

Ich bin zur 3. Kompanie gekommen, zu meinem alten Kompanieführer Hauptmann Beutin, unter dem ich Souchez, Loretto, Les-Trois-Maisons und so weiter mitgemacht habe, und der von seinem schweren Armschuss wieder geheilt ist. Billy ist ein größeres Dorf und gar nicht zerschossen. Ich habe ein ganz hübsches Zimmer für mich; hübsch natürlich nur nach Frontbegriffen. Unsere Stellung ist südlich vom Kanal beim Dorf Auchy. Die Gräben sollen trocken, 2 Meter tief und also viel besser sein als bei Richebourg. Auf 40 bis 120 Meter liegt uns französische Landwehr gegenüber. Jedenfalls ist alles sehr zufrieden mit dieser Stellung und Unterkunft. Gegessen wird hier, wenn die Kompanie in Ruhe ist, gemeinsam mit dem Stab im Kasino, einer großen Villa — von früh 8 Uhr ab Kaffee, Brötchen, gefüllte Pfannkuchen, kalter Aufschnitt. Von 12 bis 1 Mittagessen; halb 7 abends warmes Abendessen. Münchner Bier gibt es jetzt in Mengen.

7.4.1915 Die Osterfeiertage habe ich im Graben verbracht. Sonnabendnachmittag wurden wir telefonisch vorbeordert. Ich ließ mir abends 7 Uhr den Wagen anspannen und fuhr 1 Stunde lang über Douvrin und Haisnes nach Dorf Auchy. In Haisnes muss man so lange warten, bis es dunkel ist, da man sonst sofort von der Artillerie beschossen wird. Mitten in dem ganz zerstörten Auchy, und zwar in einem Haus, beginnt der Laufgraben, der 2 Meter tief und dreiviertel Stunden lang nach vorn führt.

Das früh so schöne Wetter hatte sich immer mehr verschlechtert und abends sowie die ganze Nacht durch gab es den schönsten Landregen. Da hat sich mein neuer Regenmantel aus unserem imprägnierten Zeltbahnstoff sehr gut bewährt. Über die Hosen hatte ich die wasserdichten Unterhosen gezogen, und obgleich ich in den beiden Tagen stundenlang im strömenden Regen stand und von oben bis unten mit Schlamm bedeckt war, ist nichts durchgegangen. Dagegen sind die neuen Regenhäute, die die anderen Offiziere mitgebracht hatten, teilweise schon in der ersten Nacht zerrissen. Es ging also im Finstern Dreiviertelstunde lang am Schloss Les Briques vorbei, durch den

Eisenbahndamm unter den Schienen hindurch bis vor, wo ich von Beutin sehr freundlich begrüßt wurde. Anscheinend hat er mich besonders für seine Kompanie verlangt, weil ich doch viel mehr Erfahrung habe als die jungen Dächse. Kurz wurden die Stellung und der Dienstbetrieb erklärt und dann hatte ich gleich von 9 bis 12 nachts Aufsicht. Von 12 bis 3 kam der Führer des 2. Zuges dran, 3 bis 6 der des 3. Zuges, von 6 bis 9 wieder ich und so weiter; also zwischen jeder dreistündigen Wache 6 Stunden Ruhe. Alles ist ganz genau geregelt und seit dem Unglück von Neuve Chapelle viel strenger. Während der Wache muss man immer im Graben sein. Die Stellung ist gegen unsere frühere einfach ideal — 2 Meter tief im Tonboden; kein Grundwasser, da wir auf einer schwachen Erhöhung liegen und die vielen in der Nähe befindlichen Kohlenzechen anscheinend alles Grundwasser anziehen.

Die Gräben sind tadellos ausgebaut. Jeder Schütze hat eine kleine Nische für sich, zu der Stufen hinaufführen; alles ist mit Sandsäcken verstärkt und jeder steht hinter einem Stahlschutzschild. Die meisten Leute haben über sich Zeltbahnen gespannt, so dass sie trockenstehen. In den Nischenwänden sind kleine Kästen eingebaut für Patronen. Außerdem stehen im ganzen Graben verteilt wasserdichte Kästen mit Handgranaten. Auch sind besondere Depots da, für Schanzzeug, Munition und so weiter. Schöne, tiefe Unterstände sind reichlich vorhanden. Als Zugführer habe ich einen für mich und meinen Burschen; darin sind 2 Schlafstellen übereinander wie in einer Schiffskabine; ich habe sogar eine Matratze. Selbstverständlich sind Tisch, Korbsessel, Ofen, Wandbrett, Kleiderhaken und Bilder vorhanden. Geheizt wird mit Steinkohlen, die wir uns bequem aus der nächsten Zeche holen können. Uns gegenüber liegt französische Landwehr. Bei Tag fallen nur einzelne Schüsse, dagegen wird es in der Nacht etwas lebhafter. Außerdem werden wir ab und zu mit einigen Granaten beehrt, die aber bisher keinen Schaden anrichteten.

Am ersten Feiertag war Tag und Nacht schönes Wetter, dagegen regnet es seit dem zweiten Feiertag früh in Strömen, so dass es in den Gräben ziemlich schmutzig ist. Abends 9 Uhr sollten wir abgelöst werden, doch es wurde 1 Uhr nachts, bis die erste Ablösung kam. Ich bin dann ganz allein vorausgegangen durch den Laufgraben und habe mich trotz der vielen Abzweigungen nicht verirrt. Der Schlamm reichte bis hoch über die Knöchel, aber gegen früher war es die reinste Promenade. Vor Richebourg wäre der Graben nach einem derartigen Regen unpassierbar gewesen. In Auchy wartete auf mich der telefonisch bestellte Wagen und nachts halb 3 kam ich in Billy an, wo ich mir noch schnell auf dem Spirituskocher eine Konserve (Würstchen mit Kraut) machte. Früh halb 6 wurde ich im tiefsten Schlummer plötzlich geweckt — höchste Alarmbereitschaft. Also raus, angezogen, Koffer gepackt und auf dem Packwagen verladen. Gerade als ich fertig war, hieß es, alles könne sich wieder hinlegen. Es war nur ein Probealarm der ganzen Division. Dafür habe ich dann den ganzen Tag geschlafen.

Gestern Abend war ein starker Sturm mit Regen; heute Abend wird es in den Gräben lieblich aussehen. Heute etwas Dienst gehabt — Gewehrdurchsicht und Belehrung der Oberjäger. Heute Abend geht es wieder auf ein paar Tage vor. Hauptmann Beutin ist jetzt Befehlshaber des ganzen Gefechtsabschnitts; während dieser Zeit bin ich Kompanieführer. Dadurch brauche ich zwar nicht mehr mitzuwachen, aber dafür gibt es viele schriftliche und telefonische Arbeit.

Hier in Ruhe essen wir gemeinsam im Kasino, welches im Rittergut eingerichtet ist. Für das gute Essen und Trinken ist der Preis erstaunlich billig; nur 30 bis 40 Mark im Monat. Extragetränke werden natürlich besonders berechnet. Essen und Trinken werden auch vom Kasino vor in den Graben geliefert. Unsere Elektriker haben im ganzen Nest Leitungen gelegt, so dass wir überall elektrisches Licht haben. Soeben wird auch ein Kabel nach vorn gelegt; wir werden also in nächster Zeit auch in den Unterständen Elektrisches haben. Wir haben übrigens vorn Unterstände gebaut, die 4 Meter unter der Erde liegen. Seitdem ich wieder hier bin, fühle ich mich wieder bedeutend wohler. Es ist hier doch ein ganz anderes Leben als in dem langweiligen Lazarett.

10.4.1915 Ich bin wieder für 6 Tage im Graben. Eben haben wir einen aufregenden Morgen hinter uns. Ich hatte soeben die vorgeschriebene 5 Uhr Meldung geschrieben und mich gerade wieder hingelegt, da fing auf einmal der Boden an zu schwanken, wie bei einem Erdbeben, ein dumpfer Knall ertönte, dem sofort ein wüstes Gewehr-, M.G- und Artilleriefeuer folgte. Ich raus wie ein geölter Blitz, alles alarmiert und wie wahnsinnig hinaus in die Finsternis geschossen. Da aber kein Angriff erfolgte, stellten wir sehr bald das Feuer wieder ein. Ausnahmsweise hat diesmal auch unsere Artillerie prompt gearbeitet. Eine nach rechts ausgeschickte Patrouille meldet, dass die Franzosen den dritten Teil einer Kompanie vom Infanterieregiment 16 unterirdisch hochgesprengt haben und dass alles verschüttet und wahrscheinlich tot ist; ein Angriff sei nicht erfolgt. Dort liegt man sich auf nur 40 Meter gegenüber. Bei uns hier ist die Entfernung für Unterminieren zwar sehr groß, trotzdem sind wir damit beschäftigt, 2 Minenstollen vorzutreiben.

Mir geht es gut. Ich habe mich schon wieder ganz in den Frontbetrieb eingewöhnt.

11.4.1915 Wir sitzen jetzt trocken und warm; die tadellosen Gräben werden mit dem Besen bekehrt, was vor Richebourg einfach lächerlich gewesen wäre. Wir bauen jetzt unsere Stellung mit sehr viel Stacheldraht zu einer Art Festung aus. Heute Abend komme ich in die 2. Linie, in den Reservegraben ungefähr 50 Meter hinter dem Kampfgraben und dann 2 Tage nach Billy in Ruhe. Dauernd haben wir Verluste, sogar in unserer sicheren und verhältnismäßig ruhigen Stellung; gestern allein 2 Verwundete und 1 Toten, der gerade umfiel, als ich dazu kam. Den ganzen Morgen knallt es nun schon hoch oben; feindliche Flieger werden mit Abwehrgeschützen beschossen. Das ist aber schon ein so gewohnter Anblick, dass man kaum noch hinsieht.

12.4.1915 Gestern sind wir auf 2 Tage in die 30 bis 100 Meter zurückliegende Reservestellung übergesiedelt. Unterstände gibt es der verschiedensten Art je nach dem Geschmack und Geschick der Erbauer;

ziemlich komfortable Blockhäuser unter der Erde oder auch ganz unglaubliche Räuberhöhlen. Zur Ausschmückung ist aus den benachbarten Dörfern alles in den Nächten herbeigeschleppt worden, was nur einigermaßen brauchbar ist. In meiner jetzigen Villa habe ich sogar eine große Regulatoruhr.

Diese Nacht waren die Franzosen sehr nervös. Sie haben unheimlich viel Munition nutzlos verschossen und außerdem unsere vorderste Stellung mit einer Menge Minen beworfen, deren Wirkung aber gerade im Gegensatz zu ihrem großen Radau stand. Es war gerade, als ob die Franzosen geahnt hätten, was ihnen bevorsteht. Ich hatte gerade wieder um halb 5 die übliche Morgenmeldung nach Les Briques telefoniert und mich wieder hingelegt, da erfolgt auf einmal unter donnerndem Krach eine furchtbare Erschütterung. Die 16er rechts von uns haben sich gerächt und einen Teil der französischen Stellung in die Luft gesprengt. Darauf antworteten die Franzosen mit einer wüsten Schießerei mit Gewehren, M.G, Artillerie und Wurfminen; wahrscheinlich dachten sie, wir wollten stürmen.

Von einer alten Postkarte – die Marburger Jäger im Graben – 1915

Heute Nacht und früh bin ich stundenlang in dem Grabengewirr herumgelaufen, um mich zu orientieren und um auch bei Nacht jeden Weg finden zu können, was gar nicht so leicht ist. Außerdem habe ich heute Nacht probeweise alarmiert, damit jeder Mann auch bei Nacht weiß, wo sein Platz ist. Sonst wird mit Tag- und Nachtschicht schwer geschanzt, Unterstände gebaut, Wege verbreitet und vieles andere. Wir haben kolossal zu tun. In Billy sind alle Felder bestellt; auf jedem Feld befinden sich Tafeln mit der Angabe, was gesät worden ist. Bei Billy zum Beispiel steht überall: „Sommerweizen gesät 28.3.1915 von der M.G.K Jäger 11." Die kleinen Felder sind alle verschwunden und alles ist zu großen Flächen zusammengeackert worden. Das wird später den Bauern viel Ärger machen, wenn sie ihre Grenzen nicht mehr vorfinden.

Auf der benachbarten Zeche hat einer meiner Jäger mehrere Zentner Kupfer und Messing entdeckt, die jetzt abgeholt werden. So wird alles fortgeschafft, was nur irgendwie verwendet werden kann. Da uns unsere Feinde die Zufuhr abschneiden, so müssen wir eben das, was wir brauchen, nehmen, wo wir es finden.

14.4.1915 Gestern Abend halb 12 aus dem Graben zurück. In den 6 Tagen habe ich nicht einen Augenblick die Schuhe von den Füßen bekommen und mich nicht waschen können, denn Wasser muss eine halbe Stunde weit aus Les Briques durch die engen Laufgräben herangeholt werden und darf daher nur zum Kochen und Trinken benutzt werden. Dafür hat heute früh die Toilette eineinhalb Stunden gedauert — C'est La Guèrre! *(Dies ist nun mal Krieg!)*

Von den Leuten der 3. Kompanie, die bei Neuve Chapelle gefangen wurden, haben schon 40 Mann geschrieben, dass es ihnen gut ginge, nur müssten sie „Kohldampf Schieben." Das ist der Soldatenausdruck für hungern. Der englische Zensor hat diesen Ausdruck durchgelassen, weil er ihn sich nicht erklären konnte und ihn wahrscheinlich für irgendein Spiel gehalten hat. Hätten die Leute das Wort „Hungern" geschrieben, so wäre der Brief sicher unterdrückt worden. Man muss sich eben zu helfen wissen.

Es gibt jetzt der Reihe nach Urlaub, aber nicht nach Deutschland, sondern immer nur wenige Tage in irgendein Erholungsheim, wozu verschiedene Schlösser hinter der Front eingerichtet sind.

15.4.1915 Heute Abend geht es wieder auf 4 Tage vor, dann wieder 4 Tage Ruhe. Nachmittag in Billy sehr interessante praktische Vorführung von Werfen mit Handgranaten. Als wir am Abend vorn im Graben angelangt waren, herrschte bald große Aufregung. Deutlich war unter meinem und dem Nachbarunterstand Klopfen und Scharren zu hören, so dass wir annehmen mussten, wir würden unterminiert. Alles lag auf dem Bauch, ein Ohr an den Boden gedrückt und horchte. Von Mitternacht an war wieder Ruhe und ich habe dann ganz gut geschlafen, trotzdem der Gedanke, jeden Augenblick hochgesprengt zu werden, ziemlich peinlich ist. Die ganze Sache klärte sich aber später auf — etwa 20 Meter hinter uns in der zweiten Stellung wurden Unterstände gebaut und das hörte sich so an, als ob das Klopfen direkt unter uns wäre. Trotzdem muss jetzt jede Nacht alle 2 Stunden eine Viertelstunde lang alles ruhig sein; jeder liegt dann auf dem Bauch und horcht; bis jetzt haben wir aber noch nichts wieder gehört.

Wir treiben 2 Minenstollen vor. Gestern bin ich bei Regiment 16 in einen solchen hineingekrochen, der 30 Meter lang ist; angeblich wäre eine feindliche Bohrmaschine zu hören; es war aber nichts. Das Kriechen in einem solchen nur 1 Meter hohen finsteren Stollen ist ein großer Staucher, aber man muss alles mal durchmachen. Im Allgemeinen geht es bei uns, abgesehen von der Unterminiererei, ziemlich friedlich zu. Unter Artilleriefeuer haben wir fast gar nicht zu leiden. Gerade als ich meinen neuen, 3 Meter unter der Erde gelegenen Unterstand bezogen hatte, bekam ich gestern die Mitteilung, dass ich bis auf Weiteres die Führung der 2. Kompanie zu übernehmen habe, weil Prinz Lippe krankheitshalber Urlaub hat. Ich bin nun heute und morgen in 2. Linie, dann 4 Tage vorn und dann 4 Tage in Ruhe in Billy.

Wir haben jetzt herrliches Wetter und sitzen den ganzen Tag in der Sonne. Essen und Trinken ist reichlich, die Unterstände sind luxuriös und der Feind ist vernünftig. Da lässt sich schon der Krieg aushalten. So gut haben wir es lange nicht mehr gehabt.

Ein unbekannter Soldat: *‚Im Schützengraben bei Auchy'.*

23.4.1915   Nach 8 Tagen Schützengraben für 4 Tage in Billy angelangt.

27.4.1915   Jetzt ist es hier wie im Paradies gegenüber den Wintermonaten. Alles ist schon grün, die Obstbäume blühen und zum Kaffee sitzen wir meist im Freien. Hier ist es doch zehnmal schöner wie hinter der Front. Heute sind meine 4 Tage Ruhe zu Ende und wir kommen wieder auf 4 Tage vor.

2.5.1915   Soeben wieder 4 Tage Graben glücklich überstanden. Jetzt habe ich 2 Tage in Billy Ruhe. Die neuesten Zeitungen bekommen wir aus Lille viel eher als wie von zu Hause. Bücher zu lesen, hat man wenig Lust; es fehlt die Ruhe dazu. Am schönsten ist es, wenn man draußen im Graben sich in die Sonne setzen und stundenlang vor sich hindösen kann; das ist das Beste für die Nerven. In unserem Abschnitt ist keine Minengefahr mehr; wir haben die letzte Zeit scharf aufgepasst und nichts gehört. Aber rechts von uns, bei Infanterieregiment 16, wird beiderseits feste miniert.

Kürzlich hatte ich mir einen sicheren Fleck ausgesucht, wo man das Gelände gut übersehen kann. Ungefähr 1 Kilometer rechts von uns sieht man eine große Anzahl Ziegelhaufen, jeder so groß wie unsere Scheune zu Hause, um die im Januar-Februar schwer gekämpft worden ist. Der größte Teil davon ist jetzt in unserem Besitz.

Ein Blick in Richtung der feindlichen Stellung

Ein weiterer Blick auf die englischen Linien vor der Explosion – Der lange Ziegelstapel befindet sich rechts.

    Wie ich nun zufällig dorthin sehe und das Platzen der Schrapnells beobachte, fährt plötzlich eine riesige schwarze Wolke wohl 200 Meter senkrecht in die Luft. Die Erde wackelt wie bei einem Erdbeben, ein dumpfes Krachen und dann kommen Millionen von Ziegeln hochgesprengt — unsere Mineure hatten einen feindlichen Ziegelhaufen hochgesprengt. Was von den dort liegenden Engländern nicht schon durch die Explosion zerrissen oder verschüttet wurde, ist durch die herabfallenden Ziegel erschlagen worden. Das ist jetzt schon kein Krieg mehr; wer die größten Gemeinheiten ausheckt, der ist im Vorteil. Bei Ypern sind wir ja auch nur durch Verwendung giftiger Gase vorwärtsgekommen. Sicher wird man das von jetzt ab öfters machen.
    Bei uns sind die Franzosen in den letzten Tagen viel nervöser geworden und schießen jetzt viel mit Artillerie, besonders auf die Zechen und Dörfer hinter uns. Das große Dorf Auchy ist nur noch ein Trümmerhaufen. Gestern haben sie auf ein paar Häuser direkt hinter uns, wo sie wahrscheinlich Geschütze von uns vermuten, wenigstens 50 Granaten geschossen. Das war ein hochinteressantes Schauspiel, aber ich hätte nicht dort sein mögen. Links von uns, wahrscheinlich auf der Lorettohöhe, hört man schon seit ein paar Tagen ununterbrochenen Geschützdonner. Bei uns ist nichts von Bedeutung passiert. Am 1. Mai haben wir uns zur Feier des Tages tüchtig die Nase begossen.

9

‚Im Schützengraben vor Auchy (bei La Bassée) – In dem Kasten in der Wand ist eine Handgranate – Mai 1915'.

‚Im Schützengraben vor Auchy – Mai 1915'.

Links: ‚Stück Schützengraben mit hohen Sandsackwänden im Hintergrund – Mai 1915 vor Auchy'.

9.5.1915   Heute ist schönstes Sonntagswetter und dabei ist bei uns der Teufel los. Dass etwas im Gange war, merkte man schon an den vielen feindlichen Fliegern in den letzten Tagen. Heute früh halb 5 hatte ich eben die erste Morgenmeldung telefoniert, da höre ich plötzlich den bekannten Fliegerbrumm und gleich darauf geht bei uns eine starke Schießerei los. Ich sause raus aus dem Unterstand und sehe einen französischen Flieger ganz niedrig, höchstens 300 bis 400 Meter von drüben auf uns zukommen, empfangen von einem wahnsinnigen Feuer unserer 1., 2. und Radfahrerkompanie. Anscheinend war am Höhensteuer etwas kaputt, denn der Apparat kam nicht hoch. Trotz des furchtbaren Geschosshagels flog er über uns weg und wir machten schon lange Gesichter; da dreht er plötzlich um und kommt denselben Weg wieder zurück, und zwar im Gleitflug. Anscheinend ist der Motor oder der Propeller getroffen — natürlich doppeltes Schnellfeuer von uns.

Schon glauben wir, er fällt in unseren Graben. Aber er schwebte doch noch bis kurz vor dem feindlichen Graben, wo er weiter von uns befeuert wurde. Plötzlich fängt er an zu brennen, eine große braune Wolke steigt auf — das Benzin ist explodiert. Binnen wenigen Minuten war nur noch das Eisengerippe übrig. Darüber riesige Freude und Hurrageschrei bei uns. Die Insassen sind, wenn sie nicht schon vorher erschossen waren, verbrannt. Es war das erste Mal, dass ich sah, wie ein Flieger heruntergeschossen wurde, obgleich ich das Schießen auf Flieger schon viele tausendmal gesehen habe. Wir waren natürlich mordsstolz. Nun fingen aber die Franzosen, nachdem sie sich von ihrem Schreck erholt hatten, mächtig an zu schießen und setzten uns verschiedene Granaten und Schrapnells in den Graben. Daraufhin fing auch unsere Artillerie an.

Ich hatte mir eben von einer vorgeschobenen Sappe aus *(ein kurzer Graben, der ins Niemandsland gegraben wird)* das Flugzeuggerippe angesehen und war auf dem Rückweg zu meinem Unterstand, da hörten wir das bekannte Sausen in der Luft. „Aha, unsere Schwere!" denken wir — auf einmal 2 Donnerschläge kaum 15 Meter von uns. Schwarzer Qualm steigt auf, Splitter heulen durch die Luft. Der neben mir stehende Fähnrich bekommt ein Stück Zünder an das Bein; glücklicherweise war der Splitter aber schon abgeschwächt und prallte von der Wickelgamasche ab. Aus Ulk sage ich zu diesem Neuling, er möchte sich doch diesen Splitter zum Andenken aufheben, was er ahnungslos tat. Aber kaum hatte er ihn angefasst, so zog er die Hand mit einem Schrei von dem glühenden Eisen wieder zurück, und ich habe mir eins gelacht. Ich bin natürlich sofort ans Telefon und unsere Artillerie bös beschimpft, denn die waren die Sünder. Glücklicherweise war kein Schaden weiter angerichtet worden.

Auf den Schreck hin wollen wir in unserem Unterstand ein paar Tassen Kakao genehmigen, da geht auf einmal Punkt 6 Uhr rechts von uns eine tolle Kanonade los. Ununterbrochen dröhnen die Geschütze; die einzelnen Explosionen sind gar nicht mehr zu unterscheiden. Die Hauptschießerei ist weit weg von uns im Norden, aber auch die 16er werden bös befunkt. Wunderbar sieht es aus, wie es drüben bei den Ziegelhaufen aufzuckt. Überall hängen die runden Schrapnellwölkchen und dazwischen steigen unten auf der Erde dicke schwarze und gelbgrüne Wolken von den Granaten auf. Dazu feuern Gewehre und Maschinengewehre — in der Luft brummen 3 Flieger. Es war ein Höllenlärm. Aber es sollte noch besser kommen, denn auf einmal werden auch wir unter Feuer genommen. Schlag auf Schlag krachen die Granaten in unserem Graben, der an vielen Stellen bald zugeschüttet ist. Überall liegen die scharfen Granatsplitter in Mengen herum. Ich lasse alles bis auf die allernotwendigsten Posten in die Unterstände kriechen und so lassen wir 3 Stunden lang das Bombardement über uns ergehen. Dabei bin ich gezwungen, des guten Beispiels wegen ab und zu in ruhigem Schritt und äußerlich gleichmütiger Miene, ein Lied pfeifend, den ganzen Graben entlangzugehen, damit die Leute nicht sagen können, die Offiziere hätten sich verdrückt. Merkwürdigerweise haben wir nicht eine einzige Verwundung, trotzdem wenigstens 100 Granaten allein auf meinen Kompanieabschnitt fielen. Die Nachbarkompanie dagegen soll 3 Tote und mehrere Verwundete haben.

Jetzt ist es nun halb 4 und wir werden nicht mehr beschossen, aber im Norden rollt es noch ununterbrochen. Wie uns mitgeteilt wird, haben die Engländer wieder bei Neuve Chapelle mit großer Übermacht angegriffen, sind aber zurückgeschlagen worden. Wir sind wohl nur deswegen so befunkt worden, damit wir glauben sollten, auch wir würden angegriffen und um auf diese Weise zu verhindern, dass von uns Reserven nach Norden gezogen werden. Ich habe richtige Kopfschmerzen bekommen von dem stundenlangen Krachen und Dröhnen. Hoffentlich macht uns diese Schießerei keinen Strich durch die Rechnung, denn eigentlich müssen wir heute Abend abgelöst werden.

13.5.1915 Die idyllische Ruhe ist vorbei. Seit dem 9./5 wird hier ringsum schwer gekämpft; der Kanonendonner hat noch nicht wieder aufgehört. Rechts und links von uns haben große Angriffe stattgefunden, die aber bis auf vereinzelte kleine Erfolge abgeschlagen worden sind. Wann werden wir nun drankommen?

In der Nacht vom 9. zum 10./5 wurde ich abgelöst und kam nachts 3 Uhr nach Billy, wo ich bis zum 17. Mai in Ruhe bleibe. Ich bin jetzt wieder bei der 3. Kompanie und hätte eigentlich schon am nächsten Abend wieder mit vorgemusst, aber Hauptmann Beutin, der mir sehr gewogen ist, hat beim Bataillon erwirkt, dass ich auch mal länger Ruhe habe. Wir sind ständig in höchster Alarmbereitschaft, da wir auch jeden Augenblick angegriffen werden können. Wenn sie bei uns durch wollen, würden sie aber eine böse Enttäuschung erleben. Im Übrigen regnet es heute wieder, nachdem tagelang das herrlichste Sonnenwetter gewesen war. Mit Urlaub ist es vorläufig nichts, denn wir stecken hier an einer so gefährlichen Ecke, dass es schon schwerfällt, einmal 1 Tag Urlaub nach Lille zu bekommen. Ich habe keine Extrauniform, sondern 2 Mannschaftsuniformen und einen Mannschaftsmantel, die ich mir vom Kompanieschneider etwas umändern ließ und die mich nichts kosten. Bei uns machen es alle Offiziere so.

Jetzt ist es 5 Uhr nachmittags und seit heute früh donnern die Kanonen wieder unaufhörlich. Es ist eine ganz barbarische Kanonade. Die Fenster zittern bei uns, obgleich wir doch 8 bis 10 Kilometer weg sind.

14.5.1915 Eine derartige Kanonade wie heute Nacht zwischen 2 und 3 habe ich noch nicht gehört. Schnellfeuer von unseren schweren Mörsern — alles zitterte und wackelte. Was eigentlich los war, weiß ich nicht.

Eben bekam Prinz Solms das Eiserne Kreuz I für Neuve Chapelle. Er hat es wirklich verdient.

21.5.1915 Das waren wieder mal tolle Tage und mir ist es jetzt noch ganz unfassbar, dass ich mit dem Leben davongekommen bin, denn ein derartiges Artilleriefeuer habe ich noch nicht erlebt. In der Nacht vom 15. zum 16. Mai war die 3. Kompanie nach 6 Tagen Schützengräben zurückgekommen. Da wurden wir früh halb 6 alarmiert. Die 4. Kompanie war schon nach La Bassée abgerückt. 6 Uhr marschierten wir über Chateau Coisnes ebenfalls nach La Bassée, das stark mit Granaten und Bomben belegt wurde. Hier erfuhren wir, dass die Engländer in der Nacht beim 3. Bataillon des Infanterieregiments 57 durchgebrochen wären. Wir sollten ein weiteres Vordringen verhindern, bis weitere Verstärkungen kämen. Die betroffene Stellung liegt vor Richebourg, und zwar rechts von unserer früheren Heckenhofstellung.

Ich marschierte mit 16 Mann voraus; der Rest folgte mit 200 Meter Abstand, und zwar rechts um La Bassée herum, da es in der Stadt zu gefährlich war. Bald waren auch wir gezwungen, auszuschwärmen, denn ringsum schlugen die Artilleriegeschosse ein. Sprungweise gingen wir über die ganz ebenen Felder vor. Die ersten Volltreffer schlagen in uns ein. Verwundete jammern — wir anderen so schnell wie möglich weiter. So arbeiteten wir uns über 3 Kilometer vor bis hinter einem zerschossenen Gehöft an der Quinque Rue, das ich als die alte Schreinerei wiedererkannte, in der wir im Dezember oft kampiert hatten. Hier lagen einige 57er und ein Leutnant namens Brauch.

Auf die Dauer war es hier zu brenzlig, denn fortwährend schlugen schwere Granaten bei uns ein und Schrapnells fegten nur so über uns weg. Wir krochen also einer nach dem anderen über die Straße, dann in einem niedrigen Schlammgraben, in dem eine zusammengeschossene M.G-Abteilung tot lag; weiter vor, bis wir den zum 3. Bataillon führenden Laufgraben erreichten. In diesem ging ich mit meinen paar Mann (es waren wohl nur noch 12) weiter vor bis zum sogenannten Apfelhof, wo der Laufgraben so zerschossen war, dass wir nicht weiter konnten. Hier kam uns Hauptmann Beutin mit ungefähr 50 Mann nach. Mit Drahtscheren und Spaten bahnten wir uns den Weg durch die Draht- und Weidengeflechte, wobei wir von beiden Seiten von den Engländern beschossen wurden und mehrere Tote und Verwundete hatten. An vielen Stellen waren Lücken in den Grabenwänden geschossen, die wir einzeln im Sprung passieren mussten. Sowie man drüben war, prasselten die englischen Gewehrsalven hinterher. So arbeiteten wir uns im Laufe des Tages in steter höchster Gefahr bis auf 40 Meter an die zweite Stellung des 3. Bataillons heran, die wir als stark von Engländern besetzt feststellten. Hier blieben wir nun bis Abend. Hinter uns waren Infanteristen aller möglichen Regimenter. Nachts sollte gestürmt werden, was aber unterblieb; es wäre auch ganz aussichtslos gewesen.

Während ich in der Nacht das vorderste Stück mit 12 Jägern und 3 Sack Handgranaten besetzt hielt, schanzte sich Hauptmann Beutin mit dem Rest der Jäger und den Infanteristen weiter hinten nach rechts ein. Früh 5 Uhr bekam ich die traurige Nachricht, dass Beutin gefallen sei. Ich konnte es erst gar nicht glauben. Ich kroch im Graben zurück und da sah ich den armen Menschen liegen, schmutzig und blutbefleckt. Nachts zwischen 12 und 1 Uhr traf ihn eine Schrapnellkugel in die Brust und gleichzeitig mit ihm den Leutnant Brauch von den 57er in die Stirn. Beide waren sofort tot. Mit Beutin war einer der besten, idealdenkendsten, pflichteifrigsten und tapfersten Menschen hingegangen. Mir ist sein Tod besonders nahe gegangen, weil ich bei ihm sehr gut angeschrieben war und immer gut mit ihm ausgekommen bin. Ich meldete den Tod der beiden Offiziere schriftlich nach rückwärts.

Nun war ich der einzige Offizier vorn. Befehle bekam ich nicht, dagegen ein sich von Stunde zu Stunde steigerndes Artilleriefeuer. Schließlich fand ich in der Nähe vom Apfelhof noch 4 sächsische Offiziere, die aber dienstjünger als ich waren, so dass ich den Oberbefehl übernahm. Mit diesen Offizieren habe ich dann die Dose Hummer von Tante Anna gegessen und dazu Regenwasser getrunken, das wir in Zeltbahnen aufgefangen hatten. Das war unsere einzige Nahrung in 2 Tagen. Mehrfach versuchten die Engländer Infanterieangriffe auf unseren Graben, doch wurden sie stets zurückgeschlagen.

Am Nachmittag wurde das Artilleriefeuer immer toller. Außer mit Schrapnells und Granaten aus den Feldgeschützen überschütteten sie uns nun auch noch mit einem Hagel allerschwerster Granaten aus 10, 15, 21 und sogar 28cm Haubitzen und Mörsern. Die Granaten von letzteren kamen durch die Luft angerauscht, als wenn ein schwerer Güterzug kommt. Und dann der entsetzliche Knall — Explosion auf Explosion in allen Tonarten. Die Geschosse und Splitter pfiffen und heulten durch die Luft; dazu das Stöhnen und Wehklagen der Verwundeten — überall zerfetzte Leichen oder Teile davon. Es war einfach entsetzlich, und das alles mussten wir geduldig über uns ergehen lassen. Ich wundere mich, wo ich die Nerven dazu hergenommen habe. Ich habe Bilder gesehen, die so grauenhaft waren, dass ich lieber hierüber schweigen will. In kurzer Zeit bekam ich 3 Schuss ab, die mir aber weiter nichts geschadet haben — Ein Granatsplitter riss mir überm linken Knie ein dreieckiges Loch in die Hose; eine Schrapnellkugel prallte unter Hinterlassung eines sehr schmerzhaften blauen Flecks von der linken Schulter ab und irgendein Geschoss riss mir das Nationale vom Tschako.

Gegen Abend des zweiten Tages schossen die Engländer systematisch Stück für Stück unseres Laufgrabens in Grund und Boden, so dass wir gezwungen waren, uns schrittweise zurückzuziehen. Schließlich erreichte das Bombardement eine derartige Stärke, dass wir, sobald es dunkel wurde, den Laufgraben ganz räumten und uns übers freie Feld auf das alte Bereitschaftsgehöft (wo wir im Winter so oft Pellkartoffeln gekocht hatten) zurückzogen. Vor diesem ganz zerschossenen Gehöft hatte Infanterie und Teile unserer Jäger schon am Tag eine Aufnahmestellung ausgehoben. Bis 3 Uhr nachts schanzten wir mit, fortwährend durch Schrapnells belästigt, dann wurden wir abgelöst. Es waren bayerische Regimenter gekommen. Bis La Bassée stand ein Regiment hinter dem anderen; auch hörten wir, dass große Mengen leichte und schwere Artillerie gekommen sei.

Früh 4 Uhr trafen wir bei Nebel und strömendem Regen in La Bassée ein, wo ich glücklich war, als ich aus einer Feldküche einen Becher heißen Kaffee bekam. Glücklicherweise hatte uns das Bataillon alle verfügbaren Wagen nach La Bassée geschickt und so fuhren wir todmüde nach Billy zurück. Hier war ich schon totgesagt worden. 2 Nächte hatten wir nicht eine Minute geschlafen. Mittags musste ich unserem Bataillonskommandeur Graf von Soden Bericht erstatten. Am Schluss gab er mir die Hand und sagte: „Ich spreche Ihnen meine Anerkennung für ihre Haltung aus." Damit bin ich dem Eisernen Kreuz I wieder einen Schritt näher gekommen.

Im Tagesbefehl des kommandierenden Generals stand: „Der mit sehr überlegenen Kräften unternommene, von stärkster Artillerie, mit ungewöhnlichem Munitionsaufwand vorbereitete Durchbruchsversuch der Engländer ist an der Tapferkeit des verstärkten Armeekorps gescheitert. Ich spreche allen beteiligten Kommandostellen und Truppen meine volle Anerkennung aus."

Es war uns zwar nicht gelungen, den Engländern den eroberten Graben wieder abzunehmen, denn hierzu waren wir viel zu schwach, doch nehmen wir das große Verdienst für uns in Anspruch, dass wir in einem Laufgraben, der kaum Deckung gegen Sicht bot, 2 Tage lang den Feind am weiteren Vordringen gehindert haben, bis starke Truppenmengen zur Stelle waren. Gestern früh war Trauerandacht für die Gefallenen durch den Divisionspfarrer, der eine richtige Rachepredigt hielt, wie ich sie nie einem Geistlichen zugetraut hätte. Dann hielt der Graf eine Ansprache an die beteiligten 2 Kompanien. Meine Kompanie hat verloren: 15 Tote, 53 Verwundete und 6 Vermisste; also fast die Hälfte. Viele der zurückgekommenen Jäger sind nachträglich noch mit den Nerven zusammengeklappt und krank geworden. Jetzt ruhe ich mich gründlich aus.

22.5.1915 Heute geht es wieder auf einige Tage in unsere alte ruhige Stellung. Wir sind alle viel lieber vorn im Schützengraben, denn da ist man doch wenigstens sicher, dass man nicht in eine solche Riesenschweinerei geschickt wird wie soeben.

23.5.1915 Morgen Abend werde ich für 2 Tage abgelöst.

‚Mai 1915 – Rechts (im Mantel) Offizierssstellvertreter Pelz. Links: Oberjäger Schmidt - wurde in der Nacht vom 17./18. Mai im Gefecht bei La Bassée durch Schrapnellschuss in den Kopf schwer verwundet'.

Die Schlacht von Festubert

Die jüngsten traumatischen Ereignisse, die Alexander erlebte, sind heute als „Die Schlacht von Festubert" bekannt. Diese Schlacht fand südwestlich von Neuve Chapelle statt. Dies war die sogenannte „Zweite Phase" der zuvor gescheiterten „Schlacht bei Aubers" am 9. Mai, an der er zu Beginn dieses Kapitels teilweise beteiligt war. Weiterhin war der britische Angriff auf Festubert der Beitrag zur „Lorettoschlacht", deren Ziel es war, an den deutschen Linien vorbei in die Region Artois in Frankreich vorzudringen. Da eine französische Offensive gegen die deutschen Linien bei Vimy im Süden bei Lens geplant war, bestand das Ziel der Schlacht bei Festubert darin, die deutschen Verstärkungen zu den Briten zu bringen und nicht zu den angreifenden Franzosen. Dies war der erste britische Nachtangriff des Krieges. Sie erzielten zwar einige geringfügige Gebietsgewinne, verfehlten jedoch ihr Gesamtziel. In den zehn Kampftagen vom 15./16. bis zum 25. Mai erlitten die Briten schätzungsweise 16.648 Verluste, die Deutschen dagegen 5.000.

Ein Opfer dieser Schlacht war Hauptmann Walther Beutin, der für mich wie Prinz Reuß im Vergleich zu allen in diesem Tagebuch genannten Gefallenen sehr hervorsticht. Beim Lesen Alexanders Berichte, werden Sie möglicherweise feststellen, dass er über seine persönlichen Gefühle, wenn es um den Tod einer Person geht, selten ausführlich spricht und seine Berichte, wie ursprünglich beabsichtigt, sehr professionell und sachlich hält und sich auf laufende Ereignisse konzentriert. Ich finde dies außergewöhnlich. Doch trotz allem, was er erlebt hat und erleben wird, ist das Gespräch über Beutin einer der wenigen Fälle, in denen er etwas von seiner gewohnten professionellen Schreibweise abweicht und uns daran erinnert, dass ihn jeder erlebte Verlust mehr betroffen haben muss, als er uns manchmal glauben lässt. Angesichts dieser Analyse und der Tatsache, dass er den Mann regelmäßig für seinen guten Charakter und seine Freundlichkeit lobte, wird uns klar, dass sich die Beziehung zu Beutin zu einer engen Freundschaft entwickelt hat, die Alexander in diesem Krieg ein Gefühl der Normalität vermittelte. Jedoch existiert Beutin nun nicht mehr, ebenso wie die Tausenden anderen bei Festubert. Beutin ist allerdings nur einer der vielen Gefallenen. Wie viele dieser Tausenden hatten enge Freunde, Kinder, Ehefrauen und Familienangehörige, die mit demselben Ergebnis klarkommen mussten?

Alexanders Karte

Die folgende Karte wurde von Alexander gezeichnet, um uns seine Bewegungen von Billy am 16. Mai bis in die Gegend von Richebourg und Festubert im Nordwesten zu zeigen.

1 = Heckenhof
2 = Apfelhof
3 = Alte Bereitschaft

―――― Unsere Stellung vor Auchy

----- Unser Angriff am 16. Mai 1915

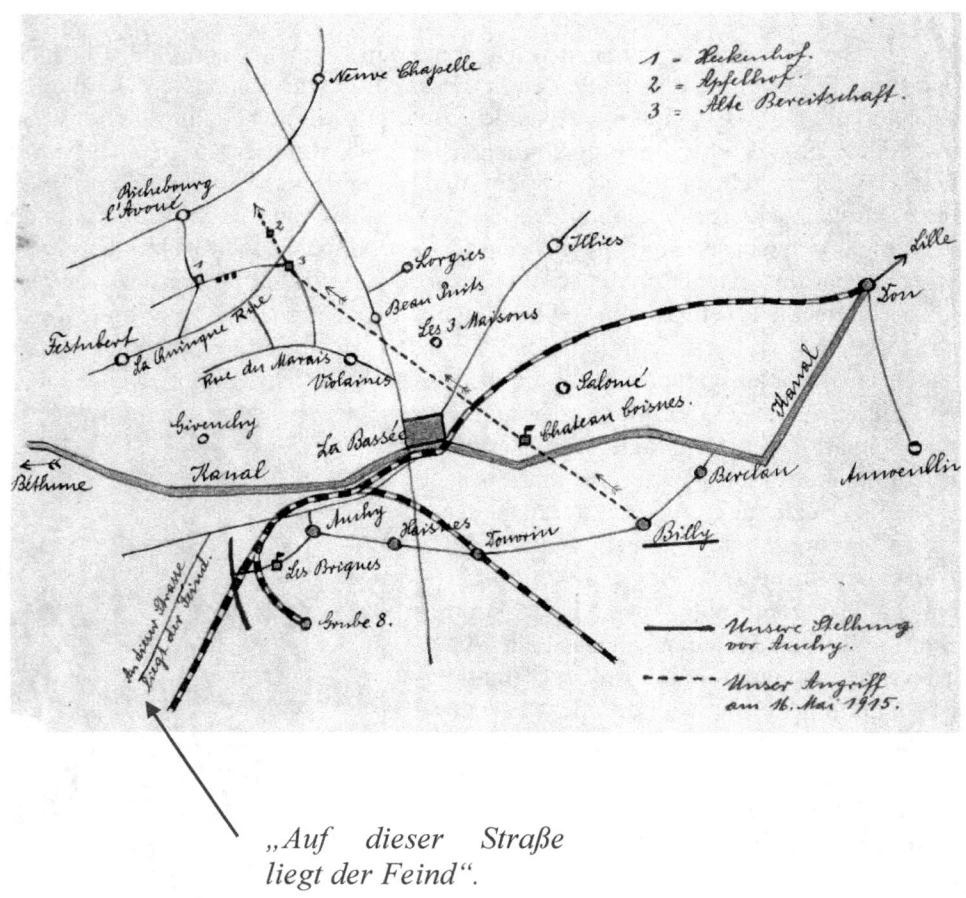

„Auf dieser Straße liegt der Feind".

Die 2 Mützenabzeichen

Zu Alexanders Gegenständen, die sich jetzt in meinem Besitz befinden, gehören zwei Mützenabzeichen von zwei verschiedenen, vermutlich gefallenen britischen Soldaten. Nachdem ich die Regimenter identifiziert hatte, zu denen diese Abzeichen gehörten, konnte ich bestätigen, dass sie tatsächlich in der Schlacht von Festubert involviert waren und sie höchstwahrscheinlich in dieser Zeit von Alexander gefunden wurden.

Unten: *die ‚Oxfordshire und Buckinghamshire Leichte Infanterie'.*

Oben: *die ‚Cameron Highlanders (1/4. Bataillon)'.*

Während ich diese Abzeichen in der Hand halte, stelle ich mir vor, was sie gesehen haben, als sie auf den Mützen der Engländer saßen, in ihren letzten Augenblicken vor ihrem Tod. Sie hätten zu diesem Zeitpunkt die gleichen Gefühle durchgemacht wie Alexander. Nachdem die Bataillone identifiziert waren, entdeckte ich einen schriftlichen Bericht von Major Archibald James Fergusson Eden, der uns einen Einblick darin gibt. Während des Nachtangriffs vom 15. auf den 16. Mai war er Kommandeur der ‚Oxfordshire und Buckinghamshire Leichten Infanterie'. Um 7 Uhr früh:

„Während des Angriffs gelang es Whitfield und einer Gruppe von Männern durch gute Arbeit, ein deutsches Maschinengewehr und drei Gefangene zu erbeuten, nachdem sie sieben oder acht der Geschützabteilung getötet hatten, um einen starken Posten zu errichten, der die äußerste linke Seite unseres Erfolgs markierte. Dieser Punkt wurde dann den ganzen Tag über von Kite und einer Gruppe von Bombenschützen am besten gehalten. Kurz nachdem ich die neue Linie erreicht hatte, traf ich auf Beaufort und gab ihm einige Anweisungen zur Konsolidierung der Linie. Der arme Kerl hatte sich noch nicht zwei Schritte von mir entfernt, als eine von einem deutschen Scharfschützen abgefeuerte Kugel seinen Kopf durchschlug und ihn auf der Stelle tötete."

Mein Besuch bei Beutin und Brauch

Während meiner Zeit in Frankreich besuchte ich Billy-Berclau, den Genesungsort von Alexanders Bataillon. Hier befindet sich auch die deutsche Kriegsgräberstätte, auf der viele seiner Soldaten begraben sind, darunter auch Hauptmann Walter Beutin. Ich besuchte diesen Friedhof sowie das Grab von Beutin, dessen Kreuz friedlich zwischen vielen anderen auf einer von Bäumen umgebenen Wiese steht.

Billy-Berclau deutsche Kriegsgräberstätte – Hauptmann Walter Beutin – gest. 16.5.1915 – Block 3, Nr. 187

Ich besuchte auch den deutschen Soldatenfriedhof Lens-Sallaumines, der wesentlich größer ist als der in Billy-Berclau. Hier liegt die Leiche von Leutnant Friedrich Brauch, der am selben Tag zusammen mit Beutin starb.

Lens-Sallaumines deutscher Soldatenfriedhof – Leutnant Friedrich Brauch – gest. 16.5.1915 – Block 7, Nr. 103

10

26.5.1915　　Gestern Abend bekam ich plötzlich die Nachricht, dass ich bis 1. Juni in das Erholungsheim Schloss Thumeries beurlaubt bin. Heute früh bin ich mit meinem Burschen auf einem mit Plane überdeckten Fleischerwagen loskutschiert und über Berclau, Bauvin-Provin, Carvin und Libercourt in 2.5 Stunden angelangt. Das Erholungsheim besteht aus 2 kleinen, einem Universitätsprofessor in Lille gehörenden Chateaus mitten in einem großen Laubwald. Ringsum Felder, Weiden, Wälder; alles wie ein einziger großer Park. Sogar ein Berg ist in der Nähe, allerdings nur 100 Meter hoch, aber dafür der Einzige in der Gegend. Es sind nur ein halbes Dutzend Offiziere hier und man ist ganz ungeniert. Zwischen den Mahlzeiten kann jeder machen, was er will. Ich werde große Spaziergänge machen und die übrige Zeit im Gras liegen. Zum Glück ist herrliches, warmes Wetter. Da werden sich in den 6 Tagen meine Nerven, die im letzten Gefecht doch einen ziemlichen Ruck abbekommen haben, wieder schön erholen. Übermorgen besuche ich Line in Lille.

30.5.1915　　Gestern war ich den ganzen Tag in Lille mit Line zusammen. Hier ist dauernd schönes Wetter; es ist die reinste Sommerfrische.

2.6.1915　　Die schönen Tage von Thumeries sind nun auch schon wieder vorbei. Bis 5. Juni bleibe ich noch hier in Billy in Ruhe. In unserer Stellung ist es bis auf die übliche Schießerei ruhig. Ich wohne jetzt schon im dritten Quartier; augenblicklich in einem alten Bauernhaus 300 Meter abseits, einsam im Feld — die reine Sommerfrische. Ich habe ein sehr schönes Zimmer für mich allein und bin eben dabei, mir die fehlenden Einrichtungsstücke wie Gläser, Waschschüssel und so weiter aus den umliegenden zerschossenen Dörfern zusammenzusuchen. Die Kriegserklärung von Italien hat hier wenig Eindruck gemacht. Unser aller Wunsch ist, dass wir nach Tirol kommen. Wir rechnen stark darauf.

　　Wie ich in Thumeries war, habe ich wieder einmal gesehen, wie gut es die Etappenleute haben. Die leben in den schönsten Schlössern, reiten den ganzen Tag spazieren, hören nur von ganz weitem den Kanonendonner und sinnen Tag und Nacht nur darüber nach, wie sie möglichst viele Orden bekommen. Ich mache es jetzt so wie schon viele Frontoffiziere und trage das Band des Eisernen Kreuzes nicht mehr, denn das hat ja jeder hinter der Front.

5.6.1915　　Heute geht es wieder 4 Tage vor, wo es viel schöner ist, denn da braucht man nicht jeden Tag Alarm zu befürchten. Ich will doch sehen, ob ich nicht mal 14 Tage Urlaub bekomme. Wenn ich früh halb 8 in Lille wegfahre, bin ich schon am nächsten Morgen halb 9 in Weida.

6.6.1915 Ich habe vom Bataillon ein sehr gutes Zeiss-Prismenglas *(Fernglas)* bekommen; da sitze ich nun stundenlang bei herrlichem Wetter neben meinem Unterstand, wo ich in guter Deckung das ganze Gelände übersehen kann und beobachte. In unserem Abschnitt ist es jetzt sehr ruhig. Nur selten fällt ein Schuss. In unseren Gräben wird jeden Morgen gekehrt und ich laufe in Hausschuhen herum. Der Brigadestab ist jetzt nach Billy gezogen und hat uns aus unserem schönen Chateau vertrieben. Wir haben jetzt unser Kasino in einer hübschen Villa mit Garten; natürlich ist alles viel kleiner.

10.6.1915 Ich bin noch 2 Tage in der 2. Linie und komme dann wieder in Ruhe.

19.6.1915 Infolge großer englischer Angriffe rechts von uns, die übrigens unter großen Verlusten vollständig gescheitert sind, werde ich erst morgen Abend abgelöst. Übermorgen schreibe ich in Billy mein Urlaubsgesuch. Ich hoffe, in 14 Tagen zu Hause zu sein.

23.6.1915 Seit dem 9. Mai greifen die Engländer und Franzosen in unserer Ecke dauernd an, merkwürdigerweise aber immer nur rechts und links von uns. Sie wollen durchaus La Bassée haben. Rechts von uns am Kanal haben sie nichts erreicht als fürchterliche Verluste. Noch schlimmer ist es südlich auf der Lorettohöhe, wo die kleinen Gewinne in gar keinem Verhältnis zu den Hunderttausenden stehen, die sie gekostet haben. Man muss sich nur wundern, wo sie immer wieder neue Leute hernehmen.

Wenn man den Westen mit dem Osten vergleicht, so ist es ja richtig, dass wir es hier, was Verpflegung und Unterkunft anbelangt, viel besser haben; wir haben hier auch keinerlei Märsche mehr, sondern sind lediglich Nachtwächter und Erdarbeiter. Aber dieses ewige Warten auf einen Überfall macht die Nerven mehr kaputt als der Bewegungskrieg. Wir sind ja keinen Augenblick davor sicher, dass die Schwarzen wie die Schlangen im hohen Gras angeschlichen kommen oder dass wir hochgesprengt werden. Auch haben wir hier viel mehr unter dem schweren Artilleriefeuer zu leiden, denn bei uns steht wohl zehnmal so viel Artillerie auf demselben Raum wie im Osten. Von dem entsetzlichen Winter in den Sümpfen von La Bassée will ich lieber gar nicht sprechen. Nächstens werde ich wohl den weimarischen Falkenorden bekommen; seit dem 7./6 bin ich dazu eingegeben.

Heute Abend geht es wieder 6 Tage vor.

26.6.1915 Totzek ist vom 1. bis 13./7 beurlaubt. Nun bin ich gespannt, wann ich drankomme; wahrscheinlich erst, wenn er wieder zurück ist. Morgen Abend werden wir wieder abgelöst. Wenn ich früh 7 Uhr in Lille wegfahre, bin ich über Brüssel, Löwen, Lüttich, Köln, nachts 11 in Frankfurt und schon am nächsten Morgen halb 9 in Weida.

29.6.1915   Hier ist noch immer der alte Rummel; Tag und Nacht hört der Kanonendonner ringsum nicht auf. An unserer Stellung wird fieberhaft gearbeitet. Bei uns kommt niemand durch.
Heute Abend geht es wieder 4 Tage vor.

2.7.1915   Seit einigen Tagen ist es ruhiger geworden; die große Offensive zwischen La Bassée und Arras ist gescheitert. Nachdem es 8 Tage lang stark geregnet hat, ist heute wieder schönes Wetter. Morgen Abend werde ich abgelöst und komme wieder 4 Tage nach Billy. In den nächsten Tagen muss sich nun auch mein Urlaub entscheiden.

‚Spanferkel Essen – Anfang Juli 1915 – Motto: „Die armen hungernden Feldgrauen" – Ich 3. von links'.

7.7.1915   Telegramm aus Herbesthal nach Hause: „14 Tage Urlaub — ankomme morgen früh halb 9 ab Gera."

URLAUB!

Ruhe und Erholung

Es überrascht mich sehr, dass Alexander an der Front tatsächlich viel Freizeit hat; kein ständiges Elend in den Schützengräben, wie viele heute glauben würden. Diese Gelegenheiten werden den Soldaten in dieser Zeit regelmäßig angeboten, um ihre Moral zu stärken und sie von der Realität des Krieges abzulenken. Dazu gehören Möglichkeiten wie Sport, Kinos, Besichtigungen und Urlaubsanspruch, um die Familie zu sehen. Wenn er hinter der Front bleibt, spricht Alexander oft von dem „Etappengebiet" und den elenden „Etappenschweinen", die ein luxuriöses Leben führen. Manchmal wirkt es ziemlich ulkig, wenn man bedenkt, dass man seine offensichtliche Wut und seinen Drang, bei jeder sich bietenden Gelegenheit darüber zu schreiben, deutlich spüren kann. Dabei handelt es sich um den Bereich hinter der Front, in dem die Soldaten ihren Urlaub verbringen und der die Kommunikations-, Versorgungs- und sonstigen Versorgungslinien zur Unterstützung der Fronttruppen umfasst.

Was mir auffällt und Ihnen auch auffallen wird, ist, dass Alexander nie über die Zeit spricht, die er während des Krieges zu Hause verbringt. Dies ist wohl in dieser Zeit der einzige Ort, der ein echtes Gefühl von Komfort und Sicherheit bietet. Warum könnte das so sein? — Ich kann es nicht mit Sicherheit sagen. Aber angesichts des effizienten und geschichtsliebhabenden Mannes, der er ist, zeigt es die wahre Professionalität und Beharrlichkeit, mit der er diese persönlichen Erinnerungen dokumentiert und sein Projekt erschafft, um uns über die Ereignisse im Zusammenhang mit dem Krieg zu informieren; ohne Inhalte, die er für unnötig hält, so wie ursprünglich im Jahr 1914 geplant.

Alexander im Urlaub – fotografiert in seinem Garten in Weida mit seiner Frau Johanna, Juli 1915.

20.7.1915 Ich bin glücklich wieder in Lille eingetroffen und sitze mit Line im Lazarettgarten. Ich fahre erst morgen weiter, denn heute käme ich erst in der Nacht in Billy an und fände womöglich mein Zimmer besetzt.

21.7.1915 Heute Mittag bin ich wieder in Billy eingetroffen. Während meiner Abwesenheit ist hier gar nichts passiert. Ich komme zu Prinz Solms in der 4. Kompanie, führe aber inzwischen mal 6 Tage die 2. Kompanie. Die nächsten paar Tage bleibe ich noch hier in Ruhe. Durch die große Hitze war der von zu Hause im Koffer mitgebrachte Erdbeersaft aus der Flasche herausgegoren und hat die neue Uniform, Wäsche und so weiter ganz versaut. Im Koffer sah es lieblich aus, als ich ihn gestern Abend in Lille aufmachte. Augenblicklich ist hier das schönste Wetter. Die Leiche von Beutin ist von einer Patrouille gefunden und gestern hier in Billy beerdigt worden.

24.7.1915 Ich bin für 4 Tage krankgeschrieben — Mandelentzündung. Wahrscheinlich habe ich mich zu Hause bei Gudrun angesteckt. Es ist mordslangweilig, so allein in meiner Fliegenbude zu sitzen. Hier ist es jetzt, abgesehen von der üblichen Artillerieschießerei, sehr ruhig. Im Abschnitt der 4. Kompanie, der südlich der Bahn liegt, bin ich vor Unterminierung sicher, da die Entfernung bis zum Feind zu groß ist.

27.7.1915 Mit der Mandelentzündung wird es allmählich besser, doch es wird noch einige Tage dauern, bis ich wieder Dienst tun kann.

30.7.1915 Ich bin wieder gesund und gehe heute wieder mit ins Kasino.

1.8.1915 Gestern Abend bin ich wieder auf 6 Tage vor in den Graben. Bei Prinz Solms, genannt „Der Gute", habe ich es sehr gut und einen sehr angenehmen Dienst. Kaum war ich gestern Nacht angekommen, da machten die Engländer, die uns jetzt gegenüberliegen, großen Feuerzauber. Während sonst nur einzelne Schüsse fallen, setzte mit einem Schlag ein wütendes Gewehr- und M.G-Feuer ein, was 10 Minuten dauerte. Wahrscheinlich dachten sie, wir arbeiteten draußen an den Hindernissen. Es war aber zum Glück niemand draußen; alles zog einfach den Kopf ein und so wurde nur ein Horchposten durch Schuss in den Fuß leicht verwundet. Seitdem ist alles wieder ruhig, zumal unsere Artillerie sofort auf Verlangen ein Dutzend Granaten in den feindlichen Graben setzte.

‚*Der Unterstand des Kompanieführers in der 2. Stellung – In der Mitte: Oberleutnant Prinz Solms; links: Lt. der Reserve, König (Artillerie); rechts: Lt. der Reserve, Bode.*

Links kommen 2 Betten übereinander; rechts Ofen, Burschenlager usw. Das Ganze ist mit rot unterlegten Gardinen bespannt und viermal so groß wie dieser kleine, durch die Tür sichtbare Ausschnitt‘.

‚*Mein Unterstand – Sommer, 1915*‘.

5.8.1915 Heute habe ich mich wieder krankmelden müssen, weil ich schon wieder Mandelentzündung habe. Diesmal kuriere ich mich aber erst gründlich aus, ehe ich wieder mitmache.

8.8.1915 Heute bin ich wieder aufgestanden, doch gehe ich die nächsten 8 Tage noch nicht wieder in den Graben, damit nicht nochmals ein Rückschlag kommt. Von Rheumatismus, nach dem man von zu Hause anfragt, merke ich nichts. Hier ist alles ruhig. Nur kürzlich flog mitten in der Nacht in Billy ein Haus in die Luft. Ein Schwein war in eine Stube eingedrungen, war über einen Sack Handgranaten geraten und hatte daran herumgefressen. Leider war auch von dem Schwein nichts mehr übrig. Als vor einigen Tagen die Einnahme von Warschau gemeldet wurde, wurden die Kirchenglocken geläutet, und die

Kapellen spielten. Auf die Frage, was los wäre, sagten unsere Jäger zu den Franzosen: „Russ kaputt", worauf sie ungläubig die Köpfe schüttelten. Eine Frau antwortete: „Nix Reell."

Meine mit Erdbeersaft eingeweichte Uniform hat mir meine Hauswirtin Mademoiselle Albertine gewaschen; sie ist wieder wie neu. Mit meinen Kameraden in der 4. Kompanie komme ich famos aus; besser konnte ich es gar nicht treffen. Über Prinz Solms, den Guten, brauche ich kein Wort zu verlieren. Außerdem sind noch 2 ganz junge Leutnants da: Kauert, ein Forstbeflissener, Sohn eines Schnapsfabrikanten in Bielefeld; zeichnet sich besonders durch trockenen Humor und durch unheimlichen Durst aus. Seine stehende Redensart ist: „Warum sollen wir nicht einen alten Korn trinken?" Dann ist noch da: Petersen, der aktiv bleiben will. Vater ist Kommandeur des 41. Infanterie-Regiments.

Die Kompanien, die vorn sind, laden sich meist gegenseitig zum Essen ein. Totzek führt jetzt die 3. Kompanie. In seinem Urlaub hat er sich verheiratet. Augenblicklich ist jetzt am schlimmsten die Fliegenplage. Fliegenfänger, die es in der Kantine zu kaufen gibt, hänge ich schon lange nicht mehr auf. Die paar Hundert, die sich daran fangen, merkt man gar nicht. Halbe Stunde Fliegenjagd mit einer zusammengefalteten Zeitung bei geschlossenem Fenster wirkt viel besser.

Jetzt ist es Vorschrift geworden, dass jeder Offizier bis einschließlich Hauptmann keinen Säbel mehr trägt, sondern ein kurzes Seitengewehr.

‚Kirche von Billy und Soldatenfriedhof – Aus der linken Turmecke hat eine Granate ein Stück herausgerissen – August 1915'.

13.8.1915   Ich komme auf 8 Tage in das Erholungsheim Chateau Attiches zwischen Seclin und Phalempin. Augenblicklich ist Leutnant Nugel dort, den ich ablöse. Es soll sehr schön dort sein, noch schöner als in Thumeries. Der Graf meint, ich solle mich die paar Tage bis zum 17./8 gar nicht erst wieder gesund melden.

Heute Nacht hat uns eine furchtbare Explosion fast aus dem Bett geworfen. Bei Marquillies, fast 5 Kilometer nördlich von hier, ist ein großes Lager Handgranaten explodiert; trotz der Entfernung sind hier Fenster zersprungen. Sonst herrscht hier auf der ganzen Front auffällige Ruhe. Anscheinend haben sie die Nase voll.

19.8.1915 Gestern bin ich über Carvin und Phalempin nach Attiches gefahren, wo es bedeutend schöner als in Thumeries ist. Es ist dies ein sehr großes modernes Schloss, wunderbar eingerichtet, mit Hunderten von wertvollen Ölgemälden, Musikzimmer mit Steinwayflügel, Billardzimmer usw. So fein habe ich in meinem Leben noch nicht gewohnt — tadellos gepflegter Park, Garten, Gewächshäuser. Der verstorbene Besitzer war Botanikprofessor an der Universität Lille; seine Frau und Tochter wohnen hier. Anscheinend sehr feine Leute, die sich aber sehr zurückhalten. Die 3 Söhne sind im Krieg. Augenblicklich ist sehr wenig hier: ein Reserveoffizier von Infanterie-Regiment 57 und der katholische Divisionspfarrer, ein sehr umgänglicher Herr. Leider ist das Wetter sehr wechselnd — jeden Tag Gewitter. Wenn es regnet, wird Billard gespielt. Auch die Umgebung ist sehr schön — große Eichenwälder. Leider ist eine Woche viel zu wenig. Hier sieht man wieder mal, wie herrlich die Etappenschweine hinter der Front leben.

20.8.1915 Gestern war ich im Nachbardorf Avelin, wo in einem sehr schönen großen Schloss ein Genesungsheim ist, und besuchte Leutnant Kellermann, der zweimal neben mir verwundet wurde und jetzt erst wieder vor ein paar Wochen mit dem Wagen umgekippt ist. Das ist ein Pechvogel.

‚Das Offizierserholungsheim Chateau Attiches – August 1915'.

‚Offizierserholungsheim Chateau Attiches – Blick auf den Park – August 1915'.

'Offizierserholungsheim Chateau Avelin (Rückseite) – August 1915'.

21.8.1915 Soeben bekomme ich die Mitteilung, dass ich von morgen ab auf 14 Tage zu einem Ausbildungskursus für Kompanieführer nach Annoeullin kommandiert bin. Leider komme ich dadurch um 3 Tage in unserem schönen Erholungsheim. Gestern war ich in Lille, traf aber Line nicht an. Dafür bin ich Kronprinz Rupprecht von Bayern auf der Straße begegnet. Heute besuchte mich Line hier. Das Wetter ist nicht berühmt; es regnet sehr viel.

22.8.1915 Heute Nachmittag fahre ich nach Annoeullin. Obgleich es sicher dort auch sehr schön werden wird, gehe ich doch nur ungern hier weg, denn hier ist es zu schön.

11

24.8.1915 In den 2 Tagen hier in Annoeullin habe ich schon viel erlebt. Am 22./8 bin ich mit dem Wagen des Divisionspfarrers hierhergefahren, wo wir uns über 30 Mann stark meldeten. Es sind Offiziere von allen möglichen Regimentern der Umgegend. Von uns ist noch Leutnant von Baumbach hier. Zunächst wurden uns unsere Quartiere angewiesen und der Dienstzettel für den nächsten Tag ausgehändigt. Ich habe ein hübsches Zimmer mit gutem Bett, aber es war keinerlei Waschgelegenheit aufzutreiben. Meine Wirtin, eine alte Schraube, sagte: „J'avais deux bassins, mais vos camarades les ont cassés." *("Ich hatte zwei Becken, aber deine Kameraden haben sie kaputt gemacht").* Ich musste mich also am nächsten Morgen mit einem Eimer begnügen, worauf ich dann auf die Ortskommandantur ging, und Krach schlug. Darauf wurde dem ‚Maire' befohlen, das Fehlende zu beschaffen. Jetzt habe ich nun 1 Eimer aus Papiermaché, ferner aus Emailleblech eine Art kleine Kinderbadewanne, einen Krug, in den höchstens ein viertel Liter geht, und 1 Wasserglas.

‚Annoeullin – Die neue Maire'.

Die Verpflegung in unserem Kasino ist nicht gerade berühmt, aber es wird wohl besser werden, nachdem wir jetzt den Dicksten von uns als Kasinovorstand gewählt haben. Am ersten Abend wollten wir eigentlich eine Varietévorstellung (natürlich von Soldaten) besuchen. Aber es kam anders — 2 feindliche Flieger erschienen, die sich hoch oben mit einem unserer Kampfflugzeuge herumschossen. Außerdem wurden sie von unseren Abwehrschützen stark beschossen. Gerade sagte noch einer der Kursusteilnehmer neben mir, er hätte noch nie gesehen, dass ein Flugzeug heruntergeholt worden wäre. Da platzt direkt neben dem einen feindlichen Flieger eine Granate und im selben Augenblick kam er auch schon, sich fortwährend seitwärts, herunter. Deutlich konnte man sehen, dass ein Flügel fehlte. Aber nun das Leben auf den Straßen. Alles schrie wie besessen „Hurra!" und rannte nach der Richtung, wo der Absturz erfolgt war. Die Franzosen zogen dumme Gesichter und sagten: „Malheur, Malheur!". Wir natürlich auch nix wie fort. Da konnte man wieder mal sehen, wie man sich bei den Fliegern mit der Entfernung täuscht.

Wir glaubten, in einer Viertelstunde an der Absturzstelle zu sein, aber wir mussten querfeldein sehr stramm eine ganze Stunde rennen. Von allen Seiten Autos, Wagen, Fahrräder, Fußgänger; die reine Völkerwanderung wie im Manöver. Außerdem kamen 4 unserer Flugzeuge, die ebenfalls dort landeten. Als wir ankamen, waren schon mehrere Generäle, Hunderte von Offizieren und über 1000 Soldaten versammelt. Der Platz war durch Feldgendarmen, Ulanen und später durch Infanterie abgesperrt; nur Offiziere durften in den Kreis — es war ein englischer Eindecker, natürlich völlig zertrümmert und daneben lagen die Leichen eines englischen Offiziers und eines Korporals. Selbstverständlich waren sämtliche Knochen vielfach gebrochen; immerhin waren die Leute nicht so zerschmettert, wie man es bei einem so hohen Fall hätte erwarten müssen. Die Engländer hatten ein M.G und Fotoapparat mit. Interessant war das Wiederabfliegen unserer Apparate. Vor allem unser Kampfflugzeug, ein winzig kleiner einsitziger Eindecker, sprang nach kurzem Anlauf ganz steil wie ein Floh in die Höhe.

Gestern früh hatten wir von 7 bis halb 11 mit einem Zug Infanterie Exerzieren. Es sind 2 Abteilungen gebildet worden; ich bin bei der von Freiherr von Wangenheim, einem Gardehauptmann, der anscheinend sehr nett ist. Am Nachmittag haben wir bei der großen Bergwerkschutthalde Carvin nach der Scheibe geschossen. Nebenan haben die Pioniere ihren Übungsplatz, wo die Leute im Bauen von Gräben, Unterständen, Hindernissen und im Zerstören und Überwinden von letzteren geübt werden. Es wurde uns ein sehr interessanter Angriff mit Nebel- und Gasbomben vorgeführt. Die ersteren erzeugen einen weißen, undurchsichtigen Nebel, so dass der Gegner kein Ziel sieht. Die Gasbomben dagegen verbreiten ein nicht sichtbares Gas, welches auf die Atmungsorgane und vor allem auf die Augen wirkt. Trotzdem nur mit schwacher Füllung gearbeitet wurde, war doch die Wirkung äußerst unangenehm. An der Stelle, wo schon vor 5 Minuten so eine Bombe geplatzt war, mussten wir alle trotz des sehr starken Windes mächtig husten und die Augen tränten so, dass man kaum etwas sehen konnte.

Dann kam der Hauptspaß — die Reitstunde. Richtig reiten können nur ganz wenige. Viele haben sich nur in ihren freien Stunden mal auf irgendeinen Gaul geklemmt und viele, wie auch ich, haben noch nie auf so einem Bock gesessen. Die Fortgeschrittenen haben bei einem Ulanen Rittmeister Stunde; wir anderen bei einem Wachtmeister. Wir sind eine Stunde lang im Schritt und Trab im Kreis herumgegondelt und da wir die aller geduldigsten Ulanengäule bekommen haben, ging die Sache auch ganz gut und ohne Herunterfallen ab. Nur die Sitzgegend tut heute mächtig weh. Heute früh wieder das gleiche Exerzieren, dann heute Nachmittag 1 Stunde Unterricht und jetzt geht es wieder zum Reiten. Morgen sollen wir alle hoch zu Ross eine ganze Kompanie exerzieren; wie ich das nach nur 2 Reitstunden machen soll, ist mir ganz schleierhaft. Auf alle Fälle wird es eine große Volksbelustigung. Unser

Hauptmann hat uns schon von ganz allein angeboten, uns für nächsten Sonntag Urlaubsscheine nach Ostende zu schreiben. Selbstverständlich fahre ich mit Baumbach hin. Außerdem wollen wir uns, wenn es möglich ist, auch noch Brügge und Gent ansehen.

Die 2 Gefallenen Piloten

Am 22. August wurde Alexander Zeuge des Absturzes eines englischen Flugzeugs, das von Flugabwehrgeschützen abgeschossen wurde, was zu dieser Zeit ein seltenes Ereignis war. Er sah auch die Leichen der beiden englischen Piloten neben einer Kamera und einem Maschinengewehr. Aufgrund der großen Detailliertheit von Alexanders Bericht über das Geschehen und der Tatsache, dass das Ereignis auf beiden Seiten gut dokumentiert wurde, konnte ich die beiden Männer sowie ihren letzten Ruheplatz identifizieren. Die Piloten waren Leutnant William Middleton Wallace (Schottland Rugby International-Spieler) und Leutnant Charles Gallie, die während einer fotografischen Aufklärungsmission über den Gebieten Annoeullin und Sainghin ein B.E.2c-Flugzeug flogen. Ich hatte das Glück, die unten abgebildete ausfindig zu machen, die die Nachwirkung zeigt.

‚Englisches Flugzeug, abgeschossen am 22.8.1915 vom Feldartillerie-Regiment 58'.

William „*Willie*" Middleton Wallace – geb. 23.9.1893 – gest. 22.8.1915 – *Ruht auf dem Cabaret-Rouge Britischen Friedhof – Grab XII. D. 11*

Willie war der Sohn von Robert Walker Wallace und Mary Parker Wallace aus 7, Inverleith Row, Edinburgh. Vor dem Krieg war er Rugby-Union-Außenverteidiger für ‚Cambridge University RFC' und spielte zwischen 1913 und 1914 für Schottland, wobei er zwischen 1912 und 1914 zum besten Außenverteidiger des Vereinigten Königreichs gekürt wurde. Zu Beginn des Krieges wurde er während seines Studiums zum Leutnant der Schützenbrigade (Prince Consorts Own) ernannt, was ihn möglicherweise zum ersten Studenten machte, der einen Militäreinsatz erlebte. Im Februar 1915 wurde er dem ‚Royal Flying Corps' zugeteilt und kurz darauf leitender Beobachter der 2. Schwadron.

Charles Gallie – geb. 4.2.1892 – gest. 22.8.1915 – *Ruht auf dem Cabaret-Rouge Britischen Friedhof – Grab XII. D. 11*

Er wurde in Skipton, Yorkshire, als Sohn von J.A. und Louise Gallie aus High Green, Worcester, geboren. Er trat 1912 dem ‚Royal Flying Corps' bei und arbeitete sich im Juni 1915 vom Luftmechaniker zum 2. Leutnant hoch.

Charles Gallie   *William Wallace*

Während meiner Zeit in Frankreich besuchte ich William und Charles, die Seite an Seite auf dem ‚Cabaret-Rouge Britischen Friedhof' begraben sind. Als ich über den Friedhof ging und mit ihren Gesichtern im Kopf vor ihren Gräbern stand, sah ich genau das, was Sie gerade auf dem letzten Bild gesehen haben. Es war erstaunlich und doch seltsam, denn ich dachte mir: „Gut ein Jahrhundert später stehe ich jetzt über den beiden gefallenen Piloten, genau wie Alexander es einst am 22.8.1915 in der Nähe von Annoeullin tat."

27.8.1915 Für unseren Kursus haben wir das schönste Wetter. Der Dienst ist ja durch die ungewohnte Bewegung ziemlich anstrengend, aber man lernt auch sehr viel. In der dritten Reitstunde bin ich kopfüber vom Pferd gefallen, was mir aber außer allgemeiner Heiterkeit nichts geschadet hat. Morgen werde ich zum ersten Mal die Felddienstübung zu Pferd mitmachen.

29.8.1915 Soeben habe ich in Ostende ein wunderbares Seebad genommen. Hier ist bei Militärmusik ein Riesenbetrieb — Hunderte von Offizieren. Ganze Kompanien werden zum Baden geführt. Man kann richtig neidisch werden auf die Truppen, die hier in Stellung liegen.

‚Ostende – Unsere Soldaten suchen Muscheln'.

31.8.1915 Unser Dienst in Annoeullin ist: vormittags 7 bis 12 Exerzieren zu Pferd im Gelände, dann Umziehen und Mittagessen; 3 bis halb 5 Unterricht; halb 6 bis halb 7 Reitstunde, Umziehen; halb 8 Abendessen und dann geht es sehr bald hundemüde ins Bett. Im Reiten habe ich schon ziemliche Fortschritte gemacht. Übermorgen ist Besichtigung durch ein halbes Dutzend Generäle und sonstige hohe Tiere. Freitag bin ich dann wieder in Billy.

4.9.1915 Gestern Mittag bin ich wieder in Billy eingetroffen, und heute Abend gehe ich auf 3 Tage in den Graben. Der Kursus war sehr schön und ich habe viel gelernt. Wir sind besonders als Kompanieführer für den Bewegungskrieg ausgebildet worden, was etwas ganz anderes ist wie unser jetziger Stellungskrieg. Einer spielte immer den Bataillonsführer, einer dessen

Adjutant und vier die Kompanieführer. Dann wurden Aufgaben gestellt. Der Bataillonsführer entfaltete sein Bataillon, die Kompanieführer ihre Kompanien und der Angriff, Verteidigung oder Rückzug wurde geübt. Wir sind täglich 6 Stunden zu Pferd gewesen, und es war sehr anstrengend. Zweimal bin ich kopfüber vom Pferd geflogen. An manchen Tagen flog alle Augenblicke einer runter, zumal wenn es über die vielen Gräben ging. Wir haben jetzt auch hier in Billy Reitstunde; zunächst 8 Stunden ohne Bügel, denn nur auf diese Weise lernt man richtig reiten. Am 2./9 war eine große Besichtigung unseres Kursus, wozu wir ein ganzes Bataillon zur Verfügung hatten. Verschiedene Generäle, darunter unser Korpskommandeur, General von François und eine Menge anderer Offiziere, auch ein Sohn von Hindenburg, waren da. Am Abend war Abschiedsessen, an dem Generalmajor von Etzel und die ausbildenden 2 Hauptleute teilnahmen.

‚Meine Wohnung in Billy – September 1915'.

Der Sonntag in Ostende war sehr schön, vor allem das Seebad. Leider fing es am Nachmittag an zu regnen. Auf der Rückfahrt ging die Lokomotive kaputt, so dass wir mit 3 Stunden Verspätung in Lille ankamen und den letzten Zug nach Don nicht erreichten. Schließlich stellte man uns einen kleinen Extrazug und so kamen wir erst nachts 3 Uhr todmüde in Annoeullin an. Früh 6 Uhr wieder raus und bis 12 exerziert. Die Kursusteilnehmer waren zum größten Teil ganz nett; wir waren von 9 verschiedenen Regimentern. Alles waren fidele Brüder, obgleich so mancher drunter war, der noch mehr mitgemacht hatte als ich. Einige hatten, obgleich sie noch 30 Jahre alt waren, ganz graue Haare von dem englischen Trommelfeuer bei La Bassée bekommen. Und doch hatte keiner das Lachen verlernt, wie man sich es zu Hause so grauslich vorstellt. Der alte Herr Lecieux-Thibaut, bei dem ich im Oktober in Annoeullin wohnte und den ich wieder besuchen wollte, war leider inzwischen gestorben.

9.9.1915 Heute früh hatten wir in Billy große Felddienstübung, dann Schutzimpfung gegen Cholera und jetzt ist wieder Reitstunde. Nach unserer letzten Ablösung haben wir noch bis 2 Uhr nachts vorn an einer Reservestellung geschanzt und kamen erst nachts 3 Uhr nach Billy. In den letzten Tagen haben uns die Engländer wieder mal schwer mit Granaten und Schrapnells bedacht. Wir glauben allgemein, dass uns die Bande in den nächsten 4 Wochen wieder mal angreifen will. Als alter Krieger bekommt man für so etwas allmählich ein feines Gefühl. Sie werden aber sicher sehr wenig Freude an uns erleben.

Das Reiten ohne Bügel ist einer der größten Staucher. Ich bin am ganzen Körper wie zerschlagen, aber man lernt auf diese Weise auch was. Ich habe eine Menge Konserven von zu Hause bekommen, die ich mir für eventuelle magere Zeiten aufheben will, denn wir bekommen hier genug. Das Rauchen habe ich mir seit meiner Mandelentzündung noch nicht wieder angewöhnt. Die Fliegenplage hat infolge des nassen und kühlen Wetters zum Glück sehr nachgelassen. Die Nächte sind schon elend kalt.

11.9.1915 Um die Tage nachzuholen, um die ich durch den Kursus gekommen bin, bin ich nochmals vom 13. bis 17./9 nach Attiches beurlaubt.

‚Sonntag in der Etappe; Konzert in Attiches – September 1915'.

14.9.1915 Gestern früh bin ich mit unserer Postkutsche nach Chateau Attiches gefahren. Außer mir sind noch Leutnant Seemann und 2 Infanteristen da. Gegen Abend fuhren wir mit dem Rad zum benachbarten Flugplatz, wo gerade Leutnant von Scheffer, der Bruder unseres im Januar gefallenen Kameraden, in einem Kampfflugzeug aufstieg. Der Leiter des Platzes, ein Hauptmann, kennt meinen Vetter Leo sehr gut. Infolge dieser Beziehungen war es nicht schwer, die Erlaubnis zu einem Rundflug zu bekommen.

‚Kampfflugzeug vor der Abfahrt'.

‚Kampfflugzeug im Augenblick der Abfahrt'.

Erst flog Seemann und dann ich. Ich bin ungefähr 15 Minuten in der Luft gewesen, und zwar in 400 bis 500 Meter Höhe. Es war einfach wunderbar. Das Aufsteigen merkt man gar nicht; auf einmal, ohne jeden Ruck, sieht man alles tief unter sich. Ganz langsam gleitet die Landschaft unter einem weg. Wunderbar sehen die Wälder, Dörfer und die vielen von Wassergräben umgebenen Schlösser aus; scharf heben sich die Straßen ab. Ein ganz unbeschreiblich schöner Anblick. Von Schwindelgefühl keine Spur. Man fühlt sich vollständig sicher und fährt viel ruhiger als wie im besten Auto. Unangenehm ist nur der Augenblick, wo der Motor zum Gleitflug ausgestellt wird. Da hat man das Gefühl, als ob man vornüber abstürzt. Der Erdboden fliegt einem förmlich entgegen und plötzlich rollt man wieder auf der Erde hin. Ich bin ganz glücklich, dass ich das mal erleben durfte. Am liebsten würde ich jeden Tag mitfliegen. Da begreift man, dass sich alles so zu den Fliegern drängt.

Am Abend haben wir dann auf dem Billard erbitterte Kämpfe um die Meisterschaft von Nordfrankreich ausgefochten. Ich glaube, wenn ich mehr Übung hätte, würde ich ganz gut spielen lernen. Leider ist jetzt trübes Regenwetter. Morgen oder übermorgen will ich mit Seemann wieder mal nach Ostende fahren; die Fahrt kostet uns ja keinen Pfennig. Zu Hause hat man sich über die Schlemmeressen, die wir ab und zu veranstalten, aufgeregt. Ich verstehe das nicht, denn warum sollen wir nicht gut leben, wenn man es haben kann? Es wird dabei ganz vergessen, dass wir schon Zeiten gehabt haben, wo es rein nichts gab, wo zum Beispiel eine lumpige Flasche Bier wochenlang nicht aufzutreiben war. In Guignicourt gab es nur trockenes Brot mit Zucker, so dass es einem schon schlecht wurde, wenn man nur das Wort „Zucker" hörte. Im Oktober kam auf 4 Mann eine Ölsardine und kürzlich erst habe ich mit 4 Offizieren zusammen in 2 Tagen nichts weiter gehabt als eine kleine Büchse Hummer, wozu wir Regenwasser tranken. Wir müssten also doch blödsinnige Hammel sein, wenn wir ohne Not schlecht leben wollten. Es werden dafür auch wieder Hungerzeiten kommen.

16.9.1915 Wir machen eine große Fahrt durch Belgien. Schon die Abfahrt aus Attiches war ein Hauptspaß, zu siebent auf einem kleinen Wagen, der eigentlich nur 4 Mann passt. Es waren mit: Leutnant Seemann von uns, Leutnant

Rische vom Nachbarregiment 16, und unsere 3 Burschen. Also mit dem Wagen über Seclin nach Wattignies, dann mit der Elektrischen nach Lille, wo wir im Hotel Royal übernachteten. Line habe ich auf ein paar Minuten besucht.

Nächsten Morgen 8 Uhr Weiterfahrt nach Ostende, wo wir nach 10 ankamen. Bei einem Frühschoppen erwarteten wir dann die eine Stunde später ankommende Kompanie von uns. Es fährt nämlich jetzt die ganze Armee der Reihe nach auf einen Tag nach Ostende zum Baden. Graf von Soden war auch mit. Nach einem herrlichen Seebad haben wir zusammen im Kasino des Marinekorps zu Mittag gegessen. Während nun die Kompanie gleich darauf wieder abfahren musste, konnten wir Extraausflügler noch bis 5 Uhr bleiben und haben den ganzen Nachmittag in Badehosen am Strand in der Sonne gelegen. Dann sind wir mit der Elektrischen die ganzen Dünen entlang bis Blankenberge gefahren. Auf dieser Fahrt sahen wir Torpedoboote, 2 U-Boote und die ganzen Küstenbefestigungen. Mit der Bahn fuhren wir dann nach Brügge, wo wir über 1 Stunde auf den infolge Maschinenschadens verspäteten Schnellzug aus Ostende warten mussten. Leider war es schon so dunkel, dass wir von dem altertümlichen Brügge nicht mehr viel sahen. Großen Spaß hat uns nach dem ewigen Französischen die flämische Sprache gemacht, die man, wenn man genau aufpasst, ganz gut versteht.

‚Ostende – Links: Lt. von Baumbach; Rechts: von der Mark – September 1915'.

‚Ostende – September 1915'.

‚Kurhaus in Ostende – September 1915'.

‚Ostende – September 1915'.

Über Gent kamen wir nachts 1 Uhr in Brüssel an, wo wir uns zunächst auf der Kommandantur freies Hotelquartier verschafften. Als wir uns dann in das Nachtleben stürzen wollten, merkten wir, dass seit Mitternacht alle Lokale geschlossen waren. Ein belgischer Polizist verriet uns dann aber gegen eine Handvoll Zigaretten, dass man auch jetzt noch in das Kabarett „Merry Grill" kommen könne; natürlich nicht durch den Haupteingang, sondern durch eine Hintertür, an der man in gewisser Weise klopfen müsse. Die Sache funktionierte auch tadellos und wir haben uns ganz gut amüsiert. Merry Grill ist ein Hotel, wo im Frieden die belgische feine Welt ihr Absteigequartier hat. In einem kleinen Saal wird getanzt und gesungen; natürlich sind nur Damen der Halbwelt da, zum Teil in Trikothosen oder ganz kurzen Röckchen. Ich habe da einen wundervollen Machiche tanzen sehen. Auch trat ein sehr guter Stepptänzer auf. Es gab nur Sekt; die Flasche zu 15 Mark. Natürlich sind auch ‚Chambres Séparées' *(getrennte Kammern)* da, so dass für alles gesorgt ist. Es war jedenfalls sehr amüsant, den Betrieb mal zu sehen.

In Brüssel haben wir uns dann am nächsten Tag die Stadt, den wundervollen Marktplatz mit den vergoldeten alten Häusern und den hoch über der Stadt liegenden riesigen Justizpalast angesehen. Brüssel ist eine sehr schöne, reinliche Stadt, der man nichts vom Krieg anmerkt. Nachts ist in den Straßen ein Betrieb wie in Berlin. Bei jedem Schritt wird man von ‚Damen' angesprochen, die sich darüber beklagen, dass sie so allein gehen müssen. Angenehm ist es, dass man fast kein Militär sieht im Gegensatz zu Lille, wo man dauernd die Hand an der Mütze halten muss. Mit dem Mittagsschnellzug sind wir dann wieder zurück nach Lille gefahren und am Abend mit dem Wagen nach Attiches. Am nächsten Abend mussten wir wieder in Billy eintreffen. Es war eine sehr schöne und sehr billige Reise, denn die Fahrt, Unterkunft und zum größten Teil auch die Verpflegung hatten wir umsonst.

Die Nicht Identifizierten Fotos

Während seiner Stationierung in den Gebieten Annoeullin und Attiches hat Alexander einige Fotos gemacht, die leider nicht auf der Rückseite beschrieben sind, wie die meisten anderen, die Sie gesehen haben. Im Folgenden sind einige davon aufgeführt. Auch wenn uns keine weiteren Informationen vorliegen, können wir uns die damit verbundenen Geschichten und Ereignisse vorstellen:

12

20.9.1915   Es ist alles wie sonst. Seit 24 Stunden hört man Tag und Nacht von der Lorettohöhe sehr starkes Artilleriefeuer. Eben ist großes Gebrumm in der Luft; ein Geschwader von 9 englischen Fliegern wird von unseren Geschützen stark, aber erfolglos beschossen.

‚Mein Bursche im Eingang zu einem Minenstollen – September 1915'.

‚Zerschossene Häuser hinter unserem Schützengraben – September 1915'.

23.9.1915   Meine Ahnung hat mich nicht betrogen; wir sind wieder drin in einer ganz großen Riesenschweinerei. Bei uns ist dicke Luft. Seit dem 21./9 früh halb 9, also schon seit 3 Tagen, bekommen wir ununterbrochen Tag und Nacht Trommelfeuer. Unsere schönen Gräben, auf die wir so stolz waren, sind vollständig zerstört und teilweise eingeebnet. Viele Unterstände sind eingeschossen. Trotzdem haben wir im Verhältnis zu der riesigen Munitionsverschwendung, pro Tag wenigstens zehntausend Granaten und Schrapnells, ganz minimale Verluste, weil wir 5 bis 6 Meter unter der Erde in unseren bombensicheren Minenstollen sitzen. Heute Nachmittag versuchten die Engländer einen Angriff, der aber schon im Anfang erstickt wurde. Mir geht es soweit gut, nur ich bin furchtbar müde und verdreckt. Es ist kein Spaß, 3 Tage lang in den engen und nur 1 Meter hohen Minenstollen zu hocken. Wir haben nur ganz vereinzelte Beobachtungsposten draußen, die dauernd abgelöst werden.

Links: 'Mein Bursche Viereck mit einem Blindgänger (nicht explodierte englische 12cm Granate) – September 1915'.

Rechts: 'Ich mit einem 15cm Blindgänger. Mit dieser Sorte Granaten wurden uns die Unterstände zerschossen – September 1915'.

26.9.1915 Das waren wieder mal böse Tage und es ist noch kein Ende abzusehen. 4 Tage und Nächte wurden wir wüst betrommelt und unsere ganze Stellung wurde zerstört. Dann kam das Furchtbarste — gestern früh englischer Gasangriff. Das ganze Gelände war kilometerweit mit einem dicken weißen Gasnebel bedeckt. Wenn wir keine Gasmasken gehabt hätten, wären wir erstickt. Dann kam der englische Sturmangriff, der aber glänzend abgeschlagen wurde. Hierauf wieder Artilleriebeschießung mit schweren 15cm Geschützen und anschließend nochmaliger Sturm, der aber wieder abgeschlagen wurde. Die Schotten, „The King's Own Scottish Borderers", haben entsetzliche Verluste gehabt; allein vor meinem Kompanieabschnitt liegen 400 bis 500 Tote und Verwundete. Wir haben ungefähr 40 Schotten gefangen und 1 M.G und 1 Dudelsack erbeutet. Die Schotten, die in dicken Haufen vor uns aus dem Gasnebel auftauchten, wurden von uns mit einem wahnsinnigen Geschosshagel aus Gewehren und Maschinengewehren empfangen.

Auf unsere roten Leuchtkugeln hin gab dann auch unsere Artillerie Schnellfeuer ab. Es klang ganz unheimlich, wie die Granaten der Feldgeschütze lagenweise dicht über unsere Köpfe hinein in die Sturmkolonnen fegten; und die Granaten unserer schweren Artillerie hoch über uns hinwegrauschten, um dann hinten in den von englischen Reserven vollgestopften Gräben zu explodieren. Was wir an Toten vor uns sehen, ist ja nur ein kleiner Teil der englischen Verluste. Wie mag es denn in ihren Sturmausgangsstellungen aussehen? Unsere Leute haben sich glänzend geschlagen. Ich bin unverwundet, dagegen ist gestern in aller Frühe Leutnant von Baumbach gefallen, so dass ich jetzt Kommandant dieses am stärksten angegriffenen Abschnitts bin. Heute ist verhältnismäßige Ruhe; die Schotten haben wahrscheinlich genug.

27.9.1915 Heute früh idyllische Ruhe. Am Nachmittag wieder blödsinniges Artilleriefeuer, dem abends halb 7 wieder ein Gasangriff folgte. Diesmal war das Gas durchsichtig, aber viel schärfer. Mir ist noch ganz übel davon. Der erwartete Sturm der Engländer blieb aber aus. Wahrscheinlich haben sie noch von vorgestern Dampf vor uns. Dagegen griffen sie rechts von uns das Infanterie-Regiment 16 an, wurden aber glatt abgeschmiert. Links von uns toben seit gestern furchtbare Kämpfe. Ein Feldwebel eines bayerischen Regiments, der bei uns Handgranaten holte, sagte, er mache nun schon von Anfang an mit, darunter Ypern, aber so viele tote Engländer wie hier habe er noch nicht gesehen. Unsere ganze Front von Neuve Chapelle bis Loos-Vermelles wird von unheimlichen Mengen Engländer angegriffen. In den 2 Tagen haben sie mindestens 10.000 Mann verloren.

‚Schottischer Hauptmann (mit dem Rücken nach oben liegend) – Gefallen am 25.9.1915 in unserem Graben durch Handgranate'.

‚Ich mit Sauerstoffschutzapparat gegen Stinkbomben und Gasangriffe. Links geht es hinunter in meinen Unterstand – September 1915'.

Hinweis: Die Deutschen bezeichnen die Briten während des Krieges unabhängig von ihrer Herkunft oft als „Engländer".

29.9.1915 Ich bin jetzt 14 Tage im Schützengraben und seit 9 Tagen im Kampf. Heute erhielt ich das Ritterkreuz vom Weimarischen Falkenorden. Leider habe ich seit einer Woche keine Post mehr bekommen, denn unser Kompanieradfahrer ist von einer Granate zerrissen worden und wahrscheinlich die ganze Post mit ihm.

30.9.1915 Nachdem wir weder durch 100-stündiges Trommelfeuer noch durch 2 Sturmangriffe ins Wanken gekommen sind, versuchten sie es gestern mit Schrapnells, die Gase entwickeln, welche in den Augen brennen und zu Tränen reizen. Sie erzielten damit aber nur einen großen Heiterkeitserfolg. Wir sind mordsstolz, dass wir unsere Stellung restlos gehalten und den Engländern so ungeheure Verluste beigebracht haben. Jetzt ist es bei uns verhältnismäßig ruhig.

2.10.1915 Das Schlimmste scheint jetzt überstanden zu sein, obgleich die Schießerei Tag und Nacht nicht aufhört. Der englische Angriff von Ypern bis zu unserem Bataillon ist vollständig gescheitert; auf dieser langen Strecke haben wir keinen Meter verloren. Dagegen waren sie beim Infanterie-Regiment 11, welches anschließend links neben uns liegt, durchgebrochen und waren uns schon fast im Rücken, doch sind sie in mehrtägigen, äußerst blutigen Kämpfen wieder zurückgeschlagen worden. Augenblicklich wird noch mit Handgranaten um ein kleines, weit vorgeschobenes Grabenstück links von uns, um das sogenannte „Hohenzollernwerk" gekämpft.

In den zurückeroberten Gräben sieht es furchtbar aus. Ich habe sie mir angesehen; auf Strecken von 40 Meter Länge läuft man nur über englische Leichen, darunter ein englischer Generalmajor, über den ich selbst wiederholt hinweggeklettert bin. Die Engländer haben ganz fürchterliche Verluste gehabt. Bei uns sind gefallen: beide Leutnants von Baumbach, Oberleutnant Swart, Fähnrich von Bothmer, und Fähnrich Brieden. Verwundet sind Leutnant Pira, Werth, Jenner und Kauert. An Mannschaften hat das Bataillon ungefähr ein Drittel verloren.

4.10.1915 Jetzt sind wir nun schon fast 3 Wochen ununterbrochen im Graben, und sehen aus wie die Vagabunden — verdreckt und mit wilden Bärten.

Das Bataillon hat folgenden Befehl erlassen: „Trotz einer über 90 Stunden währenden heftigen Beschießung, trotz mehrerer Gasangriffe und trotzdem der Gegner im Nebenabschnitt durchbrochen war, ist es dem Bataillon gelungen, seine Stellung zu halten und dem Feind ungeheure Verluste zuzufügen. Dieser schöne Erfolg, auf den wir stolz sind, konnte nur erreicht werden durch die unerschütterliche Ausdauer und heldenhafte Tapferkeit jedes einzelnen Offiziers, Oberjägers und Jägers. Das war unsere Rache für Neuve Chapelle! Ehre unseren gefallenen, tapferen Helden."

Seit gestern sind die Engländer nun auch aus dem letzten kleinen Grabenstück südlich von uns herausgeworfen, so dass sie also nichts wie riesige Verluste erreicht haben.

6.10.1915 Es ist hier wieder ziemliche Ruhe, wenigstens im Verhältnis zu dem Trommelfeuer. Wann wir wieder mal aus den Gräben herauskommen, ist ganz ungewiss. Durch den ewigen Regen ist ein elender Dreck in den zerschossenen Stellungen; alles ist verdreckt und verlaust. Glücklicherweise ist wenigstens die Verpflegung vorzüglich. Wenn ich nicht noch so viele Vordermänner hätte, würde ich jetzt sicher das E.K.I bekommen.

8.10.1915 Bei uns ist Tag und Nacht die übliche Artillerieschießerei, die aber weiter keinen Schaden mehr anrichtet. In den letzten 8 Tagen hatten wir nur 1 Verwundeten. Wir haben unsere Gräben schon wieder ziemlich ausgebessert und auch das durch das Trommelfeuer weggefegte Drahthindernis wieder erneuert. Billy ist in den Angriffstagen auch stark beschossen worden. Daraufhin haben wir, um dem Feind das Zielen zu erschweren, den Kirchturm gesprengt. Von Ablösung ist noch nichts bekannt. Jetzt lässt es sich aber wieder ganz gut hier vorn aushalten.

Die Schlacht bei Loos

Die Schlachten von La Bassée, Neuve Chapelle, Aubers, Festubert und die Winteroperationen von 1914 sind längst vorbei. Sie alle führten zu keinen nennenswerten Veränderungen. Alexander war gerade Gegenstand eines weiteren bedeutenden Kapitels der Geschichte — die Schlacht bei Loos. Die Schlacht begann südlich von La Bassée am 25.09.1915 und wird bis Mitte Oktober dauern. Die Briten starteten diese Offensive, um die deutschen Linien vor dem bevorstehenden Winter zu durchbrechen. Dies scheiterte jedoch. Bis zu diesem Zeitpunkt des Krieges handelt es sich um die bislang größte britische Offensive und auch um das erste Mal, dass die Briten auf dem Schlachtfeld Gas eingesetzt haben. Aufgrund der starken deutschen Verteidigung und der geänderten Windrichtung, die dazu führte, dass das Gas zurück in Richtung der britischen Linien geweht wurde, beliefen sich die Verluste der britischen Streitkräfte auf insgesamt 50.000 Mann, doppelt so viel wie auf deutscher Seite. Alexander befindet sich derzeit westlich von Auchy-les-Mines, einem der am stärksten angegriffenen Sektoren. Diese Stellung wurde von den Briten „Mad Point" genannt und ist dafür bekannt, dass sie einige der schlimmsten Verluste unter den britisch-schottischen Truppen verursacht hat.

Da ich mich für Geschichte interessiere, war mir die Schlacht bei Loos bereits lange bekannt. Ich war jedoch überrascht, in welchem Ausmaß Alexander dabei involviert war; er war nicht nur Teil des Sektors, der einen der Brennpunkte der Schlacht darstellte, sondern wurde tatsächlich der alleinige Kommandant von „Mad Point". Diese Position spielte eine wichtige Rolle bei der Sicherung des deutschen Sieges. Mad Point verursachte entsetzliche britische Verluste auf Kosten von Alexanders Vorgänger Hans Erich von Baumbach, und laut dem Bataillonstagebuch geschah dies folgendermaßen:

„Überall waren die Jäger auf die Böschung gesprungen und in jauchzendem ‚Hurra!', machten sie der ungeheuren Nervenanspannung der letzten Tage Luft. Sie schossen stehend freihändig und riefen dem Gegner ihr „Rache für Neuve Chapelle!" entgegen. Am linken Flügel, wo Artillerie und Gas am stärksten gewirkt haben, kam die Welle bis auf 40 Schritte an den Graben heran, warf sich dann nieder, um das Feuer zu erwidern — und wurde bis auf den letzten Mann abgeschossen. Die südlich des Bataillonsabschnittes vorgehenden Teile gerieten ins flankierende Feuer der Jägermaschinengewehre. Trotzdem drangen schwächere Kräfte in den anschließenden Schützengraben und von dort in die Stellung des Bataillons ein. Der Führer der 2. Kompanie, Leutnant Hans Erich von Baumbach, warf sich ihnen mit seinen Jägern und zugeteilten 57ern entgegen. Durch den gleichzeitig aus den Gräben und über freies Feld geführten Angriff wurden die eingedrungenen Engländer restlos aufgerieben. 45 Gefangene und 2 Maschinengewehre blieben in den Händen der Jäger, die den Erfolg mit dem Tode des Kompanieführers und des Fähnrichs von Bothmer bezahlen mussten."

- Das Kriegstagebuch des Kurhessischen Jägerbataillons Nr. 11

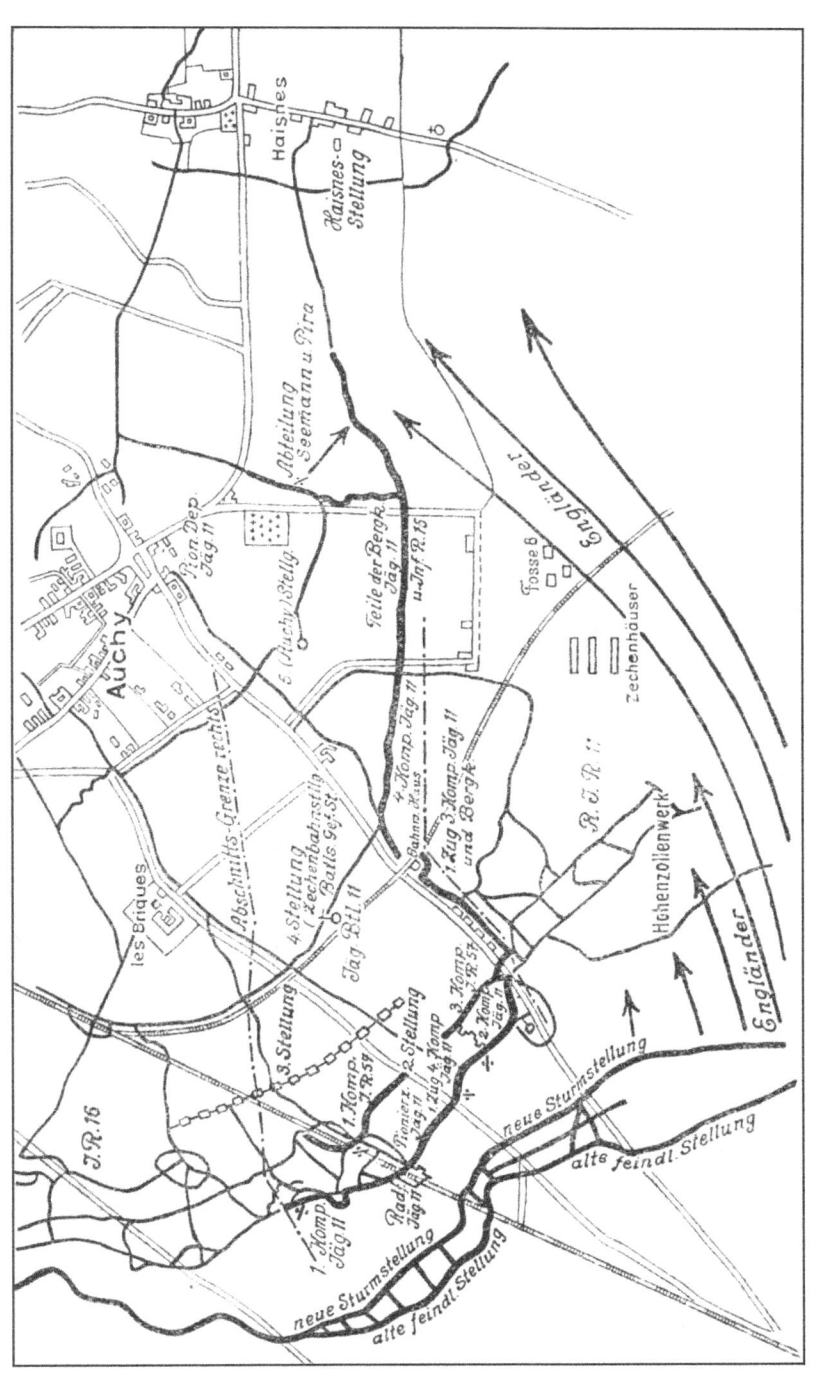

Stellungen des Jäger-Bataillons 11 am Mittag des 25. September 1915 – Alexander in Position mit der 2. Kompanie, bei den Briten als „Mad Point" bekannt, die nordwestlich des Hohenzollernwerks liegt – Pfeile zeigen die Richtung des britischen Angriffs von links.

Bei meinem Besuch auf dem deutschen Soldatenfriedhof Billy-Berclau besuchte ich die Gräber der während der Schlacht gefallenen Offiziere des Bataillons. Alexander kannte diese Männer persönlich:

Rechts: *Hubert Brieden – Block 6, Grab 19*

Links: *Ernst von Baumbach – Block 6, Grab 20*

Rechts: *Erich Swart und Hans von Baumbach – Block 6, Grab 21/22*

Links: *Alfred von Bothmer – Block 6, Grab 23*

Das Hohenzollernwerk

Das von Alexander erwähnte „Hohenzollernwerk" erhielt seinen Namen vom deutschen Königshaus der Hohenzollern. Die Briten dachten, dies sei die stärkste Verteidigungsanlage an der gesamten Front und musste sie deshalb einnehmen, was der 9. (Schottischen) Division kurzzeitig teilweise gelang. Doch wie wir wissen, schlug der Versuch, diese Stellung zu halten, fehl. Alexander beobachtete persönlich die Folgen dieses gescheiterten britischen Angriffs, als er am 2.10.1915 die zurückeroberten Schützengräben besuchte. Die Briten sind nach wie vor entschlossen, diese Festung einzunehmen, und werden zu diesem Zweck bald am 13. Oktober einen weiteren Angriff versuchen. Doch auch dies wird ein Fehlschlag sein, und an diesem einen Tag werden knapp über 3600 Briten ums Leben kommen. Daher wird die allgemeine britische Meinung zu diesem Angriff später folgende sein: „Die Kämpfe haben die allgemeine Situation in keinster Weise verbessert und nichts als nutzloses Massaker an der Infanterie gebracht."

George Thesiger und der Onkel von Königin Elisabeth II

Als ich Alexanders Tagebuchauszüge und andere historische Aufzeichnungen las, die nach diesen Ereignissen geschrieben wurden, war ich schockiert über die Schwere der Folgen. Das war auch Alexander klar aufgefallen, als er die zurückeroberten Schützengräben besuchte, die mit so vielen Toten gefüllt waren, die sich in der Nähe des Hohenzollernwerks befanden. Er beschreibt das Endergebnis einfach als „schrecklich". Er spricht auch davon, dass er wiederholt über einen gefallenen Generalmajor geklettert sei, was mich sofort dazu veranlasste, herauszufinden, wer das war. Angesichts seines hohen Ranges dauerte es nicht lange, bis ich herausfand, dass am 27. September in diesem Gebiet nur ein Generalmajor fiel:

Generalmajor George Handcock Thesiger – Kommandant der 9. (Schottischen) Division – geb. 06.10.1868 – gest. 27.09.15 (Auchy, in der Nähe von La Bassée) – *Auf Tafel 1 des Loos-Denkmals geehrt.*

Zwei Tage nach Beginn der Schlacht veranlassten die schweren Verluste von Thesigers Division ihn dazu, die Frontlinie gegenüber dem Hohenzollernwerk aufzusuchen, um sich ein Bild von der Lage zu machen. Die Deutschen begannen, die Stellung mit Artillerie zu beschießen, wobei ihn eine der ersten Granaten auf der Stelle tötete. Aufgrund der hohen Verluste zogen sich die Briten kurze Zeit später aus dem Schützengraben zurück und mussten aufgrund des Chaos der Lage ihre gefallenen Männer, darunter auch Thesiger, zurücklassen. Das Schicksal von Thesigers Leichnam blieb nach seinem Tod daher unbekannt und wurde nie gefunden. Er wird derzeit zusammen mit etwa 20.000 anderen auf dem Loos-Denkmal als vermisst aufgeführt.

George Handcock Thesiger – Ehemann von Frances Thesiger aus 13 St. Leonards Terrace, Chelsea, London.

Ich entdeckte auch, dass ein weiteres Opfer dieser Ereignisse der Onkel von Königin Elisabeth II war — Hauptmann der ‚Black Watch', Fergus Bowes-Lyon (geboren am 18. April 1889 – gestorben am 27. September 1915). Auch er starb durch das deutsche Artilleriefeuer bei dem Hohenzollernwerk. Berichten zufolge: „Er führte einen Angriff auf die deutschen Stellungen an. Sein Bein wurde durch ein Sperrfeuer deutscher Artillerie abgerissen und er fiel nach hinten in die Arme seines Sergeanten. Er wurde von Kugeln in Brust und Schulter getroffen und starb auf dem Feld." – Sein Tod traf seine Mutter offenbar sehr hart, und sie zog sich bis zur Hochzeit ihrer Tochter mit dem zukünftigen König von Großbritannien aus dem öffentlichen Leben zurück. Bis 2011 galt er als vermisst, erhielt aber schließlich einen eigenen Grabstein auf dem ‚Quarry-Friedhof' in Vermelles (Grabstelle A. 15). Als ich in Frankreich war, besuchte ich sein Grab auf diesem kleinen Friedhof, der in einer Senke mitten auf einem offenen Feld liegt, genau im Zentrum des ehemaligen Schlachtfelds von Loos.

Quarry-Friedhof: In der Nähe dieser Stelle begraben – Hauptmann The Hon. F. Bowes-Lyon – The Black Watch – 27. September 1915, Alter 26.

Die Geschichte von J.A Langford

Ich möchte Ihnen nun eine weitere von Alexander gefundene Postkarte und ein Mützenabzeichen vorstellen. Sie gehörten einem britischen Soldaten, der irgendwann am ersten Tag der Schlacht bei Loos gefallen war:

Vorderseite: „Liebevolle Grüße – Nur ein tiefer und zarter Wunsch, nur ein wahrer Gruß, direkt aus dem Herzen des Absenders, eine Botschaft der Erinnerung an dich."

Rückseite: *Pte. J.A Langford – 11962, 6. Bataillon - K.O.S.B*.

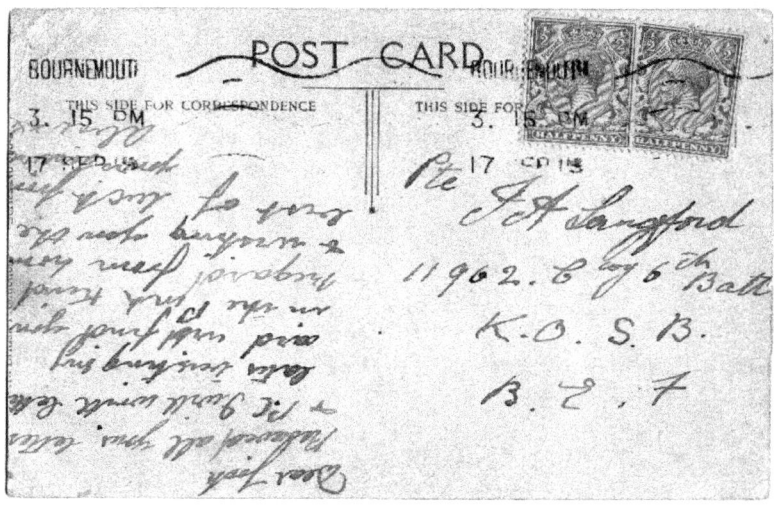

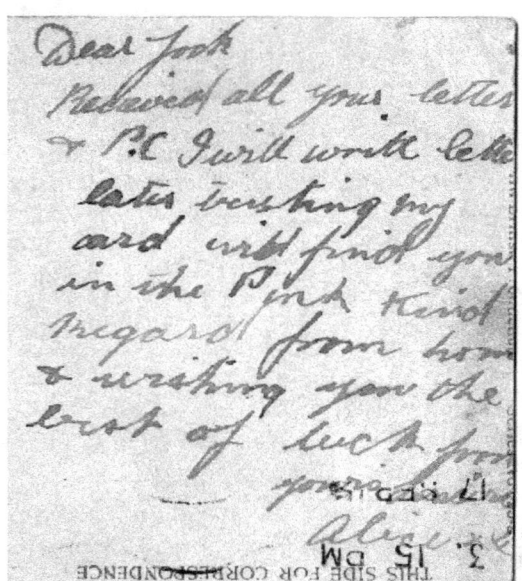

Rückseite: *„Lieber Schotte – Ich habe alle deine Briefe und Postkarten erhalten. Ich werde später einen Brief schreiben und hoffe, dass meine Karte dich in Hochform erreicht. Liebe Grüße von zu Hause und viel Glück. Von deiner lieben Alice xx"*

Ein Mützenabzeichen des „Kings Own Scottish Borderers Regiment", gefunden von Alexander.

Über 100 Jahre lang war diese Postkarte für diejenigen, die sie in Deutschland gelesen haben, ein Rätsel. Doch mit der Menge der darauf vorhandenen schriftlichen Informationen konnte ich den gefallenen Soldaten genau identifizieren — Joseph Andrew Langford, ein Gefreiter des „Kings Own Scottish Borderers Regiment" (6. Bataillon), der am 25. September 1915, dem ersten Tag der Schlacht bei Loos, fiel. Wie bei der Entdeckung von Percy Walsh war ich sofort fasziniert und bewegt, als ich nach dieser langen Zeit dieser unbekannten Person endlich Informationen und eine Geschichte zuordnen konnte. Mithilfe von Genealogie-Diensten und den Datenbanken der „Commonwealth War Grave Commission", war es möglich, seine letzte Ruhestätte zu finden, die sich in der Nähe des Ortes in Frankreich befindet, an dem diese Schlachten stattfanden:

Pte. Joseph Andrew Langford (11962) – Geb. unbekannt (Oldham, Lancashire) – Gestorben am 25.09.15 (Auchy bei La Bassée) – *geehrt auf dem Cabaret-Rouge Britischen Friedhof, Souchez – VIII. J. 16.*

Anhand meiner Erkenntnisse konnte ich herausfinden, dass er in Oldham in Lancashire (in der Nähe meines Heimatorts) wohnte und in Ashton-under-Lyne der Armee beigetreten war. Ich habe auch digitale Kopien des Original-Sterberegisters mit seinem Namen und seinen Informationen gefunden, die unten aufgeführt sind. Dies war ein Dokument, das oft von den nächsten Angehörigen des gefallenen Soldaten unterzeichnet wurde. Als ich mir dieses Dokument genau ansah, fehlten mir fast die Worte — in der exakt gleichen Handschrift wie auf der Postkarte stand: „Tante und Onkel, Alice und Richard Keating." Jahrelang dachte ich, Alice sei Josephs Frau oder Freundin. Heute wissen wir, dass es sich bei ihr in Wirklichkeit um seine Tante und gesetzlichen Vormund handelte.

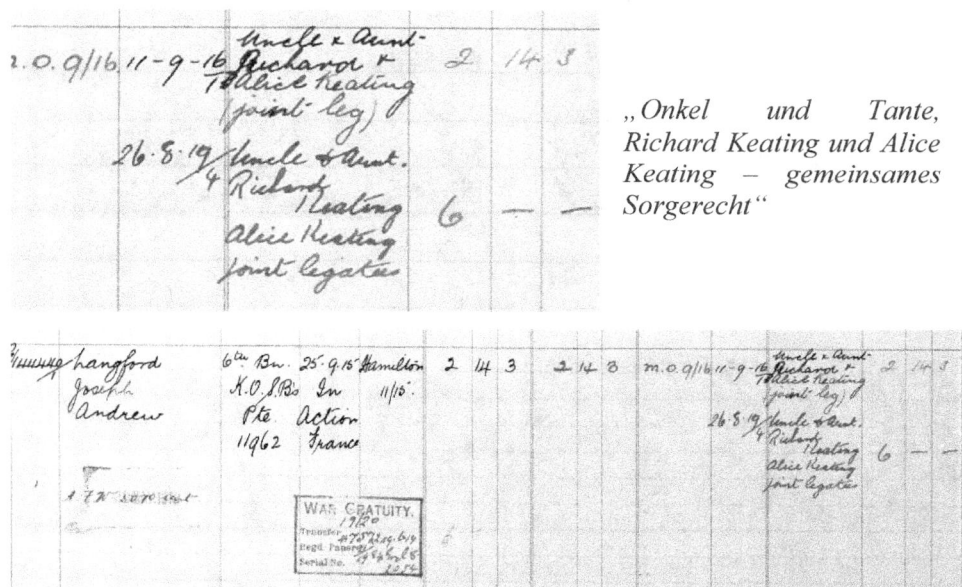

„Onkel und Tante, Richard Keating und Alice Keating – gemeinsames Sorgerecht"

Von hier aus konnte ich dann einige Nachforschungen über Alice und Richard Keating anstellen. Im Jahr 1911 verpflichtete das Vereinigte Königreich die Teilnahme aller Haushalte an der Volkszählung. Diese liefert Informationen über alle Bewohner, ihr Alter, ihren Beruf, ihren Familienstand und ihre Wohnadresse. Da dies öffentlich zugänglich ist, fand ich heraus, dass Alice in einer Baumwollspinnerei arbeitete und Richard als Verpackungsarbeiter. Beide lebten mit ihren drei erwachsenen und jugendlichen Kindern in der Marple Street 7 in Oldham, Lancashire. Alice und Richard waren etwa 50 Jahre alt, als Alice Josephs Postkarte schrieb. Über Josephs biologischen Eltern und seinen Hintergrund sind nur wenige Informationen verfügbar. Wenn man dies und die Tatsache berücksichtigt, dass er einen anderen Nachnamen als Alice und Richard trug, könnte man annehmen, dass er adoptiert oder in Pflege war. All diese Informationen gaben mir natürlich ein Gefühl des Abschlusses. Ich hatte jedoch den Eindruck, ich müsste mehr tun, um diese Geschichte zu einem vollständigen Abschluss zu bringen…

Im Jahr 2024 besuchte ich das Schlachtfeld bei Loos und das Grab von Joseph Langford. Ich war offensichtlich voller Aufregung und Vorfreude auf diesen Tag, denn dieser Mann, der für mich und andere in meiner Familie immer nur ein unbekanntes Wesen war, war nun jemand, den ich buchstäblich besuchen konnte. Als ich an derselben Stelle stand, an der Alexanders alte Stellung war, und in die Gegend blickte, in der Hunderte Schotten niedergeschossen worden waren, erschien mir der Ort so friedlich und normal. Es war aber auch unheimlich, zu wissen, dass hier so viele blutige Kämpfe stattgefunden hatten. Als ich später endlich Josephs Grab fand und näher heranging, durchfuhr mich eine unerwartete Flut gemischter Gefühle: Glück und Trauer zugleich. Es war ein wundervolles sonniges Wetter, der Wind wehte durch die Bäume und im Hintergrund hörte ich den Gesang der Vögel. Ich stand da, betrachtete sein Grab vor mir und legte die Postkarte zusammen mit einem Kreuz als Zeichen meines Respekts sorgfältig neben seinen Grabstein. Nach Josephs Tod in der Schlacht bei Loos im Jahr 1915 kann ich stolz sagen, dass ich es war, der diese Geschichte zu einem Abschluss brachte, indem ich die Postkarte dorthin zurückbrachte, wo vor so langer Zeit alles begann.

13

12.10.1915 Als Belohnung bin ich für 2 Monate zum Rekrutenbataillon unserer Division in Cysoing, südöstlich Lille, abkommandiert. Diesen Druckposten bekommen der Reihe nach alle Offiziere, die schon länger beim Bataillon sind.

13.10.1915 Gestern Mittag bin ich mit einem Lastauto nach Provin, dann mit der Bahn nach Lille und mit Wagen nach Cysoing gefahren. Es ist dies ein ganz nettes, vom Krieg ganz unberührtes Städtchen, so groß ungefähr wie Auma. Wir müssen hier dem in Deutschland notdürftig vorgebildeten Ersatz noch das beibringen, was nur Leute können, die schon praktische Kriegserfahrung haben; also Handgranatenwerfen, Bau von Feldbefestigungen, Felddienstübungen, Unterricht über den ganzen Frontdienst usw. Der Kommandeur des Bataillons soll sehr nett sein. Das ganze Kommando ist eine Erholung. Wir haben auch ein sehr nettes Kasino in einem Chateau. Dienst hatte ich noch nicht, da der Ersatz erst eintreffen soll.

‚Chateau Cysoing – Offizierskasino – Oktober 1915'.

17.10.1915 Ich habe mich hier schon häuslich eingerichtet und bewohne allein mit Viereck, meinem Burschen (Kolonialwaren in Dessau) ein kleines Haus, das einem Abbé gehört, der Parti *(verlassen)* ist. Ich habe da ein heizbares Wohnzimmer, 2 Schlafzimmer (sehr gutes Bett), Küche mit Gaskocher, Keller und Karnickelstall mit 3 Lapins *(Hasen)*. Meine Kameraden hier sind zum größten Teil sehr nette Leute. Die Verpflegung ist vorzüglich. Heute gab es Fasane, die es wie Hasen und Rebhühner in Menge gibt.

‚Meine Wohnung in Cysoing (das Haus mit dem Schild an der Tür) – Oktober 1915'.

21.10.1915 Es ist jetzt dauernd kalt, nass und neblig — das richtige La Bassée Wetter. Mir bekommt aber der viele Aufenthalt im Freien sehr gut. Als wir aus dem Graben kamen, sahen wir alle sehr schlecht aus. Der Kommandeur sagte, er wäre erschrocken gewesen über unser Aussehen. Da sehen freilich die Etappenschweine anders aus. Es sind hier auch noch eine große Anzahl Unteroffiziere und Gefreite, allein von meinem Bataillon acht. Dieses Kommando ist mir selbst ganz überraschend gekommen. Am Abend bekam ich es telefoniert und eine Stunde später meldete ich mich bereits beim Grafen ab. Alle älteren Offiziere werden hierzu mal kommandiert. Vor uns waren schon hier: Hauptmann von Apell, Oberleutnant Prinz Lippe, Oberleutnant Prinz zu Solms, Oberleutnant Mohr, Leutnant von Wobeser, Leutnant Oppermann und verschiedene Feldwebelleutnants. Es werden dazu nur aktive Offiziere genommen oder Reserveoffiziere, die ihr Jahr abgedient haben; also keine früheren Kriegsfreiwilligen, die seinerzeit selbst nur notdürftig ausgebildet worden sind. Jedenfalls kann man es hier schon eine Zeit aushalten.

‚Typisches Bild der riesigen Gegend. Die Viehweiden sind alle 100 Meter von Wassergräben durchschnitten, an denen lange Reihen von Weiden und sehr hohe Pappeln stehen – Cysoing'.

Prinz Lippe ist schon seit vielen Monaten hinter der Front; augenblicklich ist er Gesellschafter beim kommandierenden General. Da wird er wohl nächstens das E.K.I bekommen. Wann der Krieg zu Ende sein wird — darüber zerbrechen wir uns schon lange den Kopf nicht mehr. Es hat ja auch keinen Zweck. Wir sind schon zufrieden, wenn es uns augenblicklich wieder mal gut geht.

24.10.1915 Vorige Nacht wurden wir 4 Uhr probeweise alarmiert, woran sich ein Übungsmarsch von 16 Kilometern anschloss. Seit ich hier bin, haben wir keinen Tag ohne dicken Nebel gehabt. Früh beim Exerzieren sieht man manchmal die eigene Abteilung kaum. Um das Kommando nach hier bin ich von allen sehr beneidet worden; auf die Dauer möchte ich aber nicht hinter der Front sein, denn vorn kommt man sich doch ganz anders vor. Zur Erholung für 1 bis 2 Monate lasse ich es mir aber gern gefallen. Übrigens haben wir jetzt genug Offiziere vorn, denn es werden dauernd welche befördert. Reiten kann ich hier leider nicht, denn es gibt nur ein paar kümmerliche Gäule für die Hauptleute.

31.10.1915 Hier wird tüchtig gearbeitet, exerziert, geschanzt, Unterricht erteilt usw. Wir heben eine Musterstellung aus — vorderer Schützengraben, 30 Meter dahinter der Reservegraben und zu beiden die Zugangsgräben mit Unterständen, Minenstollen, Spiegelbeobachtungszellen; also mit allen Schikanen. In einem benachbarten Wäldchen werden Bäume gefällt und zugerichtet. So etwas macht sehr viel Spaß. Wie schwer aber sind alle diese Arbeiten vorn, wo alles nur in der Nacht, in ständiger Lebensgefahr und im Dunkeln gebaut werden muss; und wo alles Material ebenfalls nur in der Nacht durch die engen verschlammten Laufgräben kilometerweit nach vorn geschleppt werden muss? Wenn wir mit unserer Musterstellung fertig sind, wird der ganze Schützengrabendienst geübt — Ablösung, Alarm, Handgranatenwerfen usw.

Morgen ist eine große Felddienstübung der 2 Kompanien gegeneinander; später kommen Nachtübungen. Leider ist das Wetter fortgesetzt ganz miserabel. Wenn das so weitergeht, wird dieser Winter noch schlimmer als der vorige. Angriffe scheint man hier nicht mehr zu befürchten, denn die Kompanieführerkurse sind schon wieder eingerichtet. Morgen bekommen wir hierzu 30 Offiziere zugeteilt.

Wir essen hier sehr oft Fasane und Hasen. Jeder Truppenteil hat seinen Jagdbezirk und wer jagen will, muss einen Jagdschein lösen. Es ist alles wie im Frieden. Die große Schwierigkeit dabei ist nur die Beschaffung von Flinten und Munition.

2.11.1915 Mit dem E.K.I ist es so geworden, wie ich es mir gedacht habe. Die beiden, die an unser Bataillon gekommen sind, haben Hauptmann von Apell und Oberleutnant Mohr bekommen; nicht etwa, weil sie in den letzten Kämpfen etwas Besonderes geleistet haben, sondern weil sie dem Dienstalter nach dran und aktive Offiziere sind. Es wird die höchste Zeit, dass dieser Krieg zu Ende geht, denn die allgemeine Missstimmung über den Ordensschwindel wächst immer mehr. Vorn im Graben gibt es eine Menge Leute, die viel mitgemacht haben und trotzdem das E.K.II noch nicht haben. Dagegen haben es natürlich schon längst der Koch und der Chauffeur des Generals; ganz abgesehen von Feldpostbeamten, Bahnhofskommandanten und ähnlichem Volk, das dicke Gehälter einstreicht, herrlich lebt und wohnt und nie ins Feuer kommt. Sie tragen nun dieselbe Auszeichnung wie einer, der über ein Jahr sein Leben und seine Gesundheit täglich aufs Spiel gesetzt hat.

Mir geht es so weit gut, aber es regnet ohne Unterbrechung.

8.11.1915 Sonnabend und Sonntag war ich in Lille und habe Line besucht. Dort ist jetzt gar nichts mehr los. Abends 9 Uhr ist alles geschlossen und die Straßen sind leer. Wir waren zusammen im Soldatenkino, doch musste ich leider mitten in einer gruseligen Detektivgeschichte zum Bahnhof. Line will mich nächstens hier besuchen. Das Wetter ist jetzt nicht mehr so schlecht, aber es gibt täglich noch sehr viel Nebel, manchmal so dicht, dass wir mit dem Exerzieren aufhören müssen.

10.11.1915 Prinz Lippe, der seit Weihnachten kein Gefecht mehr mitgemacht hat und seitdem bis auf wenige Wochen immer hinter der Front war, hat nun auch das E.K.I bekommen.

14.11.1915 Wir haben jetzt aushilfsweise einen sehr unangenehmen Hauptmann bekommen, der die ganze Gemütlichkeit stört. Es ist der richtige kleinliche Friedens-Kommisshäuptling. Hoffentlich bleibt er nicht dauernd hier. Seit heute haben wir auch eine Musikkapelle, die nun täglich zu Tisch spielt.

Kürzlich schien mal ausnahmsweise die Sonne ein paar Stunden.

18.11.1915 Wir haben jetzt 2 Kompanien Rekruten hier und 2 Kompanien erholungsbedürftige Leute aus der Front, die nach ein paar Wochen gegen andere ausgetauscht werden. Auch die Rekruten werden nach Bedarf nach vorn verteilt. Die, die wir bis jetzt hatten, sind schon vorn. Dafür sind heute Nacht 400 neue aus Deutschland gekommen. Außerdem ist jetzt hier noch ganz neu eine Genesungsabteilung für aus dem Lazarett Entlassene gebildet worden, die mir untersteht. Der Kommandeur sagte mir, es wäre ein Vertrauensposten. Das hätte ich mir auch nicht träumen lassen, dass ich noch mal Sanatoriumsdirektor werden würde *(eine Rolle, die Alexander einst vor dem Krieg hatte)*. Die Aufgabe ist nicht leicht, denn diese Gesellschaft ist so bunt wie nur möglich — Infanterie, Jäger, Pioniere, Artilleristen, Ulanen, Flieger usw.; eine ganz disziplinlose Horde wie alle Leichtverwundeten, die sich einbilden, sie wären über alles erhaben, weil sie mal verwundet oder krank waren. Denen habe ich gestern erst mal ins Gewissen geredet und wenn das nichts hilft, dann wird Dienst angesetzt, so dass die Kerle nicht mehr wissen, ob sie Männchen oder Weibchen sind.

Wir haben ein großes Haus als Kaserne, das wir vollständig neu einrichten müssen, denn nichts war da. Wir müssen uns selbst Tische und Bänke zimmern, auch selbst die Bettstellen machen aus Holzgestellen mit Sprungfedern aus Bandeisen. Öfen, Waschschüssel, Essgeschirre, Handtücher; kurzum alles muss requiriert werden, denn die Leute kommen aus den Lazaretten mit nichts weiter, als was sie auf dem Leibe haben. Alles muss aus dem Nichts geschaffen werden und das ist eine Heidenarbeit. Wir arbeiten mit Hochdruck, denn morgen ist hier ein Kirchenkonzert, zu dem der kommandierende General kommt und der wird sich sicher ansehen wollen, was wir in 2 Tagen geschafft haben. Er wird wohl auch zum Essen hierbleiben, denn er ist mit Hauptmann von Berg, unserem Kommandeur, sehr befreundet. Bei dieser Gelegenheit gibt es dann kleine Schlemmeressen. Berg ist überhaupt ein Genießer. Selten sieht man ihn etwas anderes trinken als Sekt mit Rotwein. Er ist im Zivilberuf notleidender Agrarier aus Ostpreußen!

‚Im Park von Chateau Cysoing – Von links nach rechts: Leutnant Branscheid, Eskeldsen, Ferber und Becker'.

Was an der Front vorgeht, erfahren wir hier durch die Armee- oder Divisionsbefehle. Außerdem war beim letzten Kompanieführerkursus Leutnant von Wobeser von uns dabei und jetzt ist bei meiner Abteilung Leutnant Treviranus, der bei der großen Offensive bei der Kirche von Haisnes einen Granatsplitter in die Hand bekam. Hier ist es jetzt manchmal recht kalt. Abwechselnd friert und regnet es, genau wie im vorigen Winter — keine Sonne, immer Nebel. So schön wie es hier im Sommer ist, so schauderhaft ist dieser nasskalte flandrische Winter. Vorn an der Front ist es ganz ruhig. Beide Parteien haben genug mit Wasserschöpfen zu tun. Jetzt ist ein Durchbruch ganz unmöglich, denn alles steht tief unter Wasser und man würde glatt im Sumpf versinken. Alle Wiesen und teilweise sogar die Straßen sind überschwemmt. Zu Hause bei uns kann man sich gar keinen Begriff machen, wie ein Winter in diesem flachen Land aussieht, wo es monatelang fast ohne Unterbrechung in Strömen regnet.

'Aus der Umgebung von Cysoing – Dezember 1915'.

'Cysoing – November 1915'.

28.11.1915 Augenblicklich hat es seit ein paar Tagen stark gefroren, was uns sehr lieb ist, denn gegen Kälte kann man sich schützen, gegen die dauernde Nässe aber nicht. Morgen ist hier große Treibjagd, zu der auch der Divisionskommandeur General von Altrock kommt. Kürzlich haben 4 Herren von uns an einem Nachmittag 16 Hasen geschossen. Wenn es nur nicht so schwer wäre, Gewehre und Patronen zu bekommen.

6.12.1915 Gestern war ich in Lille und habe Line besucht. Zufällig traf ich Werner Crienitz *(ein alter Bekannter)*, mit dem ich dann im Hotel Royal Mittag gegessen habe. Mit Line, Schwester Maria und Leutnant Eskeldsen waren wir in der Spitzenausstellung, die zu Gunsten der notleidenden dortigen Spitzenheimindustrie veranstaltet worden ist. Ich habe einen Spitzenkragen gekauft. Es waren sehr schöne Sachen da. Das Prunkstück war ein Spitzenkleid für 2300 Mark. Dann waren wir noch in einem Café und sind spazieren gegangen.

11.12.1915 Gestern war hier ein sehr schönes Kirchenkonzert. Außerdem haben wir jetzt hier ein Soldatenkino eingerichtet; da gibt es viel Spaß. Es wird eben alles aufgeboten, um die Leute auf andere Gedanken zu bringen.

‚Ich mit Leutnant Eskeldsen in Cysoing'.

19.12.1915 Das Weihnachtsfest feiere ich bestimmt hier. Da wird es friedlicher zugehen wie voriges Jahr beim Heckenhof. Es finden große Festessen statt (Karpfen) und Katerfrühstück mit Austern, Kaviar usw. und mit Sekt; alles gratis aus unseren Tischersparnissen und Strafkasse.

26.12.1915 Weihnachten haben wir hier großartig gefeiert. Am 24./12 Nachmittag war erst eine gemeinschaftliche Feier in der Kirche; dann abends 6 Uhr die Feier meiner Abteilung in der Kaserne, an der 160 Mann sowie der Kommandeur mit Adjutant und Stabsarzt, sowie 3 Offiziere teilnahmen. Zuerst war ein Musikstück, dann vom Chor ein Weihnachtslied. Dann habe ich eine große Rede gehalten, wo ich den Leuten erzählt habe, wie ich voriges Weihnachten verbracht habe und ihnen sagte, wie froh sie sein könnten, dass sie hier so schön warm und trocken feiern können. Ich habe jetzt das Redenhalten gelernt. Das kommt vom Unterricht, den man den Leuten erteilen muss. Der Kommandeur war jedenfalls sehr zufrieden. Dann kam die Geschenkverteilung.
      Von den 240 Mark, die wir zur Verfügung hatten, hatten wir Äpfel, Apfelsinen, Pfeffernüsse, kleine Flaschen Likör, Tabakspfeifen, Briefpapier usw. gekauft. Jeder bekam etwas. Ich hatte drei Mundharmonikas gestiftet, die ich in meinem letzten Urlaub gekauft hatte. Meinem Burschen habe ich eine kleine Kiste Zigarren und 10 Mark geschenkt. Bei der Feier gab es 160 Liter Bier. Abends halb 8 war dann eine große Feier im Kasino, von der ich erst früh dreiviertel 4 nach Hause kam. Die letzten sind früh halb 7 gegangen und anschließend noch nach dem Nachbardorf Louvil geritten, wo sie die Ulanen, die sich eben erst nach langer Feier ins Bett gelegt hatten, wieder heraustrommelten und weiterzechten.

Links: ‚Cysoing – Dezember 1915 – Im Käfig: Lt. Eskeldsen. Außen: Lt. Ferber'.

Rechts: ‚Cysoing – Dezember 1915 – Lt. Ferber und Stolzenberg'.

Links: ‚Cysoing – Dezember 1915 – Oben: Lt. Bresch und Ferber. Unten: Lt. Treviranus und Eskeldsen'.

    Am ersten Feiertag gab es ein sehr gutes Frühstück und abends wieder ein Festessen, und heute am zweiten Feiertag geht es in derselben Tonart weiter. Alles, auch Wein und Zigarren, ist gratis und wird aus der Strafkasse bezahlt. Wir haben nämlich folgende Strafen bei Tisch: Jedes Fremdwort — 10 Pfennig; Jeder Verstoß gegen die gute Sitte oder Gebrauch von unständigen Worten je nach Schwere des Falles, Aufstehen bei Tisch oder lesen oder Schreiben usw. —

20 Pfennig; Zu spät kommen — 20 Pfennig; Unentschuldigtes Fehlen — 1 Mark; Nichtweitergabe von Milch und Zucker — 20 Pfennig; Rauchen, ehe das Licht auf dem Tisch steht — 20 Pfennig usw. Es kommt auf diese Weise eine Menge Geld zusammen; manchmal über 20 Mark an einem Mittag. Jeder versucht den anderen reinzulegen. So wurde zum Beispiel der Feldwebelleutnant gebeten, auf die über dem Tisch hängende Klingel zu drücken. Da er nun sehr klein ist, musste er dazu aufstehen und schon waren unter allgemeiner Freude 20 Pfennig fällig.

Heute Nachmittag bin ich zum Kommandeur zum Kaffee eingeladen. Bei uns ist es jetzt so warm, dass man ohne Mantel gehen könnte, wenn nicht der ewige Regen wäre.

Rechts: ‚Unser Eselwagen – Cysoing – Dezember 1915'.

Links: ‚Im Park von Chateau Cysoing – Dezember 1915'.

30.12.1915 Ich gehe jetzt immer abends mit Treviranus auf Jagd. Das gestrige Resultat war 1 Hase und 1 Wildtaube. Kürzlich habe ich mit zwei Schuss 7 wilde Tauben geschossen, die es hier massenhaft gibt. Die werden dann im Kasino mitgegessen. Rebhühner gibt es auch in Menge, aber die sind jetzt schon sehr scheu geworden.

4.1.1916 Meinen Geburtstag habe ich zusammen mit Leutnant Ferber mit Sekt und Burgunder gefeiert. Wir haben jetzt wieder Reitstunde auf Ulanengäulen bei Rittmeister von Platen, einem berühmten Rennreiter, der es nur aus Gefälligkeit tut, weil er oft bei uns ins Kasino eingeladen ist. Es geht jetzt schon bedeutend besser als in Billy. Vor allem tut das Reiten ohne Bügel nicht mehr so im ganzen Körper weh. Ich habe 3 Wochen Urlaub eingegeben; mein Gesuch liegt bei der Division.

14

8.1.1916   Aus meinem Urlaub ist nichts geworden, da ich nach Lille abkommandiert worden bin, und das kam so — Vor mehreren Wochen kam an alle Truppenteile eine Anfrage nach Sachverständigen aus allen möglichen Industriezweigen. Ich dachte, das könnte ein ganz schöner Posten für mich sein und meldete mich für die Textilindustrie. Ich hatte schon gar nicht mehr daran gedacht, da kommt plötzlich gestern ein Telegramm von der Division, wonach ich mich sofort in Lille in der Banque de France zu melden hätte. Ich habe sofort meine Sachen gepackt und bin am Nachmittag 3 Uhr abgefahren. Nachdem, was ich bisher erfahren habe, scheint es sich um eine ganz angenehme und sehr selbstständige Arbeit zu handeln. Man muss die Fabriken in Roubaix, Tourcoing usw. vom Meer herunter, bis Valenciennes besichtigen und Erhebungen über alles Mögliche machen; über Inhaber, Betriebskapital, Maschinen, Vorräte, Kriegsbeschädigungen, Absatzgebiete usw. Die ausgefüllten Fragebogen werden dann zusammengestellt und bearbeitet. Es gehen meist 2 Herren zusammen und man ist ganz unabhängig. Vorläufig wohne ich noch im Hotel, ziehe aber morgen in ein Bürgerquartier. Ich muss mich selbst verpflegen und bekomme dazu täglich 10 Franc. Außerdem natürlich auch noch mein Gehalt.

    Line habe ich gestern besucht. Sie hat mich für morgen ins Lazarett zum Geburtstagskaffee eingeladen. Die Arbeiten sollen 4 Wochen dauern, aber man meint, dass es wesentlich länger dauern wird, da sehr viel Material zu bearbeiten ist.

11.1.1916   Heute bin ich in meine Privatwohnung gezogen, Rue de Bourgogne, eine Seitenstraße des großen Boulevards de La Liberté. In dem Haus hat ein Arzt gewohnt, der im Krieg ist. Es ist nur die Portiersfrau mit ihrer zwölfjährigen Tochter vorhanden. Ich habe für mich 1 Salon, 1 Schlafzimmer, 1 Toilettenzimmer, alles mit Gasöfen und elektrischem Licht und Wasserklosett. Mein Bursche hat auch ein Zimmer. Hier kann ich es schon aushalten. Hoffentlich kann ich recht lange hierbleiben.

    Meine Tätigkeit ist folgende — Früh 10:15 fahre ich mit meinem Techniker eine dreiviertel Stunde lang mit der Elektrischen nach Tourcoing, wo ich bis ungefähr 1 Uhr irgendeine Weberei besichtige. Dann fahren wir wieder zurück zum Mittagessen. Heute habe ich mir den von zu Hause geschickten Gänsebraten machen lassen; dazu Erdbeerkompott und Rotwein. Meine Weihnachtspakete kommen mir jetzt sehr gut zu statten. Von 5 bis 6 fülle ich dann auf der Bank die Fragebogen aus. Heute war es sehr interessant, denn wir waren in einer Fabrik, die einen Monat vor dem Krieg erst teilweise in Betrieb genommen war. Alles war wunderbar eingerichtet und mit den neuesten Maschinen versehen. Abends esse ich zu Hause oder im Feldgrauen, wo es Militärmusik und bayrisches Bier in Maßkrügen (1 Liter 40 Pfennig) gibt.

Vorgestern traf ich auf der Rue Nationale Heinz Köchel als Pionier-Vizefeldwebel.

Heute Nacht ist hier ein großes Unglück passiert. Das ganze Hotel wackelte wie von einem starken Erdbeben, gleich darauf ein furchtbares Krachen und Klirren von Glasscheiben. Ein Munitionslager war in die Luft geflogen. Man spricht von 200 Toten und Verwundeten; wer noch unter den Trümmern liegt, ist noch nicht festgestellt. Ein ganzes Stadtviertel soll zerstört sein. Viele Tausend Fensterscheiben und große Schaufenster sind gesprungen, und zwar in der ganzen Stadt. Überall sah man heute die Leute, die Glasscherben zusammenkehrten. Allein der Glasschaden geht in die vielen Tausend.

16.1.1916 Ich habe schon alle möglichen Fabriken aufgenommen — Webereien, Spinnereien, Färbereien, Teppichfabriken und Strumpf- und Korsettfabriken. Mit der Zeit lernt man eben alles. Vor ein paar Tagen war ich an der Explosionsstelle. Es ist einfach furchtbar. Ein ganzer Stadtteil liegt in Trümmern. Mehrere große Spinnereien, größer als unsere Fabrik, sind eingestürzt. Wie viele Leute dabei umgekommen sind, erfährt man nicht; sicher sind es mehrere Hundert.

Heute Nacht haben die Engländer nach Lille ungefähr 15 dicke Granaten gesetzt; wohin weiß ich noch nicht. Jedenfalls hörte sich hier mitten in der Stadt das Sausen fast noch unheimlicher an als wie vorn. In den Straßen waren alle Franzosen auf den Beinen. Ich bin natürlich ruhig im Bett geblieben, denn es wäre doch zu merkwürdig, wenn von den vielen Tausend Häusern ausgerechnet meins getroffen würde.

Eine Katastrophe in Lille

Am 11. Januar um 3:30 Uhr morgens wurde die Stadt Lille durch die Explosion des Munitionsdepots „18 Ponts" verwüstet. Dies war eine alte Festung bestehend aus 18 Bögen (der Ursprung des französischen Namens), die von den Deutschen zur Lagerung von Sprengstoffen genutzt wurde — Ein großer heller Blitz, Tonnen von Trümmern wurden in die Luft geschleudert, eine Schockwelle strömte durch die Stadt und verursachte Verwüstung; und ein Geräusch, das so laut war, dass man es in Holland hören konnte, wo es fälschlicherweise für ein Erdbeben gehalten wurde — ein Krater mit einer Breite von 150 Metern und einer Tiefe von 30 Metern — 21 Fabriken sowie 738 Häuser im Stadtteil Moulin zerstört; und der Tod von 104 Zivilisten und 30 deutschen Soldaten sowie fast 400 Verwundeten. Die Ursache war nie bekannt, aber es wird jedoch nicht angenommen, dass es sich um einen Zufall handelte. Die Deutschen machten Sabotage dafür verantwortlich und setzten eine Belohnung von 1.000 Mark für den Täter aus. Bis heute erinnert ein Denkmal in der Rue de Maubeuge in Lille an die

Katastrophe. Um uns die Folgen dieser Explosion während seiner Zeit in Lille zu zeigen, bewahrte Alexander eine Postkarte auf, die dies darstellt:

‚Nach der großen Explosion in Lille'.

19.1.1916 Durch die ungewohnte Tätigkeit bin ich immer sehr müde. Heute bin ich früh 9 Uhr mit der Elektrischen zum Vorortbahnhof St. André gefahren, dann 9:30 mit der Bahn über Roubaix, Tourcoing nach Roncq, wo ich 3 Leinenwebereien besuchte. Dann in 1 Stunde nach Ponte de Neuville gelaufen, wo ich unterwegs einen soeben von unserem Kampfflugzeug herabgeschossenen französischen Flieger sah. Dann mit der Elektrischen nach Tourcoing; umgestiegen und weiter nach Roubaix, wo ich im Cercle de L'Industrie (einem Privatklub) sehr gut halb 3 zu Mittag aß. Dann mit der elektrischen Fernbahn nach Lille. Nach 1 Stunde zur Bank, 3 große Berichte geschrieben. Von 7 bis 8 Abendessen zu Hause; immer noch aus den Weihnachtspaketen; dann Zeitung lesen, nach Hause schreiben und 9 Uhr wie immer sehr müde ins Bett. So geht es Tag für Tag. Morgen werden Teppichfabriken in Neuville besucht und später Bandfabriken in Halluin. Die Gobelinwebereien in Cysoing habe ich mir auch schon reserviert. Ich fahre aber erst am 1. Februar hin, um mir bei dieser Gelegenheit gleich mein Gehalt zu holen.

Mein bisheriger Bursche war abgelöst worden, weil alle felddienstfähigen Leute an die Front kommen sollen. Es ist dies ja auch ganz richtig, denn was hinter der Front an kräftigen, gesunden Leuten herumläuft, das gäbe allein eine kleine Armee. Mein neuer Bursche namens Ruben ist nur garnisondienstfähig. Ich möchte ihn aber gern wieder los sein, denn der Kerl hat gar nichts zu tun und wird von Tag zu Tag fauler. Meine Madame könnte alles viel besser besorgen. Ich warte nur auf eine Gelegenheit, um ihn rauszuwerfen. Es ist eben nicht gut, wenn es den Leuten auf die Dauer zu gut geht.

22.1.1916 Von Halluin aus besuchte ich heute das hübsche belgische Städtchen Menin, weil man dort viel billiger essen kann als in den französischen Orten. In Belgien ist alles, auch das Obst, viel billiger. Hier in Lille ist alles kaum noch zu bezahlen, zumal jetzt unser Verpflegungszuschuss von 10 Franc auf 5 Mark täglich herabgesetzt worden ist. Hierfür muss ich mich vollständig beköstigen. So viel kostet mich gerade das Mittagessen. In Menin dagegen habe ich heute für Suppe, Braten mit Kartoffeln und Leipziger-Allerlei und eine Flasche Bier 75 Pfennig bezahlt.

Das Bombardement kürzlich war ziemlich übel; 200 Meter von meiner Wohnung ist ein Haus in Brand geschossen worden. In den letzten Tagen schießen sie aber nur noch auf die Vororte. Montag besuche ich in Halluin einige große Damastwebereien und Dienstag in Roubaix die größte Teppichweberei mit 1000 Webstühlen.

‚Zerschossene Häuser in der Bahnhofsstraße'.

25.1.1916 Gestern war ich den ganzen Tag in Halluin und Menin und da ich gestern 4 Fabriken erledigt habe, wird heute blau gemacht. In Belgien ist es viel schöner und vor allem billiger als in Frankreich. In Lille kosten die Eier 45 bis 50 Centimes und in Menin nur 18 Pfennig. Ich habe mir gleich einen kleinen Vorrat mitgenommen und zusammen mit meinem Techniker 20 Pfund Äpfel gekauft, das Pfund für 15 Pfennig. In Menin verstehen die Leute kaum noch Französisch. Alle sind Vlamen, die schon ganz gut Deutsch gelernt haben. Sonntag war wunderbares Frühlingswetter und ich wollte Line abholen. Sie konnte aber nicht weg. Wir haben uns nun auf heute Nachmittag verabredet. Ich will ihr meine Wohnung zeigen und dann gehen wir spazieren. Zuletzt werden wir wohl in einem Café oder im Soldatenkino landen.

Unsere Arbeit sollte eigentlich bis 1. Februar beendet sein, da aber die Abteilung Textil die umfangreichste ist und über 1.200 Betriebe zu erledigen hat, so hat man für uns die Frist bis 15./2 und jetzt sogar bis 1./3 verlängert.

27.1.1916 Gestern habe ich in Roubaix in einer großen Möbelstoffweberei einige hübsche Sachen gekauft, nämlich eine große bunte Tischdecke und 2 Sofakissenbezüge. Ich glaube, dass ich mit 13,15 Franc einen sehr billigen Kauf gemacht habe. Heute Abend zu Kaisers Geburtstag ist das Festessen der Industriekommission in der Offiziersmesse.

31.1.1916 Ich arbeite jetzt oft mit Leutnant Harnack von der Firma Brösel, Greiz, zusammen. Morgen fahre ich nach Cysoing wegen meines Gehalts. Ich muss mir sehr notwendig eine Uniform und ein paar Ledergamaschen kaufen, was wohl 150 Mark kosten wird. Hier leiden ja die guten Sachen viel mehr als an der Front, wo man im Graben immer nur das älteste Zeug anzieht. Außerdem muss man doch auch hier, wo so viele Truppenteile vertreten sind, anständig aussehen, zumal wenn man einem so vornehmen Bataillon angehört.

Gestern zum Sonntag war ich in Tournai, einem sehr hübschen belgischen Städtchen. Leider war dicker Nebel, so dass man nicht viel sehen konnte. Ich habe mir nur die wundervolle Kathedrale von innen angesehen und dann sehr gut und im Verhältnis zu Lille sehr billig gegessen. Außerdem habe ich wieder einen Wochenvorrat Eier eingekauft.

Rechts: ‚Tournai (Belgien) – Blick auf Belfried und Kathedrale – Februar 1916'.

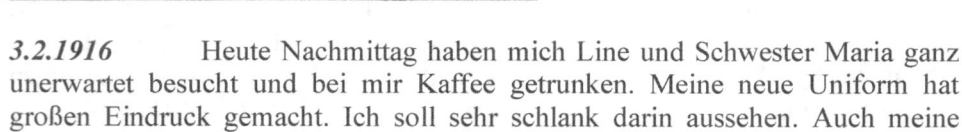

Links: ‚Tournai (Belgien) – Le Pont des Trous; alte Festungsbrücke – Februar 1916'.

3.2.1916 Heute Nachmittag haben mich Line und Schwester Maria ganz unerwartet besucht und bei mir Kaffee getrunken. Meine neue Uniform hat großen Eindruck gemacht. Ich soll sehr schlank darin aussehen. Auch meine

Wohnung hat sehr gefallen. Meine Uniform habe ich hier im Armee- und Marinehaus passend bekommen, aber es war ein teurer Spaß: Rock — 75 Mark; Achselstücke — 2 Mark; Hose — 47,50 Mark; Gamaschen — 28 Mark. Am 1. Februar war ich in Cysoing, wo 2 Kompanien vorn zum Schanzen waren. Sonst war alles wie sonst. Auch in Billy hat sich nichts geändert.

20.2.1916 Ich bin glücklich wieder in Lille angekommen. Ich war nämlich ein paar Tage in Deutschland und das kam so — Mit vielem Geschick hatte ich dem Leiter der Industriekommission Major von Weinberg beigebracht, dass es doch von großem Vorteil wäre und sicher guten Eindruck machen würde, wenn einmal den maßgebenden Stellen in Deutschland, zum Beispiel der Wirtschaftsstelle für Wolle in Berlin und auch dem Webereiverband in Greiz ein mündlicher Vortrag über unsere Tätigkeit gehalten würde. Ich wäre bereit, dies zu tun, zumal ich mit den betroffenen Herren gut bekannt sei. Er ist auch darauf hereingefallen und ich bekam 1 Woche Urlaub. Ich bin sofort nach Weida gefahren, wo ich ein paar Tage blieb und auch mal unseren Verbandsvorsitzenden in Greiz besuchte. Dann fuhr ich mit Hanne *(eine Verwandte)* nach Berlin und besuchte die betroffene Stelle. Von Berlin aus fuhr ich dann wieder nach Lille. Der Zug war so wenig besetzt, dass ich mich von Köln aus langlegen konnte.

Hier hat sich nichts verändert, nur ist es hier viel wärmer als wie in Deutschland. Heute Nachmittag fahre ich nach Tournai auf den Butter- und Eierhandel.

‚Lille — Blick vom Bahnhof in die Bahnhofsstraße — Februar 1916'.

‚Lille — La Grande Place — Februar 1916'.

25.2.1916 Da ich aufgrund meines Ausweises als Mitglied der Industriekommission überall im besetzten Gebiet freie Fahrt habe, werde ich noch ein paar schöne Ausflüge nach Belgien machen. Heute war ich in Antwerpen; große Stadt, aber nichts weiter von Interesse. Besonders fällt die Bevölkerung auf, die ein ganz anderes Aussehen wie die Franzosen hat. Leider ist es trübe und seit ein paar Tagen ist eine ganz alberne Kälte. Am Nachmittag fahre ich nach Brüssel und am Abend wieder zurück nach Lille.

27.2.1916 Ich habe Brügge und Gent besucht. Wunderbar ist es in dem altertümlichen Brügge, wo ich den ganzen Tag herumgebummelt bin. Auch in Gent war es sehr hübsch. Es gibt hier ein altes Schloss und viele schöne alte Häuser. Leider war das Wetter schlecht. Ich bin dann die sehr interessanten Küstenbefestigungen entlang über Heyst, Zeebrügge, Blankenberge und Ostende zurückgefahren.

'Gent – Blick auf die St. Nikolas Kirche und Belfried – Februar 1916'.

Links: *'Brügge, Smedenpoort – Februar 1916'.*

'Brügge – Marktplatz mit dem neuen Gouverneurspalast – Vorn eine Abteilung Seesoldaten – Februar 1916'.

1.3.1916 Nachdem meine Tätigkeit in Lille beendet ist, fuhr ich heute wieder nach Cysoing, wo ich von der Division den Befehl erhielt, mich wieder beim Bataillon zu melden. Daraufhin bin ich am ***3.3.1916*** über Lille nach Billy gefahren, wo man sich sehr gefreut hat, dass ich wieder da bin. Ich habe die Führung der 1. Kompanie im Graben bekommen. Der eigentliche Kompaniechef, Hauptmann von Apell, wechselt sich mit dem Grafen in der Bataillonsgefechtsstelle ab. Ich habe also einen ganz selbständigen Posten und brauche keine regelmäßigen Nachtwachen mehr zu machen. Dafür habe ich Tag und Nacht die Oberaufsicht im Graben, muss angeben, was gebaut werden soll, muss die Ausführung überwachen und bin für Ausbau und Sicherheit der Stellung verantwortlich.

Heute Abend gehe ich auf 1 Tag in Stellung und komme dann wieder 4 Tage in Ruhe. Unsere Ablösung ist jetzt: 8 Tage Graben, 4 Tage Ruhe. Augenblicklich ist scheußliches Wetter. Gestern hat es stark geregnet und seit heute Nacht schneit und stürmt es ununterbrochen. Das wird heute Abend eine schöne Schweinerei werden. Meine alte Wohnung bei Albertine war besetzt. Meine jetzige Stube ist natürlich im Vergleich mit meinem Palais *(Palast)* in Lille nur ein Hundeloch, aber ich habe schon viel schlechter gewohnt. Ich habe wenigstens ein Bett, einen Ofen und elektrisches Licht, und das ist schon sehr viel. Reitstunde ist hier an jedem Ruhetag von 4 bis 5 Uhr. Die Verpflegung ist tadellos wie früher. Es gibt sogar Fassbier, das Glas für 20 Pfennig, natürlich auch für die Mannschaften. Seitdem ich von hier fort war, ist außer der üblichen Schützengrabenschießerei nichts von Bedeutung vorgefallen. Ich habe also hier nichts versäumt.

15

5.3.1916 So eine Schweinerei wie gestern Abend habe ich lange nicht mehr erlebt. Wenn ich kein alter ergrauter Schützengrabenkrieger, sondern noch ein Neuling in diesem Fach wäre, hätte ich jetzt die Nase schon gründlich voll. So aber verlässt mich beim Gedanken an die früher erlebten viel schlimmeren Zeiten des Winters 1914/15 die gute Laune nicht.

Gestern Abend bin ich mit dem Wagen auf der mit tiefem Schlamm bedeckten Straße, wo überall das Wasser in tiefen Granatlöchern steht, über Douvrin nach Haisnes gefahren. Von diesem Dorf ist nicht mehr viel vorhanden und auch Douvrin, das mir noch fast unbeschädigt in der Erinnerung war, ist nur noch ein Trümmerhaufen. Auf der Straße sind endlose Wagenkolonnen, welche Lebensmittel, Munition, Balken, Bretter, Stacheldraht, Beton usw. nach vorn bringen — rechts und links knietiefer Sumpf. Die Soldatentrupps, denen man begegnet, sind von oben bis unten mit Dreck überzogen und sehen aus, als hätten sie sich im Schlamm gewälzt. Teilweise kommen sie in ganz abenteuerlichen Vermummungen — Beine, Arme, Kopf, Gewehre, mit allen möglichen Lappen zum Schutz gegen die Nässe umwickelt; mehr Vagabunden als Soldaten. Aber die allergrößte Hochachtung vor diesen Leuten, die hier ein Leben führen, von dem sich die Etappenschweine auch in ihren kühnsten Träumen keine Vorstellung machen können.

Von Haisnes bis Auchy musste ich zu Fuß weiter, da es zum Fahren auf der Straße noch zu hell war. Ich bin querfeldein durch die aufgeweichten, zerwühlten und zerschossenen Felder gegangen. Auchy ist nur noch ein Steinhaufen mit unterirdischem Leben in den Kellern, die durch verdeckte Laufgräben miteinander verbunden sind. In solch einem Keller meldete ich mich bei Hauptmann von Apell, der mit Leutnant Nugel Patience legte. Unsere bisherige Bataillonsgefechtsstelle wird nämlich gerade umgebaut, da es zu stark durch die Decke tropfte. Dann ging es durch die vielen 100 Meter langen Laufgräben, die streckenweise unter zerschossenen Häusern durchlaufen, nach vorn. Von der Arbeit, die in diesen über 2 Meter tiefen Gräben steckt, kann sich einer, der sie nicht gesehen und nicht mit gebaut hat, gar keinen Begriff machen. Die Wände sind von oben bis unten mit dicken Bohlen und Weidengeflechten verkleidet und mit Balken verstrebt, um das Zusammenrutschen zu verhindern. Der Boden ist mit Lattenrosten belegt. Und diese ganze Riesenarbeit ist nur in finsteren Nächten, unter den ungünstigsten Witterungsverhältnissen und im feindlichen Feuer geleistet worden. Wenn ich das Geld für das verwendete Holz hätte, könnte ich mich zur Ruhe setzen. In diesen schön ausgebauten Laufgräben kam ich ganz trocken vor bis zu den Kampfgräben, die allerdings teilweise sehr übel aussehen. Oft geht es fast bis an die Knie durch den zähen Schlamm. Da ich aber über den Wickelgamaschen noch meine alten Ledergamaschen trug, bin ich fast trocken durchgekommen.

Ich wohne in einem mir von früher her noch bekannten Unterstand, der durch ein Dutzend starker Baumstämme noch besonders abgestützt ist. Der Ofen heizt gut; ich habe eine Petroleumlampe und die Verpflegung ist auch gut. Dass es an verschiedenen Stellen mit eintöniger Regelmäßigkeit durch die Decke tropft, dass hinter der Decken- und Wandverkleidung die Ratten und Mäuse rascheln und quieken; und dass nebenan die Burschen mit mehr Begeisterung als Kunst Mundharmonika spielen — das sind Kleinigkeiten, an die ich von früher her schon längst gewöhnt bin. Augenblicklich scheint die Sonne, der Schnee schmilzt, das Wasser steigt und die Gräben werden immer grundloser. Eben war ziemlicher Krach, da wir die Engländer mit schweren Wurfminen bearbeitet haben, worauf sie mit Schrapnells antworteten. In meiner Kompanie sind noch Leutnant Stachelhausen und Petersen. Ich wohne mit Vizefeldwebel Joerding zusammen, der früher Marineoffizier war und wegen irgendwelcher dummen Spiel- oder Weibergeschichten geschwenkt worden war. Bei Kriegsausbruch trat er freiwillig als gemeiner Jäger wieder ein. Er kam damals mit meinem Transport ins Feld und wurde bei Les-Trois-Maisons verwundet. Es ist ein sehr netter, ruhiger Mann.

7.3.1916 Hier ist die Schweinerei wieder mal riesengroß, denn ein so unglaubliches Wetter ist schon lange nicht mehr dagewesen. Nachdem es tagelang geregnet und geschneit hat, ist heute der erste schöne Tag wieder, aber alles schwimmt. Sonntagabend wurde ich abgelöst und musste mit Leutnant Stachelhausen bis Billy zurücklaufen. Das war ein toller Weg — nichts wie tiefer Schlamm; stellenweise die Straße seeartig überschwemmt. Dabei musste man sich, trotzdem es stockdunkel war, so sehr wie möglich beeilen, um aus dem gefährdeten Strich herauszukommen. Die Dörfer Auchy, Haisnes und Douvrin sind nur noch Trümmerhaufen, denn sie werden Tag und Nacht beschossen. Am nächsten Morgen habe ich dann in unserem großartigen Bad sehr schön gebadet. Das Bad ist immer für die abgelösten Offiziere und Mannschaften für den nächsten Tag reserviert. Man bestellt sich am Tag zuvor die Zeit und kann es dann eine Stunde lang benutzen. Für Offiziere und Oberjäger gibt es je ein Wannenbad und für die Mannschaften einen Duschraum.

‚Leutnant Stachelhausen, Adelina (seine Filia-Hospitalis) und ich in Billy – Leider war der Apparat nicht richtig eingestellt – März 1916'.

Am zweiten Ruhetag war früh Werfen mit scharfen Handgranaten und Nachmittag Exerzieren mit aufgesetzten Gasmasken; ein unbeschreiblich lächerliches Bild. Dann kam ich mit einem Dutzend Leuten in den Gasraum. Die Gaspatrone wurde abgeschossen und nach einiger Zeit wurden wir wieder herausgelassen. Ich habe gar nichts gemerkt; ein Zeichen, dass die Maske gut sitzt und dass mir kein Gasangriff etwas anhaben kann, denn so stark wie in diesem Prüfungsraum ist die Gaswolke bei keinem Angriff. Die Wirkung war so stark, dass alles, was sich sonst gerade in dem getroffenen Haus aufhielt, schleunigst ausreißen musste. Als ich auf der Straße die Maske abnahm, kamen mir auch sofort die Tränen geschossen.

Heute Vormittag habe ich mit meiner Kompanie bei schönster Winterlandschaft einen kleinen Übungsmarsch nach Annoeullin gemacht. Auf dem Rückweg war schon alles wieder ein nasser Brei. Überall sind an den Wegen Trupps gefangener Russen mit der Ausbesserung beschäftigt. Heute Nacht ist vorn bei uns eine englische Patrouille von 2 Mann, die sich durch Handgranatenwerfen unliebsam gemacht hatte, abgeschossen worden; darob natürlich allgemeine Freude. Morgen Abend geht es wieder auf 8 Tage vor in Stellung. Mir graut es schon vor dem Weg bis Auchy. Wer bei derartigem Wetter nicht im Schützengraben herumgewatet ist, weiß gar nicht, was Krieg ist. Der vorige Winter war aber noch zehnmal schlimmer, denn jetzt haben wir doch wenigstens gute Unterstände. Bei den jetzigen Bodenverhältnissen ist jeder größere Angriff ausgeschlossen. Bei den im Heeresbericht erwähnten Nahkämpfen handelt es sich um das sogenannte Hohenzollernwerk, ein vorgeschobenes Grabensystem gleich links von uns, welches schon in den Septemberkämpfen eine große Rolle spielte und wo die Engländer gesprengt haben. Sie haben die Sprengtrichter noch besetzt und man ist eben dabei, sie mit Minen, Handgranaten usw. wieder herauszuekeln.

Hier ist alles krank. Kein Wunder bei dem elenden Wetter.

11.3.1916   Nun bin ich wieder 2 Tage im Graben. Mir geht es gut und ich habe mich schon wieder vollständig an den Betrieb gewöhnt. Das Wetter ist auch etwas besser geworden; es regnet und schneit wenigstens nicht mehr. Die Decke meines Unterstandes ist jetzt mit Wellblech genagelt und wo es trotzdem noch tropft, sind Konservenbüchsen aufgehängt. Man muss damit nur sehr aufpassen, denn wenn man mal mit dem Kopf daran stößt, bekommt man den ganzen Segen auf einmal ab.

Gestern, am 10. März, am Jahrestag von Neuve Chapelle und dem Geburtstag des englischen Königs, hatten wir einen Angriff erwartet. Es blieb aber alles ruhig. Überhaupt können wir uns, was Schießerei anbelangt, augenblicklich nicht beklagen. Vor uns sieht es wild aus. Zu Hunderten liegen noch die Schotten vom September her vor unserem Hindernis, nur sind die Leichenhaufen, die damals meterhoch waren, jetzt schon ziemlich zusammengerutscht. Leutnant Seemann baut jetzt in Billy Betonunterstände und ist augenblicklich in Berlin zu einem Gaskursus.

‚Vorm Kücheneingang meines Unterstandes. Rechts vorn ich – März 1916'.

‚Vorm Kücheneingang meines Unterstandes – Von links nach rechts: Mein Bursche Nöding, Leutnant Stachelhausen und ich – März 1916'.

‚Jäger der 1. Kompanie beim Mittagessen im Graben – März 1916'.

14.3.1916 Seit gestern ist herrliches Sonnenwetter. Da kann man es im Graben schon aushalten. Ich habe heute fast den ganzen Tag in der Ärmelweste vorm Unterstand gesessen und mich sogar im Freien rasieren lassen. Man wird sich zu Hause wundern, dass ich fast in jedem Brief vom Wetter schreibe, aber das ist das, was uns hier draußen am meisten bewegt. Erst in zweiter Linie kommt der Feind.

Rechts: ‚Ich lasse mich im Graben vor meinem Unterstand rasieren – März 1916'.

Links: ‚Landwehrmann Friedel – Porzellanmaler aus Triptis – März 1916'.

Oben und links: ‚Leutnant Stachelhausen – März 1916'.

Am letzten Ruhetag waren wir gerade beim Scheibenschießen, als auf einmal ein Geschwader von 26 englischen Flugzeugen ankam. Bisher war die größte Zahl, die ich auf einmal gesehen hatte, 14 gewesen. Gleich darauf hörten wir die Bomben herabsausen und explodieren; sie sind über Provin, Carvin usw. abgeworfen worden. Von uns sollen 2 Flugzeuge den großen Schwarm angegriffen haben, wobei der Offiziersstellvertreter, mit dem ich seinerzeit geflogen bin, gefallen ist.

‚Ein erbeutetes englisches Maschinengewehr wird von uns zum Beschießen von Fliegern benutzt – März 1916'.

Heute Nacht war bei uns im Graben großer Betrieb. Ganz am linken Flügel, an der Straße Auchy-Vermelles, waren in unseren Stollen durch unsere Horchposten Miniergeräusche gehört worden. Daraufhin wurde beschlossen, zu sprengen. Unser Stollen wurde mit 30 Zentner Dynamit geladen und heute Nacht halb 5 ging die Geschichte mit einem Donnerschlag hoch. Unheimlich klang es, wie die riesigen hochgeschleuderten Erdmassen wieder herunterprasselten. Natürlich war die nächste Umgebung vorher von uns geräumt worden. Im Augenblick der Sprengung setzten unsere M.G ein und kaum waren die letzten Brocken herunter, wurde der Trichter von einer Abteilung unserer Leute besetzt, die sich sofort am Rand eingruben und diesen zur Verteidigung einrichteten. Sofort wurde natürlich auch ein Verbindungsweg zur Stellung gegraben und vom Trichter aus ein neuer Minenstollen nach vorn angefangen.

Heute früh war ich im Trichter, den ich mir nicht so kolossal groß vorgestellt hätte — 30 Meter Durchmesser und 15 Meter Tiefe. Er ist kreisrund, mit aufgeworfenen Rändern, genau wie ein Mondkrater. Hoffentlich sind in dem zerquetschten feindlichen Stollen recht viele Engländer umgekommen. Wir hatten keine Verluste. Nur der Fahnenjunker meiner Kompanie, der wie alle Neulinge viel zu neugierig ist und zu lange über Deckung guckte, bekam einen Kopfschuss und wird wohl kaum davonkommen.

‚Der von uns gesprengte Minentrichter, wenige Stunden nach der Sprengung. Man sieht auf der dem Feind zugekehrten Seite oben einen schmalen Steig für die Posten. Unten wird sofort ein neuer Stollen vorgetrieben'.

Der Tunnelbau

Es ist fast sechs Monate nach der Schlacht bei Loos und beide Seiten haben neue Taktiken eingeleitet, um in diesem Schlachtgebiet als Sieger hervorzugehen — Minenkrieg. Das Ziel dieser Taktik besteht darin, die feindlichen Stellungen zu zerstören und die darin befindlichen Truppen von unten zu eliminieren, wodurch riesige Krater entstehen, die als neue Stützpunkte für Angriffe dienen. Diese Ereignisse sind heute bekannt als „Die Stellungskämpfe in Französisch Flandern vom 2. bis 18. März 1916", an denen die spezialisierten deutschen Pioniere und die Tunnelbaukompanie der britischen königlichen Ingenieure (Royal Engineers) beteiligt waren. Mein eigener Vater war ein Royal Engineer, was dazu führte, dass er in Deutschland stationiert und ich geboren wurde. Die Tatsache, dass Alexander in einer anderen Zeit genau demselben Armeekorps als Feind gegenüberstand, macht diese Ereignisse aus meiner persönlichen Sicht äußerst bemerkenswert:

„In der Nacht zum 14. März war es so weit. Der erste helle Schein zeigt sich im Osten. Die Grabenbesatzung steht auf den Schützenauftritten. Handgranatentrupps kauern im Graben neben der Sprengstelle sprungbereit, die Bedienungen der Maschinengewehre, der Minenwerfer und der Batterien lauschen angestrengt in der Nacht — 4:50 Uhr, die befohlene Sprengzeit!

Leutnant der Reserve Köllmann, der Führer der Bergkompanie, löst die elektrische Zündvorrichtung aus. Unter donnerndem Krach öffnet sich die Erde, Flammen und Rauch ausspeiend. Noch im Niederpoltern der schweren Erdschollen stürzten die Handgranatentrupps in den riesigen, haustiefen Sprengtrichter."

- Das Kriegstagebuch des Kurhessischen Jägerbataillons Nr. 11

18.3.1916 Gestern Abend bin ich abgelöst worden und komme eben von der Reitstunde. Es geht schon ganz gut, auch das Springen über Hindernisse. Die letzten Tage hatten uns die Engländer stark mit 11cm Granaten beschossen, aber gegen unsere tiefen Erdlöcher können sie damit nichts ausrichten und wir haben trotz mehr als 200 Granaten nicht den geringsten Verlust gehabt. Heute früh habe ich gebadet, mich rasiert, neue Wäsche und die neue Uniform angezogen und komme mir nun nach den 8 Tagen Dreck wie neugeboren vor.

1.4.1916 In der letzten Zeit war Postsperre und das ist immer ein Zeichen, dass irgendetwas los ist. Schon immer war davon gemunkelt worden, dass wir mal abgelöst würden, aber nie wurde etwas daraus. Ende des vergangenen Monats verdichteten sich diese Gerüchte aber immer mehr, und am 27./3. erfuhr ich früh im Graben, dass nicht nur wir, sondern das ganze Armeekorps abgelöst würde. Da konnte man die wildesten Vermutungen hören. Einer behauptete sogar, wir kämen an die holländische Grenze, weil uns Holland den Krieg erklärt hätte; andere befürchteten Verdun; wieder andere hatten von der Artillerie gehört, dass die Pferde mit Wintereisen versehen würden; also konnte es nur nach Russland gehen. Nach und nach kam dann die Wahrheit durch, nämlich, dass wir alle auf ein paar Wochen nach Belgien in Ruhe kommen sollen.

Am 27./3. früh kam mein Nachfolger in den Graben, um sich über alles zu unterrichten, und da musste ich nun den ganzen Tag alles zeigen und erklären; Munition, Material usw. gegen Quittung übergeben. Es war ein Landgerichtsrat aus Zwickau, denn wir wurden vom sächsischen Reserve-Jäger-Bataillon 25 abgelöst. Die Ablösung am Abend ging ganz flott und mit ziemlicher Wehmut verließen wir die Stellung, in der wir über ein Jahr gehaust und in der wir so viel erlebt hatten. In den letzten Tagen war es allerdings durch das Schnee- und Regenwetter sehr ungemütlich gewesen. Außerdem wurden wir fortgesetzt Tag und Nacht derart mit Minen und Gewehrgranaten bearbeitet, dass man, zumal nachmittags nur sprungweise von Unterstand zu Unterstand, sich im Graben bewegen konnte.

Nachts 2 Uhr kam ich, von oben bis unten mit Schlamm überzogen, in Billy an. Schnell wurde gepackt, 1 Stunde geschlafen und schon früh 5 Uhr ging der Marsch nach Seclin. Dort wurden Quartiere bezogen. Alles war überfüllt, denn in der kleinen Stadt lagen 15.000 Mann. Ich wohnte in einer Apotheke und schlief mit Leutnant Stachelhausen in einem Bett, was ja bei den breiten französischen Betten sehr gut geht. Am nächsten Tag 6 Uhr morgens rückten wir, das heißt 2 Kompanien und die Radfahrerkompanie unseren anderen beiden Kompanien, die einen Tag später abgelöst worden waren, entgegen und wir lieferten uns gegenseitig ein großes Gefecht. Dann ging es mit Musik zurück nach Seclin.

Am Abend war dann in unserem schnell improvisierten Kasino ein großes Fest, besonders bemerkenswert dadurch, dass zum ersten Mal wieder seit einem Jahr sämtliche Offiziere versammelt waren. Am nächsten Morgen, 7 Uhr, rückte dann das ganze Bataillon mit Feldküchen und Bagagen in endlosem Zug ab. Auf dem Lebensmittelwagen thronte in einem Korb unser Hühnervolk. Wir marschierten südlich unter Lille weg, machten unterwegs einen großen Angriff auf das Fort de Sainghin bei Cysoing und dann ging es endlos weiter der Grenze zu. Unterwegs wurde bei einem Dorf auf einer Wiese gehalten, die Feldküchen herangeholt und im Gras liegend gegessen. Es war herrlich; wie im Manöver.

‚Essensausgabe an der Feldküche auf dem Marsch von Seclin nach belgisch Templeuve'.

‚Esspause auf dem Marsch von Seclin nach Templeuve – Von links nach rechts: Leutnant Petersen und Stachelhausen; Hauptmann von Apell; Unterarzt Stark'.

Endlich 4 Uhr Nachmittag erreichten wir unser Ziel, das kleine belgische Städtchen Templeuve zwischen Roubaix und Tournai. Ich bewohne bei einem Brauer ein sehr schönes Zimmer. Unser Kasino ist in einem Schloss mit wundervollem großem Park, der von wilden Tauben und Karnickeln wimmelt. Hier gibt es keine Spuren vom Krieg und man kann es hier schon aushalten, zumal seit unserem Abmarsch aus Billy herrliches Wetter ist. Allgemein sagt man, dass es hier viel zu schön wäre, als dass wir lange hierbleiben würden. Beim Einmarsch wurde ich beim Namen gerufen. Es war Fritz Rössler aus Weida, der mit seiner Pionierkompanie auch hierhergekommen ist. Ferner besuchte mich gestern von Hammacher, der Ulan, mit dem ich im Lazarett Valenciennes lag und der jetzt Zivilkommissar in Tournai ist.

‚Schloss Templeuve – April 1916'.

‚Belgisch Templeuve'.

Wir haben hier strammen Dienst — früh 6 Uhr meist Marschübung verbunden mit Gefechtsexerzieren; nachmittags Turnspiele, Unterricht usw. Außerdem haben wir zu unserer Freude dreimal in der Woche Reitstunde. Bei dem schönen Wetter ist dieser Dienst das reine Vergnügen. Was später aus uns wird, weiß natürlich niemand; vielleicht lösen wir ein anderes Korps ab, welches dann in Ruhe kommt.

‚Schloss Templeuve – Links nach rechts: Leutnants Otto, Schmelz, Stachelhausen und Bode; Hauptmann von Apell und Leutnant Pötsch'.

‚Templeuve – Pferde des Jägerbataillons auf dem Marktplatz. Im Hintergrund ist die Kantine. Der Offizier ist Hauptmann Conrad'.

7.4.1916 Es ist immer noch Postsperre wegen Truppenverschiebungen. Morgen haben wir eine große Gefechtsübung bei Tournai. Am Montag besichtigt der Graf die 1. Kompanie. Unglücklicherweise ist Hauptmann von Apell dann gerade zu einem Gaskursus in Deutschland und daher muss ich die Kompanie vorführen und den Zugführern Gefechtsaufgaben stellen. Das Reiten macht mir jetzt, wo man in jeder Stunde einen Fortschritt merkt, viel Spaß. Ich bin mit in der ersten Reitklasse.

10.4.1916 Gestern haben wir 6 Mann hoch einen wundervollen 3-halb stündigen Ritt über die Schelde auf den Mont St. Aubert gemacht. Die Gegend dort ist herrlich; ganz ähnlich wie bei uns. Nugel meinte, es wäre wie auf der ‚Käseschenke' bei Gera. Der Berg ist 150 Meter hoch und steht ganz allein in der großen Ebene. Man kann von da unendlich weit sehen, weit über Lille hinaus.

Eben komme ich wieder von einem Spazierritt zurück. Da der Hauptmann die ganze Woche weg ist, reite ich abwechselnd jeden Tag dessen beide Pferde und mache noch extra die Reitstunde mit. Auf die Weise lernt man was. Morgen ist die große Bataillonsübung, die ich hoch zu Ross mitmachen werde.

‚Prinz Solms und Leutnants Oppermann und Weber'.

17.4.1916 Letzte Woche habe ich viel geritten; an einem Tag von früh 6 Uhr bis Nachmittag um 2. Ich bin aber jetzt auch so weit, dass ich mich auf jedem Pferd sicher fühle. Gestern Sonntag früh war im Schlosspark Feldgottesdienst. Am Nachmittag besuchten wir einen Hahnenkampf. Es traten 4 Paare auf und der Kampf endete regelmäßig sehr bald mit dem Tod eines Hahns. Die Tiere bekommen nämlich an jedes Bein eine 5cm lange spitze Stahlnadel angeschnallt und gehen mit unbeschreiblicher Wut aufeinander los. Eine Menge Einwohner sahen zu, die zum Teil auf den Dächern saßen. Dabei wird hoch gewettet. Es war zwar sehr interessant, aber auch so roh, dass wir nicht wieder zusehen werden. Es kämpfen meist die Vertreter von 2 Orten gegeneinander; gestern hatte Templeuve 1 Sieg und 3 Niederlagen. Der eine Sieger soll 85 Mark wert sein.

18.4.1916 Heute Mittag erhielt ich ein Telegramm von zu Hause mit der Schreckensnachricht von Dieters Tod. Der Graf hat mir sofort 10 Tage Urlaub gegeben.

Hinweis: Wie meine Urgroßmutter erzählte, starb ihr älterer Bruder Dieter, den sie nie kennengelernt hatte, im Alter von drei Jahren an Diphtherie.

16

‚Templeuve – Blick vom Marktplatz auf die Hauptstraße mit der Dampfstraßenbahn nach Tournai. Links in dem Haus mit dem kleinen Turm wohne ich – Mai 1916'.

1.5.1916 Ich bin hier wieder angekommen. Auf der Rückreise hatte ich in Magdeburg einen Wagen bekommen, der bis Brüssel durchging, wo ich die zweieinhalb Stunden Aufenthalt zum Essen benutzte. Hier ist völlig Ruhe. Es gibt Urlaub bis 15. Mai, so dass wir voraussichtlich noch längere Zeit hierbleiben. Heute ist herrliches Wetter und es ist ganz erstaunlich, wie in den 10 Tagen alles grün geworden ist. Die Gegend sieht dadurch gleich viel hübscher aus. Gestern Abend war im Kasino große Maifeier. Ich bin aber schon um halb 10 ins Bett gegangen und früh 5 Uhr wieder aufgestanden.

6.5.1916 Ich bin bis 15. Mai wieder Kompanieführer, da Hauptmann von Apell den beurlaubten Brigadeadjutanten vertritt. Ich sitze den halben Tag zu Pferd. Vorgestern kamen wir Nachmittag 5 Uhr und gestern 3 Uhr von großen Übungen zurück.

23.5.1916 Wir machen hier dauernd große Übungen. Gestern war ich mit meiner Kompanie auf einem Übungsmarsch in Cysoing und habe meine alten Bekannten besucht.

‚Links nach rechts: Leutnants Lagner, Lingelbach, Bode und ich – Mai 1916'.

‚Explosion von 3 Handgranaten – Mai 1916'.

‚Die Schelde-Brücke bei Pont-à-Chin, die als Zugang zum Exerzierplatz bei unseren Übungen eine große Rolle spielt – Mai 1916'.

27.5.1916 Der Urlaub ist bis 15. Juni verlängert und allgemein ist man der Ansicht, dass wir noch lange hierbleiben. Ich habe nichts dagegen, obgleich jetzt hier ein Exerzierbetrieb wie im Frieden ist. Dreimal die Woche geht es früh mindestens 6 Uhr fort und nachmittags 3 Uhr kommen wir erst wieder. Hauptmann von Apell hat schon wieder eine Vertretung, so dass ich noch weitere 14 Tage die Kompanie und damit die beiden Pferde habe.

1.6.1916 Wir haben jetzt wieder herrliches Wetter. Heute Nachmittag fahre ich mit einigen Kameraden nach Tournai in die „Source des Mottes", ein sehr schönes Gartenrestaurant.

9.6.1916 Hier hat sich wieder mal viel geändert. Unser Korps ist weggekommen, und zwar nach Verdun. Nur wir sind zurückgeblieben, müssen aber morgen anderen Truppen Platz machen und kommen nach Kain, einem Dorf einige Kilometer nördlich von Tournai. Wir sollen als Sturmbataillon ausgebildet werden und werden also wohl noch 3 bis 4 Wochen hinter der Front bleiben. Wo wir dann hinkommen, weiß ich nicht.

11.6.1916 Gestern sind wir bei schönstem Wetter über Tournai nach Kain marschiert. Kain ist halb Dorf, halb Vorstadt von Tournai. Ich wohne sehr schön beim katholischen Pfarrer, habe die Straßenbahnhaltestelle vor der Tür und bin höchstens 15 Minuten bis Tournai. Hier ist es ganz wunderbar; ein Schloss neben dem anderen, alle umgeben von dem landesüblichen Wassergraben und von riesigen uralten Parks. Die ganze Gegend ist ein großer Garten. Besonders angenehm sind für uns die vielen Spargelfelder. Die Leute hier sind sehr fleißig. Den ganzen Tag sieht man sie auf ihren Feldern arbeiten und jedes bisschen Unkraut herausstechen. Meine Kompanie ist untergebracht wie noch nie zuvor im Krieg. Jeder Mann hat sein Bett. Wir sind alle der Meinung, dass die nächsten 14 Tage die schönsten im ganzen Krieg sein werden, vor allem auch deshalb, weil der Graf 14 Tage zu einem Ausbildungskursus abkommandiert ist. In letzter Zeit war es mit ihm nicht mehr zum Aushalten. So nett er war, solange wir im Graben waren und er auf uns angewiesen war, so unangenehm wurde er hinter der Front. Da kam der alte Kommissgeist wieder zum Vorschein, der den ganzen Tag schimpft und an allem herumnörgelt. Jetzt sind wir ihn Gott sei Dank auf einige Zeit los.

Unser Kasino ist wieder in einem Chateau inmitten eines endlosen Parks, mit Gondelfahrt, Tennisplatz usw. Mit dem Reiten bin ich jetzt auf der Höhe, denn durch das Reiten im Gelände lernt man sehr viel, zumal auf einem so guten Pferd wie die Lissi, bei der man dauernd auf alles gefasst sein muss.

'La Tombe bei Tournai – Die Kirche; links das Pfarrhaus, meine Wohnung – Juni 1916'.

Rechts: 'Das Quartier unseres Stabes – Juni 1916'.

Links: 'Unser Kasino – Juni 1916'.

14.6.1916   Die Feiertage sind uns leider vollständig verregnet. Auch heute hat es noch in Strömen gegossen.

18.6.1916   Bei uns ist jetzt nur noch Sportbetrieb; kein Exerzieren mehr, sondern nur noch Turnen, Turnspiele, Wettläufe, Handgranatenwerfen, Nehmen von Hindernissen. Das ganze Bataillon wird umformiert. Die alten steifen Leute kommen raus und dafür bekommen wir jungen Ersatz. Wir erhalten auch besondere Ausrüstung — Stahlhelm, Bluse, Schnürschuhe, Wickelgamaschen, Hosen mit Lederbesatz hinten und auf den Knien. Das Bataillon soll eine Truppe werden, die nur aus sehr gewandten Leuten besteht, welche vor keinem Hindernis zurückschrecken und mit vollkommener Sicherheit Handgranaten werfen. Zu dieser Ausbildung werden wir mindestens noch 4 Wochen hierbleiben.

22.6.1916   Unser Korps ist nach Verdun gekommen. Unsere alte Division liegt dort in Reserve und die andere Division in Stellung auf ‚Höhe 304' *(ein Ort heftiger Kämpfe)*. Wir kommen sicher später auch noch hin, aber vorläufig hat das noch gute Wege, denn unsere Spezialausbildung erfordert mindestens noch 4 bis 6 Wochen. Die Verwendung als Sturmbataillon ist etwas ganz Neues. Es stürmt nicht etwa das ganze Bataillon, sondern es werden einzelne Trupps gebildet, die der Infanterie als Handgranatenspezialisten, Flammenwerfer usw. zur Unterstützung beigegeben werden. Sofort nach dem Sturm werden diese Trupps wieder zurückgezogen.
  Wir liegen nie dauernd im Schützengraben, sondern 20 bis 30 Kilometer hinter der Front auf unseren Übungsplätzen und werden nur nach Bedarf teilweise nach vorn geholt. Die Verluste sollen infolge der besonderen Ausbildung viel geringer als sonst sein. Es ist nicht ausgeschlossen, dass ich in den nächsten 4 Wochen Urlaub bekomme, denn ich bin wieder an der Reihe.
  Wir legen jetzt hier große Übungswerke an.

17.7.1916   Ich bin glücklich wieder von meinem Urlaub zurückgekommen. Der Zug war nur schwach besetzt, so dass ich mich die Nacht durch langlegen konnte. Hier hat sich inzwischen nichts geändert, nur kommt wahrscheinlich noch heute die Radfahrerkompanie von uns weg. Unsere Ausbildung dauert mindestens noch 4 Wochen. Wenn man die Arbeit und die Unmenge Material sieht, die in unseren Übungswerken stecken, dann möchte man fast annehmen, dass wir unser Standquartier dauernd hierbehalten.

20.7.1916   Eine große Neuigkeit! — Wir sollen heute Nacht in die Karpathen abtransportiert werden. Unsere Freude darüber ist riesengroß, denn erst dachten wir, wir kämen an die Somme. Im Osten wird man schön staunen, wenn wir mit unseren Stahlhelmen angerückt kommen. Ich bin zu froh, dass wir endlich mal auf einen anderen Kriegsschauplatz kommen.

22.7.1916 Unser Abtransport hat sich etwas verzögert. Wir werden mit noch 2 anderen Jägerbataillonen zu einem Jägerregiment vereinigt und kommen zu einem Karpathenkorps, also wahrscheinlich nach der Bukowina; hoffentlich recht hoch ins Gebirge, dann wäre das erfüllt, was ich mir schon immer gewünscht habe. Diese Verwendung ist uns allen ganz überraschend gekommen. Niemand hätte es für möglich gehalten, dass wir woanders hinkommen als an die Somme oder nach Verdun. Auf welchem Weg wir durch Deutschland fahren, ist nicht bekannt. Heute Sonnabend geht es in zwei Zügen fort. Ich bin nur froh, dass ich meinen vollen Urlaub hatte, denn die jetzigen Urlauber sind nach ein paar Tagen telegrafisch zurückgerufen worden. Heute Nacht marschieren wir mit Musik zum Bahnhof Tournai, wo wir verladen werden.

Also auf in die Karpathen!

EINE NEUE REISE BEGINNT
(Die Ostfront)

„Herr Leutnant, ein Fernspruch der obersten Heeresleistung. Der Adjutant soll persönlich an den Apparat kommen!" — So wurde am 20. Juli 1916, 5:10 Uhr nachmittags, der Adjutant des Jägerbataillons Nr. 11 an den Fernsprecher gerufen. Nun musste also die seit Tagen mit höchster Spannung erwartete Entscheidung fallen, an welchem Punkt der großen deutschen Fronten das bis in alle Einzelheiten zu schweren Aufgaben neu durchgeschulte Bataillon eingesetzt werden sollte. Denn dass es zu einem Brennpunkt des Kriegsgeschehens gerufen würde, darüber konnte kein Zweifel bestehen. Tobte doch noch immer in unverminderter Heftigkeit der Kampf um Verdun, in dem das VII. Korps nun schon seit Wochen blutete. Daneben gewann das gewaltige neue Ringen an der Somme, dessen ungeheuren Geschüßkampf man an klaren Abenden bis zum Mont St. Aubert hinüberleuchten sah, immer größere Bedeutung. Im Osten hatte die Brussilow-Offensive die Österreichisch-Ungarische Front in Galizien überrannt und die russischen Heeresmassen brandeten bis an die Kämme der Karpathen. Die hoffnungsvolle Offensive der Österreicher in Italien hatte schon geopfert werden müssen und trotzdem gelang es den Bundesgenossen noch nicht, dem russischen Vordringen Halt zu gebieten...

Würde das Bataillon dem VII. Korps zur Weiterführung der Offensive vor Verdun folgen; würde es seiner Radfahrkompanie in die Materialschlacht der Somme folgen oder würde ihm ein ganz neuer Kriegsschauplatz bestimmt sein? Aber auch daran konnte niemand zweifeln, der die Bewaffnung, unter Führung der wieder vollzählig vorhandenen Offiziere zu ihren Übungsplätzen marschieren sah; und der wusste, was alles an sorgfältiger Kleinarbeit in diesen letzten Monaten geleistet worden war, dass das Bataillon mehr denn je jeder Aufgabe gewachsen sein werde. Das Schicksal klopfte an; das Schicksal nicht nur des Jägerbataillons 11, sondern auch jedes einzelnen seiner Jäger — und so lautete der Fernspruch, den die kühle, geschäftsmäßige Stimme des Generalstabsoffiziers vom Armeeoberkommando 6 diktierte: „Jägerbataillon und Reserve-Jägerbataillon 6 sind sofort bereitzustellen. Sie werden zusammen mit Reserve-Jägerbataillon 5 zum Jägerregiment 4 unter dem Kommando des Karpathenkorps vereint. Die Anordnungen für den Abtransport trifft Feldeisenbahnchef von Falkenhayn – Chef des Generalstabes des Feldheeres".

- Das Kriegstagebuch des Kurhessischen Jägerbataillons Nr. 11

Seit dem ersten Tagebucheintrag in Weida im Sommer 1914 sind fast zwei Jahre vergangen, die Alexanders Abgang an die berüchtigte Westfront und die bald darauffolgenden Erlebnisse offenbarten. Wir waren Teil seines enthusiastischen Aufrufs zur Mobilisierung und seiner Reise an die Front. Wir waren auch Teil seiner ersten augenöffnenden, wahren Kriegserlebnisse und auch der regelmäßigen lustigen und komischen Momente in den Schützengräben und im Etappengebiet. Es gab auch Zeiten, in denen er seinen Feinden aus nächster Nähe begegnete, nachdem sie im Kampf gefallen waren, und durch ihre Briefe, Postkarten und Bilder einen Einblick in ihr Leben und ihre Geschichten bekam. Diese Erfahrungen werden ihm inzwischen klargemacht haben, dass sich seine Feinde nicht viel von ihm unterscheiden und viele von ihnen in einer anderen Realität seine besten Freunde hätten sein können. Wir haben auch seinen Aufstieg zum Oberleutnant und Kompanieführer sowie den Tod seiner engen Freunde, Zivilisten und einfachen Soldaten miterlebt. Nach all dem folgen wir ihm nun bei seinem „Abenteuer" an der Ostfront, um gegen die Russen zu kämpfen.

Während dieser ganzen Zeit wurden auf beiden Seiten an der Westfront trotz der eingeleiteten Großoffensiven, einschließlich der jüngsten wie in Verdun und an der Somme, keine nennenswerten Erfolge erzielt. Sie beschleunigen nur den Verlust von Menschenleben. Daneben toben auch die Kämpfe an der italienischen Front, im Mittleren Osten, in Mazedonien und auf dem Meer weiter. Insbesondere im Osten findet seit Juni 1916 in Galizien, der heutigen Westukraine, die Brussilow-Offensive statt, die bisher größte russische Offensive. Der russische Erfolg ermöglichte einen Vorstoß bis in die Karpaten. Dies setzte das Deutsche Reich unter Druck, Truppen aus dem Westen in dieses neue Kriegsgebiet zu schicken, um Österreich-Ungarn und anderen alliierten Streitkräften zu helfen. Mit der Bildung und Integration in das hoch spezialisierte Karpatenkorps (auch bekannt als die 200. Infanteriedivision) sowie der Einführung neuer Ausrüstung und Ausbildung ist Alexanders Bataillon nun vollständig darauf vorbereitet, die östlichen Kämpfe im Hochgebirge zu beginnen.

Die Kämpfe in Den Karpathen und Die Befreiung Der Bukowina
(1916 – 1917)

1

22.7.1916 Aus La Tombe abends mit Musik zum Bahnhof Tournai marschiert — 11:38 Abfahrt. Ich fahre in einem alten belgischen Wagen in einem sehr bequemen Abteil 1. Klasse zusammen mit Leutnants Fischer, Lingelbach und Kramer.

23.7.1916 Nachts 3 Uhr Verpflegung in Brüssel-Schaerbeek — kalter Aufschnitt, Schinken, viel Butter. Früh in Herbesthal Aufschnitt und Kaffee.

Weiter über Aachen, Düren, Neuss, Düsseldorf und Elberfeld. Überall riesige Begeisterung. Alles winkt und jubelt uns zu. Unsere Wagen sind mit grünen Zweigen geschmückt. Ab und zu setzten wir unsere Stahlhelme auf, was immer großes Staunen erweckt. Wir werden auf den Bahnhöfen von Hunderten von Kindern umlagert, die um „Ausländisches Geld" betteln. Im Übrigen vertreibt man sich die Zeit mit Schlafen, Kartenspielen und gegenseitigen Besuchen.

Mittagessen in Holzwickede. Weiter über Soest, Paderborn und Driburg — Abendessen in Northeim.

24.7.1916 Früh erwache ich kurz vor Leipzig, wo wir im Vorort Engelsdorf tadellos verpflegt werden. Bei Riesa fahren wir über die Elbe.

Über Dresden und Görlitz (Mittagessen). Wir hören von Bahnbeamten, dass vor uns schon viele Jägerbataillone die gleiche Strecke fahren.

25.7.1916 Nach Mitternacht Abendessen in Brockau bei Breslau. Früh erwache ich in Ratibor. Über die Grenze bei Oderberg, wo wir frühstücken.

Seitdem wir in Österreich sind, geht die Bummelei los. Wir fahren durch eine wunderbare Gegend — hohe Waldberge. Leider regnet es. Sehr ärmliche Bevölkerung; alle Weiber und Kinder mit polnischen Kopftüchern und nackten Beinen.

Fahrt über Teschen quer durch herrliches Gebirge nach Zsolna (Sillein), wo gutes Mittagessen. Wir sind nun schon mitten in Ungarn. Die Ungarn sind sehr freundliche Leute; viele sprechen Deutsch. Alles ruft „Auf Wiedersehen!", wo wir durchkommen. Wir fahren immer im Tal der Waag durch die Hohe Tatra *(ein Gebirgszug)*. Bei jeder Biegung wird die Gegend schöner.

In Rutka bekomme ich von zwei jungen blonden Ungarinnen einen Nelkenstrauß geschenkt. Leider wird es gleich nach diesem Ort dunkel.

‚*Ein Bauer in der Hohen Tatra*'.

26.7.1916 Ich erwache in Poprad, wo es sehr guten Kaffee gibt. Wie eine Mauer ragen die höchsten Berge der Hohen Tatra empor, teilweise mit kleinen Schneefeldern; darunter der höchste Berg — die Gerlsdorfer oder Franz-Josefs-Spitze – 2668 Meter.

‚*Serbische Gefangene in Kaschau, Ungarn*'.

Über Iglö im tiefen Tal des Hornad nach Kaschau, wo es gutes Mittagessen gibt. Die ungarischen Bäuerinnen in ihrer bunten Tracht mit sehr kurzen faltigen Röcken und Stulpenstiefeln sehen sehr malerisch aus. Sehr viele Mais- und Mohnfelder; letztere sehen mit ihren verschiedenfarbigen Blüten sehr schön aus. Wir sind eifrig bemüht, in die Geheimnisse der österreichischen Rangabzeichen einzudringen. Heute schönes Wetter, aber drückend heiß. Dann kam ein starker Gewitterregen.

Weiter über Satoralja Ujhely, wo wir aus dem Gebirge heraus in die ungarische Tiefebene kommen — Abendessen in Csap.

27.7.1916 Früh halb 8 Ankunft bei strömendem Regen in Maramaros Sziget. Weiter im Tal der Theiss bis dahin, wo der Viso einmündet. Hier werden wir ausgeladen und schlagen Zelte auf. Der Ort heißt Visovölgy.

‚Straßenblick in Maramaros Sziget – Sommer 1916'.

Wir Zugfahrer wohnen in einem Blockhaus auf der Höhe, von wo ein wunderbarer Blick auf die beiden Flüsse und die hohen Waldberge. Wir schlafen zu viert in einem kleinen Zimmer auf unseren Decken. Die Ungarinnen tragen hier entzückend gemusterte Halsbänder aus kleinen bunten Glasperlen. Leider wollen sie keine verkaufen. Hier merkt man noch wenig vom Krieg. Nur endlose österreichische Wagenkolonnen fahren die Passstraße hinauf; ganz kleine Pferde, mit kleinen Wagen oder zweirädrigen Karren. Neben den meisten Wagen laufen 1 bis 2 kleine Fohlen her. Auch eine Kolonne zweispännige Hundewagen kam vorbei.

Eben sehr schön mit der Kompanie im Viso gebadet. Leider ist dabei der Jäger Fuchs ertrunken.

Abends bei tadellosem Feldküchenessen lange auf unserer Veranda gegessen.

28.7.1916 Vormittag Paradeaufstellung des 4. Jägerregiments und Besichtigung durch den österreichischen Thronfolger; sehr gut aussehender netter Mann. Er gab jedem Offizier die Hand und stellte einige Fragen. Mittag Feldküchensuppe. Nachmittag Begräbnis des ertrunkenen Jägers. Gemütliches Abendessen — Käsebrot, Butterbrot mit Eiern, neue Kartoffeln mit Butter, 1 Flasche Rheinwein und Kaffee.

Mein Bursche spielt auf der Flöte.

29.7.1916 Vormittag sehr schöne Tour mit der Kompanie auf den 903-Meter hohen Obszyna Berg — wunderbare Aussicht nach allen Seiten. Die Karpathen in dieser Gegend haben keine Felszacken und Felswände wie Tirol, sondern bestehen aus einer Reihe hoher Kuppen, die mit großen Buchenwäldern und herrlichen farbenprächtigen Almwiesen bedeckt sind.

Jeden Nachmittag plötzlich ein paar Donnerschläge — das ortsübliche Gewitter. Nachmittag im Viso gebadet. Sachen gepackt. Morgen Abmarsch; wohin unbekannt.

30.7.1916 Früh Bahnfahrt im Tal des Viso bis Leordina, wo das Bild schon kriegerischer wird — Baracken, viele Bagagen, Tragtierkolonnen. Von hier aus Fußmarsch in glühender Sonne, mit schwerem Gepäck. Hinter Huszkowa lange Pause und Verpflegung aus der Feldküche. Die Einwohner sehen hier braun wie die Zigeuner aus.

Heute zum Sonntag hat alles die guten Kleider an; sehr malerische bunte Nationaltracht. Die Männer tragen kurze weiße Hemden mit weiten Ärmeln über sehr weiten weißen Hosen, ärmellose Jacken aus Ziege- oder Schaffell oder buntgestickte Lederjacken oder dicke graue Filzjacken. Auf den schwarzen

Haaren, Filzhüte. Die Frauen tragen: buntgestickte weiße Hemden, weiße Röcke; darüber vorn und hinten je eine buntgestreifte Schürze; sehr dicke buntgemusterte Strümpfe; Perlenhalskette, dunkles Kopftuch mit bunten Borten oder kleine Strohhütchen; und buntgestickte ärmellose Lederjacken. Zum größten Teil sehr hübsche Gesichter.

‚Eine Ruthenische Familie'.

Über Ruszkirwa nach dem großen Ort Ruszpolyana im weiten Tal der Ruszkowa. Hier ist ein Riesenbetrieb — eine ganze Anzahl Jägerbataillone, Schneeschuhtruppen, Gebirgsgeschütze, Feldgeschütze, Haubitzen, Telegrafen, Feldbäcker, Lazarette usw. Der Marsch war infolge der Hitze sehr anstrengend.

Wir biwakieren an der Straße nach Luhi. Abend lange am Lagerfeuer gesessen, Pfeife geraucht, Rheinwein getrunken und unserem Sängerchor zugehört. Sehr schöner Sternhimmel. Die Nacht im Zelt war ziemlich kalt. Wir lagen im Gummimantel auf der blanken Erde, nur mit einer Decke zugedeckt.

Die Ruthenen

Beim ersten Lesen dieses Tagebuchs und auch heute noch bin ich fasziniert von diesen Menschen, die sehr geheimnisvoll und eigenartig wirken, als kämen sie aus einer Fantasiewelt oder einer fernen Vergangenheit – die Ruthenen. Dies gilt auch für Alexander, der jedes Mal, wenn er sie sieht, über sie spricht und sie regelmäßig fotografiert. Die Ruthenen sind in Wirklichkeit ein slawisches Volk, das die Westhänge der Karpaten, die Ukraine, die Slowakei, Polen und Nordserbien bewohnt. Ihre Zahl wird im 21. Jahrhundert auf etwa 900.000 bis 1 Million geschätzt und sie sprechen verschiedene ostslawische Dialekte. Im habsburgischen Österreich galten sie als „gesichtslose Menschen" und es gab wenig Wissen über ihre Kultur und ethnische Zugehörigkeit. Im Jahr 1910 lebten 4 Millionen Sprecher der ruthenischen Sprache, die unter primitiven Bedingungen in meist ländlichen und strukturell benachteiligten Regionen lebten, die im Vergleich zu anderen Teilen des Reiches nicht die wirtschaftliche und soziale Modernisierungswelle erlebt hatten. Die ruthenische Nationalidentität wurde vor allem von der griechisch-katholischen Kirche bestimmt und moderne, nationale Einstellungen entwickelten sich erst Mitte des 19. Jahrhunderts. Als Ursache wird die frühere historische Pflicht vermutet, ein Schutzschild gegen die asiatischen Horden des Ostens aufrechtzuerhalten.

Links: ‚Bettler in Visovölgy'.

Rechts: ‚Ruthenische Mädchen in Ruszpolyana'.

31.7.1916 Die Häuser sind fast durchweg niedrige einstöckige Blockhäuser mit Bretterdächern. Als Feldfrüchte sieht man fast nur Mais und Kartoffeln. Unser Brot ist aus Maismehl gebacken.

Marsch immer im Tal der Ruszkowa nach Luhi und auf schlechtem schlammigem Fahrweg im schönen tiefen Waldtal bis zur Klausura Rosasz Wielki, wo wir im Wald unsere Zelte aufschlagen; und zwar auf einer schmalen Bergnase zwischen zwei rauschenden Flüssen, deren Bett mit Felsblöcken und riesigen Baumstämmen erfüllt ist — Höhe: 822 Meter.

Abend lange am Lagerfeuer gesessen. Sehr gut geschlafen, da wir diesmal das Zelt niedriger machten und den Boden dicht mit Tannenzweigen belegten.

1.8.1916 Früh 6 Uhr im östlichen Tal in rascher Steigung weiter. Nach ungefähr 3 Kilometern beginnt der Aufstieg. In unzähligen weiten Windungen zieht sich der erst im Krieg gebaute Fahrweg den Steilhang hinauf. Gegen Mittag kommen wir dicht unter dem Gipfel des 1599-Meter hohen Copilasul an, dessen Grasgipfel mit Feldbefestigungen versehen ist.

Auf dem zum Stog (1655 Meter) führenden Grasgrat, der die Grenze zwischen Ungarn und der Bukowina bildet, schlagen wir die Zelte auf. Unterwegs wimmelte es von Jägern verschiedener Bataillone — schöne Aussicht auf den Pip Ivan (2026 Meter) und Corbul (1700 Meter). Bei den höheren Bergen hört oben ganz unvermittelt der Urwald auf und der Gipfel ist eine grüne Graskuppe. Unsere Feldküchen können nicht mehr herauf zu uns fahren. Das Essen muss in Kochkisten von Tragtieren heraufgetragen werden.

'Blick ins Tal vom Anstieg zum Kopilas – 1.8.1916'.

Das letzte Stück Brot ist verzehrt — nichts mehr zu essen. Ich schlafe während des Nachmittags im Grase. Am Abend werden doch noch die Feldküchen mit Vorspann heraufgeschleppt. Ein österreichischer Posten treibt, als es dunkel wird, eine große Schafherde vorbei und verkauft das Stück für 1 Mark. Viele sind auch unbezahlt verschwunden. Meine Kompanie hat mindestens 8 Stück erwischt, die sofort geschlachtet werden und zur Feldküche kommen. Es waren sehr schöne Tiere mit wundervollem, rabenschwarzem, glänzendem, langlockigem Fell.

Überall auf den Höhen flammen Dutzende von Wachfeuern auf. Von überall her hört man Gesang — ein wundervoller Abend. So etwas wäre im Westen ganz ausgeschlossen, denn binnen 5 Minuten wären die dicken Granaten da.

2.8.1916 In der Nacht elend gefroren. Kein Wunder auf einem so hohen, ungeschützten Gebirgskamm. Früh, sofort wieder ans Feuer gesetzt.

Die erste Post kommt; darunter leider auch die Nachricht, dass Ernst vor Verdun gefallen ist.

Hinweis: Ernst Filler war der Bruder von Alexanders Frau Johanna. Er war damals ein professioneller Pianist und Musikkomponist.

Ernst Filler mit seiner Frau einige Zeit vor seinem Tod

Ruhetag. Sehr gutes Essen — Reis mit Schaffleisch von den gestern plus gemachten Schafen. Abends gebratene Schafleber. Angriffsbefehl für morgen: „Nach Artillerievorbereitung soll unser Karpathenkorps die Berge Ludowa und Baba Ludowa stürmen. Wir und die 6. Jäger sind Brigadereserve. Beginn des Infanterieangriffs — 3 Uhr nachmittags."

Am Abend wie immer am Lagerfeuer gesessen. Mit Tabak werden wir von den Österreichern reichlich versorgt; seit Visovölgy habe ich 20 Zigarren und 100 Zigaretten geliefert bekommen. Nachts halb 12 werden wir alarmiert und die Zelte werden abgebrochen.

‚Blick vom Kopilas auf den zum Stog führenden Kamm, wo wir am 2.8.1916 biwakierten'.

2

3.8.1916 2 Uhr nachts marschieren wir auf dem vom Copilasul ausgehenden langen Höhenzug Ruski Dil mehrere Kilometer und lagern uns bei Tagesgrauen in einem Wald hinter einer Haubitzbatterie. Mittags Beginn des Artilleriefeuers, welches von 2 bis 3 Uhr stärker wird, aber bei Weitem nicht so, wie man es aus dem Westen gewohnt ist. Vom Ruski Dil aus, zwischen den Haubitzen auf offener Graskuppe frei sitzend (auch eine Unmöglichkeit im Westen) beobachten wir die Einschläge auf die von der Sonne beleuchteten, gegenüberliegenden Höhen und sehen, wie von 3 Uhr ab unsere Schützenlinien sprungweise vorgehen. Zuerst wird die Hala Mihailewa (1610 Meter) und dann die Hala Lukawiec (1506 Meter) erstürmt; beides lange Höhenzüge, die wenig oder gar nicht bewaldet sind. Im Westen wäre ein derartiger Sturm völlig ausgeschlossen gewesen. Hier ging aber alles so rasch und glatt wie im Manöver. Von 6 Uhr an beschießen die 15cm Haubitzen den 1466-Meter hohen Berg Ludowa, der ganz wie der ‚Hohentwiel' aussieht *(ein erloschener Vulkan in Deutschland)*. Sehr interessant, die Einschläge auf dem Gipfel zu beobachten.

Übernachtet in einer Tannenzweighütte.

‚*Ruski Dil – Feuernde 15cm Haubitzen im Gefecht vom 3.8.1916 (Erstürmung der Ludowa)*'.

4.8.1916 Vormittag 10 Uhr Alarm — Nachricht, dass die Ludowa, die Passhöhe südlich davon und jenseits des Propinatales in unserem Besitz ist. Wir marschieren in vielen langen Windungen tief hinunter ins schöne Tal des Czarny Czeremosz nach dem Ort Szybeny, der nur aus ein paar elenden Blockhütten besteht, aber sehr malerisch gelegen ist. Hier biwakieren wir. Unsere Leute helfen den Pionieren beim Wiederaufbau der zerstörten Brücke über den Fluss. Leider ist es sehr neblig und regnerisch. Unterwegs trafen wir 1 Offizier und 350 Russen, die gestern gefangen wurden. Auf dieser Seite des Gebirges ist meist Nadelholz.

Russische Gefangene tragen unsere Verwundeten vorbei. Unsere Verluste sind mit Ausnahme einer Kompanie der 23. Jäger sehr gering. Die 5. Jäger haben ihre Aufgabe erfüllt und außerdem noch 2 Geschütze erbeutet, ohne auch nur die geringste Verwundung im ganzen Bataillon.

Bild von einer alten Postkarte – der Czarny Czeremosz bei Szybeny

5.8.1916 5 Uhr Weitermarsch auf der südlich der Ludowa nach Osten führenden Passstraße hinauf zum Watonarkapass; vorbei an 200 neugefangenen Russen und den 2 erbeuteten Geschützen. Der Weg ist in einem schauderhaften Zustand, abwechselnd tiefer, zäher Schlamm und Knüppeldamm. Die Artillerie kommt nicht durch. Wir bekommen deshalb die Aufgabe, die Straße auszubessern, was durch Wegschaufeln des Schlamms und Ausfüllen der Löcher mit Steinen geschieht. Wer diese Wege nicht gesehen hat, kann sich gar keinen Begriff von den Transportschwierigkeiten hier in diesem wilden Gebirge machen. Bis Nachmittag wird so gearbeitet. Ein jammervoller Anblick, wie die armen Zugtiere hinaufgequält werden. Vor jedem Wagen sind 4 bis 6 Pferde und auch dann noch bleiben sie alle Augenblicke stecken. Wie man die schweren Geschütze hier hinaufbringen will, ist mir ein Rätsel. Einen so elenden Weg gibt es in ganz Deutschland nicht. Wir müssen ihn aber benutzen, weil er der einzige Übergang für unser ganzes Korps ist.

Wir biwakieren auf der Passhöhe gerade südlich der Ludowa. Ich habe mir die russischen Befestigungen auf dem Pass und auf der Hala Lukawiec angesehen und man kann nur staunen, dass sich die Russen diese großartige Stellung so leicht nehmen ließen.

6.8.1916 Früh 8 Uhr wieder zum Arbeiten an der Passstraße abgerückt. Artillerie wird achtspännig heraufgefahren — riesiger Fahrverkehr. Über diesen einzigen 1000-Meter hohen miserablen Pass muss die Munition, Verpflegung und Ausrüstung für Mensch und Tier für unser ganzes Armeekorps hinübergeschafft werden. Ganz erstaunlich ist, was die kleinen einheimischen Pferdchen leisten; im Verhältnis viel mehr als unsere großen schweren Pferde.

Nachmittag an der Ostseite des Passes gearbeitet, die noch viel schlimmer ist. Wir fällen die Straße entlang Bäume, damit Licht und Luft Zutritt hat und den Schlamm trocknet. Der Wald ist ein undurchdringlicher Urwald, der gar nicht ausgenutzt wird. Was alt wird, stürzt um und so liegt überall ein Baum über dem anderen und vermodert.

7.8.1916 Den ganzen Tag an der Westseite des Passes gearbeitet. Dauernd wird Artillerie unter größter Anstrengung hinaufgeschleppt. Dieser elende Pass wirft alle Berechnungen über den Haufen. Wir müssten schon viel weiter sein. So aber haben die Russen Zeit, sich von ihrem Schrecken zu erholen und Verstärkungen heranzuholen. Unsere vordersten Truppen haben ohne besondere Kämpfe das Tal des Bialy Czeremosz, also die Grenze der Bukowina, erreicht. Von den Russen ist außer Kosaken nichts mehr zu sehen. Gestern Abend hat ein Jäger meiner Kompanie 2 verwilderte Schweine geschossen, die sich halb wild im Wald herumtrieben. Das ist wieder ein sehr willkommener Zuschuss, denn außer der Feldküchensuppe, die es zu Mittag gibt, leben wir nur von Kaffee und trockenem Brot. Es sind Vorräte genug da, aber man kann sie nicht vorschaffen.

Am Nachmittag, 3 Uhr, werden wir plötzlich alarmiert. Wir marschieren hinauf auf die Passhöhe, machen uns dort fertig und marschieren dann dieselbe Strecke nach Westen wieder zurück. Unterwegs ist alles gestopft voll Geschütze, Munitionswagen, Tragtiere, Wagen aller Art. Gerade als wir vorbeikommen, stürzt ein großer Munitionswagen der schweren Artillerie um. Da, wo der Passweg den Czarny Czeremosz erreicht, biwakieren wir; das heißt nur die 1. und 3. Kompanie und ein Teil der M.G.K *(Maschinengewehr-Kompanie)*. Alles andere marschiert das Flusstal abwärts nach Norden über Jawornik nach Zeleny, wo zusammen mit anderen Truppen und vieler Artillerie eine Verteidigungsstellung eingenommen wird. Die Russen sollen von Zabie und vom Berg Kreta mit großen Verstärkungen vorrücken, um unsere über den Watonarkapass nach Osten vorgerückten Truppen abzuschneiden.

8.8.1916 In der Nacht Regen; tagsüber kalt und regnerisch. Verpflegung wird reichlicher — jeden Abend eine Büchse ungarischen Gulasch.

9.8.1916 Früh eine kleine Gefechtsübung. Nachmittag bei etwas besserem Wetter im Freien geschlafen.

Abends 6 Uhr Alarm. Wir marschieren 7:30 über Jawornik im schönen Waldtal des Czarny Czeremosz nach Norden, biegen dann rechts ab und erreichen am nächsten Morgen 5 Uhr über die Skupowa (1583 Meter) die Höhe (1478 Meter) zwischen Skupowa und Berg Kreta. Die Österreicher hatten uns im Tal einen Führer mitgegeben, der sich aber fortwährend verlief. Der Aufstieg war stellenweise sehr steil und der Weg, nur ein schmaler Fußsteig, zumal zuletzt miserabel. Ein Glück war, dass wenigstens die ersten Stunden der Mond schien. Oben auf dem Kamm wehte ein eisiger Wind, der doppelt unangenehm war, weil man vorher stark geschwitzt hatte. Der ganze Marsch von abends halb 8 bis früh 5 Uhr war riesig anstrengend.

Die Ansichten über unseren neuen Kriegsschauplatz sind sehr verschieden. Die meisten sind begeistert von diesem wilden und abenteuerlichen, echt jägermäßigen Leben, doch gibt es auch einige, die sich nach dem bequemeren und nicht so anstrengenden Leben im Westen zurücksehnen. Ich bin jedenfalls glücklich, dass ich hier bin.

‚Unser Tagzelt bei Szybeny. Von links nach rechts: Hauptmann Conrad; Feldhilfsarzt Wohlgemuth; Leutnants Fischer, Lingelbach und Kramer – 9.8.1916'.

‚Blick auf das Czeremosz-Tal bei Szybeny – 9.8.1916'.

‚Das Lager in Szybeny – August 1916'.

10.8.1916 Früh beim Sonnenaufgang hatten wir vom Kamm aus nach allen Seiten eine Aussicht, wie ich sie selten so schön gesehen habe — eine Gebirgskette hinter der andern und eine Kuppe neben der andern.

Gerade wie wir oben auf Höhe 1478 anlangten, war vor uns heftiges Gewehr- und M.G-Feuer. Die Russen griffen unsere Stellungen an, wurden jedoch zurückgeschlagen. Wir lagern am entgegensetzten Hang von 1478, doch müssen uns die Russen bemerkt haben, da sie uns mit einer Anzahl Granaten und Schrapnells beehren. Oberjäger Schmelz bekommt einen Schrapnellschuss in den Oberschenkel. Den ganzen Vormittag und Mittag liegen wir im warmen Sonnenschein.

Wir sollen 2 Höhen, die Ostausläufer von Höhe 1385, die die Österreicher kürzlich verloren haben, wiedernehmen. Hauptmann Conrad führt das aus Österreichern und unserer 1. und 3. Kompanie zusammengesetzte Sturmbataillon. Ich führe die 3. Kompanie, Seemann die 1. Kompanie. Am Nachmittag rücke ich mit meiner Kompanie während unseres sehr kümmerlichen Artilleriefeuers, unter Ausnützung des stellenweise beschwerlichen, dicht verwachsenen Geländes, tief hinunter in eine enge Schlucht, wo wir uns zum Sturm aufstellen. Ein Wunder ist, dass uns die Russen nicht gesehen haben, sonst wäre es uns wohl sehr schlecht ergangen. So wurden wir nur etwas beschossen, als wir schon unten in der Schlucht waren. So wie wir sahen, dass die 1. Kompanie rechts von uns vorging, gab auch ich den Befehl zum Angriff. Mit der ersten Sturmwelle geht Lingelbach los, dann Kramer; beide ausgeschwärmt. Ich bleibe vorläufig noch mit dem Reservezug zurück.

Der Aufstieg ist unglaublich hoch, steil und beschwerlich; alles dichtes Unterholz und morsche Bäume. Bald darauf rasendes Feuer. Unsere Artillerie schießt jetzt sehr gut und 7 M.G von uns hämmern ununterbrochen auf die gegenüberliegenden Schützenlöcher. Die Russen antworten und es ist so ein Höllenlärm, dass man seinen Nachbar kaum verstehen kann. Eine Viertelstunde, nachdem unsere Schützenlinien fort sind, halte ich es unten nicht mehr aus und befehle meinem Reservezug, mir zu folgen. Auf halber Höhe ist plötzlich lautes Geschrei. Jäger rufen: „Hierher!" — russische Stimmen schreien durcheinander. Ich sehe undeutlich durch die Büsche links von mir eine Menge Russen und darunter Jäger. Ich denke, es ist ein Flankenüberfall und ich mache schon die Pistole schussfertig. Da sehe ich, dass die Russen keine Waffen haben — es waren die ersten Gefangenen.

Ich nun in aller Eile weiter und komme völlig erschöpft mit den Reserven auf dem 1200-Meter hohen Kamm an, der seit einer Viertelstunde in unserem Besitz ist. Auch die 1. Kompanie hat ihre Höhe, ebenfalls die Österreicher links von uns. Meine Kompanie hat fast 320 Gefangene gemacht. Zum Teil haben sich die Russen gegen unseren Angriff gewehrt, zum größten Teil aber sich ohne Widerstand ergeben. Ein großer Teil war geflohen. Ich habe in der Kompanie 1 Toten, 2 schwer und 4 Leichtverwundete; also im Verhältnis zu der russischen Übermacht und glänzenden Stellung unglaublich geringe Verluste. Wären nur 50 Engländer hier oben gewesen, dann wäre ein so glänzender Erfolg unmöglich gewesen. 7 Uhr abends war die Höhe genommen.

Darauf sehr viel Arbeit — Abtransport der Verwundeten und Gefangenen, Ausbau der Stellung nach der anderen Seite, Neueinteilung der Kompanie, Zeltaufschlagen, Postenaufstellung, Verpflegung usw.

Unsere Leute schießen ein Schwein. Außerdem gibt es hier oben Kartoffeln und Kohlrabi.

Nachts im Zelt geschlafen, denn die ruthenischen Holzhütten stinken zu sehr und sind wahrscheinlich voller Ungeziefer.

Die Russen waren mit japanischen Gewehren bewaffnet.

‚Der am 10./8 von der 1. und 3. Kompanie gestürmte Höhenzug, auf dem 320 Russen gefangen wurden'.

11.8.1916 Früh Marmelade bekommen, das erste Mal wieder seit Belgien; darüber große Freude. Befehl kommt, dass wir wieder zurückmarschieren sollen. Die Russen beschießen uns eine Zeit lang erfolglos mit Schrapnells und Granaten. Im Übrigen idyllische Ruhe bei herrlichem Sonnenschein.

Der Rückmarsch zur Höhe 1478 war sehr anstrengend und heiß, denn mit Rücksicht auf die russische Artillerie können wir nicht den bequemsten Weg nehmen, sondern müssen in Deckung von Bäumen und Bretterzäunen marschieren. Gegen Mittag auf 1478 wieder angekommen, wo wir uns bei schönster Sonne etwas ausruhen. Wir sollen hier oben biwakieren. Unsere Freude darüber wurde aber plötzlich durch den Befehl zum sofortigen Abmarsch gestört. Es soll der Höhenzug westlich 1385 von unserer 2. und 4. Kompanie und Österreichern genommen werden und wir sollen mithelfen. Darüber natürlich großer Ärger. Die 1. Kompanie soll, weil sie es gestern leichter gehabt hat, mit stürmen; an sie wird von meiner Kompanie Fischer mit seinem Zug als Unterstützung abgegeben. Ich mit den 2 anderen Zügen soll Unterstützung für den rechten Abschnitt sein.

Auf einer hohen Bergspitze orientieren wir uns. Der Kamm ist in seiner östlichen Hälfte in österreichischem Besitz, während auf der Westhälfte bis zum Czeremosz und über diesen hinaus die Russen sitzen. Klar und deutlich können wir die Stellungen unter uns liegen sehen. Wir marschieren auf dem Westkamm von 1478 entlang immer in Deckung des Waldes; Reihenfolge: 1. Kompanie, 3. Kompanie und eine ungarische Kompanie. Schließlich kommen wir auf eine kahle Fläche, auf der österreichische Stellungen sind. Wir marschieren einige Meter unterhalb des Kammes weiter, um gegen Norden geschützt zu sein. Die 1. Kompanie ist schon weit draußen und ich folge eben, da bekommen wir plötzlich starkes Feuer aus der Flanke. Zum Zurücklaufen ist es zu spät. Wir werfen uns daher hin, wo wir sind, und machen uns so flach wie möglich, denn Deckung gibt es nicht. Die Russen schießen wie verrückt auf uns. Die Geschosse sausen über uns weg oder schlagen zwischen uns ein und wir müssen es wehrlos über uns ergehen lassen — eine elende Lage.

Endlich gelingt es mir doch, kriechend und sprungweise den deckenden Wald und meine Kompanie wieder zu erreichen. Hier können wir also nicht weiter und wir versuchen deshalb in nördlicher Richtung über den Kamm weg hinunter ins Tal zu kommen. Vorläufig ist dies aber nicht möglich, denn die Russen unterhalten lebhaftes Feuer auf die österreichischen Stellungen westlich 1385 und alle zu hoch gehenden Geschosse schlagen gerade in den Talhang ein, auf dem wir hinuntermüssen. Nach ungefähr 1 Stunde beruhigen sie sich und wir klettern immer in Deckung gegen die Russenstellungen im Wald tief hinunter in die Schlucht des Zmyenskibaches, ein rechter Nebenfluss des Czarny Czeremosz. Wir kommen glücklich hinunter, wo wir die ungarische Kompanie bereits vorfinden. Unsere 1. Kompanie dagegen, die links von ihr vorgehen soll, ist noch nicht da. Sie ist durch den Feuerüberfall der Russen zu einem großen Umweg gezwungen. Auf der Westseite des Czeremosz ist ein schweres Gefecht im Gang. Auf unserer Ostseite bleibt es ruhig. Als es schon dämmrig wird, beginnt bei uns der Angriff. Es fällt kaum ein Schuss, denn die Russen haben fast ohne Widerstand ihre Höhenstellungen geräumt. Ich bleibe, da ich somit nicht gebraucht werde, unten im Tal.

Es wird dunkel und wir brennen große Feuer an, um uns zu wärmen, um Kaffee zu kochen und um etwaigen Befehlsüberbringern den Ort zu zeigen, wo wir sind. Den ganzen Tag außer etwas trockenem Brot nichts gegessen; dabei hundemüde. Abends 10 Uhr kommt endlich der Befehl, nach Zeleny, nördlich Jawornik im Czeremosztal, abzurücken. Auf elendem Fußpfad durch Sumpf und über große Steine marschieren wir das Bachtal hinunter. Zum Glück ist es Mondschein, denn sonst hätten wir Hals und Beine gebrochen. Endlich erreichen wir den Czeremosz und marschieren auf dessen Ostufer auf nassem Wiesenpfad nach Süden, am Dorf Skupowa, wo eine Menge russische Schützenlöcher sind, vorbei bis Zeleny, wo wir auf einer provisorischen Holzbrücke aufs Westufer übergehen. Bis hierher 2 Stunden gebraucht. Hier erhalten wir den Befehl, noch weiter südlich bis dahin zu marschieren, wo wir am 9. August den Führer bekamen. Nach weiterer Dreiviertelstunde kommen wir endlich todmüde, am ganzen Körper wie zerschlagen, mit wunden Füßen und hungrig bei unserer Feldküche an. Zu unserem größten Ärger hören wir hier, dass Essen, Kaffee und Brot und Schnaps mit Tragtieren uns entgegengeschickt worden ist. Natürlich hat uns die Kolonne nicht gefunden.

Spät nach Mitternacht schlagen wir unsere Zelte auf. Herrlich geschlafen. Vorher erfahren wir noch, dass die 2. Kompanie auf der Westseite beim Dorf Skupowa ein sehr schweres Gefecht hatte. Hauptmann Thielmann und Leutnant Kellermann sind gefallen; Leutnant Hitzeroth leicht verwundet, ebenso Leutnant Möller der 4. Kompanie. Wieder hat unser Bataillon einige Hundert Russen gefangen.

12.8.1916   Früh 10 Uhr aufgestanden. Alle Glieder sind wie zerschlagen. Gefechtsbericht geschrieben. Gewitterregen — es regnet den ganzen Tag. Hauptmann Conrad wird dem Stab zugeteilt; ich werde Kompanieführer der 3. Kompanie.

14.8.1916   Sehr kalte Nacht; gefroren. Am Tag schönstes Wetter — die reinste Sommerfrische.

15.8.1916   Nachts 4 Uhr Alarm. 6 Uhr Abmarsch im Czeremosztal abwärts über Zeleny nach Skupowa, wo wir westwärts ins Tal des Skorusznybaches einbiegen. Dann sehr steil hinauf den kahlen, scharf abfallenden dachförmigen Gipfel des Skoruszny (1566 Meter), wo wir 2 Kompanien des österreichischen Jägerbataillons 28 ablösen — wunderbare weite Aussicht nach allen Seiten. Die Russen liegen im Norden auf mehrere Kilometer ab, auf dem Berg Kreta und westlich jenseits des Dzembroniatales auf dem langgestreckten Höhenzug des Stepanski (1137 Meter).

‚Blick vom Skoruszny auf den Smotrez und Munzel – 17.8.1916'.

Hier oben herrscht vollkommene Ruhe. Wir haben weder Infanterie noch Artilleriefeuer zu erwarten. Verhungern können wir auch nicht; es gibt eine Menge verwilderte Rinder und Schafe sowie viele Heidelbeeren. Auch Hirsche, Bären und Luchse soll es im Urwald geben. Wir sichern uns durch weit vorgeschobene Feldwachen und Patrouillen. Ich wohne in einer auf dem Gipfel in den Abhang eingegrabenen, mit Rasen überdeckten Pfahlhütte mit Tisch, Bank, Heulager und Kamin aus Rasenstücken zusammen mit meinem Burschen. Außer meiner Kompanie sind noch drei M.G von uns hier oben, sowie zwei deutsche Gebirgsgeschütze. Hoffentlich bleiben wir längere Zeit hier oben. Die anderen Kompanien liegen auf den Höhen östlich von mir. Man sieht von ihnen höchstens mal den Rauch eines Feuers aufsteigen.

‚Mein Unterstand auf dem Skoruszny (1566 Meter) – davor mein Bursche – 16.8.1916'.

Durch Seine Augen

Wie Sie vielleicht bemerkt haben, bietet sich für Alexander dieser neue Kriegsschauplatz als Gelegenheit, seine Dokumentation durch detaillierte Fotografien weiter zu verbessern. Diese Fotos aus den Karpaten werden heute in zahlreichen Umschlägen und einem großen Album mit einem Eisernen Kreuz auf der Vorderseite aufbewahrt. Fast alle verfügen auf der Rückseite über eine ausführliche Beschreibung mit Datum, welche mit den dazu passenden Tagebucheinträgen einhergeht. Einige haben dies jedoch nicht. Nachfolgend finden Sie eine Zusammenstellung dieser nicht identifizierten Fotos, die an verschiedenen Tagen in Alexanders aktueller Umgebung während des Marsches aufgenommen wurden.

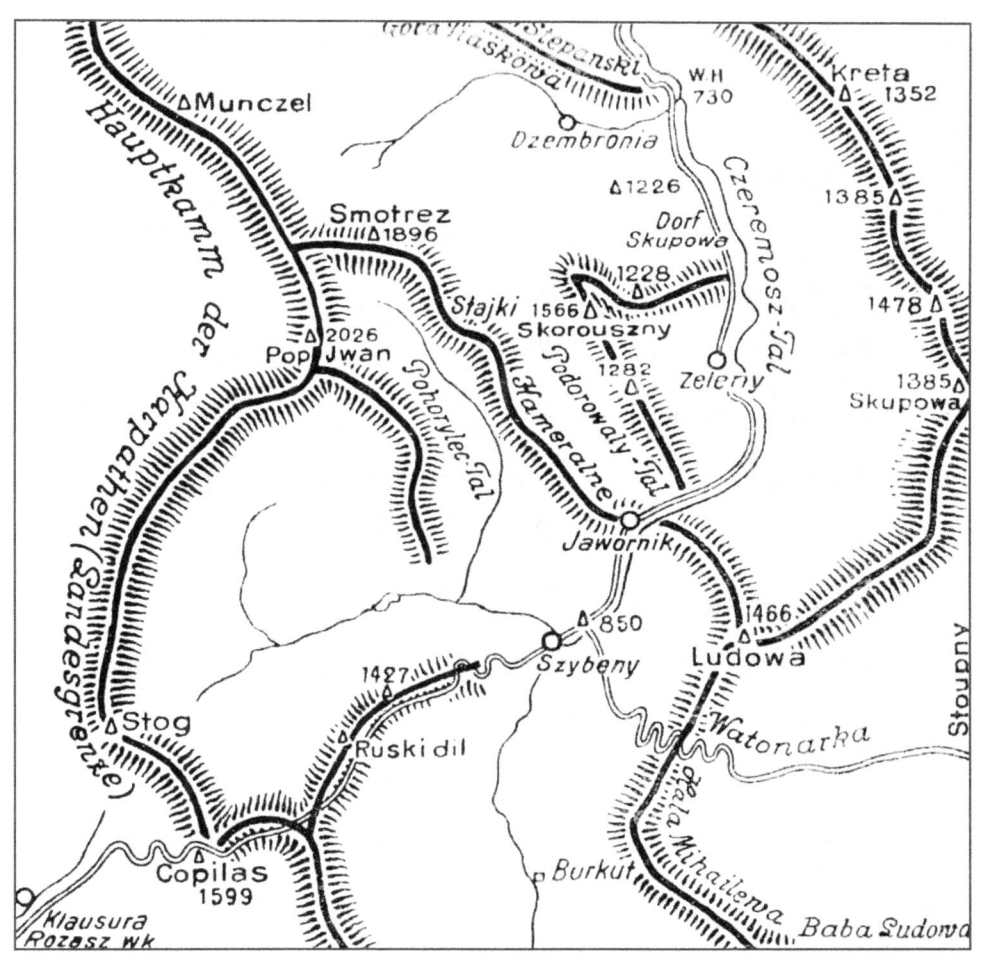

Eine Karte des Czeremosz-Tals und nahegelegener Sehenswürdigkeiten rund um Alexanders aktuellen Standort.

3

16.8.1916 In meiner Rasenhütte ist es schön warm; im Zelt hätte ich die Nacht wahrscheinlich sehr gefroren. Am Vormittag die weit vorgeschobene Feldwache Fischer besucht und die russischen Schanzarbeiten auf dem Stepanski beobachtet. Gegen Abend kommen 2 Kompanien Reserve-Jäger 6, die den Abschnitt westlich von mir sichern sollen. Dadurch wird unser Posten auf dem 1750-Meter hohen Stajki überflüssig.

‚Ich (links) vor Fischers Unterstand auf dem Stepanski – 16.8.1916'.

17.8.1916 Wunderbares Wetter. Man sieht, wie sich die 6. Jäger in langem Gänsemarsch die steilen Hänge des Stajki hinaufwinden. Von hier oben sieht man eine Menge alte Bekannte — Tief unten im Czeremosztal liegt Jawornik; dahinter die Ludowa; rechts davon die Hala Lukawiec; dazwischen der Watornakapass, wo wir am 5. bis 7. August schanzten. Noch weiter rechts ist der Ruski Dil mit unserem Lagerplatz vom 3. August und der Copilasul mit unserem Lagerplatz auf dem Kamm. Alles ist deutlich zu sehen. Nach Osten sieht man den ganzen Weg über die Skupowa bis Höhe 1478 Meter (Nachtmarsch vom 9. bis 10. August); die Höhe 1385; die kahle Fläche vor 1478, wo wir am 11./8 das Flankenfeuer bekamen; das Zmyenskital und die Russenstellungen, die am 11./8 gestürmt wurden; weiter links der sich nur wenig aus dem Höhenzug erhebende Berg Kreta, auf dem die Russen noch sitzen.

In der Nacht ein sehr heftiger Sturm.

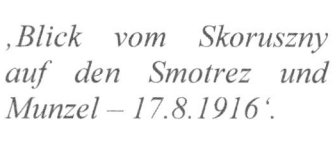
‚Blick vom Skoruszny auf den Smotrez und Munzel – 17.8.1916'.

‚Unterstand des Stabes auf dem Skoruszny – Hauptmann Conrad; Leutnants Lingelbach und Kramer; erbeutete Russenpferde – 18.8.1916'.

19.8.1916 Sehr heiß. Heute Nachmittag soll der Höhenzug mit Berg Kreta genommen werden. Wir sollen dafür morgen mit anderen Kompanien den Stepanskirücken stürmen.

12 Uhr mittags Abmarsch vom Gipfel, den wir nur ungern verlassen, denn wir wären gern bis Friedensschluss hier oben geblieben — Hinunter in einem Bachtal, immer in Deckung vor feindlicher Sicht, bis kurz vor die Mühle

im Dzembroniatal, die ungefähr südlich vom Gipfel Stepanski (1137 Meter) liegt. Hier bleibe ich mit 3 Gruppen und 2 M.G im Biwak, während Zug Fischer und Kramer das Dzembroniatal von der Mühle bis rechts zur Einmündung der Mala Drestunka besetzen. Rechts von uns die 1. Kompanie, links Reserve-Jäger 6.

Gegen Abend kommt Meldung, dass der Berg Kreta genommen ist — 500 Gefangene, 8 M.G.

20.8.1916 Nachts 3 Uhr wecken. Ich marschiere bei Mondschein mit meiner Abteilung ebenfalls ins Dzembroniatal und schicke Patrouillen vor, die gegen 7 Uhr früh melden, dass die Russen ihre Stellungen geräumt haben. Ich melde das telefonisch ans Bataillon und schicke sofort einige Gruppen zur Besetzung des Gipfels voraus. Langsam folge ich dann mit dem Rest der Kompanie nach und komme 10 Uhr oben an. Man kann nur staunen, dass die Russen eine derartige gutausgebaute Stellung freiwillig geräumt haben. Wahrscheinlich ist das eine Folge unseres Erfolges beim Berg Kreta, von wo aus man den Stepanski aus der Flanke und im Rücken mit Artillerie beschießen kann. 11 Uhr kommen lange Russenkolonnen und Tragtiere die Talstraße von Zabie herauf, die wir mit Visier von 1600 Meter beschießen, worauf sie sich schleunigst seitwärts in die Büsche schlagen. Großartige Aussicht von hier oben — südlich auf den Skoruszny und die anderen Hochgipfel der Czorna Hora; im Osten liegt der lange Höhenzug des Kretaberges; nordöstlich das weite, mit Einzelgehöften übersäte Tal von Zabie, wo wir sehen, wie die russische Artillerie abfährt.

Die Russen beschießen uns stark, aber erfolglos mit Artillerie. Vor einer starken russischen Patrouille zieht sich mein Posten auf der äußersten Spitze einer nach Norden ziehenden Bergnase zurück. Die weiter zurückliegende Feldwache schlägt dagegen den Angriff ab. Weit links von uns starkes Feuer — die 6. Jäger stürmen 2 Höhen.

21.8.1916 Sehr ungemütliche, finstere, regnerische Nacht. Wir erwarten einen Gegenangriff, der aber ausbleibt. Tagsüber regnet es. Die russische Artillerie beschießt uns dauernd. Unsere Leute haben sich, soweit es der Felsboden erlaubt, Schützenlöcher gegraben. Vormittags schlägt meine 30-Mann-starke Feldwache einen starken russischen Angriff durch Gewehrfeuer und Handgranaten ab. Wir haben aber mehrere Verwundete.

Das feindliche Artilleriefeuer wird immer stärker. Am Nachmittag wird die Feldwache von großen Russenkolonnen, 2 bis 3 Kompanien stark, angegriffen. Nach tapferer Gegenwehr, die den Russen sehr große Verluste kostete (auch durch unser Flankenfeuer), mussten sich die übrig gebliebenen ungefähr 10 Mann, die auch noch teilweise verwundet sind, vor der großen Übermacht auf die Kompanie zurückziehen. Ihr tapferer Führer, Vizefeldwebel Wels, fällt durch Kopfschuss. Die Russen sitzen nun auf dem vom Hauptgipfel nach Nordost streichenden Grat. Der Stepanskirücken selbst ist vollständig in unserer Hand.

Die Nacht vergeht in Erwartung weiterer feindlicher Angriffe, aber alles bleibt ruhig. Ein Haus auf dem Grat wird durch unsere Gebirgsartillerie in Brand geschossen. Wir haben 2 Tote, 6 Verwundete und 7 Vermisste.

22.8.1916 Schöneres Wetter, aber sehr kühl. Die Russen verhalten sich ruhig. Am Nachmittag schießen sich unsere Gebirgsgeschütze auf die gestern von den Russen besetzte Bergrippe ein. Kramer und ich lassen uns ein kleines Blockhaus bauen, welches heute fertig wird.

Ich habe mir jetzt einen Karpathenhund zugelegt; ein junges munteres Tier, weiß, mit großen braunen Flecken. Über die Rasse sind sich die Gelehrten noch nicht einig. Ich habe ihn auf den schönen Namen „Ruski" getauft. Von meinem Reitpferd habe ich hier gar nichts. Es steht unten im Dzembroniatal. Sonst gibt es keine Lebewesen hier, zum Glück weder Ratten noch Mäuse, die einen in Frankreich im Schützengraben fast auffraßen. Auch Ungeziefer habe ich bis jetzt nicht, da wir nie in den Ruthenenhäusern kampieren.

23.8.1916 Kühl; ab und zu regnet es. Der Feind verhält sich bei uns ruhig, dagegen knallt es links von uns fortwährend. Mit dem vielen Vieh hat es jetzt aufgehört, da die Russen alle Einwohner und das Vieh mitgenommen haben. Dafür haben wir direkt hinter der Stellung sehr schöne Kartoffelfelder.

24.8.1916 Alles ruhig. Ich muss meine Front wieder um 300 Meter nach links ausdehnen, wodurch die Besetzung immer dünner wird.

25.8.1916 Nachts dicker Nebel — der Boden ist mit Glühwürmchen übersät — feindliche Patrouille wird vertrieben.

Verpflegung ist gut und reichlich, doch kommt sie meist erst spätabends bei Dunkelheit an, weil die Straße unter Artilleriefeuer liegt. Feldküchenessen gibt es dreierlei — Graupen mit Hammelfleisch, Bohnen mit Hammelfleisch und Dörrgemüse mit Rindfleisch. Außerdem gibt es täglich ein halbes Brot und abwechselnd etwas Schmalzersatz, Holländerkäse, Büchsenwurst, Marmelade; ferner täglich Kaffeewürfel und manchmal Tee.

Vorgestern Nacht fingen wir einen russischen Offiziersburschen, der sich mit dem für seinen Herrn bestimmten Essen und Mantel zu uns verlaufen hatte. Er war sehr erstaunt, wie er plötzlich von uns gefasst wurde.

26.8.1916 Herrlicher warmer Sonnentag. Wir leben jetzt sehr gut, da wir mehrere Kisten mit allen möglichen Sachen aus der Kantine heraufbekommen haben. Heute gab es früh: Tee mit Marmeladenbrot; zum Frühstück Brot mit Leberwurst und Schweizer Käse; zu Mittag Stangenspargel, Bratkartoffeln, ein Ei, gebratenes Fleisch, Tokajer Wein (Jahrgang 1901); abends Feldküche.

Nachts werden 2 russische Patrouillen beschossen.

28.8.1916 Früh wird uns die Kriegserklärung von Italien und Rumänien telefoniert. Vielleicht kommen wir nun an die rumänische Grenze. In der ersten Hälfte der Nacht mehrmals Patrouillenschießerei. Starker Regen.

Es regnet mir in den Unterstand und ich lasse mir daher heute ein Bretterdach daraufsetzen.

29.8.1916 Schönes Wetter. Ich habe jetzt einen mittleren Minenwerfer in meinem Abschnitt, der Granatminen von 18cm Durchmesser und 1 Zentner Gewicht wirft. Eben haben wir uns mit 4 Schuss auf den Feldwachgipfel eingeschossen. Die Dinger haben eine riesige Wirkung; da werden die Russen schön ausgerissen sein. Seit gestern Abend schreien sie dauernd „Hurra!" und haben auch ein Schild herausgesteckt, worauf wahrscheinlich die Kriegserklärung Rumäniens steht. Sie denken wohl, dass man uns das verheimlicht, oder wollen uns damit ärgern. Darauf sind unsere Minen die richtige Antwort.

30.8.1916 Von früh 4 Uhr an mehrere Stunden links von uns Artilleriefeuer, wie ich es im Osten noch nicht gehört habe. Ohne Unterbrechung folgen die Salven aufeinander. Es muss in der Nähe des Jablonikapasses sein, wo die Österreicher in den letzten Tagen zurückgegangen sind. Wir sind immer froh, wenn wir keine Österreicher neben uns haben, denn dann kann man nicht ruhig schlafen. So nett der Österreicher als Gesellschafter ist, so wenig zuverlässig ist er als Soldat. Immer nach dem Motto: „Macht Platz. Die Deutschen wollen stürmen, die Deutschen sind tapferere Leute!"

Eben habe ich den Grafen durch meine Stellung geführt, was die Russen gerochen haben müssen, denn sie haben uns von 10 bis 12 mittags eine Menge Granaten und Schrapnells herübergeschickt, allerdings ohne Erfolg. Da meine Hütte nicht genug Schutz gegen Artilleriefeuer gibt, lasse ich mir jetzt einen stärkeren Unterstand in einer geschützteren Stelle bauen, wo auch die Sonne den ganzen Tag hinscheint, denn die kann man hier oben gut gebrauchen.

Den ganzen Tag dauert das starke Artilleriefeuer links von uns.

31.8.1916 Seit halb 6 morgens beschießen uns die Russen stark mit Artillerie und Minen. Durch eine einzige Mine werden 4 Jäger verwundet. Im Laufe des Vormittags werden Ansammlungen starker feindlicher Kräfte auf den 3 vom Stepanksi nach Nordost laufenden Rippen und in den dazwischen liegenden Schluchten gemeldet. Auf der Rippe am weitesten östlich kam ein Angriff nicht zur Durchführung. Auf der mittleren Rippe, die vom Stepanski nach der Einmündung der Bystriz in den Czeremosz läuft, wird ein starker Angriff durch unser Gewehr- und Minenfeuer zurückgeschlagen — die Angreifer fliehen rechts und links in die Schluchten hinunter.

Gegen Mittag ist zu erkennen, dass der Hauptangriff am linken Flügel erfolgt wird, weshalb ich meine beiden Reservegruppen nach dort in Marsch setze. Bevor sie dort eintreffen, greift der Feind in Stärke von 2 Kompanien das kleine vorgeschobene Waldstück an, welches von den linken Flügelgruppen

Oberjäger Trömper und Oberjäger Peter besetzt ist. Nach längerer Gegenwehr müssen sich diese 16 Mann auf die offene Höhe links von dem befestigten Haus, also ungefähr 100 Meter weiter zurück auf die Linie der links von uns liegenden Ulanen, mit einem Verlust von 1 Toten und 3 Verwundeten, zurückziehen. Diese Gruppen werden durch die beiden Reservegruppen, die rechts von dem befestigten Haus in Stellung gehen, verlängert. Inzwischen wurde durch Leutnant Fischer ein M.G nach links gezogen und so eingebaut, dass es das von den Russen nunmehr besetzte Waldstück flankierend unter Feuer nehmen kann. Zum gleichen Zweck verstärke ich auch noch die dort liegenden Gruppen. Schanzgruppen der Minenwerfer beteiligen sich am Gefecht um den Hauptgipfel und dann auch am Sturm am linken Flügel.

Um das Wäldchen wieder in unseren Besitz zu bringen, gehe ich nach folgendem Plan vor — Auf eine weiße Leuchtkugel hin nehmen die Flügelgruppen und das M.G den Wald unter starkes Flankenfeuer; gleichzeitig stürmen die Gruppen Trömper, Peter, Rumpff und Gaentzsch, sowie die Minenwerfer frontal. Der Angriff glückt, wie verabredet. Nach kurzer Gegenwehr fliehen die Russen in voller Auflösung und unter Zurücklassung vieler Gewehre und Ausrüstungsstücke. Bei der Flucht den Hang hinunter erleiden sie durch unser Feuer sehr starke Verluste. Die Stellung ist nunmehr wieder in allen Teilen in unserem Besitz. Abend und Nacht verlaufen ruhig.

Der erwartete Nachtangriff bleibt aus. Unsere Verluste — 1 Toter, 11 Verwundete. Ein gefangener Russe sagt aus: „Das von Norden vor 5 Tagen angekommene Regiment hat mit 2 Bataillonen in vorderer Linie und 2 Bataillonen in Reserve angegriffen." Sie wollen im Glauben gewesen sein, dass sie Österreicher vor sich hätten.

1.9.1916 Früh besichtige ich das wiedereroberte Waldstück, wo noch ein paar tote und verwundete Russen lagen. Auf dem Rückweg höre ich, dass wir unsere ganze Linie zurücknehmen und dass der Stepanski geräumt wird. Meine Kompanie soll auf den Skoruszny zurückgehen. Während des Nachmittags vernichten wir alles, was wir nicht mitschleppen können; und außerdem verbrennen wir auch 25 erbeutete Gewehre. 8 Uhr abends verlassen wir gruppenweise die Stellung. Von jeder Kompanie bleiben nur ein paar Gruppen zurück, um dem Feind so lange wie möglich unseren Rückzug zu verheimlichen.

Elender Abstieg ins Dzembroniatal, wo wir auf die anderen Teile des Bataillons warten.

2.9.1916 Mitternacht Weitermarsch auf demselben Weg, auf dem wir vor einigen Tagen gekommen waren. Es regnet und es ist stockfinster. Bei jedem Schritt sind wir in Gefahr, Hals und Beine zu brechen oder in den angeschwollenen Gebirgsbach abzustürzen. Der Weg selbst ist durch den Regen an vielen Stellen in einen reißenden Bach verwandelt. Der berüchtigte Nachtmarsch über die Skupowa war die reine Promenade dagegen. Endlich 6 Uhr morgens erreichen wir den von Wolken eingehüllten Gipfel. Die Unterstände sind von Artilleristen besetzt. Kein Feuer brennt, da das wenige

Holz feucht ist. Dabei sind wir selbst ganz durchnässt und kaputt. Oben finden wir auch den Grafen mit seinem Adjutanten, Hauptmann Conrad und Leutnant Poetsch vor. Endlich finde ich Unterkunft in einem kleinen zugigen Unterstand. Alle meine Sachen triefen von Nässe. Nachmittag treffen unsere zurückgelassenen Gruppen ein und melden, dass gegen Mittag die Russen wahrscheinlich infolge Verrats der Ruthenen unseren Abmarsch gemerkt und den Stepanski besetzt haben. Gleich darauf sehen wir die ersten Russen und den ganzen Nachmittag fallen einzelne Schüsse.

In der Nacht schanzen sich die Russen 300 Meter unter uns ein, was wir durch Schießen stören. Gefangene sagen am nächsten Tag aus, dass sie uns Mitternacht hätten angreifen wollen, aber durch unser Feuer daran verhindert worden wären.

Schöner Sternhimmel, aber schneidend kalter Wind; elend gefroren.

3.9.1916 Bei Morgengrauen versuchen die Russen noch einen Angriff, werden aber so beschossen, dass sie aus ihren Löchern kaum herauskommen. Ein Gebirgsgeschütz wird ganz vorgezogen und beschießt direkt auf 300 Meter die Russenstellungen, worauf die Russen sofort aufreißen und dabei von uns beschossen werden. Dasselbe am Vormittag nochmals, nachdem sie sich im Nebel in ihren Löchern wieder eingenistet hatten.

Es ist neblig, kalt und sehr ungemütlich hier oben. Am Nachmittag beschießt uns die russische Artillerie, die es auf unsere beiden Gebirgsgeschütze abgesehen hat. Gleich die dritte Granate explodiert direkt neben dem Unterstand des Grafen, worauf der ganze Stab fluchtartig das Lokal räumt und weiter talwärts zieht.

4.9.1916 Die Nacht verläuft sehr ruhig. Schöner warmer Tag. Gegen Mittag werden wir stark mit Artillerie beschossen. Nach und nach steigert sich das Artilleriefeuer immer mehr und um 4:30 greifen die Russen an, werden aber unter Verlusten zurückgeschlagen. Von jetzt an versuchen sie dauernd, sich vorzuarbeiten, was ihnen aber, solange es hell ist, nicht gelingt. Unsere Gebirgsartillerie, M.G und Gewehre richten große Verheerungen an. Viele tote Russen liegen vor ihren Gräben. Die Russen schießen dauernd wie verrückt auf unsere Stellungen. Gegen 7 Uhr abends gelingt es ihnen, zunächst an unserem rechten Flügel und dann auch in der Mitte einzubrechen — wildes Handgemenge. Leutnant Lingelbach bekommt Schüsse durch beide Arme; Vizefeldwebel Mager einen schweren Oberschenkelschuss. Durch Gegenstöße mit Handgranaten werfen wir die Russen wieder raus; dann müssen wir wieder zurück, wieder gehen wir vor und so geht es die ganze erste Hälfte der Nacht durch.

Unsere Verluste mehren sich erschreckend. Ich setze alles ein, was ich noch habe. Meine 3 Gefechtsordonnanzen erobern ein russisches M.G. Die Lage wird immer kritischer. Stellenweise liegen wir uns nur auf 15 Meter gegenüber. Die Russen bringen 2 neue M.G in Stellung und ohne Unterbrechung richten sie ein heftiges Gewehr- und M.G-Feuer auf uns. Teilweise bekommen wir Feuer von 3 Seiten. Um 10:20 abends telefoniert mich Hauptmann Conrad; nach seiner Meinung wäre die Stellung nicht zu halten — ich solle 12 Uhr Mitternacht zurückgehen. Gleich darauf rückt er selbst ab und ich sitze nun allein auf weiter Flur. Durchs Telefon höre ich, dass Verstärkungen in Anmarsch sind. Daraufhin verspreche ich dem Regiment telefonisch, dass ich die Stellung noch so lange wie möglich halten will. Wenn aber die Verstärkungen bis zum Hell werden nicht kämen, müsste ich zurück, da wir sonst in Gefahr kämen, vollständig vernichtet oder abgeschnitten zu werden. Das Regiment spricht mir daraufhin seine Anerkennung für mein Aushalten aus.

Die sehnsüchtig erwarteten Verstärkungen kommen nicht. Die Verluste mehren sich rapid. Es wird immer brenzlicher. Wenn die Russen nur noch einen Angriff machen, sind wir verloren.

Halb 3 nachts wird es ziemlich hell. Das Feuer der Russen wird immer unangenehmer. Schweren Herzens gebe ich den Befehl zum Rückzug. 3 Uhr ab verlassen wir nach und nach den Gipfel. Die Russen merken nichts davon, sondern schießen wie blödsinnig weiter. Wir ziehen uns hinunter ins Tal und drüben wieder hinauf auf die gegenüberliegenden Hänge des 1750-Meter hohen Stajki, wo wir im Morgengrauen ankommen und uns eingraben. Erst wie es hell wird, merken die Russen, dass wir fort sind. In dicken Scharen fluten sie über den Gipfel und schreien wie verrückt „Hurra!", bis sie ein paar Schuss unserer Gebirgsgeschütze zur Ruhe bringt. Jetzt laufen nur noch einzelne herum und man kann durchs Glas sehen, wie sie unsere Toten ausplündern. Auch die rechts von mir befindliche 2. und 4. Kompanie hat sich zurückziehen müssen.

Meine Kompanie hat schwere Verluste. Ich habe nur noch 90 Mann, doch kann es sein, dass sich noch ein paar Versprengte wieder einfinden. Ich habe meine Habseligkeiten gerettet, nur mein kleiner Hund, Ruski, ist zurückgeblieben. Diese Nacht war mit die schlimmste, die ich je erlebt habe. In unseren neuen Stellungen beschießen uns die Russen ab und zu mit Artillerie. Das erbeutete russische M.G haben wir vor dem Rückzug zerstört. Die Russen haben unsere 250 Mann auf dem Skoruszny mit dem Regiment 125, also mit mindestens 3.000 Mann, angegriffen. Man kann sich nur wundern, dass wir uns so lange gehalten haben. Hätte ich nur noch 150 Mann gehabt, dann hätte ich bestimmt den Gipfel gehalten.

6.9.1916 Nacht sehr ruhig. Heute schönstes warmes Wetter. Die Russen haben in der Nacht kolossal geschanzt. Über den ganzen Skoruszny haben sie einen fortlaufenden Graben gezogen. Wir sind jetzt wieder mitten im wilden, unbewohnten Hochgebirge. Direkt hinter uns ist die langgestreckte Czorna-Hora-Kette mit dem 2026-Meter hohen Pip Ivan. Die schönen Kartoffelfelder haben hier aufgehört. Gefangene sagen über den vorgestrigen Angriff aus, dass die russischen Verluste außerordentlich hoch gewesen sind. Die Kompanien, die 150 bis 200 Mann stark waren, sollen nur noch 30 bis 50 Mann zählen. Der Osthang des Skoruszny wäre mit Leichen übersät.

‚Blick vom Stajki auf meine jetzige Stellung – Links der Smotrez; in der Mitte die Südkuppe des Namenlosen Berges (in unserem Besitz); rechts hinten die von den Russen besetzte Nordkuppe des Namenlosen Berges, von der aus sie auf mich schanzen, als ich diese Aufnahme machte – September 1916'.

Die Renommierten Jägerbataillone

Ein Paragraf über die Jägerbataillone scheint mittlerweile überfällig zu sein, aber ich glaube, dass es keinen besseren Teil von Alexanders Tagebuch gibt, der ihre Effizienz, ihr Können und ihre Besonderheit wirklich demonstriert, als den, den Sie gerade gelesen haben. Die Schlacht am Skoruszny ist für mich eine der unglaublichsten Leistungen Alexanders und seiner Kompanie — 250 Jäger gegen 3000 Russen — 12 zu 1 in der Überzahl, und sie hielten die Position so lange wie möglich und vernichteten dennoch fast den angreifenden Feind. Dies ist nur ein Beispiel dafür, warum die Jägerbataillone insgesamt hohes Ansehen genießen und immer wieder eingesetzt werden, um scheinbar Unmögliches zu erreichen. Um zu verstehen, warum das so ist und wie sie an der Entwicklung der Infanterietaktik beteiligt sind, werden wir tiefer in ihre Geschichte eintauchen.

Die Geschichte der deutschen Jägerbataillone beginnt etwa im frühen 18. Jahrhundert, einer Zeit, in der sich die Truppen in Linien bewegten und in engen Formationen feuerten. Sie waren in erster Linie Söhne von Wildhütern und wurden aus den Wäldern rekrutiert. Sie zeichneten sich nicht nur durch ihre außergewöhnliche Treffsicherheit und Jagdfähigkeiten aus, sondern auch durch ihre unerschütterliche Loyalität. Im Gegensatz zu anderen, die getäuscht oder zum Militärdienst in den Linieninfanterie-Bataillonen gezwungen wurden, waren die Jäger gebürtige Preußen, die damit rechnen konnten, sich auf angesehene Positionen auf königlichen und privaten Jagdgründen zurückzuziehen. Während andere Infanteristen zu dieser Zeit oft durch harte körperliche Züchtigung diszipliniert wurden, bestand die schlimmste Strafe, die einem Jäger drohen konnte, darin, zu einer Linieneinheit versetzt zu werden. Ihr Können wurde während der Schlacht bei Jena und Auerstedt im Jahr 1806 zwischen Preußen und Frankreich deutlich unter Beweis gestellt. Die deutschen Streitkräfte erlitten eine katastrophale Niederlage, die zu einer heftigen Verfolgung der sich zurückziehenden Truppen durch die Franzosen führte. Viele deutsche Offiziere und große Linieninfanterieeinheiten mussten dabei gut zu verteidigende Stellungen aufgeben. Trotzdem stellten die Jäger ihr Können und ihre Loyalität unter Beweis, indem sie sich in kleinen Gruppen oder auch einzeln erfolgreich ihren Weg durch feindliches Gebiet bahnten, allen Widrigkeiten zum Trotz Verluste verursachten und sich dennoch zum Dienst meldeten.

Die Einführung neuer Feuerwaffen in der zweiten Hälfte des 19. Jahrhunderts brachte Veränderungen in der Taktik der Linieninfanterie mit sich. Die Grundprinzipien eiserner Disziplin, Gelassenheit angesichts feindlichen Feuers und synchronisiertes Salvenfeuer blieben jedoch in vielen deutschen Infanterieeinheiten vorherrschend. Gleichzeitig waren jedoch viele im deutschen Militär der Meinung, dass die Infanterie individueller kämpfen sollte und dass es effektiver sei, sich auf dem Schlachtfeld in kleinen Gruppen zu bewegen und einzeln zu feuern. Sie waren außerdem überzeugt, dass sich die Infanterie stärker auf die Entwicklung von Intelligenz und Initiative konzentrieren sollte, ähnlich wie die Jäger, statt sich nur auf sofortigen, bedingungslosen Gehorsam zu verlassen. Die Jagdgründe der Aristokratie blieben das ultimative Ausbildungsgelände des deutschen Jägers und lieferten den Jägereinheiten während dieser Zeit kontinuierlich qualifizierte Männer. Aber allgemeine Veränderungen in der Infanterietaktik und die organisatorischen Herausforderungen, vor denen die Jäger standen, führten zu einer Verringerung der Jägerbataillone, wobei viele, wie aus den Königreichen Bayern und Sachsen, zu Infanterieeinheiten wurden. Im Jahr 1902 betrug die Zahl der Infanteriebataillone 607, während es nur 18 Jägerbataillone gab.

Bereits in den 1890er-Jahren wurden proaktive Maßnahmen ergriffen, um dem drohenden organisatorischen Aussterben entgegenzuwirken und eine Abspaltung von der Infanterie herbeizuführen. Mit Erfolg: Sie wurden zu einem modernen und unersetzlichen Einheitstyp, der zuvor als veraltet galt. Dies wurde durch die Erprobung von Innovationen erreicht, die auf eine völlige Verbesserung ihrer traditionellen Fähigkeiten abzielten, wie zum Beispiel Spürhunde und Fahrräder, sowie durch Experimente mit Maschinengewehren; außerdem durch Spezialeinheiten, die in der Lage waren, schwierige Überfälle auf große Distanz durchzuführen. Aufgrund ihrer deutlichen Abgrenzung zum Großteil der Armee und der Tatsache, dass sie aus Angehörigen der Oberschicht und des Adels bestanden, wurden jetzt die Jägerbataillone bewundert und mit größtem Respekt betrachtet. Als 1914 die Mobilmachung begann, stellten diese Bataillone zusätzliche Reservebataillone auf, darunter Männer wie Alexander, die zuvor als Jäger gedient hatten und nur bei Bedarf einberufen wurden. Zu Beginn des Krieges behielten sie ihre traditionelle Funktion als Elite-Plänkler und Späher bei, doch mit dem Beginn des Stellungskriegs wurden sie bald als gewöhnliche Infanterie verwendet. Um jedoch allen harten Fronten in diesem sich ständig weiterentwickelnden Krieg gewachsen zu sein, wurden sie später in den neuesten wirksamen Kampftaktiken ausgebildet und zur Bildung spezialisierter Formationen wie dem Karpatenkorps, dem Alpenkorps, Skieinheiten und Elite-Sturmbataillonen eingesetzt.

Alexanders mutiger Widerstand am Skoruszny ist ein leuchtendes Beispiel für diese Loyalität, dieses Können und alle anderen Eigenschaften, die die Jäger stets von allen anderen abhoben. Dies zeigt auch die wahre Wirksamkeit der kürzlich eingeführten Sturmtruppen-Taktik; der Einsatz von Intelligenz und Agilität, um in kleinen Gruppen in die feindlichen Stellungen einzudringen — Sturm, Rückzug, Erholung und Wiederholung — was schwere Verluste, Angst und Verwirrung verursacht und die Moral des Feindes erschüttert. Alexander musste sich angesichts der Übermacht natürlich mit seinen verbleibenden 90 Männern zurückziehen, aber nicht ohne über 1500 gefallene Russen zurückzulassen und sich innerhalb des Bataillons und darüber hinaus Respekt und einen ausgezeichneten Ruf zu verdienen. Wir können uns seine vielen Erlebnisse allerdings nur vorstellen, die natürlich nicht mit der Kamera festgehalten werden konnten, aber Gegenstände, die ihn bei vielen seiner Erlebnisse begleiteten, existieren noch heute — seine Schulterklappen des 11. Jägerbataillons und seine abgenutzte Koppelschnalle — wahre Zeugen dieses Grauens.

4

7.9.1916 Schöner warmer Tag. Alles ruhig — nur ein paar Schrapnells. Ich lasse für Fischer und mich aus Pfählen, Fichtenreisig und Rasenstücken eine warme Hütte bauen. Auf jedem Gipfel muss man entsprechend den Bodenverhältnissen und dem vorhandenen Baumaterial nach ganz anderem System bauen. Hier ist der Boden auf weiten Strecken mit einem niedrigen dichten Rasen von einer Art Lebensbaum mit kleinen blauen Beeren bedeckt.

Abends wird uns zu unserer größten Freude der große bulgarische Sieg über die Rumänen mitgeteilt. Ferner sagte mir Hauptmann Conrad, dass das Regiment auch dem Bataillon seine Anerkennung für mein Aushalten ausgesprochen habe — wieder ein Schritt dem Eisernen Kreuz 1. Klasse näher.

8.9.1916 In meiner neuen Hütte schön geschlafen. Wieder ein schöner Sonnentag. Zwei Tragtiere mit Kantinensachen kommen herauf.

Ich kaufe für 7 Mark und man sieht es kaum, denn alles ist sündhaft teuer — eine kleine Tafel Schokolade 2,10 Mark. Seitdem ich Kompanieführer bin, bekomme ich nun auch noch die Kompanieführerzulage von 60 Mark.

Beim Regiment bin ich jetzt sehr gut angeschrieben. Der Regimentskommandeur Oberst Lehmann fragte gestern in Szybeny meinen Trainunteroffizier, zu welcher Kompanie er gehört. Die Pferde wären so gut gepflegt. Auf die Antwort „3. Kompanie", meinte er, das wäre ja die Kompanie, die sich auf dem Skoruszny so gut gehalten habe.

11.9.1916 Vollkommene Ruhe. Ein russischer Flieger, eine große Seltenheit hier, fliegt unsere Front entlang.

Wir sollen heute vom Landsturmregiment 38 abgelöst werden. Wohin wir kommen, ist unbekannt. Offiziere davon waren schon heute Nachmittag hier oben, um die Stellungen anzusehen. Da kommt plötzlich Gegenbefehl und wir bleiben. Wir sind schon sehr an die Luft hier oben gewöhnt. Alles, was aus dem Tal heraufkommt, friert hier oben, während wir es für schön warm halten.

12.9.1916 Es heißt, dass wir den Winter über in dieser Stellung bleiben. Wir arbeiten Tag und Nacht am Ausbau — Unterstände, Schützengräben, Draht- und Asthindernisse werden gebaut. Auch bekommen wir nächstens eine besondere Winterausrüstung. Ab und zu beschießt uns die russische Artillerie. Für Infanterie ist es zu weit, denn der Gipfel des Skoruszny liegt ungefähr 2-Kilometer Luftlinie von uns ab.

Mittag dicker Nebel und Regen. Anscheinend geht jetzt die ungemütliche Zeit los.

13.9.1916 Dicker Nebel. Nachmittag heftiger Sturm, der sich in der Nacht in einer Weise steigert, wie ich es noch nicht erlebt habe. Man muss sich anhalten, um nicht umgeweht zu werden.

Mit der Verpflegung sind wir seit ein paar Tagen schlecht dran, denn als es Anfang dieses Monats etwas brenzlich wurde, sind die österreichischen Magazinbeamten in Szybeny einfach ausgerissen; die dort befindlichen Kolonnen und sonstigen Etappenleute haben natürlich das Proviantmagazin ausgeplündert. Jetzt müssen wir Fronttruppen natürlich darunter leiden. Wir bekommen nur noch einmal täglich Feldküchensuppe und halbes trockenes Brot und Kaffee. Hauptmann Conrad hat gestern das Eiserne Kreuz 1. Klasse bekommen. Ich möchte nur wissen, wofür. Ich und viele andere haben 1 und dreiviertel Jahre länger den Krieg mitgemacht als er.

14.9.1916 Der Sturm wütet Tag und Nacht weiter. Dazu kommt noch kalter Regen. Die Russen beschießen uns noch obendrein am Nachmittag mit ungefähr 40 schweren Granaten. Bei diesem Wetter ist das Leben im Gebirge trostlos.

15.9.1916 Früh legt sich der Sturm und es fängt an zu schneien — alles ist weiß. Später taut es wieder und nun trieft alles von Nässe.

Dicker Nebel. Es graut einem vor jedem Schritt, den man draußen tun muss.

16.9.1916 In der Nacht melden unsere Patrouillen Ansammlung großer Russenmengen in der tiefen Schlucht zwischen Skoruszny und Stajki. Ab 10 Uhr vormittags beschießen uns die Russen stark mit Artillerie. Ich muss aus meinem leichten Unterstand heraus, da die 12cm Granaten nur ein paar Schritte davon einschlagen. Ich schlage unsere Telefonstation im Freien hinter einem steilen Hang auf. Neben mir bekommt mein Bursche einen durch eine Granate hochgeschleuderten Stein auf den Kopf. Zum Glück hatte er den Stahlhelm auf, der eine tiefe Beule bekam. Eine Granate schlägt in einen Unterstand — 1 Mann tot, 2 schwer verwundet. Im Übrigen hat uns die starke, stundenlange Beschießung keinen Schaden zugefügt.

Es ist bitterkalt. Mittags 12 Uhr greifen die Russen rechts von uns an. Deutlich sehen wir auf 600 Metern, wie sich ungefähr 100 lehmgelbe Kerle auf einer Lichtung vorarbeiten. Wir nehmen sie flankierend unter Feuer, worauf sie wieder im dichten Wald verschwinden. Im Übrigen wird der Angriff von unseren rechts liegenden Kompanien leicht abgeschlagen. Am späten Nachmittag lässt das Artilleriefeuer nach. Dafür fängt es an zu graupeln.

Die Nacht wieder starker Sturm mit Regen, Schnee und Hagel. Der erwartete Nachtangriff bleibt aus. Das Wetter war wahrscheinlich sogar für die Russen zu miserabel. Mir tun nur meine armen Leute leid, die unter diesem Wetter sehr leiden, denn die Winterausrüstung ist noch nicht da. Wie mag es hier nun erst im Winter sein, wenn Mitte September schon ein derartiges Wetter ist?

17.9.1916 Schneesturm, Nebel und Nässe. Eben war ich auf dem 1750-Meter hohen Gipfel des Stajki. Da oben ist es fürchterlich. Man muss sich fest anhalten, um nicht heruntergeweht zu werden. Die Russen schießen wieder stark mit Artillerie. Nachmittag 4 Uhr arbeiten sie sich im Schutz des Schneesturms vor und greifen die Landsturmkompanie rechts von mir, sowie die rechte Hälfte meiner Kompanie an. Mit Gewehr und Handgranaten werden sie zurückgeworfen, ebenso 5 Uhr eine starke Patrouille vor der Mitte meines linken Flügels. Der Angriff war von starkem Gewehrfeuer begleitet und kostete mich wieder 1 Toten und 6 Verwundete. Die Nacht verlief ruhig, bis auf kleine Patrouillenschießereien.

‚Der Stajki – 1750 Meter'.

18.9.1916 6 Uhr früh greifen sie in starker Zahl die Landsturmkompanie, welche starke Verluste hat, wieder an; dieselbe muss sich etwas zurückziehen. Wir befeuern die Russen aus der Flanke. Gerade wie ich an meinem linken Flügel eine Gruppe zur Unterstützung für den Landsturm herausziehen will, greifen mich die Russen an dieser Stelle an. Wir haben starke Verluste und die Russen setzen sich auf einem Gipfel fest. Meine Leute zusammen mit einer Gruppe der 1. Kompanie machen einen Gegensturm mit Handgranaten und werfen die ungefähr 30 Russen, die 6 bis 7 Tote zurücklassen, wieder hinunter. Ein Gefangener von Regiment 125 wird gemacht.

Am Abend ist auf dem ganzen Stajkirücken die Stellung wieder ganz in unserem Besitz. Dagegen kommt die Meldung, dass der 1900-Meter hohe Smotrez links von uns den 6. Jägern entrissen worden ist, was für uns sehr unangenehm ist, weil uns die Russen von da mit Artillerie direkt von der Seite in den Rücken feuern können.

‚Der Smotrez – 1900 Meter'.

19.9.1916 Nacht ruhig. Seit 9 Uhr vormittags das übliche unschädliche Artilleriefeuer. Herrliches, klares Winterwetter mit Sonnenschein. Wir sind alle mehr oder weniger schneeblind. Wunderbar sehen die schneeweißen Gipfel ringsum aus, nur man müsste Tourist sein und nicht im Krieg. So aber führt man ein ganz menschenwürdiges Leben.

Ich lasse mir an meinem Unterstand einen Kamin aus Rasenstücken bauen. Da war es am Abend und in der Nacht sehr gemütlich warm. Die letzten 3 Gefechtstage haben mich wieder 23 Mann gekostet, darunter 10 Tote. Meine Kompanie hat nun nur noch 85 Mann Gefechtsstärke; die anderen Kompanien haben mindestens noch doppelt so viel.

20.9.1916 Wunderbarer, klarer Sonnentag. Seit 10 Uhr vormittags stehen wir unter einem ganz ungewöhnlichen starken Artilleriefeuer. Gegen Mittag greift eine russische Kompanie den linken Flügel unserer 1. Kompanie an, kommt auch bis auf ein paar Schritte heran, wird aber dann mit Handgranaten die steilen Hänge wieder hinuntergejagt. Am Abend wird auch der Smotrez von den 6. Jägern wieder genommen. Wundervoll sah das Aufblitzen der platzenden Schrapnells in der finsteren Nacht aus.

21.9.1916 In meinem Abschnitt ist eine ganz ungewohnte Ruhe — kein Artilleriefeuer. Nur links beim Smotrez wird zeitweise stark geschossen. Ferner müssen auf der anderen Seite des Czeremosz ernste Gefechte im Gang sein, denn man sieht dort weit weg unzählige weiße Schrapnellwölkchen und hört fernes M.G-Feuer.

Die Russen haben den Smotrez schon wieder erobert.

22.9.1916 In der Nacht hört man die Russen auf der ganzen Front vor uns schanzen. Auch sieht man eine Menge russischer Lagerfeuer.

Es regnet zur Abwechslung wieder mal — kein Artillerieschuss. Abend Nebel und Schnee; Nacht sehr kalt. Durch das Dach meines Unterstandes regnet es wie durch ein Sieb; gut, dass ich meinen Gummimantel zum Zudecken habe.

23.9.1916 Früh ist alles wieder weiß. Es ist sehr kalt, aber später kommt die Sonne. Die Russen verhalten sich sehr ruhig. In der Nacht haben sie tief unter uns einen Schützengraben mit Drahthindernis gebaut, was darauf schließen lässt, dass sie bei uns ihre Angriffsabsichten aufgegeben haben. Uns soll es recht sein.

Ich lasse die Decke meines Unterstandes erheblich dicker machen; hoffentlich ist sie nun wasserdichter. An den schlechtesten Stellen der Decke hängen nach altbewährtem Muster leere Konservenbüchsen. Wir führen hier ein ganz unglaubliches Leben. Seit Belgien habe ich noch nie wieder anders als vollständig angezogen geschlafen. Meinen Koffer habe ich seit vielen Wochen nicht mehr gesehen. Man ist nur auf das angewiesen, was man im Tornister hat — seit 4 Wochen nicht mehr rasiert. Oft war tagelang keine Gelegenheit zum Waschen. Die meisten Offiziere des Bataillons habe ich seit 6 Wochen nicht mehr gesehen, weil alles im Gebirge verstreut ist. Zum nächsten Kompanieführer ist es eine volle Stunde anstrengende Kletterei. Wer das nicht miterlebt hat, kann sich gar keinen Begriff machen, wie wir hier hausen. Bei schönem Wetter ist es herrlich hier oben, aber bei Regen umso schlimmer. Da muss man in seinen niedrigen Unterstand kriechen und wenn man wegen der Kälte die Tür schließen muss, dann ist es stockfinster drin, denn Fenster gibt es nicht und mit Kerzen muss man sehr sparsam sein. Man wird dann ganz trübsinnig.

24.9.1916 Endlich mal wieder ein schöner warmer Tag. Die Nacht hat es barbarisch gefroren.

Eben kam folgender Funkspruch durch: „Seine Majestät der Kaiser haben gelegentlich meiner Vorträge über die vortreffliche Haltung der in den Karpathen kämpfenden Truppen aller höchst seiner besonderen Anerkennung und seinem Dank Ausdruck verliehen und zu befehlen geruht, den Truppen hiervon Kenntnis zu geben bis in die vorderste Linie. — Gezeichnet von Hindenburg, Generalstabschef und Feldmarschall."

Wir legen unsere ganzen Habseligkeiten in die Sonne zum Trocknen.

5

25.9.1916   Heute wieder schönstes Wetter. Ganz rechts von uns in der Gegend der Baba Ludowa ist wieder ein Gefecht im Gang. Auch links wird unsere 1. Kompanie stark beschossen; dort sind auch Russenkolonnen im Anmarsch gemeldet. Von Mittag ab bekommen auch wir sehr starkes Schrapnellfeuer. Unsere 15cm Haubitzen schießen endlich auch mal.

     Am Abend läuft ein Russe vom Regiment 125 über und erzählt, sie hätten zu Mittag angreifen wollen, hätten aber durch unsere Artillerie zu starke Verluste gehabt. Der Angriff würde nun wahrscheinlich am nächsten Morgen in der Dämmerung stattfinden.

26.9.1916   Alles ist ruhig. Schöner Tag. Kein Artillerieschuss — eine fast beängstigende Ruhe nach dem gestrigen Lärm.

27.9.1916   Zwecks Vernehmung wegen des im Viso ertrunkenen Jägers muss ich hinunter nach Szybeny zum Regiment. Hin und zurück 7 Stunden gelaufen; sehr anstrengend bei den schauderhaften Wegen, für deren Zustand es überhaupt keinen Ausdruck gibt. Überall liegen tote Tragtiere, die infolge Überanstrengung verendet sind. Szybeny hat sich sehr verändert. Das ganze Tal ist voller Baracken, Pferdeställe und Blockhäuser.

Szybeny – 1916

28.9.1916   Es scheint wieder schlechtes Wetter zu werden. Von früh 7 Uhr ab werden wir mit schweren Minen beschossen — 2 Verwundete. Mein neuer großer Blockhausunterstand ist fertig. Als Gipfel des Luxus ist er sogar mit einem Fenster in Gestalt einer dreieckigen Glasscherbe versehen.

     Gegen Abend dicker Nebel — ein paar Minen.

„Mein erster Unterstand auf dem Stajki – September 1916'.

29.9.1916 Trüb und kalt. Schwärme von Schneegänsen fliegen über uns weg. Die Russen und wir schießen darauf, aber ohne Erfolg.

Nachts starker Sturm.

1.10.1916 In der Nacht miserables Wetter — Nebel und Regen. Nachdem meine Kompanie durch die täglichen Verluste auf 75 Mann zusammengeschmolzen war, bekomme ich heute 70 Mann Ersatz. Die sind bei einem ganz schauderhaften Wetter angekommen und bekommen gleich den richtigen Begriff von den Karpathen. Bis Abend kamen von den 70 Mann nur 16 oben an; die anderen sind unterwegs im Dreck stecken geblieben und kamen einzeln bis nächsten Mittag nach, natürlich durch und durch nass und erfroren. Unter dem Ersatz war auch Felix Niese *(ein alter Bekannter)* aus Weida, der in meine Kompanie gekommen ist.

Es regnet ununterbrochen.

3.10.1916 Ich bekomme nach links einen um ein paar 100-Meter größeren Abschnitt. Der höchste Gipfel (1750 Meter) des Stajki gehört jetzt mit zu mir. Gestern Abend sind 3 ganz erfrorene Russen übergelaufen.

Die Winterausrüstung ist eingetroffen; ebenso dicke Winterwäsche. Bei dieser Gelegenheit lasse ich mir aus dem Tal einen Kanonenofen und Dachpappe für meinen Unterstand mitbringen; ferner Bretter zu einer Doppeltür. Die Verpflegung ist jetzt wieder reichlich. Wir bekommen jetzt sogar jeden zweiten Tag ein Viertel Kommissbrot mehr. Auch bekommen wir jetzt Schnaps geliefert, den man gut gebrauchen kann.

4.10.1916 Schönes Winterwetter. Vormittag auf dem Stajkigipfel gewesen, was bei dem tiefen Schnee die reine Hochgebirgstour war. Heute habe ich einen kleinen Blechofen für Holzfeuerung und eine Karbid-Hängelampe *(eine Acetylen-Gaslampe)* bekommen. Jetzt ist es urgemütlich in meiner Räuberhöhle. Hoffentlich bleiben wir den Winter über hier, denn wir haben uns sehr schön in unserer Stellung eingerichtet.

5.10.1916 Sehr schönes Sonnenwetter, aber eisiger Sturm — schöner Blick auf die Schneebedeckten Gipfel. Wir richten uns ganz für den Winter ein. Die kleinen Fußwege entlang der Stellung haben wir mit 4-Meter hohen Stangen abgesteckt, damit sich niemand im Schneesturm oder Nebel verirrt. Brennholzvorräte werden aus dem 300-Meter tiefer beginnenden Urwald heraufgeschleppt. Aber ich sehe schon, wenn wir fertig sind und es uns mit vieler Mühe gemütlich gemacht haben, dann werden wir abgelöst und andere setzen sich in das fertige warme Nest ein.

‚Stajki – 1750 Meter – vor meinem Unterstand. Von links nach rechts: Hauptmann Conrad, Ich, Leutnant Fischer – Oktober 1916'.

6.10.1916 Gegen Morgen fängt es an zu tauen — Nebel und Regen. 2 Russen vom Regiment 125 laufen über; junge kräftige Kerle mit hohen Pelzmützen.

8.10.1916 Sturm — halb Regen, halb Eisnadeln. Abend trifft eine schwere Mine einen Unterstand — 2 Tote, 1 schwer und 4 Leichtverwundete.

9.10.1916 Sturm und Nebel. Man kann sich kaum auf den Beinen halten. Vor Langeweile lassen wir uns alle Vollbärte wachsen.

11.10.1916 Starker Sturm, aber zeitweise Sonne. Gegen Abend kommt die Schreckensnachricht, dass eine schwere Mine den Kompanieführerunterstand der 1. Kompanie zerstört hat und dass alle darin Befindlichen; die Leutnants Stachelhausen, Bode und Le Roi, sowie Fernsprecher, tot sind. Der Unterstand war allerdings nicht sehr stark, sondern mehr ein Blockhaus.
    Der Sturm wird in der Nacht zum Orkan. Wir haben hier nun schon manchen Sturm erlebt, aber so etwas doch noch nicht. Es ist nicht möglich, sich auf den Beinen zu halten.

12.10.1916 Der Sturm wütet die ganze Nacht. Ich lasse meinen Unterstand zur Sicherheit durch mehrere starken Stützbalken verstärken.

15.10.1916 Früh zwischen 4:30 und 5 Uhr wird der Smotrez und der zwischen diesem und dem Stajki liegende sogenannte Namenlose Berg gestürmt. Meine Kompanie unterstützt den Sturm durch starkes Gewehr- und M.G- und Minenfeuer, um die Russen über den eigentlichen Angriffspunkt zu täuschen. Den ganzen Tag hört das Geschieße in dieser Gegend nicht auf.

Herrliches warmes Wetter; zum ersten Mal seit langer Zeit brauche ich den Unterstand nicht zu heizen. Wieder ziehen große Schwärme Schneegänse laut schreiend nach Süden. Mit der Verpflegung ist es sehr wechselnd; die hängt sehr vom Wetter ab. Vorgestern zum Beispiel ist ein Tragtier durch den Sturm den Abhang hinuntergeworfen worden und dabei ist fast das ganze Brot zerdrückt worden.

17.10.1916 Kalter Wind und Regen. Durch die täglichen Verluste ist meine Kompanie schon wieder auf nur 108 Mann zusammengeschmolzen, mit denen ich eine Front von über 1 Kilometer besetzen muss. Seit Mittag starkes Schneetreiben; in kurzer Zeit ist wieder alles weiß. Wir liegen zum Glück auf der Südseite, die Russen dagegen am Nordhang. Die werden im Winter direkt im Schnee ersticken.

In der Nacht schneit mein Unterstand so ein, dass die Tür kaum aufgeht. Stellenweise liegt der Schnee über 1 Meter hoch.

18.10.1916 Schönes sonniges Winterwetter, aber es weht furchtbar. Alle Augenblicke muss man den Eingang freischaufeln. Draußen versinkt man bis an den Leib im Schnee. Von Nachmittag bis spät in der Nacht wütet ein schrecklicher Schneesturm. Es ist draußen nicht zum Aushalten. Ich stelle nur ganz wenige Posten aus und löse alle Stunden ab; aber trotz dicker Winterkleidung sind die Leute allemal halbtot. Zum Glück weht der Sturm den ganzen Schnee hinunter zu den Russen.

In den Zeitungen steht, dass im Hinterland Wagenladungen von Türen und Fenstern fertiggestellt und nach vorn gebracht werden. Leider haben wir davon noch nichts gemerkt — es wird wohl alles in der Etappe hängen bleiben. Zum Glück haben wir gelernt, uns selbst zu helfen. Meine Tür ist aus den Dachschindeln eines Ruthenenhauses zusammengeschustert; in einem Loch in der Mitte sind 2 Glasscherben als Fenster eingesetzt; der Rest ist mit Sackleinwand bespannt, hinter die Moos gestopft ist. Fischer hat sich eine Tür aus den kleinen Brettern von Munitionskisten gemacht und auf meine Empfehlung hin als Fenster 3 fotografische Platten 9 mal 12cm angebracht. Andere wiederverwenden als Fenster Ölpapier aus den Minenkisten oder schichten leere weiße Flaschen übereinander. Die Zwischenräume werden ausgestopft. Mein Unterstand ist schön warm, denn er steckt auf allen Seiten tief in der Erde. Unangenehm ist nur, dass es hier um 5 Uhr schon dunkel wird. Dafür ist es aber früh 5 Uhr schon wieder hell.

Ich bestelle mir zu Hause ein Waschbecken aus wasserdichtem Stoff. Bisher hatte ich zu diesem Zweck eine leere Rollmopsbüchse, die aber leider seit gestern verschwunden ist. Teller und Gläser haben wir natürlich auch nicht; dazu dienen der Kochgeschirrdeckel und der Aluminiumtrinkbecher. Heute bekomme ich aber als große Kostbarkeit ein leeres Senfglas. Auf dem Stepanski hatte ich ein paar bunte Ruthenenteller, die aber leider auf dem Skoruszny verloren gegangen sind. Bei uns geht es überhaupt äußerst primitiv zu, denn man kann sich ja nichts besorgen. Mein Bett besteht aus einer Lage Knüppel, die mit Tannenreisig bedeckt ist. Stühle gibt es natürlich auch nicht; dazu dienen Munitionskisten. Aber schön ist es hier oben trotzdem.

21.10.1916 Tauwetter — in kurzer Zeit ist der Schnee fast vollständig verschwunden. Am Morgen ist von meinen Posten eine russische Patrouille von 11 Mann abgeschossen worden.

Am Abend starker Regen. Die Verkehrsschwierigkeiten sind jetzt schon so groß, dass man nicht begreift, wie es später werden soll, wenn der Winter erst richtig einsetzt. Der Schnee und die Kälte gehen immer noch, aber am schlimmsten sind die tagelangen schrecklichen Schneestürme, die vom Pip Ivan herüberkommen und alles durchdringen. Zum Glück ist mein Unterstand, der tief im Schnee vergraben liegt, sehr warm. Ich darf nur mit großen Pausen heizen, sonst kann ich es vor Hitze nicht aushalten. Heute früh war ein herrlicher Blick auf das verschneite Gebirge. Meist aber kann man keine 50 Schritte weit sehen.

‚Stajki – Der Blick nach Nordwesten von meinem Unterstand zum Ende des Tales. Rechts ist der Smotrez – Oktober 1916'.

23.10.1916 Es schneit wieder, dann taut und regnet es. Alle Unterstände schwimmen. Bei meinem tropft es an unzähligen Stellen. Heute Vormittag habe ich einen Russen erschossen, der ganz frech auf 150 Meter in voller Größe am Drahthindernis arbeitete. Einer meiner Oberjäger hat einen Hasen geschossen und mir eine Keule davon gegeben. Noch nie hat mir ein Hase so gut geschmeckt wie dieser Karpathenhase.

Der Winter dauert hier sicher bis in den Mai, so dass wir also Aussicht haben, über 6 Monate Winter hier oben aushalten zu müssen, abgeschnitten von der übrigen Menschheit. Einwohner gibt es hier im wildesten Hochgebirge natürlich nicht. Das letzte Lebewesen außer Soldaten hatte ich auf dem Stepanski gesehen. Es war dies ein uraltes Ruthenenweib, welches den ganzen Tag wie ein Fabrikschlot aus einer Tonpfeife rauchte. Hoffentlich bekommen wir bald Schneeschuhe geliefert, damit man sich etwas mehr Bewegung machen kann.

25.10.1916 Dichter Nebel und Tauwetter. Mein linker Flügel wird von der 2. Kompanie übernommen. Dadurch wird meine lange Front um ein Drittel kürzer. Auch werde ich dadurch zu meiner größten Freude die höchsten Stajkigipfel los. Für die nun überzähligen Leute lasse ich 200 Meter unter mir 2 große Baracken für je 20 Mann bauen.

Heute früh 7 Uhr habe ich wieder einen Russen auf 500 Meter abgeschossen. Auf den Schuss hin stürzte er zusammen und schrie ganz jämmerlich. Deutlich konnte ich durchs Glas sehen, wie ihn 2 andere verbanden und wegtrugen. Ich liege jetzt täglich stundenlang oben in den Felsklippen und schieße auf die Russen unter uns. Heute ist ein wundervoller sonniger Tag — nach Westen schöne klare Aussicht auf die schneebedeckte Gebirgskette. Nach Osten tauchen die Bergspitzen wie Inseln aus dem Wolkenmeer, ein Anblick wie zurzeit vom Großvenediger *(der höchste Gipfel der Venediger Gruppe in Österreich)*.

26.10.1916 Wunderbares, warmes Sonnenwetter. Seit früh halte ich einen russischen Unterstand, den ich 100 Meter von meinen Gräben entdeckte, unter dauerndem Gewehrfeuer. Von einer Felsklippe aus können wir aus der Flanke direkt in den Eingang schießen. Die 4 bis 5 Russen, die drin sind und uns in den Nächten immer durch ihr ewiges Schießen geärgert haben, können sich den ganzen Tag nicht rühren. Ich selbst habe wenigstens 50 Patronen verschossen.

27.10.1916 Von früh an den Unterstand wieder unter Gewehrfeuer gehalten. Dann ließ ich meinen kleinen Minenwerfer 20 Minen darauf schießen. Die zehnte Mine riss eine Ecke des Unterstandes ein, worauf ein Russe flüchtete. Die letzte Mine war ein Volltreffer mitten hinein, der den Unterstand ganz zerstörte. Später wurde beobachtet, wie Sanitäter 2 Tote oder Schwerverwundete wegtrugen. Vor meinem Abschnitt liegt vielleicht noch ein Dutzend solcher Unterstände, die man am besten früh am Rauch des Feuers erkennt. Ich schieße sie jetzt systematisch der Reihe nach zusammen, denn die Russen werden sonst zu frech.

Nachmittag plötzlich dicker Nebel. Eben hat eine Patrouille von mir einen der am 21./10-abgeschossenen Russen trotz starken Feuers hereingeholt. Er ist von Regiment 125, unseren alten Freunden.

6

28.10.1916   Nebel. Nachmittag kommt Befehl, dass ich die Stellung ganz links am Namenlosen Berg übernehmen soll. Unsere Wut wird jeder begreifen, der gesehen hat, mit wie viel Mühe und Arbeit wir unsere jetzige Stellung ausgebaut haben. Ich gehe sofort in dichtem Nebel an den linken Flügel, um mir die neue Stellung anzusehen. Dort sieht es schauderhaft aus — alles verwahrlost, nur teilweise ein ganz ungenügender Schützengraben, die vorhandenen Unterstände so gut wie unbrauchbar, der ganze Abschnitt verdreckt und liederlich. Am Telefon habe ich Hauptmann Conrad gegenüber, der mir gesagt hatte, ich käme in eine wunderbar ausgebaute Stellung, meinem Herzen Luft gemacht. Mich wundert, dass er es sich gefallen ließ.

‚*Meine jetzige Stellung. Im Hintergrund links der Smotrez; rechts der Namenlose Berg — 28.10.1916*'.

29.10.1916   Früh 8 Uhr Umzug mit Tür, Ofen, Lampe usw. Von Mittag an beginnen wir gleich mit der Arbeit. Ich lasse in vorderster Linie hinter 2 Felskuppen 2 feste Blockhäuser und etwas weiter unterhalb eine große Baracke für die Reserven bauen, sowie für mich und meine Ordonnanzen einen Unterstand am Namenlosen Berg. Die Arbeit ist wegen der Felsen sehr mühselig. Wir müssen dauernd mit Handgranaten sprengen. Zum Glück ist schönes Wetter. Nur ab und zu hüllen uns Wolken ein.

30.10.1916   Den ganzen Tag wird stramm gearbeitet. Ich wohne vorläufig in einem Erdloch, in das man bei uns kein Schwein stecken würde. Ich kann darin nicht mal sitzen; außerdem ist es stockfinster. Meine neue Stellung liegt in ungefähr 1700-Meter Höhe in der weiten Mulde zwischen Stajki und dem Namenlosen Berg. Auf letzterem liegt österreichischer Landsturm. Vor uns nach den Russen liegen dichte Latschenfelder. Nach dem Namenlosen Berg kommt wieder eine große, mit dichtem Latschengestrüpp bewachsene Mulde; und dann folgt der 1900-Meter hohe Smotrez. Die Russen liegen 400 Meter weit von mir weg; nur ganz rechts, wo ich an unsere 1. Kompanie stoße. Da sind sie bis auf 30

Meter ran und man kann sie drüben in ihren Gräben sprechen hören. Dort liegen auch noch vom 15./10 her eine Anzahl toter Russen.

‚Österreichische Blockhäuser in den Klippen des Namenlosen Berges'.

‚Links von dem Felsblock die Erdhöhle, die ich bewohnte, bis mein Blockhaus fertig war'.

‚Mein Blockhaus im Bau. Dahinter der Namenlose Berg'.

31.10.1916   Bis Mittag ist mein neuer Unterstand ausgeschachtet oder vielmehr ausgesprengt. Ich habe dazu ungefähr 30 Handgranaten verbraucht, die riesige Felsblöcke herausgesprengt haben. Am Abend sind 9 dicke Stämme als Tragpfeiler gesetzt und oben durch 3 Stämme von je 5.5-Meter Länge verbunden. An allen Ecken kracht es. Überall hört man den Ruf: „Achtung!

Sprengung!", und dann fliegen die Felsbrocken durch die Luft. Die Russen werden sich gar nicht erklären können, was bei uns los ist.

Von meinem Unterstand aus habe ich eine wundervolle Aussicht. Geradeaus sehe ich tief hinunter in das lange Tal des Pohorylecbaches, dessen andere Seite durch die langgestreckte finstere Czorna Hora mit dem 2028-Meter hohen Pip Ivan gebildet wird. Links sehe ich das ganze Tal hinunter bis Szybeny am Czarny Czeremosz und dahinter in Richtung Kirlibaba auf eine Menge hoher Gipfel; direkt links neben mir der steile Doppelgipfel des Stajki (1750 Meter); rechts der Namenlose Berg (ungefähr 1700 Meter) und der von Schützengräben durchfurchte 1900-Meter hohe Smotrez.

‚Die 3 Gipfel des Stajki vom Namenlosen Berg aus gesehen. Dazwischen meine jetzige Stellung – November 1916'.

‚Der nördliche Stajki-Gipfel von der Baumgrenze gesehen. Zwischen diesen Bäumen liegt unser Friedhof – November 1916'.

‚Ein Blick auf den Smotrez – November 1916'.

1.11.1916 Leider hat das gestrige herrliche Wetter wieder aufgehört. Wir haben den landesüblichen nassen dicken Nebel. Nachmittag wird es aber wieder schön.

3.11.1916 Schönes Wetter. Die russische Artillerie schießt ziemlich stark. Bei meinem Unterstand bekommt ein Jäger, der neben mir steht, eine Schrapnellkugel gegen den Oberschenkel, die aber nur ein Loch in die Hose reißt, ohne ihn zu verletzen.

4.11.1916 In der Nacht läuft ein Russe vom Regiment 125 über. Wieder herrliches Wetter. Ich schreibe eben früh 8 Uhr im Freien sitzend. Vor 14 Tagen lag noch meterhoher Schnee.

‚*Ein übergelaufener Russe – 4.11.1916*'.

5.11.1916 Mittag auf dem Namenlosen Berg gewesen. Dort sieht es wild aus. Der ganze Gipfel ist von Schützengräben durchzogen, alles von Granaten und Minen zerwühlt. Dort oben wächst so bald nichts wieder.

Abends haben wir wieder mal, um die Russen zu schrecken, einen kleinen Feuerzauber inszeniert. 9 Uhr gab die Artillerie 50 Schuss auf die vor mir und der 1. Kompanie liegenden Gräben ab. Gleichzeitig fingen alle M.G an zu rattern; der Minenwerfer warf 30 Minen; unsere Leute warfen Handgranaten; der Hornist bläst alle Signale, die er konnte; alles schrie „Hurra!", pfiff und johlte; Leuchtraketen gingen hoch. Die Russen, die annehmen mussten, dass wir angreifen wollen, eröffneten ein barbarisches Feuer, welches uns aber nichts geschadet hat, weil wir natürlich hübsch in Deckung blieben. Es war ein Heidenradau und wir haben uns großartig amüsiert. Dagegen haben wir den Russen die Nachtruhe gründlich verdorben, denn sie haben doch sicher auch ihre Reserven im Tal alarmiert.

6.11.1916 Einzug in den neuen Unterstand.

9.11.1916 Heute bekam ich von zu Hause das bestellte Waschbecken und ein Luftkissen. Mit dem Waschbecken ist es doch eine ganz andere Sache als in einer Rollmopsbüchse. Auch das Luftkissen kann ich gut gebrauchen, denn bisher habe ich immer nur den Tornister als Kopfkissen gehabt. Die letzten Tage war das Wetter so schön, dass man den halben Tag im Gras liegen konnte. Mein neuer Unterstand ist der schönste, den ich mir bisher gebaut habe. Von den 2 Zimmern ist das eine für mich allein und das andere für meine 3 Ordonnanzen und das Telefon.

Wir sind jetzt mitten in den Vorbereitungen für unseren übermorgen stattfindenden großen Angriff zusammen mit der 1. Kompanie. Die feindliche Stellung muss genau erkundet und die Einbruchstellen müssen festgelegt werden. Sturmtrupps werden zusammengestellt und müssen bis in die kleinsten Einzelheiten über ihre Aufgaben und ihr Verhalten belehrt werden.

Nachmittag greift in meiner früheren Stellung die 4. Kompanie an und erbeutet 1 M.G und 60 Gefangene.

Am Abend kommt Nachricht, dass unser Angriff bis zum 14./11 verschoben werden muss, da die Minenwerfer erst noch mehr Munition heraufschaffen müssen. Diese Unternehmungen sind befohlen worden, um die Russen über unsere Stärke oder vielmehr Schwäche zu täuschen und möglichst starke Kräfte an unsere Front zu binden. In meiner jetzigen Stellung geht es bisher ziemlich friedlich zu. Bis jetzt habe ich nur 2 Verwundete gehabt. Wir können ja hier ganz ungeniert hinter dem von uns besetzten Kamm herumlaufen, während die Russen unter uns zu einem dauernden Höhlenleben verurteilt sind.

‚Ankunft der Tragtiere mit Munition und Verpflegung. Im Hintergrund rechts der Smotrez, links Fortsetzung zur Czorna Hora – November 1916'.

‚Essensausgabe nach Ankunft der Tragtiere – November 1916'.

14.11.1916 Nebel und Schnee. Unsere Artillerie kann sich wegen des Nebels nicht einschießen — sie schießt in unsere eigene Linie und verwundet mehrere Leute. Infolgedessen fällt unser Angriff vorläufig aus.

16.11.1916 Aussicht zeitweise etwas klarer. Unsere Artillerie und Minenwerfer schießen sich ein.
    Ich habe wieder mal Dusel. Ich stehe beim Artilleriebeobachter und helfe beim Einschießen, da platzt eine zu kurz gehende Granate direkt über uns, ohne uns zu schaden.

17.11.1916 In der Nacht schneit es stark, auch weiterhin am Tag. Trotzdem beschließen wir, unseren Angriff zu machen. Von 3 bis 3:20 nachmittags beschießen unsere Artillerie und Minenwerfer die Russengräben, dann stürzen unsere Handgranatentrupps vor. Trotzdem das Artilleriefeuer nicht gewirkt hat und die Drahthindernisse völlig unversehrt sind, dringen alle Sturmtrupps trotz des besonders in meinem Abschnitt sehr starken Widerstandes in die feindlichen Gräben ein. Nur ganz am linken Flügel kommen meine Trupps nicht vorwärts, da die Russen hinter einem Felsen zwei M.G aufgestellt haben und die Gräben sehr stark besetzt sind. Die eingedrungenen Trupps zerstören in den Gräben alles, was sie vorfinden, und kehren in der Dunkelheit mit 45 Gefangenen und 2 M.G wieder zurück. Wir hätten noch viel mehr gefangen, wenn nicht die meisten ausgerissen wären.
    Gegen Abend und die ganze Nacht hindurch furchtbarer Schneesturm.
    Regimentsbefehl vom 17./11: „Heute Nachmittag sind Sturmtrupps der 1. und 3. Kompanie Jäger 11 unter Führung der Leutnants Hungerland und Pfeifer nach wirkungsvoller kurzer Artillerievorbereitung in mehrere feindliche Gräben am Nordhang des Stajki eingedrungen. Sie haben die russische Besatzung aufgerollt, 45 Gefangene gemacht, 2 M.G erbeutet und dem Feind auf seinem Rückzug blutige Verluste beigebracht. Ich spreche allen Beteiligten für vorbildlich tapferes Verhalten sowie den durch den zähen feindlichen Widerstand nicht zu brechenden Siegeswillen meine volle Anerkennung aus. Wiederum hat das Jäger-Bataillon 11 dem an Zahl weit überlegenden Feind

gezeigt, wer der Herr im Kampfgebiet des Stajki ist — gezeichnet: Lehmann, Oberst."

18.11.1916 Durch den starken Sturm ist der ganze Schnee hinüber zu den Russen geweht. Es ist wieder sehr kalt, aber ein herrlicher Wintertag.
Divisionsbefehl vom 17./11: „Bei einem vom 4. Regiment angeordneten Vorstoß in die feindliche Stellung hatten heute zum dritten Mal in kurzer Zeit Teile des Jäger-Bataillon 11 vollen Erfolg. Über 40 Gefangene und 2 M.G wurden eingebracht. Der Feind erlitt schwere, blutige Verluste. Die eigenen Verluste sind gering. Mit ganz besonderer Freude kann ich dem tapferen Bataillon wiederum meine wärmste Anerkennung aussprechen. Alle an der Vorbereitung und Durchführung beteiligten Artilleristen und Minenwerfer verdienen volles Lob. In verständnisvoller Zusammenarbeit aller Waffen und im Wagemut der Jäger liegt der Erfolg — ist den unterstellten Truppen bekannt zu geben — gezeichnet: 200. Infanterie Division."

19.11.1916 Schneesturm; halb Schnee, halb Regen — ekelhaftes Wetter. Unsere Leute sind jetzt mit langen Schafspelzen, Karnickelpelzwesten und Schneebrillen ausgerüstet. Auch die Verpflegung ist jetzt hervorragend, denn wir bekommen als Gebirgstruppen Extraverpflegung. Für den gestrigen Angriff bekommen 10 meiner Leute das Eiserne Kreuz 2. Klasse *(E.K.II)*. Außerdem habe ich einen Oberjäger für das Eiserne Kreuz 1. Klasse *(E.K.I)* vorgeschlagen.

22-25.11.1916 Herrliches Wetter. Abends halb 11 telefoniert mir der Adjutant Leutnant Otto, dass ich das E.K.I bekommen habe, ebenso Oberjäger Euler von meiner Kompanie. Außerdem noch 10 Jäger das E.K.II.

26.11.1916 Nachmittag fängt es an zu regnen. Gestern war ich unten im Tal und habe mir bei den 6. Jägern die Schindelfabrikation und die Holzkohlenmeiler angesehen, außerdem die schönen Blockhäuser des steirischen Landsturms. Dagegen sind wir elende Stümper.

27.11.1916 Schönes Wetter. Abend in Fischers Unterstand mit viel Rotwein die beiden E.K.I gefeiert.
Nachts werden wir alarmiert. Ein russischer Überläufer hat ausgesagt, dass sie morgen angreifen wollten.

28.11.1916 Seit früh schießen die Russen wie verrückt mit Artillerie und Minen bis Mittag, 2 Uhr; kommen aber bei uns nicht aus ihren Gräben heraus. Dagegen greifen sie zweimal die 6. Jäger zwischen Smotrez und Namenlosem Berg an, werden aber glatt abgewiesen.
Nachmittag dichter Nebel. Meine Kompanie hat trotz der starken Beschießung nur 2 ganz Leichtverwundete.

29.11.1916   In der Nacht waren die Russen sehr ruhig. Es hat geschneit; alles ist wieder weiß. Nun werden die Russen wohl für dieses Jahr Ruhe halten, wo sie sehen, dass sie bei uns nicht durchkommen.

Das E.K.I wurde uns mit folgender Bekanntmachung verliehen: „Auf Befehl und im Namen seiner Majestät des Kaisers und Königs, hat seine Excellenz der Herr Kommandierende General das Eiserne Kreuz 1. Klasse verliehen an Leutnants der Landwehr — Hungerland und Pfeifer; und dem Oberjäger der Reserve Euler vom Jäger-Bataillon 11 — für vorbildliche Tapferkeit und den unbeugsamen Siegeswillen bei einer Unternehmung am Stajki, bei der sie dem Gegner schwere Verluste zufügten."

Ein Überläufer hat ausgesagt, dass die Russen, als sie gestern angreifen sollten, glatt gemeutert hätten.

Alexander arbeitet mit seinen Männern an einem Blockhaus im Schnee.

7

30.11.1916 Heute früh hat sich nun auch Seemann mit der 2. Kompanie auf die Russen gestürzt, nachdem er das starke Drahthindernis durch einen darunter geschobenen Rodelschlitten, der mit 50 Handgranaten und viel Sprengmunition beladen war, hochgesprengt hatte. Beute — 2 M.G, 41 Gefangene; keine eigenen Verluste.

1-2.12.1916 Schönstes Sonnenwetter. Die Russen beschießen uns wieder den ganzen Tag wie verrückt mit Artillerie, besonders auch den Smotrez und den Namenlosen Berg. Mittags 12 Uhr sah man auf dem Smotrez plötzlich eine Menge Handgranaten platzen und gleich darauf wimmelte der Gipfel von Russen, die dauernd „Hurra!" schrien, was wir bis zu uns hörten, obwohl wir wohl 3 Kilometer weit weg sind. Die 6. Jäger zogen sich auf einen rückwärts gelegenen Graben zurück. Am Nachmittag zwischen 3 und 4 Uhr machten sie einen Gegenangriff. Die Russen rissen in hellen Haufen aus, stockten dann, kehrten wieder um, wurden mit Handgranaten beworfen und sausten dann mit affenartiger Geschwindigkeit den steilen Hang hinunter. Das war ein herrliches Bild. Bei uns schrie alles „Hurra!" vor Wonne.
    Die Nacht verlief ruhig.

3.12.1916 Wieder prächtiges Wetter. Die Russen schießen sehr viel mit Artillerie. Ebenso am 4. bis 7. Dezember.

11.12.1916 Nachts 1 Uhr haben sich die 1. und meine 3. Kompanie wieder mal auf die Russen gestürzt. Mit 2 gestreckten Ladungen wurden Lücken in das feindliche Hindernis gesprengt und durch diese in den Graben eingedrungen. Unsere Sturmtrupps kehrten mit 7 Gefangenen wieder zurück. Außerdem erlitt der Feind sehr schwere Verluste, hauptsächlich durch unsere Handgranaten.

12.12.1916 Nachts 2 Uhr während eines furchtbaren Sturms hat meine Kompanie nochmals in gleicher Weise wie gestern das feindliche Hindernis hochgesprengt und meine Sturmtrupps haben 5 Gefangene aus den Gräben zurückgebracht. Gestern haben die Russen den Smotrez ganz toll betrommelt und nach dem starken M.G-Feuer zu urteilen, dreimal angegriffen. Sie haben aber nichts erreicht.
    Unser Bataillon ist jetzt durch die mehrfachen Erfolge hochangesehen. Wir ernten von oben eine Anerkennung nach der anderen und sind sogar am 1./12 im Heeresbericht erwähnt worden. Wir haben aber auch in anderthalb Monaten siebenmal die Russen überfallen und ihnen 7 M.G und fast 300 Gefangene abgenommen. Die 5. und 6. Jäger platzen vor Neid. Für gestern und heute bekommt meine Kompanie wieder 9 E.K.II; Raudonat aus Forstwolfersdorf *(ein Dorf in der Nähe von Weida)* ist auch dabei. Innerhalb 3

Wochen außer der Reihe 2 E.K.I und 19 E.K.II. Darauf kann ich als Kompanieführer stolz sein.

‚Wir bekommen das E.K.I in den Karpathen – Links nach rechts: Leutnant Otto (Adjutant), Totzek, ich, Seemann, Weber und Hungerland – Dezember 1916'.

13.12.1916 In der Nacht und den ganzen Tag wütet ein eisiger Sturm, wie ich ihn selbst hier in den Karpathen noch nicht erlebt habe.

14.12.1916 Gegen Mittag lässt endlich der Sturm etwas nach.
Regimentsbefehl: „Der 11. Dezember ist wiederum ein Ehrentag des Regiments, das auf der ganzen Front schöne Erfolge über den Feind errungen hat. Vom Reserve-Jäger-Regiment 5 haben rechts und links des Czeremosz starke Patrouillen den Feind angegriffen, seine Stützpunkte teils umgangen, teils sind sie in seine Hindernisse eingedrungen und haben ihm erhebliche Verluste zugefügt. Die bewährten tapferen Sturmtrupps des Jäger-Bataillon 11 (1. und 3. Kompanie) sind ohne Vorbereitung zweimal in die feindlichen Stellungen eingedrungen, haben mehrere Gräben geräumt, dem Feind einen Verlust von ca. 150 Mann beigebracht und 17 Gefangene gemacht. Reserve Jäger-Bataillon 6 hat auf dem Smotrez nach kurzer, aber sehr heftiger russischer Artillerievorbereitung 3 feindliche Angriffe zum Scheitern gebracht. Ich spreche allen an den Unternehmungen Beteiligten meine vollste Anerkennung und

meinen Dank für ihre wiederum bewiesene Tapferkeit und den betätigten Angriffsgeist sowie die Zähigkeit im Ausharren bei feindlichen Angriffen aus. Der Kampftag hat leider auch an allen Stellen Opfer gekostet, die aber gering sind im Vergleich zum Erfolg. Dieser ist nicht nur örtlicher Natur; er ist das Mittel zur Herbeiführung der großen Entscheidung in Rumänien. Ich bin stolz auf die Taten des Regiments und weiß zuversichtlich, dass wir auch fernerhin der Schrecken unserer Feinde sein werden. Gezeichnet — Lehmann, Oberst."

15-16.12.1916 Heftiger Sturm. Nachmittag Schneesturm, dass man keine 10 Schritte weit sehen kann. Eine russische Patrouille, die in unseren vordersten Graben eingedrungen war, der aber von uns nicht besetzt ist, weil vollkommen verschneit, wird sofort wieder herausgeworfen und 2 Russen werden abgeschossen.

In der Nacht ägyptische Finsternis. Der Sturm ist entsetzlich. Ich habe meterdicke Erdwände um meinen Unterstand, aber trotzdem pfeift der Wind überall durch. Früh ist im Innern alles mit fingerdickem Schneestaub bedeckt.

Bei uns sind viele Leute krank. Sie haben das Karpathenfieber, was aber anscheinend ungefährlich ist und nur ein paar Tage dauert. Wahrscheinlich hängt es mit der dünnen Luft zusammen. Ich persönlich habe noch nichts davon gemerkt. Es ist jetzt sehr langweilig, denn man geht nur dann aus dem Unterstand, wenn man unbedingt muss, und steckt den ganzen Tag ein Holzscheit nach dem anderen in den Ofen. Die übrigen 12 Stunden wird geschlafen.

18.12.1916   Schneetreiben. Die Russen werden immer ruhiger.

20.12.1916   Eisiger Wind und Schnee. Mein Blockhaus ist mit einer Eiskruste überzogen. Wer nicht unbedingt muss, geht nicht ins Freie.

22.12.1916   Wieder herrliches Wetter. Die Russen sind auffallend ruhig — schon seit mehreren Tagen kein Artillerieschuss.

23.12.1916 Mittag werden wir abgelöst und kommen unterhalb meiner früheren Stellung in Reserve. Ich wohne in dem Kompanieführerunterstand der 4. Kompanie bei Leutnant Weber. Hier unten im Wald ist es bedeutend wärmer und der Wind geht lang nicht so. Ich übe hier bis 6./1 mit meiner Kompanie Ausbildung als Sturmtrupp. Graf von Soden ist auf Urlaub und wird wohl kaum zu uns zurückkommen, da er voraussichtlich ein Regiment bekommt. Wer unser neuer Kommandeur wird, ist noch unbestimmt. Hoffentlich nicht Hauptmann Conrad.

24.12.1916 Nebel und Schnee. Weihnachten gefeiert mit Weber, Hermes und Jenner — zu viert 1 Flasche Wein und 1 Flasche Sekt getrunken und um 11 schlafen gegangen. Der erwartete russische Angriff ist ausgeblieben. Die Russen waren im Gegenteil sehr ruhig. Am 29./12 kommt meine Kompanie auf mehrere Tage nach Szybeny, wo wir auf dem gefrorenen See exerzieren sollen. Auf diese Weise sehe ich wenigstens mal unser schönes Kasino und kann seit halbem Jahr endlich wieder mal an einem weißgedeckten Tisch von Porzellantellern essen. Das sind alles so Kleinigkeiten, die es hier oben nicht gibt.

25.12.1916 Schönes Wetter. Am Nachmittag soll Gottesdienst unten im Tal sein. Infolge eines Versehens ist aber der Pfarrer herauf zu uns gekommen, während wir unten auf ihn warteten. So haben wir wenigstens einen sehr schönen Spaziergang von dreieinhalb Stunden gemacht.

30.12.1916 Seit gestern Abend Schneesturm. Es schneit dauernd, aber trotzdem liegt der Schnee nicht besonders hoch. Es gibt natürlich sehr tiefe Schneewehen, aber durchschnittlich ist er nicht höher als einen halben Meter, weil eben durch den Sturm alles ins Tal geweht wird. Der Schnee macht uns ja auch nichts aus, dagegen ist der dauernde Sturm ganz entsetzlich. Durch meterdicke Erdwände weht es durch. So etwas gibt es bei uns zu Hause gar nicht. Und dabei ist es nicht mal besonders kalt, aber der eisige Wind geht durch und durch. Alle paar Schritte muss man stehen bleiben, weil man keine Luft bekommt.

31.12.1916 Das Essen kommt mit 2 Stunden Verspätung, da die Tragtiere im Schnee stecken blieben und ausgeschaufelt werden mussten.
Neujahr gefeiert mit Weber, Hermes, Jenner und Schmelz bis 1 Uhr nachts.

1.1.1917 Früh 9 Uhr Abmarsch ins Tal. Ich wohne bei Leutnant Sander am großen Stern *(ein lokales Wahrzeichen)*. Windstille — etwas Nebel.

5.1.1917 Gut verlaufene Besichtigung durch Oberst Lehmann unter Beisein des Brigadekommandeurs Oberst von Below.

6.1.1917 Bei starkem Schneefall wieder die alte Stellung übernommen.

7.1.1917   Ich habe mit Erlaubnis des Bataillons Urlaub eingereicht — nach Szybeny hin und zurückgelaufen zwecks ärztlicher Bescheinigung für einen Erholungsurlaub.

9.1.1917   Sehr schönes, sonniges, windstilles Wetter. Vormittag und Nachmittag hinter der Stellung Schneeschuh gefahren.

17.1.1917   Gestern Abend kam die Nachricht, dass mein Urlaub genehmigt ist. Ich bin früh 5 Uhr aus der Stellung weg und in zweieinhalb Stunden hinunter nach Szybeny gelaufen. 8 Uhr mit dem Postschlitten (große Kiste auf Kufen) auf den Kopilas (1600 Meter) gefahren; von da hinunter ins Tal bis zum Ende der Drahtseilbahn und Beginn der Feldbahn gelaufen. Hierzu brauchte ich zweieinhalb Stunden — die letzte halbe Stunde auf dem Schlitten einer Munitionskolonne.

‚Unser Postschlitten in den Karpathen'.

4:30 nachmittags mit der Feldbahn im Fleischtransportwagen nach Ruszpolyana, wo ich 6 Uhr abends eintreffe und nach langem Suchen in der Dunkelheit endlich unsere Talstaffel mit dem Offiziersübernachtungsheim finde. Hier treffe ich Hauptmann Conrad, der auf die Genehmigung seines Urlaubs wartet.

18.1.1917   Früh 10 Uhr in offener Lore der Feldbahn nach Leordina und weiter im Bummelzug nach Visovölgy; dann dreiviertel 4 im Budapester Zug nach Maramaros Sziget und Satoralja Ujhely, wo ich nachts 3 Uhr eintreffe.

19.1.1917   Mit Bummelzug nachts 4 Uhr nach Kaschau — Ankunft 9 Uhr vormittags. Weiter über Oderberg, Breslau, Dresden nach Hause.

URLAUB!

Langeweile an der Front

Wie Sie vielleicht bemerkt haben, haben sich der Schreibstil und die Länge der Einträge vorübergehend geändert und sind im Vergleich zu früher etwas kürzer geworden. Denn im Gegensatz zur allgemeinen Meinung hatten Soldaten oft tagelang und wochenlang Langeweile und nichts zu tun, während der Wetterumschwung das Einzige war, worüber es sich zu reden lohnte. Ich habe beschlossen, diese Einträge beizubehalten, um zu zeigen, dass dies tatsächlich der Fall war. Bei längeren Feldzügen hatten Soldaten oft längere Freizeit, die sie in ihren Schützengräben verbrachten, während sie auf den nächsten großen Angriff warteten.

Diese Lebensbedingungen in klaustrophobischen Räumen und schrecklichen Bedingungen führten dazu, dass es wenig Unterhaltung und Vergnügen gab. Die Soldaten waren daher darauf beschränkt, zu essen, zu schlafen, ihre Ausrüstung zu reinigen, Tagebücher und Briefe zu schreiben sowie Grabenkunst zu schaffen. Mit einem Überschuss an Altholz, Metall, Patronenhülsen und anderen Gegenständen konnten die Soldaten verschiedene Gegenstände für Unterhaltung und andere Zwecke herstellen. Im Fall von Alexander tat er genau das Gleiche und ließ sich sogar eine kleine Tabakschachtel aus Holz als Erinnerung an seine Zeit in den Karpaten schnitzen:

8

25.1.1917   Früh Telegramm bekommen, dass ich am 2./2 in Ruszpolyana eintreffen muss.

31.1.1917   Abends 6 Uhr über Leipzig, Dresden und Breslau nach Oderberg gefahren, wo ich den Anschluss an den Vormittagszug nicht mehr erreichte. Am Nachmittag des 1./2 Weiterfahrt nach Kaschau, wo ich am 2./2 eintreffe. Ich habe den langen Aufenthalt benutzt, um die Stadt anzusehen. Nachmittag weiter nach Satoralja Ujhely und in der Nacht nach Maramaros Sziget — Ankunft früh halb 7.

Hauptmann Conrad, den ich unterwegs getroffen habe, fährt weiter, während ich mit dem Regimentsadjutanten, Leutnant Hackbarth, Oberleutnant Prüsse aus Köckritz besuche, der uns zu Mittag und Abend ins Kasino des Etappenkommandos einlud. Am Abend habe ich ein vom Etappenkommando veranstaltetes Wohltätigkeitskonzert besucht, wo ich Generaloberst Kövess und Erzherzog Albrecht sah. Die Maramaroser Zivilbevölkerung war in großer Tracht. Dann waren wir noch in einem Café mit Zigeunermusik, dann nochmals im Kasino und zuletzt noch bis 2 Uhr beim Delegierten vom Roten Kreuz, wo wir noch Schnäpse getrunken haben.

Hinweis: Hermann Kövess ist der derzeitige Oberbefehlshaber der österreichisch-ungarischen Armee. Erzherzog Eugen von Österreich ist Prinz von Ungarn und Böhmen sowie Feldmarschall.

Die Fahrt bis hierher hat meine schlimmsten Ahnungen weit übertroffen — überall stundenlange Verspätung und kein Anschluss, dazu in Deutschland die Wagen, die reinen Eiskeller und in Ungarn dafür Schwitzkästen. Ich bin dadurch 1 Tag zu spät angekommen, was aber gar nicht auffällt. Es ist hier inzwischen gar nichts Besonderes passiert, nur es sollen oben in der Stellung 28-Grad Kälte gewesen sein.

4.2.1917   Früh halb 7 schöne Autofahrt über Visovölgy, Leordina, Ruszpolyana bis zum Kopilasfuß. Unterwegs in Ruszpolyana halbe Stunde Frühstückspause bei Oberleutnant Bieneck, dem Führer unserer Regimentsbagage. So eine winterliche Autofahrt durch die schönen Gebirgstäler ist wunderbar. Über den Kopilaspass sind wir dann im Schlitten gefahren und kamen unten in Szybeny 4 Uhr nachmittags an. Zum Glück hatten wir sehr schönes Wetter. Bis zum Kopilas liegt viel weniger Schnee als bei uns zu Hause, aber auf der Passhöhe liegt er enorm hoch. Im Kasino Szybeny habe ich dann noch einen sehr gemütlichen Abend verlebt, der sich bei Grammophonmusik bis nachts 2 Uhr ausdehnte.

5.2.1917 Früh im Schlitten durchs Pohorylectal bis zum Stajkifuß, dann sehr beschwerlich auf verwehten Pfaden hinauf in meine alte Stellung — heftiger kalter Wind. Hier oben ist alles noch wie früher, nur scheint der Verkehr mit den Vorgesetzten sehr ungemütlich geworden zu sein. Vor ein paar Tagen ist nämlich eine russische Patrouille in die Stellung der 1. Kompanie eingedrungen, und darüber hat man sich oben sehr aufgeregt. Die Folge ist verschärfter Wach- und Arbeitsdienst. Alles schimpft und ist unzufrieden.

Nugel aus Gera ist gleichzeitig mit mir im Urlaub gewesen und ist jetzt Zugführer in meiner Kompanie. Nach seinem schönen Etappenleben ist er jetzt ganz unglücklich über unsere Eiswüste und die mehr als primitiven Verhältnisse, in denen er jetzt leben muss. Und dabei ist es jetzt doch bei uns geradezu fürstlich gegen die Zustände im September-Oktober.

11.2.1917 Schöner Tag. Da ich durch das vorzeitige Zurückrufen um einen Teil meines Urlaubs gekommen bin, habe ich heute mit Einverständnis des Bataillons neuen Urlaub eingereicht, denn ich sehe nicht ein, warum ich zu kurz kommen soll.

14.2.1917 Schöner sonniger Tag, aber scharfer kalter Wind. Wir fangen an, bombensichere Stollen in die Felsen zu sprengen. Seit langer Zeit beschießen uns die Russen wieder mal mit 12cm Granaten, aber ohne jeden Erfolg.

In der Nacht, Sturm.

16.2.1917 Sonnig, aber starker Sturm — Arbeiten unmöglich. Der Ofen raucht, dass es nicht zum Aushalten ist.

In der Nacht lässt der Sturm nach. Wenn kein Sturm ist, empfindet man hier oben die Kälte gar nicht so wie in der Ebene.

24.2.1917 Sonnig, aber sehr eisiger Wind. Am Abend kommt telefonische Mitteilung, dass ich zu einem 14-tägigen M.G-Kursus nach Felsöviso abkommandiert bin.

26.2.1917 Früh 8 Uhr in dreieinviertel Stunden hinauf auf den Kopilaspass gelaufen und dort zu Mittag gegessen — oben auf der Höhe die letzten eineinhalb Stunden sehr beschwerlich durch den hohen Schnee und die heftigen Schneewehen. Überall sind große österreichische Arbeitertrupps dauernd mit dem Freischaufeln des Passes beschäftigt. Dann im Schlitten hinunter bis zum Kopilasfuß und im Auto nach Ruszpolyana, wo ich in dem Offiziersheim übernachte — große Holzbaracke mit Ess- und Schlafräumen und 8 sehr schöne Badezellen.

‚Das Offiziersheim in Ruszpolyana'.

27.2.1917 Früh gebadet. 9 Uhr mit dem Auto nach Leordina. Der Zug, der um 10 Uhr gehen sollte, hatte die ortsübliche Verspätung von 2 Stunden.

Mittag 12 Uhr, mit der Bahn nach Felsöviso, einem großen ungarischen Judennest; halb Dorf, halb Stadt. Hier gibt es eine Unmenge Juden mit Ringellocken, ferner Rumänen und Ruthenen. Ich wohne in der Judenstraße bei einer Judenfamilie — sehr primitiv und schmutzig. Gegessen wird gemeinsam im Kasino; sehr wenig und teuer.

28.2.1917 Früh von 9 bis 11 Uhr erster Unterricht. Erklärung des M.G-Dienstes — früh 3 Stunden und Nachmittag 1 Stunde.

Wir haben meist schönes Wetter während des Kursus. Die erste Zeit sehr kalt, später tagsüber Tauwetter.

6.3.1917   Mit dem schwierigen Mechanismus des M.G bin ich jetzt schon völlig vertraut. Seit gestern schießen wir täglich scharf. Sonst ist es hier sehr langweilig. Im Kasino gibt es nur teuren Wein; keine Flasche unter 4,50 Mark. Dann ist noch ein Judencafé da und das ist alles. Zu dem uns zustehenden Essen müssen wir täglich noch 2,50 Mark auszahlen. Heute habe ich 20 Eier für 8,20 Mark gekauft. Geld wird nur ungern genommen, dagegen kann man für Tabak, Schnaps usw. alles bekommen.

13.3.1917   Heute hat der Kursus mit einer Besichtigung durch den Major von Altrock sein Ende erreicht. Ich hatte vorzuführen — Erklärung eines M.G-Teils und Scharfschießen nach der Scheibe. Am Abend war eine fidele, langausgedehnte Abschiedsfeier.

14.3.1917   Am Vormittag alle Jäger (11 Mann) mit Lastauto über Leordina, wo wir zu Mittag essen, nach Ruszpolyana.
   Im Offiziersheim übernachtet.

‚M.G-Kursus in Felsöviso'.

Alexander steht 9. von links

Das Leben in Felsöviso

Während seines Aufenthalts in Felsöviso machte Alexander viele Fotos, die die alltäglichen Aktivitäten dort zeigen. Was mir auffällt, ist, wie persönlich einige dieser Fotos sind. Sie zeigen einzelne Menschen, die längst vergessen sind, deren kurzer Moment im Leben jedoch für immer festgehalten wurde, damit wir ihn sehen können.

15.3.1917 Es regnet in Strömen — grundloser Schlamm. Nachmittag kommt der Fernspruch, dass ich vom 16./3 bis 5./4 beurlaubt bin. Ich fahre sofort mit dem Auto bis Leordina, wo ich gerade noch den Zug erreiche.

16.3.1917 Nach elender langsamer Fahrerei, auf jeder Station endloser Aufenthalt, mittags Ankunft in Kaschau. Von hier ab geht es etwas flotter.
Herrliches Wetter. Großartige Aussicht auf die schneebedeckte Hohe Tatra. Trotz einstündiger Verspätung erreiche ich abends 9 Uhr noch den Anschluss nach Breslau, wo ich nachts 1 Uhr ankomme.

17.3.1917 Der Zug nach Leipzig ist weg. Ich übernachte im Wartesaal 1. Klasse. Früh weiter über Dresden. Ankunft in Weida nachmittags 4 Uhr.

URLAUB!

2.4.1917 Vormittags 10:22 nach Gera. Weiterfahrt 1 Uhr mittags in riesig überfüllten Zügen über Dresden-Breslau-Oderberg, wo ich von nachts 12:40 bis Vormittag 9:50 auf Anschluss warten muss.

4.4.1917 Gestern bei gutem Wetter durch die Tatra; Ankunft in Kaschau um 5:30. Heute von Kaschau bis Maramaros Sziget, wo ich früh eintreffe. Ich war der einzige deutsche Offizier im Zug, während gestern in Richtung Lemberg Offiziere zu Hunderten mitgefahren waren. Diese Nacht konnte ich mich sogar langlegen.
Mittag in Leordina und weiter mit der Feldbahn nach Ruszpolyana. Ich habe soeben ein Bett belegt, Kaffee getrunken, mich beim Friseur schön machen lassen und gebadet. Schönstes warmes Wetter.

5.4.1917 Früh mit dem Auto bis zum Kopilasfuß. Die Berghänge sind mit Schneeglöckchen übersät — Zu Fuß bis zur Passhöhe, wo noch riesiger Schnee liegt. Die Straße ist bis über die Geländer verweht — Hinunter nach Szybeny geritten. Hier ist das reinste Frühlingswetter; viel schönere Luft als wie bei uns zu Hause.
Schnee liegt nur noch auf den höchsten Bergen, aber da umso mehr. Hier ist mir gleich viel wohler und ich habe nicht mehr die Kopfschmerzen, die ich zu Hause immer hatte. In der Stellung ist alles noch wie früher.

‚Die Fahrstraße über den Kopilas kurz vor der Passhöhe – 5.4.1917'.

‚Aufstieg zum Kopilas auf dem Fußweg – Leutnant Schulz von Res. Jäger-Bataillon 17; Mein Bursche Oberreich – 5.4.1917'.

6.4.1917 Vormittag das reine Sommerwetter. Weite Strecken sind oft ganz violett von einer Art Krokus *(Blume)*. Hier ist es jetzt jedenfalls wunderbar. Niemand will hier wieder fort. Ich bin nach dem Essen bis zum Stajkifuß geritten. Die letzte Strecke vom Ölser-Platz ab *(ein lokales Wahrzeichen)* ist durch die Schneeschmelze in einem schauderhaften Zustand. Auf dem Stajki selbst sind die Wege besser. Es gibt nur noch an den geschützten Stellen Schneefelder, von denen aber manche noch 1,5 Meter tief sind.

‚Szybeny – Kasino des 11. Jäger-Bataillons. Von links nach rechts: der Zahlmeister, Leutnant Jenner, Leutnant Seemann (zu Pferd) – 6.4.1917'.

„Szybeny – Brücke über den Czarny Czeremosz. Rechts am Hang ist der Anfang der Kopilas-Straße – 6.4.1917".

7.4.1917 Starker Wind, Nebel, Regen und Schnee. Am Abend 8 Uhr sind unter dem Schutz von starkem Artillerie- und Minenfeuer unsere 1. Kompanie und am Smotrez die 6. Jäger in die russischen Stellungen eingebrochen und haben einige Gefangene zurückgebracht. Diese sagen aus, dass die uns gegenüberliegenden Truppen in den letzten Tagen abgelöst und durch Neuformationen ersetzt worden sind. Dadurch erklären sich die zahlreichen Feuer, die man in den letzten Nächten überall hinter der russischen Front beobachtet hatte.

In der Nacht heftiger Sturm.

8.4.1917 Äußerst heftiger Schneesturm. Es ist sehr ungemütliches Feiertagswetter. Heute gab es für die ganze Kompanie Pfannkuchen, die in unserer Küche gebacken worden sind.

Jetzt ist alles wieder tief verschneit.

9.4.1917 Der Sturm hat nachgelassen — starker Schneefall. Wir sind wieder mitten im Winter. Es schneit so, dass man keine 10 Schritte weit sehen kann.

13.4.1917 Windig, aber warm und sonnig. Heute Nachmittag fingen auf einmal die Russen an zu winken und unsere Leute winkten wieder. Auf beiden Seiten zeigte man sich immer mehr und zuletzt stand alles frei auf der Deckung. Dann kamen ganze Russentrupps an unser Hindernis, wo Brot und Zigarren ausgetauscht wurden, ferner „Milo" (Seife) gegen „Wutki" (Schnaps). Überall auf den Felskuppen und auf dem Namenlosen Berg standen beide Parteien und winkten — heute ist nämlich russisches Ostern. Wir haben heute früh Befehl bekommen, bis auf Weiteres nur noch im Fall eines feindlichen Angriffs zu schießen. Als dann einige russische Granaten und Schrapnells ankamen, hörte die Verbrüderung schnell wieder auf und alles verschwand wieder in den Gräben.

14.4.1917 Vormittag schönes Wetter. Seit früh steht wieder alles auf beiden Seiten auf Deckung. Meine ganze Kompanie sammelt vor den Gräben die zu vielen Tausenden herumliegenden abgeschossenen Patronenhülsen, die an die Altmaterialsammelstelle abgegeben werden.

Nachmittag heftiger Wind und Regen.

15.4.1917 Früh verteilen wir an die Russen eine Anzahl Flugblätter in russischer Sprache, die uns geliefert worden sind und in denen steht, dass wir uns nicht in ihre inneren Angelegenheiten mischen würden usw. Ebenso schicke ich am Nachmittag noch einen russischen Brief hinüber.

Anscheinend herrscht der gleiche Waffenstillstand auf der ganzen Ostfront. Wenn jetzt unsere Diplomaten nicht wieder versagen, dann haben wir die besten Aussichten auf Frieden mit Russland. Wenn wir dann einige der vielen freiwerdenden Korps nach Tirol werfen, dann schließen auch die Italiener sofort Frieden. Was wollen dann die Franzosen und Engländer gegen uns ausrichten, wenn wir unsere jetzt an der Ostfront gebundenen Millionen freibekommen? Meiner Meinung nach sollte man jetzt den Russen in jeder Beziehung entgegenkommen und ihnen womöglich noch Galizien und die Bukowina und einen Teil von Rumänien geben. Wir können uns dann an den Franzosen und Engländern doppelt schadlos halten. Die traurigen Österreicher mögen ruhig etwas hergeben. Jedenfalls haben die Russen den Krieg sehr satt. Wir hoffen also das Beste.

Es fällt kein Schuss. Alles läuft frei herum; nur wenn zu viele Russen auf unserer Seite stehen, gibt die russische Artillerie ein paar Warnungsschüsse ab, weil man wahrscheinlich befürchtet, dass Leute überlaufen.

‚Russen besuchen uns auf dem Stajki'.

17.4.1917   Vormittag warm und sonnig. Nachmittag wird es plötzlich trüb und kalt — schwacher Wind. Der Waffenstillstand hält immer noch an. Die Russen kochen ihren Tee außerhalb der Gräben, weil diese wahrscheinlich voll mit Wasser sind.

18.4.1917   Schöner sonniger Tag — tiefster Frieden. Wir haben den Russen mitgeteilt, dass wir sofort die Feindseligkeiten wieder eröffnen werden, wenn ihre Artillerie nochmals schießt. Seitdem ist bei uns vollständige Ruhe.

‚Ein verdeckter Beobachtungsstand, aus dem ich täglich auf die tief unter uns liegenden Russen geschossen habe – 18.4.1917'.

‚Blick von der Südkuppe des Namenlosen Berges auf die von den Russen besetzte Nordkuppe. Im Vordergrund ist unser Drahthindernis; im Hintergrund die Berge bei Zabie. Auf der Kuppe sieht man ganz klein ein paar Russen – 18.4.1917'.

20.4.1917 Heute gibt es Schweineleber. Jede Kompanie hatte nämlich 2 halbwüchsige Schweine bekommen, die mit den Küchenabfällen gefüttert werden sollten. Anscheinend aber konnten die Tiere die Höhenluft nicht vertragen und wir mussten sie schlachten.

23.4.1917 Heute gebe ich die Hälfte meiner Stellung, den sogenannten „Feldherrnhügel", an die 1. Kompanie ab und übernehme die Hälfte des Namenlosen Berges; also den bisher von Österreichern besetzten Abschnitt. Wir haben allen wichtigen Geländepunkten Namen gegeben. Es gibt da einen ‚Feldherrnhügel', einen ‚Ziegenrücken', ‚Braune Erde', die ‚Kramer-Nase' (es ist dies ein Felsen, der große Ähnlichkeit mit dem Kopf von Leutnant Kramer hat) und den ‚Steißtrommlerfelsen', so genannt, weil dort ein Zugführer, der Lehrer ist, seinen Unterstand hat.

‚Die Kramer-Nase – eine zum Stützpunkt ausgebaute Felsgruppe in meiner Stellung. Im Vordergrund ist ein angefangener Schützengraben. Der Felsen sieht aus wie 2 hintereinander befindliche Gesichter'.

24.4.1917 Früh haben wir die alten österreichischen verlausten Buden abgerissen und sind jetzt beim Ausschachten für meinen neuen Unterstand, der ganz tief in die Felsen hinterm Namenlosen Berg hineingebaut wird.

27.4.1917 Sonnig, aber sehr scharfer kalter Wind. Der Platz zu meinem Unterstand ist fertig ausgesprengt. Heute werden die großen 30cm starken Stütz- und Tragbalken aus dem Wald 300 Meter hoch heraufgeschleppt.

‚Beim Bau meines neuen Unterstandes am Namenlosen Berg'.

‚Unterstand einer M.G-Bedienung auf dem Namenlosen Berg. Links oben Offiziersunterstand der 6. Jäger'.

‚Eins meiner Blockhäuser am Namenlosen Berg'.

Rechts: ‚Blockhäuser des mittleren Minenwerfers zwischen Stajki und dem Namenlosen Berg'.

Links: ‚Unser Drahthindernis an der Kramer-Nase – April 1917'.

Rechts: ‚Während des Blockhausbaus'.

Links: ‚Nugel vor der Mine'.

Rechts: ‚Blockhaus Kilian am Feldherrnhügel'.

28.4.1917 Seit gestern Nachmittag wütet ununterbrochen ein ganz toller Schneesturm. Heute Vormittag war es ganz furchtbar. Ich war mit Hauptmann von Gräffendorff auf dem Namenlosen Berg. Nach einer halben Stunde waren wir halb erstarrt. Der kommt so bald nicht wieder.

30.4.1917 Früh bei heftigem kaltem Sturm bin ich ins Tal gelaufen und nach Szybeny geritten, wo das schönste warme Sommerwetter ist und kein Schnee liegt. Ich bin am Nachmittag 1 Stunde im Czermosztal aufwärts nach Borkut zum Zahnarzt geritten. Die Wege sind in einem unbeschreiblichen Zustand. Wo kein Knüppeldamm ist, versinkt man bis über die Knie in großen Schlamm- und Wasserlöchern. Reiten ist direkt lebensgefährlich.
Am Abend, langausgedehnte Maifeier im Kasino in Szybeny.

1.5.1917 Früh bei schönstem warmen Tauwetter wieder in Stellung. Am Abend gibt Nugel eine Bowle, weil er die 2. Kompanie bekommen hat.

2.5.1917 Schönes warmes Wetter. Infolge der Schneeschmelze sehr nass. Seit gestern schießt die russische Artillerie ziemlich viel; mit der Infanterie dagegen leben wir immer noch im tiefsten Frieden.

3.5.1917 Nebel und Schnee — es ist wieder kälter geworden. Mit den Russen leben wir immer noch im tiefsten Frieden. Jeden Morgen kommen welche durch den dicksten Schnee an unser Hindernis und holen sich russische Zeitungen (von uns für die gefangenen Russen gedruckt), Schnaps, Tabak usw. Kürzlich ist einer am Namenlosen Berg so mit Schnaps vollgefüllt worden, dass er wie leblos den steilen Hang hinunterrollte. Nur die Artillerie schießt manchmal.
Mein neues Haus ist fertig und ist auf den Namen „Haus Gudrun" getauft worden. Das Schild wird schon gemalt. *(Gudrun ist Alexanders Tochter)*

4.5.1917 Wunderbarer, sonniger Tag. Von 10 bis 12 Uhr mittags beschießt uns die russische Artillerie ziemlich stark.

‚Der Smotrez vom Namenlosen Berg gesehen. Man sieht nur das oberste Drittel des riesigen Berges – 5.5.1917'.

7.5.1917 In der Nacht starker Schneefall. Am Tag ist wieder sehr schönes Wetter. Die Russen geben bei uns Flugblätter ab, in denen sie uns zur Verbrüderung und Abschaffung der Monarchie auffordern.

8.5.1917 Sehr schöner Tag. Unser neuer Regimentskommandeur Major von Bünau sah sich heute die Stellung an. Gerade als wir auf dem Namenlosen Berg waren, war ziemlich starkes russisches Schrapnellfeuer.

‚Der Skoruszny (1566 Meter) vom Namenlosen Berg gesehen – 9.5.1917'.

‚Blick vom Namenlosen Berg nach Süden in Richtung Szybeny – 9.5.1917'.

15.5.1917 Früh weit rechts von uns heftiges Artilleriefeuer. Gegen Abend ist bei den Russen eine große Volksversammlung. Einer hielt eine große Rede. Man konnte ihn bis zu uns hören. Wahrscheinlich war es ein Deputierter aus Petersburg.

17.5.1917 Richtiges Himmelfahrtswetter. Bei uns herrscht immer noch Waffenruhe, was von allergrößtem Vorteil ist, denn die Riesenmengen Munition, die dadurch an der Ostfront gespart werden, kommen dem Westen zugute.

Früh halb 7 bin ich mit Leutnant Nugel über die große Latschenmulde auf den Smotrez geklettert, wo es einen ganz merkwürdigen Eindruck macht, wenn man vom vordersten Graben aus die Russen auf nur 20 Meter Entfernung unter sich sieht. Als ich ihnen mit dem Apparat winkte, stellten sie sich grinsend zum Fotografieren in Positur.

‚Russen auf dem Smotrez – 17.5.1917'.

Dann gingen wir immer auf dem langen Kamm entlang, teilweise durch einen Schneetunnel, den die Österreicher durch den viele Meter dicken Schnee gegraben haben, weil ihnen der Zugang zu den Gräben immer wieder zugeweht wurde. Auf dem Gipfel des 2026-Meter hohen Pip Ivan war es herrlich. Wir haben über eine Stunde dort in der Sonne gelegen und die wundervolle unbegrenzte Rundsicht bewundert. Sogar die Riesenberge der siebenbürgischen Karpathen waren zu sehen. Den Abstieg machten wir uns sehr bequem, denn wir haben uns einfach auf unsere Lederhosen gesetzt und sind wie die geölten Blitze die steilen Schneefelder ins Pohorylectal abgefahren. Vom Bülowplatz aus (*ein lokales Wahrzeichen*) sind wir dann wieder hinauf in unsere Stellung geklettert, wo wir 2 Uhr nachmittags wieder ankamen. Es war eine herrliche Himmelfahrtspartie.

Mein neues Blockhaus ist das schönste, das ich bisher gebaut habe. Mein Zimmer ist mit weißen Schindeln getäfelt; sogar einen richtigen Waschtisch habe ich mir tischlern lassen. Auch habe ich ein richtiges Fenster zum Aufmachen und mit Fensterladen und davor einen Schreibtisch. Draußen auf der Veranda mit Geländer ist auch eine Bank mit Tisch.

Himmelfahrt

Als ich zum ersten Mal von Alexanders Abenteuer am 17.5.1917 las, stellte ich mir vor, wie viel Spaß er an diesem Tag mit seinen Freunden gehabt hätte. Zu unserem Glück machte er an diesem einzigen Tag ein Dutzend Fotos für uns zu sehen und beschrieb die Ereignisse auf der Rückseite schriftlich. Hier sind sie in der richtigen Reihenfolge:

‚Aufstieg zum Smotrez (1900 Meter). Vorn, Leutnant Nugel – 17.5.1917'.

‚Smotrez – Blick auf den nur 20 Meter entfernten russischen Graben mit einigen Russen'.

‚Blick vom Smotrez auf den Stajki. Links davor der Doppelrücken des Namenlosen Berges (rechts deutsch, links russisch); dahinter der Skoruszny; ganz hinten die Skupowa'.

‚Blick vom Smotrez auf den Pip Ivan'.

‚Der Gipfelfelsen des Smotrez'.

‚Kammwanderung vom Smotrez zum Pip Ivan – Rückblick auf den Smotrez'.

‚Blick vom Pip Ivan auf den Namenlosen Berg'.

‚Blick vom Pip Ivan auf den Stajki'.

‚Blick vom Pip Ivan nach Nordwesten in Richtung Koverla (2058 Meter)'.

‚Beobachtungsstand der Gebirgsartillerie auf dem Pip Ivan'.

‚Blick vom Pip Ivan nach Südwesten. Der lange Rücken links ist der Mihailecul; rechts daneben der weiße Gipfel der Farcaul; nördlich Leordina'.

„Auf dem Gipfel des Pip Ivan (2026 Meter). In der Mitte Leutnant Nugel – 17.5.1917".

19.5.1917 Nachmittags bei leichtem Regen hinunter ins Tal zum Regimentskasino zu einem Abendessen. Es waren unter anderem da Prinz Joachim Albrecht von Preußen und der Erbprinz von Hohenzollern-Sigmaringen. Im Kasino übernachtet. Der Regimentsadjutant sagte mir bei dieser Gelegenheit, dass ich Mitte April zum Wilhelm-Ernst-Kreuz eingegeben worden bin.

Hinweis: Das Wilhelm-Ernst-Kriegskreuz ist eine Auszeichnung des Großherzogtums Sachsen-Weimar-Eisenach, die für außergewöhnliche militärische Tapferkeit verliehen wird. Der Empfänger muss Träger des Eisernen Kreuzes zweiter und erster Klasse sein und ist berechtigt, wenn er Bürger des Großherzogtums ist. Nur 366 davon werden jemals verliehen, darunter auch Alexander.

20.5.1917 Vormittag bei schönstem warmem Wetter in zweieinhalb Stunden wieder hinauf in Stellung. Nachmittag Sturm, Gewitter und Regen.

23.5.1917 Fortwährend kommen Russen an unser Hindernis und wollen Schnaps und Tabak haben. Ich habe schon mehrere Stücke Seife eingetauscht, die ich nach Hause schicke. Unsere Leute kennen manche schon beim Namen und lernen Russisch; zum Beispiel: „Milo" — Seife; „Mir" — Frieden; „Dobre" — Gut. Es ist ganz merkwürdig, wie schnell sie sich mit ein paar Worten verständigen. Jedenfalls ist die Freundschaft groß und es macht viel Spaß zuzusehen. Ich habe einige fotografiert und ihnen die Bilder geschenkt, vorüber sie ganz glücklich waren.

‚Russen von Regiment 665 kommen zum Tauschhandel an unser Hindernis. Für Seife und Zucker bekommen sie Schnaps und Tabak'.

Die Russische Revolution

Wie Sie vielleicht bemerkt haben, bricht die Moral und die allgemeine Organisation der russischen Armee zusammen. Die Truppen meutern, erleiden beständig schwere Verluste, und im eigenen Land scheinen sich bedeutende Ereignisse abzuspielen. Der Grund hierfür liegt vor allem in den Ereignissen rund um die Februarrevolution, die vom 23. Februar bis zum 3. März (Julianischer Kalender) stattfand. Dies war die erste von zwei Revolutionen, die 1917 in Russland stattfanden. Vor der Revolution war Russland eine Autokratie, in der Zar Nikolaus II. die absolute Macht innehatte. Im Vergleich zu anderen Ländern waren die Strukturen der Wirtschaft, der Gesellschaft und der Politik jedoch eher unterentwickelt. Obwohl die Revolution auf dem Höhepunkt des Ersten Weltkriegs ihren Ausdruck fand, reichen ihre Ursprünge bis zur Revolution von 1905 zurück. Auslöser war das Versagen des Staates, das Land zu modernisieren und das Leben seiner Bürger zu verbessern. Diese Probleme führten damals zu Protesten, Unruhen, Streiks und Militärmeutereien, die zu einigen Reformen führten. Diese Ereignisse würden jedoch die Zukunftsaussichten und die Stimmung des durchschnittlichen Russen prägen.

Beim Ausbruch des Krieges im Jahr 1914 unterstützten die meisten Russen den Krieg, und fast alle politischen Abgeordneten stimmten für den Kriegseintritt. Dies hat tatsächlich zu einer Wiederherstellung des Nationalismus beigetragen und sogar die inneren Unruhen etwas eingedämmt. Mit Fortschreiten des Krieges gerieten die Infrastruktur und die Wirtschaft des Landes zunehmend in Bedrängnis und waren militärisch dem industrialisierten Deutschland nicht gewachsen. Die russische Armee hatte zwar einige Erfolge, wie etwa mit der Brussilow-Offensive im Jahr 1916, erlitt jedoch auch einige entscheidende Niederlagen; insbesondere die Schlacht bei Tannenberg im Jahr 1914, die Schlachten an den Masurischen Seen und der Verlust des russischen Polen. Bis Januar 1917 hatte Russland fast sechs Millionen Opfer zu beklagen. Die russische Moral erreichte aus all diesen Gründen einen deutlichen Tiefpunkt, und Meutereien wurden zur Normalität. Auch die neu ernannten Kommandeure und Offiziere waren inkompetent, und die Armee war unzureichend versorgt. Man könnte sagen, die Lage führte zum Chaos.

Zu Hause zeichnete sich eine Hungersnot ab und die Produktion wurde aufgrund des überlasteten Eisenbahnnetzes eingeschränkt. Auch Flüchtlinge aus dem von Deutschland besetzten Russland kamen zu Millionen, was die Lage noch zusätzlich belastete. Die Industrie des

Landes brach zwar nicht zusammen, hatte aber große Probleme, und die Löhne konnten bei steigender Inflation nicht aufrechterhalten werden. Da die Bevölkerung ihr Vertrauen in das zaristische Regime verlor und die allgemeine Unzufriedenheit zunahm, begannen am 18. Februar in Petrograd (St. Petersburg) die ersten großen Proteste, gefolgt von weiteren wachsenden Streiks und Demonstrationen gegen die Regierung und den Krieg. Am 23. entwickelten sich daraus Massenunruhen, und trotz des Versammlungsverbots versammelten sich bis zu 250.000 Menschen auf den Straßen Petrograds. Die Zusammenstöße arteten häufig in Gewalt aus und viele der zur Kontrolle der Menschenmengen entsandten Soldaten stellten sich sogar auf die Seite der Demonstranten. Im weiteren Verlauf der Ereignisse dankte Zar Nikolaus II. am 2. März (Julianischer Kalender) ab und beendete damit nach fast 500 Jahren das zaristische Regime. Für die Russen ging der Krieg jedoch weiter. Angesichts dieser Ereignisse ist es offensichtlich, warum die Russen nun endgültig die Hoffnung aufgeben. Alexander erfährt nun direkt zum ersten Mal, wie diese Männer, gegen die er ununterbrochen gekämpft hat, unter anderen Umständen seine engen Freunde sein könnten. Doch egal, was wir, Alexander oder die Soldaten denken — „Der Krieg Muss Weitergehen."

10

24.5.1917   Wundervolles Wetter. Vormittag von 10 bis 11 schießen die Russen wie verrückt mit Granaten und Schrapnells auf den Namenlosen Berg und beschädigen meinen vordersten Graben ziemlich stark durch mehrere Volltreffer.

‚Mein Unterstand in 1750-Meter Höhe auf dem Namenlosen Berg – 25.5.1917'.

‚Unsere Schützengräben müssen in die Felsen gesprengt werden – Pioniere beim Bohren der Sprenglöcher – 25.5.1917'.

‚Der von Schützengräben durchzogene Stajki vom Namenlosen Berg gesehen. Im Vordergrund ein Teil meiner Stellung – 25.5.1917'.

27.5.1917   Schönes Wetter. Da die Russen wieder mit Artillerie den Namenlosen Berg beschießen, fordere ich Vergeltungsfeuer an, worauf unsere 10cm und 15cm Haubitzen die Nordkuppe beschießen.

Bei mir wird jetzt mit Druckluft in den Gräben und bombensicheren Felshöhlen gebohrt. Dazu habe ich einen Benzinmotor, Kompressor, Bohrmaschine, einen Sprengmeister, 8 ungarische Bergleute und mehrere Pioniere; außerdem sind bei mir noch mindestens 20 Jäger mit Bohren und Sprengen beschäftigt. Den ganzen Tag kracht es, als ob meine Stellung schwer beschossen würde. Das Anlegen von Schützengräben im Gebirge ist zu mühsam. Alles muss in die Felsen gesprengt werden.

‚Großes Pfingstsonntag – Konzert ausgeführt in 1700-Meter-Höhe von der Karpathen-Kapelle der 3. Komp. Kurhessisches Jäger-Bataillon 11 – 27.5.1917'.

28.5.1917   Vormittag schönes Wetter. Da die Russen auf den Stajki schießen, geben unsere 10cm Haubitzen 18 Schuss auf die Nordkuppe ab. Wie uns die Russen selbst erzählen, haben sie gestern 7 und heute 5 Tote gehabt. Wir dagegen hatten keine Verluste.

Am Nachmittag, Gewitter und Regen.

30.5.1917   Sehr schönes Wetter. Da uns die russische Artillerie stark beschießt, fordere ich wieder Vergeltungsfeuer an, was diesmal noch stärker und besser ausfällt wie gestern. Es war eine ziemlich heftige Kanonade, zumal die Russen lebhaft antworteten.

31.5.1917   Schönes Wetter. Am Nachmittag wie immer infolge entfernter Gewitter, schwacher Regen. Die russische Artillerie ist heute sehr ruhig; nur gegen Abend ein paar Schrapnells über den Namenlosen Berg.

3.6.1917   Seit heute blühen die Alpenrosen. Nachmittag starker Regen. Die Russen beschießen den Smotrez, darauf das übliche Vergeltungsfeuer.

6.6.1917   Der Divisionsgeneral, Seine Exzellenz, Generalleutnant Boess, besichtigt die Stellung des Bataillons. Zu mir ist er aber nicht gekommen, denn gerade an der Kompaniegrenze schwenkte er ins Tal ab. Der Namenlose Berg scheint einen sehr schlechten Ruf zu haben. Keiner der höheren Vorgesetzten getraut sich hinauf.

Nachmittag heftiger Sturm bei sonst schönem Wetter. Die russische Artillerie ist ruhig.

11.6.1917 Abends heftiges Schrapnellfeuer auf den Stajki. Auf dem Rückweg vom Unterricht in der Lichtsignalstation mussten wir daher sprungweise durch die Stajkimulden vorgehen.

16.6.1917 Nebel und Regen — scheußliches Wetter. Am Abend Nachricht, dass ich auf 14 Tage ins Erholungsheim ‚Trebusa' komme.

17.6.1917 Früh 4 Uhr bei Nebel und Regen aus der Stellung weg und in 7 Stunden bis zum Kopilasfuß gelaufen, was bei den durch den dauernden Regen grundlosen Wegen gerade kein Vergnügen war. Dann im Auto bis Ruszpolyana, wo ich übernachte. Sehr warm — Gewitterregen.

18.6.1917 Den ganzen Tag in Ruszpolyana. Sehr heiß — alle Augenblicke Gewitterregen. Abends Feldkino. Hier ist eine ganz andere Natur; auf der Kriegsseite des Kopilas nur Nadelwälder, dagegen hier auf der Etappenseite ist alles ein großer Buchenwald. Dabei ist auf dieser Seite eine tropische Hitze, während es drüben bei uns in den letzten Tagen recht kalt war.

Von einer alten Postkarte – Der südwestliche Fuß des Kopilas

19.6.1917   Früh mit der Feldbahn nach Leordina und weiter mit der Bahn über Visovölgy nach Station Erdesvölgy; mit der Fähre über die Theiß *(Fluss)* und in 15 Minuten zum Erholungsheim, das wundervoll im Theißtal inmitten unendlicher Buchenwälder liegt. Es war früher das Jagdhaus irgendeines Erzherzogs, wurde von den Russen ziemlich verwüstet und ist jetzt wieder einfach vorgerichtet. Wir sind hier 18 Offiziere vom ganzen Karpathenkorps, und 3 Schwestern, die die Sache leiten; darunter die Tochter des kommandierenden Generals, die aber augenblicklich krank ist, und die 20-jährige hübsche Tochter eines Obersts. Die Verpflegung ist tadellos und ich habe ein sehr hübsches Einzelzimmer bekommen.

Tropische Hitze. Nachmittags ist fast immer Gewitter mit starker Abkühlung. Man kann hier den ganzen Tag machen, was man will; auf die Jagd oder spazieren gehen, angeln oder was man sonst will. Das Heim hat nur den einen Fehler, dass es hier allmählich langweilig wird, da man nur wenig Touren machen kann, denn die Berge sind fast weglos, sehr steil und meist bis oben hin bewaldet, so dass man keine Aussicht hat. Mehrmals war ich auf dem Polonski (1094 Meter), Tempa (1091 Meter) und Menczul (1242 Meter). Meist ist es aber so heiß, dass man gar keine Lust hat, sich zu bewegen.

Urlaub in Trebusa

‚Offizierserholungsheim des Karpathenkorps'.

‚Blick auf den Park des Erholungsheim'.

‚Schwester Erna und Schwester Käte'.

‚Unsere Hauptbeschäftigung'.

‚Unsere Abfahrt aus dem Erholungsheim – 4.7.1917'.

‚Mit der Kleinbahn von Leordina nach Ruszpolyana – 4.7.1917'.

4.7.1917 Nach dem Mittagessen, mit dem Wagen nach Visovölgy gefahren; Bahn nach Leordina, Kleinbahn nach Ruszpolyana, wo ich übernachte.

5.7.1917 Mit dem Auto bis zum Kopilasfuß und zu Fuß über den Kopilaspass bis Szybeny.

6.7.1917 Starkes Artilleriefeuer. Am Nachmittag mit dem Wagen ins Pohorylectal, den ich aber bald zurückschicken musste, da das Tal stark mit Granaten beschossen wurde. Dann zu Fuß weiter, weil man da schneller vorwärtskommt, denn mit dem Wagen kann man auf den Knüppeldämmen nur Schritt fahren, und dann kann man sich auch sofort hinwerfen, wenn eine Granate angesaust kommt. Ich bin auch glücklich wieder in Stellung gekommen. Es war gemeldet worden, dass die Russen vom Jablonikapass oder Tartarenpass bis zur Ludowa trommeln und abends angreifen wollten. Bei uns hat man darüber gelacht und die armen Kerle bedauert, denn unsere Berge sind ja allmählich die reinen Festungen geworden. Die Nacht verlief aber ohne Störung. Wahrscheinlich hat sich die russische Infanterie geweigert, vorzugehen. Es ist jetzt aber viel lebhafter geworden wie bisher. Vor meiner Kompanie ist der Gegner noch friedlich, aber rechts und links von mir knallt es dauernd.

Eben sitze ich auf meiner Veranda und schreibe und dauernd sausen die Granaten und Schrapnells über mich weg. Hinter meinem Felsen können sie mich aber nicht erreichen. Während ich weg war, habe ich schon wieder einen anderen Abschnitt bekommen. Ich habe den Namenlosen Berg abgegeben und habe denselben Abschnitt wieder wie vorher, also die große Mulde zwischen Stajki und Namenlosen Berg. Meinen schönen Unterstand habe ich zum Glück behalten. Hier oben ist gleich ein anderes Wetter; Regen, Nebel und ziemlich kühl, so dass ich früh und abends heizen muss, zumal ich durch die tropische Hitze im Erholungsheim etwas verwöhnt bin. Bei uns oben ist es jetzt auch grün geworden und man sieht nur noch einzelne Schneeflecke.

15.7.1917 Seit gestern Abend ist wieder heftiger Sturm, dichter Nebel und Regen. Mit der Jagd ist hier nicht viel los, denn wo täglich Hunderte von Granaten, Schrapnells und Minen platzen, kann man es dem Wild nicht übelnehmen, wenn es ruhigere Gegenden aufsucht. Vor kurzem hat aber ein Posten der 6. Jäger ganz in der Nähe meines Unterstandes einen Rehbock geschossen und der Feldwebel der 1. Kompanie dicht hinter der Stellung einen Bären. In allernächster Zeit bekommen wir das Karpathenabzeichen verliehen, welches vorn an der Mütze zwischen den Kokarden zu tragen ist.

Ein Karpathenbär und Feldwebel Dinter – Sommer 1917

19.7.1917 Schönes Wetter, aber heftiger kalter Wind. Gestern und heute kein Artillerieschuss. Nachmittags und die Nacht durch ist ein sehr starker Sturm und Regen.

20.7.1917 Schönes Wetter, aber sehr stürmisch. Abends Gewitterregen. Im Anschluss an den großen Durchbruch nördlich von uns bei Tarnopol werden Patrouillenunternehmungen befohlen. Die 6. Jäger hatten eine solche in größerem Maß gegen die Nordkuppe des Namenlosen Berges nachts 3 Uhr vor, die aber ein voller Misserfolg war, indem sie durch eigenes Artilleriefeuer und Minen 15 bis 18 Tote und Verwundete hatten und nichts erreichten. Vielleicht gehen die Russen bei uns freiwillig zurück, worüber wir gar nicht bös wären, denn dann kämen wir aus unserer Wildnis heraus in belebtere Gegenden. Noch einen zweiten Winter hier oben mit seinen ewigen Schneestürmen möchte ich nicht mitmachen. Bei uns will es nicht Sommer werden.

11

23.7.1917 Nebel und toller Sturm. Bei uns ist etwas im Gange — Teile der 20. und 5. Jäger sind herausgezogen, die 8. Gebirgsbatterie ist von der Czorna Hora weg, neue Truppen sind im Anmarsch, unsere Feldküchen sind über den Kopilas vorgezogen, alle Kolonnen fahren ununterbrochen Munition, und der Urlaub ist gesperrt. Alles deutet auf einen Vorstoß in der Gegend der Baba Ludowa hin, wahrscheinlich in Richtung Kuty-Wischnitz-Czernowitz im Zusammenwirken mit unserem Angriff nördlich bei Tarnopol. Links von uns sind die Russen beim Jablonikapass schon zurückgegangen. Wir werden also am längsten hier gewesen sein.

Gegen Abend wird die Gebirgs-M.G-Abteilung vom Namenlosen Berg weggezogen.

24.7.1917 Wetter wechselnd schön und trübe. Unsere Pioniere werden herausgezogen. Seit heute ist das Gewehrfeuer auf die Russen wieder eröffnet.

Der heftige Sturm hält ununterbrochen an.

25.7.1917 Die Russen gehen zurück. Wir haben die geräumten Stellungen besetzt. Überall in den Tälern brennt es; bis hinter Zabie eine Rauchwolke nach der anderen. Die Russen sprengen anscheinend alle Übergänge und brennen alle Häuser nieder. Wir werden bald folgen.

Rechts von uns an der Baba Ludowa heftiges Artilleriefeuer. Bei uns ist alles alarmiert — fieberhafte Tätigkeit. Schönes, windstilles Wetter. Die russischen Stellungen sind so minderwertig und in einem so schauderhaften Zustand, dass man sich nur wundern kann, wie sie es im Winter da ausgehalten haben. Von solchen Blockhäusern, wie wir sie allgemein haben, keine Spur.

Am Nachmittag, halb 4 Abmarschbefehl. Wir marschieren über den Skoruszny bei regnerischem Wetter ins Czeremosztal, wo wir wieder über die kläglichen Unterkünfte der Russen staunen. Dann über den Czeremosz und erreichen 10 Uhr abends in stockfinsterer Nacht den befohlenen Punkt (1036 Meter) südwestlich Höhe Kreta, wo wir große Lagerfeuer anzünden und teils an diesen liegend, teils in Zelten übernachten. Es war die höchste Zeit, dass wir ankamen, denn dadurch, dass man das Marschieren nicht mehr gewohnt ist, und durch das sehr schwere Gepäck, waren meine Leute vollständig erledigt.

'Meine Kompanie auf dem Vormarsch zur Bukowina im Czeremosztal'.

26.7.1917 Früh 7 Uhr Aufstieg zum Kretarücken, wo wir auf unsere 4. Kompanie treffen. Bewölkt, aber fast immer schönes Wetter. Rechts und links zeitweise Gewehrfeuer. Einige gewaltige Sprengungen sind zu hören; wahrscheinlich sprengen die Russen Brücken.

Nachricht kommt, dass Baba Ludowa, Skupowa, Kreta, Zabie und Stepanski genommen sind. Wir haben bisher im Bataillon kein Gefecht. Die anderen 3 Kompanien gehen am Nachmittag weiter östlich gegen den Bialy Czeremosz vor. Ich bleibe als Reserve beim Stab auf dem Berg Kreta.

27.7.1917 Früh 8 Uhr Abmarsch in nordöstlicher Richtung durch eine herrliche Gegend. Überall sind große Ruthenenhäuser und auf den Almen Menge Vieh. Die Ruthenen sind sehr freundlich und bringen uns unaufgefordert Milch. Unten im Tal treffen wir mit den anderen Kompanien wieder zusammen.

Weitermarsch des Bataillons im Zabietal. Dort sieht es bös aus. Die Russen haben versucht, die großen Holzbrücken zu sprengen, was ihnen aber nicht ganz gelungen ist. An den Pfeilern hängen zurzeit noch die Sprengkörper mit Zündschnur. Alle größeren Häuser sind verbrannt, jedoch nur die Judenhäuser, während die Ruthenenhäuser unversehrt sind.

‚Am Berge Kreta bringen uns die Ruthenen Milch'.

    Wir marschieren im Czeremosztal abwärts über Krzyworownia bis Jasienow, wo wir biwakieren. Diese Ortschaften bestehen aus weit verstreuten Einzelhäusern und sind daher bei der Enge des Tals viele Kilometer lang — schöne Holzkirchen. Überall sind die Judenhäuser verbrannt.

Wir kommen an der Brandstätte eines großen Munitionslagers vorbei, mit einem riesigen Explosionstrichter. Ringsum verstreut sind Unmengen von explodierten Kartuschen, Minen, Handgranaten usw.

Hier gibt es überall Milch und Butter für wenig Geld. Es ist gleich eine ganz andere Gegend als wie in unserem einsamen, wilden Hochgebirge — wenn nur die sehr anstrengenden Märsche nicht wären. Schönes, etwas bedecktes Wetter. Viel Staub.

28.7.1917 Früh 7 Uhr Weitermarsch des Bataillons am Zusammenfluss des Bialy und Czarny Czeremosz vorbei weiter talabwärts. Bei Usie Putilla auf einer halbgesprengten Brücke aufs andere Ufer nach Marenicze, wo Mittagspause — sehr heiß, staubig und anstrengend. Wir fühlen nach der gewohnten Kälte des Hochgebirges diese drückende Hitze jetzt doppelt. Hier treffen wir auf das Jäger-Regiment 5 (Jägerbataillon 17, 18 und 23) und Jägerbataillon 5.

Am Nachmittag weiter über Bialobereczka nach Rostoki, wo wir abends eintreffen und Zelte aufschlagen. Es war ein sehr heißer, anstrengender Tag. Hinter Rostoki sehen wir die ersten Schrapnells wieder platzen und hören Gewehrfeuer. Hier gratuliert mir der Regimentskommandeur zum sächsischen Wilhelm-Ernst-Kriegskreuz.

29.7.1917   Die Russen halten den Höhenrücken, der von Rostoki nach Südost zieht. Die ganze Nacht lebhaftes Gewehrfeuer. Am Nachmittag ist unsere Artillerie heran und fängt an zu feuern. Gegen Abend stürmt das 5. Jägerbataillon diese Höhen bis auf einige Kuppen.

Die ganze Nacht wieder starkes Gewehrfeuer. Mitten im schönsten Schlaf halb 12 nachts werden wir alarmiert.

30.7.1917   Nachts 12 Uhr Abmarsch auf dem westlichen Ufer des Czeremosz abwärts. Da die Russen von den bereits erwähnten Kuppen aus die Straße unter Feuer halten können, müssen wir im Dunkel der Nacht vorbeimarschieren, was auch gelingt. Dann wieder aufs östliche Ufer und gegenüber Rozen Wielki auf steilen Ruthenenpfaden bei großer Hitze hinauf auf den 800-Meter hohen Gebirgszug, wo wir 9 vormittags eintreffen. Der geplante Angriff wird hinfällig, da die Russen schon vorher verschwinden. Dann steil und anstrengend wieder hinunter nach Wischnitz, wo wir 12 Uhr mittags eintreffen.

Nachmittag 4 Uhr bei drückender Hitze und großem Staub weiter auf der Straße nach Berhometh, die über eine große Hochebene führt. Abend nach 8 Uhr biwakieren wir einige Kilometer vor Berhometh, wo große Rauchwolken und Feuerschein zu sehen sind. Sehr anstrengender Tag — wie ein Toter geschlafen.

31.7.1917   Von früh 5 Uhr ab sind wir schon wieder marschbereit und marschieren ins Serethtal nach Berhometh, wo wir bis Mittag bleiben und stark mit Schrapnells, schweren Granaten und M.G-Feuer beschossen werden. Am Nachmittag werden wir zum Angriff auf die Höhen zwischen Berhometh und Mihova angesetzt. Als ich nach anstrengendem, sehr heißem Marsch an meinem Angriffspunkt anlange, sind die Russen eben verschwunden — Wir hinterher durch Mihova, an der brennenden Serethbrücke vorbei in Richtung Moldauisch

Banilla. Auf der Höhe bekommen wir starkes Gewehrfeuer. Nach kurzem Schießen mit unseren Maschinengewehren verschwindet der Russe. Meine Kompanie erbeutet eine Artillerieprotze mit 75 Schuss Artilleriemunition.

Als wir im Dorfe Mega ankommen, wird es gerade dunkel und ich steige in einem Huzulenhaus ab. Nur kurze Zeit konnte ich im Freien auf einem Heuhaufen schlafen, da dauernd Meldungen ankamen oder zu machen waren und meine vorgeschobenen Sicherungen mehrmals scharfes Feuergefecht mit den kurz vor uns an der Straße liegenden Russen hatten. Meine Leute sind vollkommen erschöpft und überanstrengt. Seit Tagen nur wenig Schlaf und Verpflegung, dafür endlose anstrengende Märsche bei großer Hitze. Die Einwohner sind glücklich, dass die Deutschen da sind. Unaufgefordert bringen sie Milch und Maiskuchen. Leider hatte meine Kompanie heute 5 Verwundete.

‚Huzulen in Mega (Bukowina)‘.

Hinweis: Die Huzulen sind eine ostslawische ethnische und kulturelle Gruppe, die in den Karpaten zwischen der heutigen Ukraine und Rumänien lebt. Sie sprechen einen sogenannten ukrainischen Dialekt mit polnischen Einflüssen.

1.8.1917   Früh 6 Uhr geht meine Kompanie wieder als vorderste gegen Moldauisch Banilla vor — furchtbare Hitze. Die Huzulen errichten für uns Ehrenpforten und verteilen Blumensträuße. Fast durchweg bildhübsche Gesichter. Wie immer haben die Russen auf ihrem Rückzug alles ausgeraubt und verbrannt. Vor Moldauisch Banilla fangen wir wieder 5 versprengte Russen.

‚Vor Moldauisch Banilla werden uns von den Huzulen Ehrenpforten errichtet'.

‚Von meiner Kompanie bei Moldauisch Banilla gefangene Russen'.

Am Nachmittag geht es weiter vor gegen das von den Russen sehr stark besetzte Moldauisch Banilla. Da meine Kompanie 3 Jagdkommandos gestellt hat, so bleiben mir nur noch 40 Mann und ich komme in Reserve. Die ganze Jägerbrigade greift an. Ich bekomme ein tolles Artilleriefeuer und habe 2 Verwundete. Gegen Abend ist Moldauisch Banilla in der Hauptsache genommen. Es ist ein großer Ort, mit einem großen deutschen Kolonistenviertel und einem Judenviertel. Die Bewohner haben in der von 2 Seiten beschossenen Stadt einen bösen Tag gehabt — viele sind tot und verwundet. Mehrere Häuser brennen. Spätabends quartiere ich mich in Moldauisch Banilla in einem Huzulenhaus ein, wo wir von den Bewohnern sehr freundlich aufgenommen werden.

„Zigeuner (Bukowina)".

2.8.1917 Früh 6 Uhr Weitermarsch. Bei unserem Vorbeimarsch schlägt ein alter Jude vor Freude wie irrsinnig auf eine russische Trommel. Die Russen haben gegen Morgen die Höhen östlich Moldauisch Banilla geräumt — die dankbaren Einwohner küssen mir beim Durchmarsch die Hände. Meine Kompanie ist heute in unserer Abteilung an der Spitze.

Wir marschieren über einen bewaldeten Höhenzug gegen Czudyn. Vor einer Stunde sind die letzten Russen von unseren Patrouillen beschossen im Wald verschwunden. Heute ist wieder tropische Hitze. Mein Jagdkommando unter Leutnant Fischer überrascht im Dorf Neuhütte ein biwakierendes feindliches Bataillon, welches beschossen flüchtet und sich später eilig zurückzieht, so dass wir, als wir vorrücken, das Dorf nicht mehr besetzt finden. Am Abend kommen die Bewohner, die eine Woche mit ihrem Vieh in den Wäldern gesteckt hatten, zurück und küssen uns die Hände vor Freude. Ich quartiere mich bei einem rumänischen Bauern ein, wo sich die ganze Familie in rührender Weise um uns bemüht. Eine Nachbarin brachte sogar ein großes Stück Scheibenhonig.

Gerade als wir uns gemütlich gemacht hatten, werden wir nachts 3 Uhr alarmiert und marschieren nach Czudyn, einem endlosen Nest, wo die anderen Kompanien Vorposten beziehen, während sich meine Kompanie als Reserve in rumänischen Häusern einquartiert.

3.8.1917   Meine Quartierwirtin bringt früh wieder Milch und Eier. Hier gibt es Milch, Eier, Gänse, Hühner und alles Vieh in Hülle und Fülle und sehr billig. Milch habe ich bisher in der Bukowina in unglaublichen Mengen getrunken. Bisher bei den Huzulen hieß sie „Mologa", jetzt bei den Rumänen „Lapte".

Wieder eine ganz unglaubliche tropische Hitze. Früh 8 Uhr weiter zur Kirche von Czudyn. Meine Kompanie sichert den Ort durch Feldwachen. Überall werden uns Blumensträuße überreicht — alle Pferde und Wagen sind bekränzt. Heute sind wir aus der vordersten Linie herausgezogen worden und sind Divisionsreserve. Die Russen sind in eiligster Flucht. In Neuhütte und Czudyn haben sie außer den Brücken nichts verbrannt.

Ich wohne bei Polen. Meine Kompanie stellt die Feldwachen.

‚Brunnen in Czudyn'.

4.8.1917   Herrlich geschlafen in einem richtigen Bett. Am Vormittag marschiere ich hinter dem vorausmarschierten Bataillon her über Idzestie nach Petroutz, wo längere Mittagspause ist. In Kupka hole ich das Bataillon ein. Wir kommen zweimal in Gewitterregen, wie ich ihn noch nicht erlebt habe.

Gegen Abend Angriff auf Frontina Alba, wo uns die Russen am Austritt aus dem Waldgebirge hindern wollen. Wir bleiben als Brigadereserve im Wald, wo wir zum Glück große Feuer machen und uns trocknen können. Ich war trotz Gummimantel bis auf die Haut nass. Ich übernachte in einem einsamen, von 1.000 Fliegen belebten Ruthenen-Waldwärterhaus auf der Ofenbank.

5.8.1917   Schönes Wetter, aber sehr heiß. Von heute an reite ich, während ich bisher das Pferd nur als Packpferd benutzte und alles marschiert bin. Meine

Füße sind aber jetzt vollständig kaputt und ich spüre den alten Knieschaden wieder sehr.

Hinunter ins Serethtal nach Kamenka, einem aus lauter kleinen Ruthenenhäusern bestehenden großen Ort. Ich beziehe Quartier in einem Ruthenenhaus, wo die beiden sehr hübschen Mädel namens Domka und Veranja ganz ungeniert in demselben Raum wie ich schlafen. Ich habe mir nachfolgendes kleine Wörterverzeichnis zusammengestellt, welches für den Verkehr mit den Ruthenen vollständig ausreicht: Guten Morgen — „Dobrédi"; Wasser — „Wotá"; Milch — „Mologá"; Ei — „Jezá"; Eier — „Jeize"; Salz — „Sil"; Kartoffeln — „Barabule"; Butter — „Maslo"; Teller — „Tari"; Holz — „Trewa".

‚Vor meinem Haus in Kamenka – Die 2. und 3. von links sind Domka und Veranja, bei denen ich wohnte'.

Mein Fernglas und die Leuchtuhr mit Wecker erregten das größte Aufsehen und als wir uns die Zähne putzten, da stand das ganze Dorf staunend um uns rum und konnte sich nicht erklären, was wir damit bezwecken. Dabei haben diese Leute die herrlichsten weißen Zähne.

Die Kerenski-Offensive

Nach einem Jahr im Hochgebirge im Kampf gegen den Feind und die Natur ist der Stellungskrieg im Gebirge für Alexander und sein Bataillon endlich zu Ende. Ein schneller Vorstoß in Richtung Sereth in der Region Bukowina hat begonnen. Dieser Vorstoß steht im Zusammenhang mit der kürzlich gescheiterten „Kerenski-Offensive", der letzten großen russischen Offensive des Krieges. Sie verlief folgendermaßen:

Bald nach der Abdankung von Zar Nikolaus II. im März 1917 wurde eine provisorische russische Regierung eingesetzt, die Russland bis zur Abhaltung von Wahlen regieren sollte. Diese neue Führung setzte umgehend demokratische Reformen um. Zu den Reformen gehörten die Absetzung zaristischer Gouverneure und die Gewährung gewisser Freiheiten und Rechte, die vorher nicht vorstellbar waren. Allerdings war das Land immer noch unterentwickelt und verarmt und der Krieg entzog dem Land Ressourcen, die ihm sonst Fortschritte ermöglicht hätten. Der Krieg war daher eine der dringendsten Fragen, die es zu lösen galt, mit drei Optionen — weiterzukämpfen, Frieden ohne Entschädigungen und Wiedergutmachungen anzustreben oder die Niederlage völlig zu akzeptieren. Die Führer der provisorischen Regierung unter Alexander Kerenski als Ministerpräsident beschlossen, den Konflikt fortzusetzen. Während dieser Zeit und sogar nach dem Ersten Weltkrieg verteidigte Kerenski die Entscheidung für diese Offensive, da er glaubte, sie würde die nationale Einheit, die militärische Disziplin und die russische Ehre wiederherstellen. Er hoffte zudem, dass sie die Schande früherer militärischer Niederlagen in dem Konflikt beseitigen würde. Die Russen bereiteten die Offensive mit einem zweitägigen Artilleriebeschuss vor, ihre Feinde waren jedoch bereits über die Pläne informiert. Am 1. Juli 1917 begann der russische Angriff mit der Absicht, die österreichisch-ungarischen Linien zu durchbrechen und Lemberg (Lviv) und den Rest Galiziens einzunehmen.

Die russische 7. und 11. Armee machten in den ersten Tagen bedeutende Fortschritte. Den Sturmbataillonen gelang es, die Verteidigungsanlagen stellenweise über beträchtliche Distanzen zu durchbrechen und innerhalb von nur 48 Stunden mehrere Schützengräben-Linien einzunehmen. Während es der 11. Armee gelang, die österreichische 2. Armee zurückzudrängen und 3 Kilometer in feindliches Gebiet vorzudringen, war der Vormarsch der 7. Armee im Süden aufgrund des starken Widerstands der deutschen Truppen eher langsamer. Es dauerte nicht lange, bis es zu einer vorübergehenden Pause in den schweren Kämpfen kam. Als die Russen am 6. Juli ihren Vormarsch fortsetzten, hatten deutsche Verstärkungen bereits den Abschnitt der russischen 11. Armee erreicht. Sie verursachten schwere Verluste und beendeten den Vormarsch. Der Verlust der Bewegungsdynamik war auch auf die schlechte Organisation und die Tatsache zurückzuführen, dass sich viele Soldaten weigerten, den Vormarsch fortzusetzen. Dies führte dazu, dass sie in den Positionen verharrten, die sie schon eingenommen hatten. Die russische 8. Armee war später erfolgreicher, doch auch ihr Vormarsch kam zum Stillstand. Am 19. Juli begannen die Deutschen ihre Gegenoffensive gegen die Südwestfront. Sie verfügten über eine deutlich höhere Kampfkraft als die Österreicher und übten enormen Druck auf die russischen Linien aus. Die zuverlässigsten russischen Truppen erlitten die schwersten Verluste und die, die übrig blieben, waren nicht bereit zu kämpfen. Die russischen Armeen befanden sich schließlich auf dem Rückzug, wobei sie kaum Widerstand leisteten und waren so verwüstet, dass sie keinen Gegenangriff starten konnten. Am Ende der Gegenoffensive waren die Deutschen etwa 120 Kilometer vorgerückt und hatten die Russen bis zur ursprünglichen österreichisch-russischen Grenze zurückgedrängt. Inzwischen haben die Spannungen im russischen Volk zugenommen, und die Soldaten werden immer trotziger. Weiterhin werden die sozialistischen Bolschewiken die Inkompetenz der provisorischen Regierung ausnutzen, um ihren Weg zur Macht weiter zu festigen.

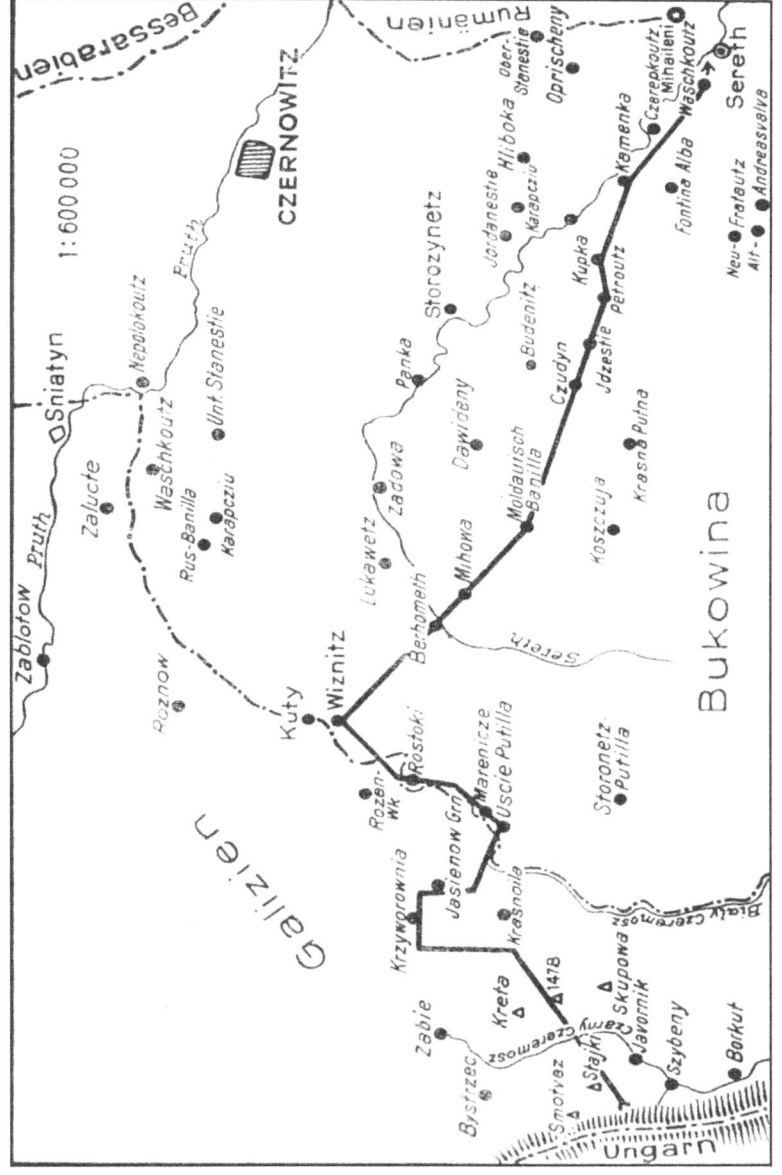

Der Marsch nach Osten durch das Sereth-Tal, um die flüchtenden Russen zu verfolgen.

12

6.8.1917 Früh Weitermarsch bis zum Dorf Wolcynetz, wo wir Alarmquartiere in den Ruthenenhäusern beziehen. In der Nacht schlafe ich zusammen mit einem Zug meiner Kompanie in einer Scheune auf Stroh; zum ersten Mal seit Beginn der Offensive eine volle Nacht ohne Störung geschlafen.

7.8.1917 Wir bleiben den ganzen Tag in Wolcynetz. In der kommenden Nacht soll der Ort Sereth genommen werden. Abends 7 Uhr werden wir alarmiert und marschieren zunächst zum nächsten Dorf Bahrinestie, wo wir für einige Stunden Alarmquartiere beziehen.

8.8.1917 In der Nacht weiter zum Dorf Waschkoutz. Früh 8 Uhr beginnt das Artilleriefeuer und 9 Uhr der Infanterieangriff auf die steilen kahlen Höhen vor der Stadt Sereth. Die Russen wehren sich mit einer unerwarteten Zähigkeit und trotz wiederholter Angriffe fast der ganzen Division kommen wir nicht vorwärts — sehr schwere Verluste. Unser Bataillon ist in 2. Linie. Meine Kompanie liegt den ganzen Tag über in einem Straßengraben dicht bei Waschkoutz in sehr schwerem Granatfeuer, aber trotzdem die schweren Granaten mehrmals direkt zwischen uns explodieren, haben wir keine Verluste. Abends löst mein Bataillon die Truppen der vordersten Linie ab und gräbt sich ein. Schönes Wetter; heiß.

9.8.1917 Geschlafen in einem in den Chausseerand gegrabenen, mit Stroh gefüllten Loch. Ruhiger Tag — kein Angriff. Gegen gestern ist wenig Artilleriefeuer.

10.8.1917 Ruhiger Tag. Sehr heiß. Im Dorf Waschkoutz sieht es bös aus. Die Einwohner sind zum größten Teil geflohen und überall laufen herrenlose Hunde, Schweine, Gänse und Hühner herum. Zu essen gibt es also vorläufig genug. Viele Häuser sind zerschossen.

Ein Schwarm von vielen 100 Störchen fliegt südwärts über uns weg und wird von den Russen erfolglos beschossen.

Durch Granatvolltreffer in ein Haus werden 2 Mann meiner Kompanie schwer verwundet. Seit Beginn der Offensive habe ich 11 Mann verloren.

In der Nacht werden wir vom Regiment Kronprinz abgelöst. Unsere ganze Division kommt mehr nach Norden.

11.8.1917 Nach Mitternacht marschieren wir nach Kamenka, wo wir früh 5 Uhr eintreffen und Alarmquartiere beziehen — Regen.

12.8.1917 Augenblicklich stockt die Offensive auf der ganzen Front. Der Nachschub von Lebensmitteln und Munition ist zu schwierig, und ohne starke

Artillerievorbereitung sind die sehr günstigen Russenstellungen an der rumänischen Grenze nicht zu nehmen. Wenn erst in ein paar Tagen die Eisenbahn wieder in Betrieb ist, wird es wohl weitergehen. Ich vermute, dass wir wenigstens die Pruthlinie *(ein Fluss Osteuropas)* erreichen wollen.

13.8.1917 Schönes Wetter. Vormittags Kirchgang. Die Bevölkerung ist hier wie alle Grenzbevölkerungen viel weniger sympathisch als bisher. Nachmittags 4 Uhr mit den anderen Kompanieführern zum Dorf Slobodzia geritten, um die Stellung des in Oprischeny liegenden Feindes zu erkunden. Wir haben in Slobodzia ziemlich unangenehmes Artilleriefeuer bekommen. Auf dem Hin- und Rückweg auf einer Furt des Serethflusses durchritten.

16.8.1917 Wir exerzieren jetzt täglich früh 2 Stunden. Am Nachmittag Unterricht und Appells. Heute Abend Krebsessen, denn in den Bächen gibt es sehr viele Krebse.

17.8.1917 Wir lösen in der Nacht das Regiment Kronprinz in der Stellung bei Waschkoutz ab. Abmarsch Nachmittag 5 Uhr bei heftigem Wind und Regen — Ankunft in Waschkoutz nachts 11 Uhr. Ich bekomme den Abschnitt links von der Straße nach Sereth.

Die Gräben sind eben erst im Entstehen und stehen infolge des Regens voller Schlamm und Wasser. Unterstände sind natürlich noch nicht vorhanden. Es sind hier ähnliche Verhältnisse wie im ersten schrecklichen Winter in La Bassée. Zum Glück ist der Russe weit weg und schießt wenig. Ich wohne vorläufig in einem besseren Ruthenenhaus direkt hinter der Stellung. Bei Artilleriefeuer muss ich allerdings ausrücken. Sowie wieder schönes Wetter wird, beginnen wir mit dem Bau von Unterständen. Es scheint hier richtiger Stellungskrieg zu werden.

23.8.1917 Schönes, kühles Wetter. Seit 3 Tagen baue ich an einem minierten Unterstand für mich mit 2 Ausgängen. Die alten Hühner im Dorf sind längst verzehrt, und da habe ich mir ungefähr 30 Küken gesammelt, die ich großziehen will.

27.8.1917 Seit gestern Nachmittag bis heute früh Regen. Tagsüber schönes Wetter. Die russische Artillerie ist seit Tagen viel ruhiger. Nördlich von uns in Richtung Czernowitz heute Vormittag mehrere Stunden starkes Trommelfeuer.

28.8.1917 Sehr warm. Das gestrige Artilleriefeuer war ein deutscher und österreichischer Angriff östlich Czernowitz auf das Dorf Bojan. Beute — 1.000 Gefangene und 6 Geschütze. Die russische Artillerie war heute viel lebhafter bei uns.

2.9.1917 Am Vormittag fällt der Kompanieführer der 4. Kompanie, Leutnant Weber. Dasselbe Gewehrgeschoss durchschlägt auch noch mit

Lungenschuss den hinter ihm stehenden Leutnant Ernst, der später auch noch stirbt. Ich soll als Austauschoffizier für 3 Monate Kompanieführer in einem österreichischen Regiment werden. Von uns waren in gleicher Weise schon ausgetauscht: Hauptmann von Gräffendorff, Leutnant Hermes und Leutnant Hitzeroth. Bei uns herrscht eine große Durchfallepidemie. Wir sind infolge der schwierigen Nachschubverhältnisse nur auf Verpflegung aus dem Land angewiesen und da gibt es nur Fleisch, Kartoffeln und Bohnenkerne. Milch und Eier gibt es nur noch hinten in der Etappe. Jeden Tag Bohnenkerne kann aber der beste Darm nicht vertragen, und wir leiden alle an einem schrecklichen blutigen Durchfall.

Waschkoutz ist von den Einwohnern zwangsweise geräumt worden.

3.9.1917 Abends 6 Uhr kolossales Trommelfeuer nördlich von uns. Es ist das schon lange vorbereitete Unternehmen gegen die südöstlich Czernowitz an der rumänischen Grenze gelegene Höhe Czardaki (324 Meter), wo 200 Geschütze, darunter 30cm Mörser und eine Anzahl Minenwerfer mitwirken. Seit gestern Nacht steht das große Dorf Oprischeny in Flammen, wahrscheinlich von den Russen angezündet. Vielleicht wollen sie sich dort zurückziehen.

6.9.1917 Schönes Wetter. Es ist hier sehr langweilig und viel ungemütlicher als oben im Gebirge.

8.9.1917 Wir werden in den nächsten Tagen abgelöst und kommen nach Storozynetz südwestlich Czernowitz. Wo es dann weiter hingeht, weiß noch niemand.

9.9.1917 11 Uhr nachts werden wir von einem ungarischen Regiment abgelöst.

11.9.1917 12:30 nachts Abmarsch — hinter Kamenka Änderung der Marschrichtung. Es geht über Suczaweny nach Petroutz, wo wir 11 Uhr mittags ankommen — anstrengender Marsch. Zum Glück ist es trübe und nicht heiß. Die Einwohner sind sehr freundlich. Ich wohne sehr gut; tadelloses Bett.

‚Petroutz – Mädchen, die uns Blumen überreichen'.

12.9.1917 Früh halb 6 Weitermarsch durch eine sehr schöne Gegend über Korczestie nach Neu-Fratautz. Wir quartieren uns halb 2 nachmittags in dem östlich davon anschließenden Dorf Kostischa ein. Die letzte Hälfte des Marsches war sehr heiß.

14.9.1917 Halb 7 Marsch rückwärts auf demselben Weg bis Korczestie und dann rechts ab bis Kupka, wo wir 1 Uhr mittags eintreffen — Regen, kühles Wetter — gute Quartiere.

15.9.1917 Nachts 3 Uhr bei Regen Abmarsch über Karapzin-Iordanestie nach Storozynetz, wo wir zum Abschied vorm kommandierenden General von Conta vorbeimarschieren — viele verbrannte Häuser.
Weiter nach Panka, ein elendes polnisches Dorf.

16.9.1917 7 Uhr früh weiter nach Zadowa — viele Deutsche. Gutes Quartier und Bett. Ankunft 11 Uhr vormittags. Früh ist es jetzt immer sehr kalt.

17.9.1917 Früh dreiviertel 8 Abmarsch links an Unterstanestie vorbei nach Waschkoutz am Czeremosz durch die sehr schöne Gegend und stundenlange Buchenwälder. In Waschkoutz haben die Russen den Bahnhof und viele Häuser verbrannt. Ich wohne bei einem polnischen Obermüller.

20.9.1917 Weitermarsch früh halb 7 bei glühender Hitze nach Russisch Banilla, einem viele Kilometer langen Dorf. Die meisten besseren Häuser sind zerstört, aber ich finde noch ein sehr gutes Quartier.
Bierabend mit Entenessen beim Stab.

‚Paraska, die schöne Wasserträgerin in Ilinse'.

24.9.1917 Früh 5 Uhr Weitermarsch über Dzurow und Ilinse. Gleich hinter Banilla überschreiten wir den Czeremosz und damit die Grenze zwischen Bukowina und Galizien. Sehr warm und staubig.

Ankunft in Zablotow 10 Uhr vormittags. Alle besseren Häuser sind nur noch Ruinen, und die Stadt ist fast völlig zerstört. Infolgedessen sehr mäßige Quartiere. Ich wohne in einer richtigen Ruthenenbude. Entsetzlich ist die Fliegenplage. Die Bevölkerung ist sehr unfreundlich. In dieser Gegend, die dreimal von den Russen ausgeplündert wurde, gibt es nichts, als was auf den Feldern wächst. Streichhölzer kosten 1 Krone. Noch in Russisch Banilla konnte man Eier in Mengen kaufen, das Stück für 6,50 bis 8 Pfennig.

Der Alltag in Zablotow

‚Zablotow – Meine Unterkunft'.

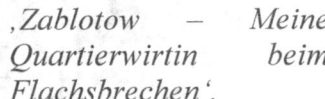

‚Zablotow – Meine Quartierwirtin beim Flachsbrechen'.

‚Zablotow – Blinder Bettler mit einer Drehorgel-Klavier-Geige'.

‚Zablotow – Viehmarkt'.

25.9.1917 Sehr interessanter Vieh- und Wochenmarkt. Morgen Abend werden wir hier auf dem Bahnhof verladen. Wo es hingeht, weiß noch niemand; den Vorbereitungen nach aber wieder ins Hochgebirge. Die Meinungen schwanken zwischen Mazedonien, Albanien, siebenbürgische Karpathen und Tirol. Mein Kommando zu den Österreichern ist dadurch hinfällig geworden, aber auch jede Aussicht auf Urlaub.

DIE SÜDWESTFRONT

Es ist das Ende des Sommers 1917. Die Russen im Osten sind besiegt, und Alexander und sein kampferprobtes Bataillon müssen nun einen weiteren großen Kriegsschauplatz in Angriff nehmen — die Südwestfront. Im Mai 1915 begann Italien eine Offensive gegen Österreich-Ungarn entlang des Flusses Isonzo und in der Region Trentino, mit dem Ziel, Gebiete zu erobern, die es als rechtmäßig italienisch betrachtete. Allerdings stellte die Geografie der italienisch-österreichischen Grenze eine große Herausforderung dar, die die direkte Eroberung dieser Gebiete alles andere als einfach machte. Im nördlichen Alpenraum war die leicht erreichbare Hochebene namens „Altopiano di Asiago" das einzige Gebiet, das Potenzial für militärische Operationen bot. Dieses war von stark befestigten Gebirgsketten umgeben, die den italienischen Vormarsch in Richtung Trient und Tirol behinderten. Italien stand in den Alpen vor gewaltigen militärischen Hindernissen. Die Grenze erstreckte sich nordöstlich von der Region Trentino und verlief durch die schwerlich passierbaren Dolomiten und Karnischen Alpen, sodass kaum Möglichkeiten für einen erfolgreichen Angriff bestanden. Die günstigste Option für eine italienische Offensive lag im Osten, wo das Gelände in eine Reihe von sanften Hügeln und Tälern entlang des Flusses Isonzo abflacht; der sich von Bovec (Flitsch) nach Süden erstreckt, durch Görz verläuft und zum kargen und felsigen Karst-Plateau führt. Das italienische Kommando erkannte den unteren Isonzo, insbesondere den Abschnitt zwischen Görz und dem Meer, als wahrscheinlichsten Ort für einen Durchbruch. Die optimistischen Pläne des Generalstabschefs Luigi Cadorna sahen einen Angriff nach Osten auf Slowenien vor. Das Ziel dieser Pläne bestand darin, Ljubljana und Triest einzunehmen und anschließend die Truppen nach Norden umzulenken, um dann Wien anzugreifen. Doch wie wir es im Westen und im Osten gesehen haben, entwickelte sich rasch ein unbeweglicher und tief verwurzelter Abnutzungskrieg, in dem es keiner der beiden Fraktionen gelang, einen Durchbruch zu erzielen.

Die Angriffe begannen im Juni und Juli 1915. Die erste Isonzoschlacht startete am 23. Juni und wurde durch die ineffiziente Mobilisierung Italiens verzögert, die es den österreichischen Streitkräften ermöglichte, wirksame Verteidigungsanlagen aufzubauen. Diese Schlacht führte zu einem italienischen Vormarsch, der zur zweiten Schlacht führte; dann zur dritten und dann zur vierten. Bis September 1917 fanden 11 Isonzoschlachten statt, davon 5 italienische Siege, 3 unentschlossen und 3 österreichisch-ungarische Siege — insgesamt rund 1,1 Millionen Verluste. Bis zur zehnten Schlacht war es den Italienern gelungen, ihre Präsenz bei Görz auszuweiten und einige Gebietsgewinne auf dem Karst-Plateau zu erzielen. Diese Fortschritte waren jedoch minimal und forderten einen hohen Preis an Opfern. Angesichts der starken Verteidigung der österreichisch-ungarischen Armee und des verlustreichen italienischen Triumphs im August 1916 war eine große Offensive nicht möglich. Diese Schlachten waren daher durch begrenzte Ziele gekennzeichnet und konzentrierten sich eher auf die Zermürbung des Feindes als auf die Eroberung territorialer Gebiete. Cadorna war fest davon überzeugt, dass bedeutende territoriale Fortschritte nur dann erzielt werden könnten, wenn die feindlichen Streitkräfte im Laufe der Zeit stetig geschwächt würden. Dennoch führten der Einsatz seiner veralteten Taktiken und die seinen Soldaten auferlegte strenge Disziplin zu einer Entfremdung zwischen ihm und seinen Truppen.

Die elfte Schlacht, auch als „Schlacht von Bainsizza" bekannt, begann im August 1917. Nach heftigen und tödlichen Gefechten gelang es der italienischen Zweiten Armee, die Bainsizza-Hochebene und den Monte Santo sowie verschiedene andere strategische Positionen zu erobern. Dieser Triumph war ein schwerer Schlag für die österreichische Verteidigung. Aufgrund taktischer Fehler und der Ineffektivität ihrer Artillerie erlitten die italienischen Streitkräfte jedoch fast doppelt so viele Verluste wie ihre österreichischen Gegner. Die Schlacht endete am 12. September 1917, wobei Cadorna die unmittelbar bevorstehende Ankunft deutscher Unterstützung befürchtete. Inzwischen wächst in Italien die nationale Unruhe. Sowohl Katholiken als auch Sozialisten engagieren sich zunehmend gegen den Krieg. Die wirtschaftliche Not verschärft die sozialen Spannungen zusätzlich. Der Frieden an der Ostfront eröffnet den Mittelmächten neue Möglichkeiten und ermöglicht die Verlegung von drei österreichischen und vier deutschen Divisionen aus dem österreichisch-ungarischen Frontabschnitt nach Italien. Die österreichisch-ungarische Monarchie steht vor wachsenden politischen und wirtschaftlichen Herausforderungen, weshalb eine rasche Beendigung des Krieges von entscheidender Bedeutung ist. Die Erfolge früherer gemeinsamer Feldzüge auf dem Balkan deuten darauf hin, dass eine gemeinsame Offensive die günstigste Vorgehensweise ist.

‚Auf der Reise zur Isonzofront'.

Die 12. Isonzoschlacht und Der Siegeszug in Italien
(1917 – 1918)

1

27.9.1917 Gestern Abend wurden wir in Zablotow verladen und fuhren 7:45 ab. Früh sind wir in Stanislau. Weiter über Kalusz, wo besonders viele alte Schützengräben und Drahthindernisse sind. Zwischen Dolina und Bolechow sind viele Gräber.

Mittagessen in Stryj. Von hier südwärts ins Gebirge über Skole — wundervolle Gegend. Nur schade, dass wir über den Beskidpass *(ein Gebirge in den Karpathen)* bei Nacht kommen. Sehr gutes Abendessen 8 Uhr in Lavochne kurz vor der Passhöhe.

28.9.1917 Früh sind wir bereits über Munkatsch und Czap in der ungarischen Tiefebene — Frühstück in Nyiregyhaza, Mittagessen in Debrezin und Abendessen in Großwardein. Nach den Karpathen und der schönen Bukowina wirkt die langweilige, schwachbesiedelte Tiefebene doppelt trostlos. Der Hauptbaum hier ist die Akazie.

29.9.1917 Nachts 4 Uhr Frühstück in Bekescsaba. Mittag in Szegedin — sehr warm. Die Weingegend ist sehr hübsch, sonst öde Gegend.

Abend in Maria-Theresiopel. In der Nacht weiter über Zombor und bei Dalj über die Donau.

30.9.1917 Früh erwachen wir in Slawonien — sehr besiedelte hübsche Gegend; viel Eichenwald. Frühstück in Brod an der bosnischen Grenze. Die Save, welche die Grenze bildet, ist ein sehr großer Fluss, auf dem Raddampfer fahren. Interessanter Wochenmarkt, aber alles sehr teuer: Bier — 50 Heller; gewöhnliche Schuhe — 110 Kronen; 1 Kilo Pfirsiche — 5 Kronen; 1 Kilo Pflaumen — 1,20 Kronen. In Ungarn kostete das Kilo Trauben 3,20 Kronen. Das Land ist viel zivilisierter, als man bei uns denkt. Jetzt hat sich nun auch die Frage entschieden, wo wir hinkommen. Mazedonien kommt nicht mehr in Frage; es bleibt nur noch die Tiroler oder Isonzofront.

Mittagessen in Nova Kapela-Batrina. Hier sind sehr viele Obstbäume, besonders Pflaumen, aus denen der Raki-Schnaps gemacht wird.

Hinter Novska über die Save — überall große Viehherden. Weiter über Sunja. Abendessen in Sissek — 2 Stunden Aufenthalt. In einem Restaurant in der Stadt, serbische Nationaltänze.

In der Nacht passieren wir Agram, die kroatische Hauptstadt.

1.10.1917 Früh erwachen wir in Steinbrück, das in dem engen schönen Gebirgstal der Save liegt. In diesem fahren wir weiter über Littai nach Salloch, einer Station vor Laibach, wo wir 11 Uhr vormittags ausgeladen werden. Sehr warm und staubig. Mittags 2 Uhr Weitermarsch 25 Kilometer über Mannsburg in einem weiten Talkessel nordwärts bis zum Dorf Salog südlich der Steiner Alpen, wo wir 9 Uhr abends eintreffen.

Sehr schöne, reiche Gegend. Die Ortschaften durchweg schöne große Steinhäuser, wie man sie auf unseren Dörfern nicht findet. Ich hätte das den Kroaten gar nicht zugetraut. Auffällig sind auf den Feldern die riesigen Holzgestelle zum Trocknen von Mais, Heu und Buchweizen. An den Häusern sind die meist sehr kleinen Fenster alle vergittert. Wenn es in den Wirtschaften Bier gibt, hängt ein Bündel Hobelspäne über der Tür. Ich wohne in einer Mühle. Alles ist sehr teuer — ein Ei für 50 Heller.

2.10.1917 Wir bleiben hier voraussichtlich wenigstens 10 Tage. Großartige Aussicht aufs Hochgebirge. Es gibt hier Unmengen Äpfel.

10.10.1917 Trüb und regnerisch. In der Kompanie sind Übungen mit scharfen Handgranaten. Die hiesige Bevölkerung ist sehr unfreundlich. Man kommt sich wie im Feindesland vor. Die Bande verdient gar nicht, dass sie in einer so schönen Gegend wohnt.

12.10.1917 Divisionsübung bei strömendem Regen in dem Waldgebirge nördlich von Stein. Schade, dass so schlechtes Wetter ist, denn man staunt immer wieder über die wundervolle Gegend. Stein ist ein Städtchen mit sehr schönen altertümlichen Häusern.

16.10.1917 Tagsüber schönes Wetter; abends fängt es an zu regnen. 7 Uhr Abmarsch westwärts — stockfinster. Es regnet in Strömen. Nachts um 1 Uhr beziehen wir die Ortsunterkunft in Senica, östlich von Bischofslack.

19.10.1917 Abends 5 Uhr Abmarsch über Bischofslack, das, soweit man im Dunkeln sehen kann, sehr schön liegen muss. Dann westwärts im Tal der Pöllander-Zayer *(Fluss)* weiter bei immer stärker werdendem Gewitterregen über Pölland und Goreinawas nach Kopacnica, das nur aus ein paar armseligen Häusern besteht, weshalb der größte Teil des Bataillons im strömenden Regen biwakieren muss. Der Fluss ist durch den dauernden Regen hoch angeschwollen. Durch die Blitze ist man so geblendet, dass man minutenlang wie blind ist. 2 Jäger von anderen Bataillonen stürzen in den Abgrund neben der Straße und ertrinken. Ein paar andere werden mit Müh und Not gerettet. Trotzdem ich in einem Haus auf dem warmen Kachelofen schlafe, bin ich am nächsten Tag noch vollständig nass. In Kopacnica kamen wir früh 4 Uhr an.

20.10.1917 Es regnet den ganzen Tag in Strömen weiter. Früher haben wir über Cadorna wegen seiner verzweifelten Wetterberichte gelacht, aber jetzt erfahren wir am eigenen Leib, wie recht der Mann hatte. Im Übrigen ist die Gegend wundervoll — tief eingeschnittene steile Täler, mit schönen bunten Buchenwäldern bedeckt.

Abends 7 Uhr Weitermarsch bei immer noch heftigem Regen über den Pass, der die Wasserscheide zwischen Schwarzem Meer und Adria bildet; hinunter nach dem tief in einem Tal gelegenen Ort Kirchheim. Schade, dass wir mit Rücksicht auf die feindlichen Flieger nur nachts marschieren und so von der schönen Gegend nichts haben.

Allmählich lässt der Regen nach. Man sieht schon die Lichtkegel der italienischen Scheinwerfer.

2

21.10.1917 Nach 13-stündigem Marsch kommen wir früh 8 Uhr in dem nördlichen Trebusa im Idrijatal auf einer 700- bis 800-Meter hohen Hochfläche gelegenen Dorf Prapetno Brdo an, wo wir sehr kümmerliche Quartiere beziehen. Von hier oben ist eine wundervolle Aussicht auf die mit Buchen bewaldeten steilen Kalkberge — sehr scharfer kalter Wind wie auf dem Stajki. Diese beiden Tage zählen mit zu den unangenehmsten Tagen, die ich im Krieg erlebt habe. Alles, was man in den Taschen und im Rucksack hat, ist nass, verdorben und verschimmelt.

22.10.1917 Schönes Wetter. Man wird allmählich wieder trocken. Starkes schießen auf italienische Flieger.

Nachmittags 3 Uhr Abmarsch; hinunter ins Idrijatal bei Slap, bis wohin die italienischen Granaten reichen. Die Häuser mit ihren Weinspalieren und flachen Dächern haben schon einen ganz italienischen Charakter. Weiter talwärts bis Sankt Luzia, das wundervoll malerisch am Einfluss der Idrija in den in einer engen senkrechten tiefen Schlucht fließenden Isonzo liegt. Sankt Luzia ist stark zerschossen und man muss sich beeilen, dass man durchkommt. Gruppenweise und im Sprung, immer die Pause zwischen 4 in regelmäßigen Zwischenräumen ankommenden Granaten ausnützend, passieren wir die über den tiefblauen Isonzo führende Steinbrücke, in deren Boden ein riesiges Granatloch ist.

Sankt Luzia – Herbst 1917

Von hier nordwärts an endlosen Stapeln Artilleriemunition vorbei; und auch an der Stellung von zwei 38cm Mörsern, deren Granaten von Mannshöhe sind. Dann geht es wieder nach Westen, und zwar, da es gerade ruhig ist, nicht im Laufgraben, sondern wir riskieren den Marsch auf der Straße 2 Kilometer südlich von Tolmein. Wundervoll sehen die hohen steilen Berge aus, deren Rückseite von Hunderten von Lichtern erglänzen, von den Fenstern der hier in Deckung gebauten Unterstände und Baracken.

Von einer alten Postkarte – Rastende verbündete Truppen vor dem gestürmten Sankt Luzia im Isonzotal

9 Uhr abends komme ich mit meiner Kompanie ohne Verluste in unserem Lager an. Die Kompanie kommt in eine riesige, in die Felsen gesprengte Höhle, in der einige 100 Mann Platz haben; ich draußen in eine kleine Holzbaracke. Überall ist elektrisches Licht. Auch eine Wasserleitung ist da. In der Nacht schießen die Italiener mehrmals mit dicken Kalibern in unsere Nähe. In diesen steilen Bergen machen die Granaten einen unheimlichen, durch das Echo verstärkten Lärm.

23.10.1917 Früh bei schönstem Wetter vorn in Stellung gewesen, wo es teilweise bös aussieht. Die Gräben sind durch schwere Minen und Granaten zerschossen und durch den ewigen Regen zusammengerutscht. Schön sind dagegen die großen Felsenhöhlen oder Kavernen, die allerdings sehr feucht sind, da der Kalk Wasser durchlässt. Die Jeza, die wir morgen stürmen sollen, ist ein sehr unangenehmer Berg mit steilen, teilweise bewaldeten Felswänden und 700-Meter Höhenunterschied vom Tal bis zum Gipfel. Dazwischen liegt noch eine fast 1-Kilometer breite deckungslose Ebene, die wir passieren müssen, ehe wir an den Berg kommen. Wie wir da hinüber und dann hinaufkommen sollen, ist mir vorläufig noch ein Rätsel. Bei diesem Gedanken ist uns allen nicht sehr wohl zu Mute.

24.10.1917 Nachts 2 Uhr beginnt die Beschießung der feindlichen Stellung mit Gasgranaten. 6:30 früh beginnt die Beschießung der Vorderstellung im Tal beim Dorf Ciginj mit 50 schweren und mittleren Minenwerfern; und der Höhenstellungen mit 46 schweren und schwersten Geschützen (darunter 30cm und 38cm Mörser) und mit einer Menge Feld- und Gebirgsartillerie. Es herrscht ein ganz toller Lärm, zumal die Italiener natürlich antworten. Leider fängt es an zu regnen. Der ganze Berg Jeza ist so in Gas- und Rauchwolken gehüllt, dass man ihn kaum sieht.

7:30 Vormittag ziehe ich mich aufgabegemäß mit meiner Kompanie durch die Laufgräben vor in die vorderste Linie zu unseren anderen Kompanien und komme auch glücklich dort an — 7:55 Beginn des Sturms. Wir klettern den steilen Hang hinunter durch unsere in der Nacht zerschnittenen Drahthindernisse und dann geht es, so schnell es das schwere Gepäck und die vielen Trichter erlauben, über die 800-Meter breite deckungslose Ebene hinüber nach Ciginj. Das italienische Artilleriesperrfeuer schadet uns zum Glück nicht viel, da die meisten Granaten in der sumpfigen Wiese nicht explodieren. Nur 1 Mann meiner Kompanie wird gleich beim Verlassen des Grabens schwer verwundet.

Angriff auf die Jeza – Die Trümmer von Kozarsce, Oktober 1917.

Drüben in Ciginj haben unsere Minen schwer gewirkt. Gräben und Hindernisse sind zerschossen und in den Ruinen des Dorfes finden wir keine Italiener mehr. In Ciginj sammeln wir uns zunächst wieder zum weiteren Vormarsch. Einige italienische M.G, die von oben aus den Wäldern zwischen uns schießen, halten uns lange auf, da wir nur einzeln von Haus zu Haus vorspringen können, bis wir in den toten Winkel kommen. Es gibt einige Tote und Verwundete, darunter wieder einer aus meiner Kompanie. Von jetzt ab marschieren wir hinter dem Reserve-Jäger-Bataillon 5 her, welches in 1. Linie ist. Es geht den Weg empor, der nördlich der Jeza auf den Kamm führt. Alles andere ist wegen der senkrechten Felswände unpassierbar. Unterwegs begegnen uns die ersten Gefangenen, die einen sehr guten Eindruck machen. Auf dem

Weg liegt eine Menge schwerer Minen und Teile von Minenwerfern, die die Italiener zum Abtransport auseinandergenommen hatten. In halber Höhe stockt der Vormarsch, da wir auf senkrechte Felswände stoßen, auf denen die Italiener in betonierten Schützengräben sitzen. Es ist so trüb und regnerisch, dass unsere Artillerie das ihr durch Leuchtkugeln gemeldete Ziel nicht sehen kann. Bald sind wir vollständig durchnässt und wir zünden uns auf dem Weg Feuer an, um uns zu wärmen und Essen zu kochen. So vergeht der ganze Tag, ohne dass wir vorwärtskommen, zumal es auch rechts und links von uns stockt.

Unsere Artillerie trommelt ununterbrochen weiter. Gegen Abend, als wir gerade ziemlich trocken um unser Feuer sitzen, auf einmal ein Sausen und ein furchtbarer Schlag — Holzstücke und Steine prasseln auf uns nieder und durch den Luftdruck werden wir alle durcheinander geworfen. Eine schwere Mine war knapp neben mir explodiert — 1 Toter und mehrere Verwundete wenige Meter von mir, darunter 2 Mann meiner Kompanie, welche durch Steinschlag leicht verletzt sind. Wie durch ein Wunder komme ich mit dem Schrecken davon. Sofort werden die verräterischen Feuer gelöscht und ich ziehe mich mit meinen Leuten weiter bergauf an die Felsen, wo ich die Nacht in einem offenen italienischen Unterstand verbringe. Sehr ungemütlich und eiskalt. Die Nacht über lässt der Regen und das Artilleriefeuer nach.

25.10.1917 Schönstes Wetter. Ganz niedrig kreisen unsere Flieger über den Bergen. Von 7 Uhr an schießt sich unsere Artillerie wieder ein; 9 Uhr können wir die Straße weiter hinauf zum Kamm marschieren. Unterwegs begegnen uns lange Kolonnen Gefangener. Wir kommen an einem Proviantmagazin vorbei, in dem es Kisten voll Fleischkonserven, Zwieback, Zitronen, Seife und Wein gibt. Während wir gerade dabei sind, uns zu verproviantieren, schlägt eine schwere Granate mitten in uns ein. Meine Kompanie hat wieder 1 schwer und 1 Leichtverwundeten. Endlich kommen wir, immer von 2 schweren Geschützen belästigt, oben an. Man kann sich nur wundern, wie schnell die Italiener eine so glänzende Stellung, die durch das Trommelfeuer nur wenig gelitten hat und die man als uneinnehmbar bezeichnen kann, aufgeben konnten.

Auf dem Kamm weiter nordwestlich in einem Schützengraben zum Schutz gegen das dauernde schwere Granatfeuer. Von den Einschlägen werden wir dauernd mit Steinbrocken übersät, gegen die unsere Stahlhelme ein guter Schutz sind. Wunderbare Aussicht auf den blaugrünen Isonzo, auf Tolmein und das Hochgebirge. Ein italienischer Flieger wird von unserer Artillerie abgeschossen und geht in Spiralen auf unserer Seite nieder. Auf dem höchsten Punkt (1114 Meter) sieht es toll aus. Hier hat unsere schwere Artillerie schwer gewirkt. Unsere 30cm und 38cm Granaten haben Trichter gerissen, wie ich sie so riesig groß noch nie gesehen habe. Auf allen Wegen ziehen endlose Gefangenentransporte zum Tal. Allein auf dieser einen Höhe haben sich 1.500 Mann mit Regiments- und Bataillonskommandeuren ergeben. Die Italiener sitzen noch an den Südwesthängen des Kammes und gegenüber auf Höhe 990 Meter bei den Dörfern Clabuzzaro und Prapotnizza. Unsere 1. und 2. Kompanie und später noch 2 Züge meiner Kompanie gehen dagegen am späten Nachmittag vor.

Erfolg — 860 Gefangene, mehrere Lastautos und 8 schwere Geschütze. Die Italiener sind außer sich vor Freude, dass sie gefangen sind. Unten im Tal finden wir wieder ein großes Magazin mit Proviant, Wäsche, Bergschuhen und Wein; viel haben wir davon nicht übriggelassen. Leider ist das Gepäck, das man tragen muss, schon so schwer, dass man nur wenig mitnehmen kann. Spätabends klettern wir wieder im feindlichen Artilleriefeuer die steilen Felswände von Höhe 1114 hinauf und biwakieren da. Wir liegen in den großen Granattrichtern. Selten habe ich so jämmerlich gefroren wie in dieser eisig kalten Nacht.

26.10.1917 Früh 3 Uhr geht es weiter nach Nordwesten auf der großen Straße, die die Italiener im Krieg an der Westseite des Kolovratkammes gebaut haben. Dieser Kamm ist in einer Weise befestigt, dass man nur immer wieder staunen muss, wie leicht eine derartige Stellung geräumt worden ist. Überall sind Geschütze eingebaut; von den kurzen dicken Mörsern bis zu den langen schweren Festungsschützen. Es werden mindestens 20 Stück sein. Überall riesige Stapel von schweren Granaten. Überall stehen Lastautos herum. Die ganze Gegend ist besät mit Waffen und Ausrüstungsstücken aller Art.

‚Lagerfeuer auf dem Kolovratrücken bei Ravna (Isonzo)'.

Kurze Zeit halten wir im Dorf Ravna am 1243-Meter hohen Kuk — wundervolle Hochgebirgslandschaft. Von hier ab marschieren wir im Gänsemarsch auf einem schmalen Kamm weiter, der südwestlich nach Azzida bei Cividale führt — über Glava (933 Meter) zum Monte San Martino (965 Meter), wo sich nach wenigen Schüssen wieder 300 Italiener mit mehreren M.G ergeben. Für so traurige Kerle hätte ich die Italiener doch nicht gehalten, denn in dieser wundervoll ausgebauten Stellung auf dem Monte San Martino hätten sie uns, da wir keine Artillerie bei uns haben, tagelang aufhalten können. Die Russen sind Helden dagegen.

Weiter über den Monte Bartolomeo und Dorf Clastra zum Monte Vainizza, der letzten Kammhöhe vor Azzida, welches unten im Tal liegt. Weiter hinten sieht man deutlich die große Stadt Cividale und die große lombardische

Tiefebene. Es war ein sehr anstrengender, beschwerlicher Marsch auf schmalen Gebirgspfaden, immer bergauf und bergab. Unterwegs mussten wir leider mit ansehen, wie italienische Flieger binnen 10 Minuten 2 deutsche Flugzeuge brennend zum Absturz brachten.

Es ist schon dunkel, als wir hinunter nach Azzida wollen. Auf einmal geht dort eine tolle Schießerei los. Da es nicht unsere Aufgabe ist, Azzida zu nehmen, bleiben wir auf dem Monte Vainizza und schlagen Zelte auf.

27.10.1917 Von früh an beobachten wir die Erstürmung von Azzida und die Kämpfe um die Höhen östlich davon. Die Italiener zünden in Cividale die Magazine an. Überall sind riesige Feuer und schwarze Rauchsäulen von den explodierenden Petroleum- und Benzinvorräten. Millionenwerte brennen. Unsere Jäger schleppen inzwischen aus den umliegenden verlassenen Dörfern alles Mögliche heran — Speck, Obst, Nüsse, Weintrauben sowie Unmengen von dunkelrotem Wein. In jedem Keller stehen große Fässer davon.

Am Nachmittag rücken wir hinunter nach Azzida, das ganz italienisch aussieht — hohe winklige Häuser mit von Wein umrankten Veranden. Auf der Dorfstraße stehen unsere 10cm Haubitzen und feuern hinauf zum alten malerischen ‚Castel del Monte', wo sich die Italiener noch halten. Man sieht ihre Lastwagen in schnellstem Tempo ausreißen. Am Abend bleiben wir in einem Dorf bei Azzida. Überall gibt es Wein in Menge. Ich schlafe in einem zerschossenen Haus auf dem Heuboden.

28.10.1917 Nachts halb 1 geht es weiter. Von jetzt ab regnet es dauernd in Strömen. Wir kommen am brennenden Bahnhof Cividale vorbei, wo die Italiener Eisenbahnwagen angezündet haben. Im Dorf Ziracco, westlich davon, machen wir Mittagspause. Sofort werden ein Schwein und Hühner geschlachtet. Im kleinsten Kramladen gibt es hier alles wie im Frieden — Seife, Bohnenkaffee, Nudeln, Bouillonwürfel; alles Sachen, die wir schon seit vielen Monaten nur noch dem Namen nach kennen. Schade, dass man nichts nach Hause schicken kann.

Nachmittags halb 1 weiter westwärts. Es regnet wie ein Wolkenbruch. Wir marschieren über Remanzacco nach Godia. Die große Brücke über die Torre wird von den Italienern mit Maschinengewehren bestrichen. Einzeln laufen Leute vom Alpenkorps hinüber, dann folgen wir sprungweise. Die meisten unserer Leute haben sich Regenschirme requiriert; ich natürlich auch. Es macht einen merkwürdigen Eindruck, ein preußisches Jägerbataillon mit aufgespannten Regenschirmen marschieren zu sehen. Zum Glück ist es den Italienern durch unsere stürmische Verfolgung nicht mehr gelungen, die Brücke zu sprengen. Der Torre ist durch die Regengüsse zu einem reißenden, breiten Strom geworden.

Wir marschieren weiter über Godia und Paderno nach Rizzi, 2 Kilometer nordwestlich von Udine, das am Nachmittag genommen wurde. Wir beziehen hier Feldwachstellung. Sehr gut in einem Bett geschlafen.

Die Schlacht von Karfreit

Die jüngsten und bevorstehenden Ereignisse sind heute als „Die Schlacht von Karfreit" (die 12. Isonzo-Schlacht) bekannt, eines der bedeutendsten Kapitel des Ersten Weltkriegs. Als Italien im Mai 1915 Österreich-Ungarn den Krieg erklärte, geschah dies unter dem Einfluss der Träume territorialer Eroberung und dem Wunsch, die italienischsprachigen Gebiete um Trient und Triest entlang der nordöstlichen Grenze zu erobern. Gegen Ende des Jahres 1917 war die italienische Armee jedoch erschöpft. An den Fronten wurden nur unbedeutende Fortschritte erzielt, allerdings auf Kosten schwerer Verluste und eines allmählichen Zusammenbruchs der Wirtschaft. Nach 11 Isonzoschlachten in etwas mehr als zwei Jahren rechneten die Italiener mit einer Ruhepause im kommenden Winter 1917, die jedoch nicht eintrat. Es gab zunehmende Gerüchte über einen Angriff Österreich-Ungarns, und die Italiener arbeiteten daran, die gebirgigen Kampfgebiete rund um die Stadt Karfreit, heute bekannt als „Kobarid" in Slowenien, zu verstärken. Karfreit liegt auf der Westseite des Flusses Isonzo. Die Frontlinien verliefen im Oktober 1917 sechs bis sieben Meilen östlich des Flusses. Aufgrund der angeblich geschwächten italienischen Verteidigung wurde Karfreit von den Mittelmächten als Hauptziel für eine bedeutende Offensive ausgewählt. Die am 24. Oktober begonnene Offensive wurde für die italienische Armee als völliges Desaster angesehen und sorgte auch im ganzen Land für Aufregung.

In den frühen Morgenstunden des ersten Tages der Schlacht wurden die italienischen Schützengräben mit Giftgas erstickt, wodurch viele Insassen starben und andere in die Flucht getrieben wurden. Später folgte ein heftiger Artilleriebeschuss und die Sprengung von Minen unter italienischen Stützpunkten; dann der Infanterieangriff. Diese Angriffe wurden von spezialisierten Sturmtruppen angeführt, die ihre leichten Minenwerfer, Flammenwerfer, Maschinengewehre und Handgranaten voll ausnutzten. Die Italiener befanden sich in einem Zustand völliger Unordnung und mussten aufgrund dieses schnellen und erstaunlichen Durchbruchs den Rückzug antreten. Die Angreifer rückten am ersten Tag ohne großen Widerstand bis zu 25 Kilometer in Richtung Italien vor. Am Nachmittag war sich das Kommandozentrum der italienischen Armee des Ausmaßes dieser Offensive noch immer nicht bewusst, und Luigi Cadorna, Generalstabschef, erkannte erst spätabends, in welchem Ausmaß seine Truppen litten — Munitionsmangel, schwankende Kommandeure, Kommunikationsstörungen und Mangel an Informationen. Diese Faktoren hatten negative Auswirkungen auf die wenigen, die mit aller Kraft versuchten, den deutschen und österreichisch-ungarischen Angriff niederzuschlagen. Wir wissen, wie sich diese Ereignisse aus Alexanders Sicht abspielten, aber wie genau war es auf der italienischen Seite?

Oberst Francesco Pisani war der amtierende General der Foggia-Brigade, der am ersten Tag der Offensive in Karfreit anwesend war. Teile der Brigade erhielten den Befehl, andere Einheiten zu verstärken, die durch den

Angriff unter Druck standen. Die übrig gebliebenen Truppen machten sich in Richtung Karfreit auf den Weg. Dabei kamen sie an den sich zurückziehenden Männern vorbei, die Horrorgeschichten über die bevorstehenden Kämpfe erzählten. Pisani sollte mit seinen Truppen die Eiffel-Brücke über den Isonzo verteidigen, doch schon bald darauf wurde der Rückzug angeordnet. Die Kontrolle über die Stadt wurde dann der Foggia-Brigade übergeben. So beschreibt er diese Ereignisse später in seiner Nachbesprechung der Schlacht:

„Es herrschte völlige Verwirrung. Die Straße war fast vollständig durch eine Masse von Truppen, Karren, Pferden, Lastwagen, Artilleriegeschützen, Maultieren und Vorräten blockiert. Die Wagen der Beamten kamen nicht voran, und es war sehr schwierig, Befehle auszuführen oder gar zu übermitteln. Zu diesem Zeitpunkt trennten sich die verschiedenen Teile der Brigade im Chaos, im eiskalten Nebel und im Regen. Wir haben auch versucht, den Transport für die Verwundeten zu organisieren, von denen viele auf der Straße zurückgelassen worden waren. Wir konnten sie durch den Nebel ächzen hören und es war von entscheidender Bedeutung, sie wegzubewegen, da ihre Anwesenheit die Verteidiger der Brücke demoralisierte."

Diese Schlacht läuft bis Ende November 1917 und führt zu enormen italienischen Verlusten und Rückschlägen. Sie verlieren über 12.000 Quadratkilometer Land, über 40.000 Tote und Verwundete und Hunderttausende Soldaten werden verstreut zurückgelassen, die entweder gefangen genommen werden oder desertieren. Die Italiener werden nicht nur Soldaten und Land verlieren. Mehr als 10 Millionen Rationen und über 6 Millionen Dosen Fisch oder Fleisch werden von den angreifenden Truppen erbeutet, ebenso hunderte Tonnen getrocknete Nudeln, Käse und Kaffee sowie 5 Millionen Liter Wein. Viele Tausend Kleidungsstücke, Bettzeug, Stiefel, Artilleriegeschütze, Maschinengewehre, Pferde und Maultiere sowie Fahrzeuge werden zurückgelassen und gehen verloren — ein enormer Verlust für Italien, wenn man bedenkt, dass es bereits vor diesem Rückschlag einen Mangel an diesen lebenswichtigen Gütern gab. Die möglichen Gründe für diese Katastrophe führten bereits 48 Stunden nach dem ersten Angriff zu politischen Auseinandersetzungen. Die Schuld wurde allen Seiten des politischen Spektrums zugeschrieben, sowie auch anderen Faktoren. General Cadorna machte für den österreichisch-deutschen Durchbruch Folgendes verantwortlich: „Der unzureichende Widerstand der Einheiten der Zweiten Armee, die kampflos und feige zurückwichen oder sich schmachvoll dem Feind ergaben." Viele halten diese Annahme jedoch für ungerecht, da die Erfahrungen der Foggia-Brigade mit schlechter Verteidigungsposition, inkonsistenten Befehlen und knapper Versorgung die gesamte Situation widerspiegeln. Mehrere Beschreibungen deuten darauf hin, dass die Italiener tapfer kämpften, solange sie Munition und Offiziere hatten. Sobald diese lebenswichtigen Bedürfnisse jedoch nicht mehr bestanden und der Feind an Stärke gewann, war es schwer, eine insgesamt positive Haltung beizubehalten.

3

29.10.1917 Früh hat meine Kompanie schon wieder 1 Schwein, 10 Gänse, viele Hühner und Wein; nur Brot fehlt. Wir leben nur von den Vorräten des Landes, denn Verpflegung kommt bei unseren Gewaltmärschen nicht nach. Diese Offensive ist riesig interessant, aber auch äußerst anstrengend — keine Ruhe, immer marschieren. Gestern konnte ich mich zum ersten Mal seit dem 23./10 wieder waschen. Die Häuser in dieser Gegend sind aus schwärzlichem Kalkstein gebaut und machen daher einen düsteren Eindruck wie alte Ruinen. In Udine ist gestern unser kommandierender General von Berrer im Auto erschossen worden. Dort soll eine unermessliche Beute gemacht worden sein. Ganze Magazine und Züge voller Lebensmittel.

Halb 1 mittags marschieren wir bei schönem Wetter westwärts weiter über Nogaredo di Prato, wo uns die Bevölkerung wie Bundesgenossen empfängt. Alles ruft „Evviva Bravi Soldati!" *(„Hurra gute Soldaten!")* und man läutet die Glocken, so dass wir erst dachten, es wäre Verrat. Man fragt uns, ob wir Hunger hätten, und bringt uns Wein und Brot. Beim Dorfe Plasencis bekommt meine Kompanie, welche die Spitze hat, Feuer. Ich lasse sofort angreifen und der Feind, Bersaglieri-Radfahrer, reißt unter Zurücklassung von 5 Gefangenen und vielen Fahrrädern aus. Letztere sind uns sehr willkommen. Wie überall empfängt uns eine jubelnde Bevölkerung mit „Evviva!" Rufen.

Weiter über Savalons und Nogaredo di Corno, Flaibano nach San Odorico, wo meine Kompanie als erste Truppe den Tagliamento *(Fluss)* erreicht. In jedem Dorf haben wir italienische Soldaten gefangen genommen, die darauf gewartet haben. Außerdem haben wir unterwegs 1 Flugzeug, 1 schweres Geschütz und viele Lastautos gefunden. Ich habe jetzt ein Fahrrad. Pferde konnten wir nicht mit übers Gebirge nehmen.

Von San Odorico südwärts zum Dorf Redenzicco, wo wir ein Auto mit einem italienischen Hauptmann fangen, der uns ahnungslos entgegenfuhr. In Redenzicco sehr gut in einem Bett geschlafen. Es war ein sehr schöner Tag; keine Verluste und weit vorwärtsgekommen.

30.10.1917 Jetzt kommt ein Tag, wie ich ihn noch nicht erlebt und nie für möglich gehalten habe — Früh 9 Uhr marschieren wir am Tagliamento südwärts über Rizzi auf die Brücke ‚Della Delizia' bei Codroipo zu; die vorletzte Brücke, die der Feind zum Rückzug noch hat. Ich bleibe als Seitendeckung mit meiner Kompanie in einem großen Steinhaus bei der Mühle di Campagna, während 2 Kompanien von uns vorn ein württembergisches Bataillon beim Angriff auf den Brückenkopf unterstützen. Es regnet wieder in Strömen. Plötzlich ein furchtbarer Knall — das halbe Haus stürzt über uns zusammen, eine riesige Rauchwolke quillt hoch. Zunächst weiß niemand, was eigentlich los ist. 8 Mann meiner Kompanie sind verwundet; auch ich leicht durch einen Stein gegen das linke Schienbein. Endlich stellt sich heraus, dass die 100-Meter entfernte Mühle in die

Luft geflogen ist und mit ihr Leutnant von Forrell und 3 Mann meiner Kompanie, die dort als Sicherung waren; ferner noch mehrere Artillerieoffiziere. Anstelle der Mühle sieht man nur noch einen riesigen Sprengtrichter. Wahrscheinlich war hier ein Sprengstofflager. Ob es durch eigene Unvorsichtigkeit oder durch den Feind gesprengt wurde, lässt sich nicht mehr feststellen.

Wir gehen weiter vor. Unsere 1. und 4. Kompanie besetzen die Zugänge zu den 3 Parallelbrücken und sperren dadurch den Übergang. Ein einzelner Mann der 4. Kompanie stellt sich den fliehenden Italienern entgegen, und vor diesem einen Mann strecken ganze Bataillone die Waffen. Die Beute ist unermesslich. Die Straßen sind viele Kilometer weit bedeckt mit Bagagen, Geschützen, Autos, zahllosen Pferden und Maultieren; alles zu einem unentwirrbaren Knäuel zusammengerammelt. Unübersehbare Gefangenenkolonnen ziehen ab und stundenlang kommen immer neue Regimenter. Bataillonsweis werfen sie die Waffen weg, winken mit weißen Tüchern und ziehen rückwärts in die Gefangenschaft. Kleine Jägertrupps machen Bataillone zu Gefangenen.

Erbeutete Kraftwagen auf der Straße Udine-Codroipo

Unsere 1. und 4. Kompanie versuchen am Anfang, inmitten der fliehenden Italiener ans andere Ufer zu kommen und dadurch die Brücken zu sichern. Als die Ersten bald drüben sind, fliegen die Brücken in die Luft und wir sind nun abgeschnitten; vor uns der zu einem reißenden Strom Tagliamento und hinter uns ungezählte Tausende von Italienern. Plötzlich reitet eine feindliche

Schwadron Lanzenreiter gegen meine Kompanie an. Aus 150-Meter Entfernung feuern wir mit M.G und Gewehren aus einem von uns besetzten Weidengraben hinein. In rasendem Galopp reißen sie aus. Wundervoll sieht es aus, wie die getroffenen Pferde und Reiter sich überschlagen. Nur wenige entkommen.

Österreichische Nationalbibliothek: *Die gesprengte Tagliamento-Brücke bei Codroipo – 30.10.1917*

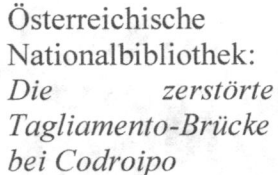

Österreichische Nationalbibliothek: *Die zerstörte Tagliamento-Brücke bei Codroipo*

Die Lage wird immer verworrener — ein paar 100 Jäger mitten in feindlichen Regimentern. Ich gehe mit ein paar Leuten und meinem Feldwebel vor, um uns ein paar Reitpferde einzufangen. Plötzlich bekommen wir aus den schon lange in unserem Besitz gewesenen Wagenkolonnen auf dem Straßendamm auf 30 Meter heftiges Feuer. Ob sich Gefangene wieder bewaffnet haben oder ob es neue Truppen sind, weiß ich nicht. Wir liegen ohne Deckung auf freiem Feld und schießen wieder in die Autos und Wagen, aus denen es aufblitzt. Wir haben Verluste. Ein ganz schwarz gekleideter Zivilist winkt Soldaten heran und zeigt zu uns herüber. Da nehme ich das Gewehr eines neben mir liegenden, durch den Fuß geschossenen Jägers und als der Schwarze wieder zwischen den Wagen sichtbar wird, schieße ich ihn über den Haufen. Endlich kommt Hilfe von der Kompanie, wo man unsere bedrängte Lage bemerkt hat. Handgranatentrupps gehen die Wagenreihen entlang vor und als nun auch wir paar Mann mit „Hurra!" draufgehen, werfen die Kerle die Waffen weg und geben sich gefangen. Der Schwarze lag mittendurch die Brust geschossen, in den letzten Zügen auf der Straße.

Immer neue Kolonnen marschieren an und lassen sich freudestrahlend von uns paar Mann entwaffnen. Wie viele Tausende es sind, weiß ich nicht. Die Beute ist im wahrsten Sinne des Wortes unermesslich. Es sind Millionenwerte. In der Nacht sichern wir die Bahnlinie nach Süden. Die Nacht im Freien zugebracht, sehr gefroren und wenig geschlafen. Wir haben große Verluste gehabt, denn an manchen Stellen haben sich die Italiener auch gewehrt und dann auch durch die Sprengungen. Wir haben allein 5 Offiziere verloren.

Betonierte M.G-Stellung der Italiener am westlichen Ende der Tagliamento-Brücke

31.10.1917 Aus den unzähligen herrenlosen Pferden und Mauleseln fangen wir uns die besten heraus und machen uns beritten. Ich habe ein sehr hübsches, gutgehendes kleines Pferd, dem ich zur Erinnerung den Namen ‚Delizia' gebe. Vormittag marschieren wir weiter südwestlich an Codroipo vorbei nach dem Dorf Intizzo. Unterwegs werden wir von einem Fliegergeschwader erfolglos mit Bomben beworfen.

Schönes Wetter. Wir sind heute in 2. Linie und bleiben in Intizzo über Nacht — sehr freundliche Einwohner. In gutem Bett großartig geschlafen.

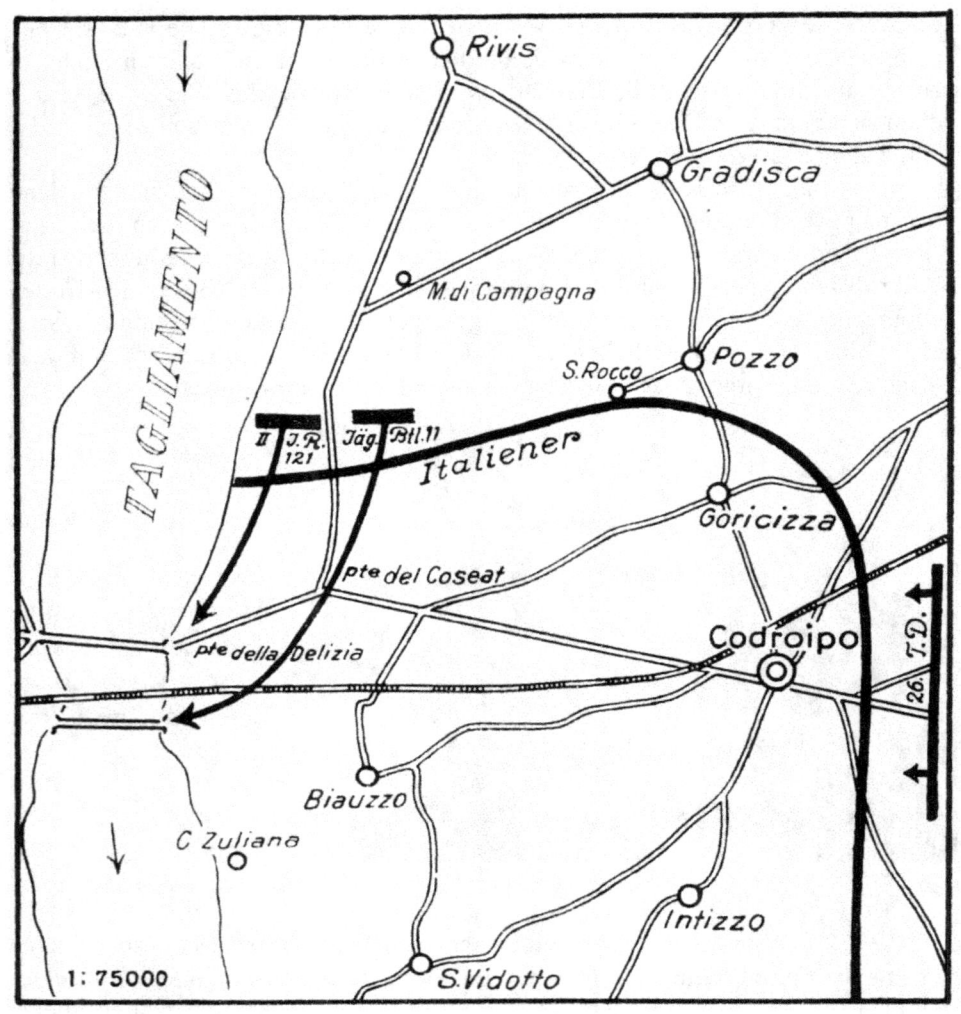

Die Angriffsrichtung des Bataillons von Norden in Richtung der Brücken – Die dicke schwarze Linie ist die Ausgangsposition der Italiener.

1.11.1917 Mittag marschieren wir nach San Vidotto und abends 9 Uhr über Camino nach Pieve di Rosa. Es sollen Brücken über den Tagliamento geschlagen werden und 4 Jägerbataillone sollen in der Nacht über den Fluss gehen. Der Tagliamento ist aber durch die Regengüsse so tief und reißend, dass der Brückenbau unmöglich ist und wir kehren deshalb in unsere Quartiere nach San Vidotto zurück. Sehr gutes Bett.

„San Vidotto – Italien".

3.11.1917 Wir werden wieder nach Norden dirigiert und marschieren früh 9 Uhr bei schönstem Wetter über Codroipo und Plasencis nach Ceresetto, wo wir abends 8 Uhr ankommen. Ich wohne in einer Villa. Sehr gut geschlafen.

4.11.1917 Das reine Sommerwetter. Hier ist es herrlich. Die Rosen blühen noch und im Garten laufen Eidechsen herum. Das ganze Land ist ein großer Weingarten. Auch gibt es sehr viele Maulbeerbäume. Am Nachmittag spricht der Divisionskommandeur dem versammelten Bataillon seine höchste Anerkennung aus.

6.11.1917 Wieder schönstes, warmes Wetter, so dass man den ganzen Tag im Freien sitzen kann. Besonders schön ist es, dass hier die größte Plage des Ostens, die Fliegen, fast völlig fehlt.

7.11.1917 Trüb und kühl. Das Wetter scheint sich zu ändern. Wie es vorn aussieht, erfährt man nicht, aber man scheint jetzt über den Tagliamento weg zu sein; dauernd fahren große Pontons zum Brückenbau vorbei. Ich habe einen italienischen Tornister voll Seife, einen anderen voll Schokolade, ferner Taschentücher, Nähseide usw. Einen Maulesel habe ich mit meiner Beute aus dem Bagagewagen bepackt. Wenn ich nur alles zu Hause hätte. Die italienische Armee war großartig ausgerüstet. Gestern haben wir das in jedem Haushalt befindliche massenhafte Kupfergeschirr beschlagnahmt. Da gab es natürlich großes Wehklagen. Allein aus einer Likörfabrik habe ich mehrere Zentner Kupfer herausgeholt.

8.11.1917 Früh 8 Uhr Abmarsch westwärts über Martignacco und San Vito nach Coseano bei strömendem Regen. In Coseano kümmerliches Quartier, aber wie überall sehr gutes, weißüberzogenes Bett.

9.11.1917   Nachts 4 Uhr bei Regen weiter. Früh um 7 überschreiten wir bei Bonzicco auf einer langen, wiederhergestellten Holzbrücke den Tagliamento. Dann über das mehrere Kilometerbreite weiße Geröllbett der Meduna, in dem zurzeit kein Tropfen Wasser ist, und über Cordenons nach dem hübschen Städtchen Pordenone. Hier sieht es toll aus — alle Läden sind von den Zivilisten ausgeplündert.

11.11.1917   Früh halb 8 Abmarsch über Fontanafredda und Sacile, einem malerischen, aber etwas zerschossenen und vollständig ausgeplünderten Ort 25 Kilometer westlich nach San Fior, wo wir 2 Uhr mittags ankommen und sehr ärmliche Quartiere beziehen. Trüb und kalt, aber es regnet wenigstens nicht.

12.11.1917   Früh 7 Uhr Weitermarsch über die schöne malerische Stadt Conegliano mit altem Schloss; durch prachtvolle bergige Landschaft am Fuß der Alpen entlang über San Pietro nach dem reichen Ort Solighetto, ein paar Kilometer von der Piave, auf deren anderen Ufer die Italiener sitzen. Hier gibt es noch Lebensmittel und Wein in Menge, während es an den großen Hauptstraßen schon kaum noch etwas gibt. Unterwegs fanden wir in einem Haus Äpfel, Weintrauben und getrocknete Feigen, genug fürs ganze Bataillon. Trotzdem der Ort mit Truppen überfüllt ist, finde ich noch ein sehr gutes Quartier bei einer besseren Familie.

17.11.1917   Früh 7 Uhr marschieren wir ein paar Kilometer weiter westlich nach Posmone, wo die Quartiere sehr minderwertig sind. Wir können nicht über die Piave und warten wahrscheinlich, bis sich der Druck unserer im Gebirge nach Süden drängenden Truppen bemerkbar macht.

19.11.1917   Schönes Wetter. Nach langer Pause lassen sich wieder feindliche Flieger sehen. Heute habe ich mit Erlaubnis des Bataillons Urlaub eingereicht.

2.12.1917   Nebel und regnerisch. Halb 6 abends marschieren wir zurück über Farra nach Soligo und dann nordwärts ins Gebirge über Farro und Cison di Valmarino nach Tovena, das mit Österreichern belegt ist, weshalb wir auf Heu schlafen müssen. Meine Kompanie übernachtet in der Kirche.

3.12.1917   Früh weiter in nördlicher Richtung übers Gebirge — in einer tiefen Schlucht in endlosen Serpentinen zur Höhe San Boldo, von wo man im Süden das Meer und Venedig und im Norden die Dolomiten sieht. Sehr schönes Wetter, aber kalt.

Über Sant' Antonio hinunter ins Piavetal, wo wir in zerstreuten Häusern bei Trichiana, zwischen Belluno und Feltre, Quartiere beziehen. Die Gegend ist wenig vom Krieg berührt, daher noch viel Lebensmittel. Herrlicher Blick auf die Dolomiten.

5.12.1917   Früh halb 9 weiter über Mel nach dem sehr schön gelegenen Feltre und dem kleinen Dorf Porcen am Nordwesthang des 1600-Meter hohen Monte Tomatico. Sehr schönes Sonnenwetter, aber sehr kalt. Die steinhart gefrorenen Straßen tauen den ganzen Tag über nicht auf. Sehr staubig, was bei dem starken Lastautoverkehr doppelt unangenehm ist.

7.12.1917   Ich erfuhr gestern, dass mein Urlaub genehmigt ist. Früh 9 Uhr fahre ich zunächst mit Wagen, dann mit einem Lastauto nach Primolano, das man mehrere Hundert Meter tief, fast senkrecht unter sich liegen sieht. Die Straße führt in unglaublichen Serpentinen dahinunter. Der Pass ist durch ausgedehnte Festungswerke gesperrt, deren riesige Mauern durch österreichische Granaten vielfach durchlöchert sind.

Mit der Bahn weiter über Borgo, wo viele italienische Gefangene eingeladen werden, nach Trient, wo ich mit der landesüblichen mehrstündigen Verspätung ankomme.

Weiter im überfüllten und überheizten Zug über den Brenner *(ein Grenzpass in den Ostalpen)*.

8.12.1917   Bei schönstem Sonnenschein über Innsbruck nach Kufstein, wo sehr gutes Mittagessen.

Abends in München; 1.5 Stunden Aufenthalt. Weiter mit deutschem Zug nach Nürnberg und Saalfeld. Ankunft 4 Uhr morgens.

Früh 5:30 weiter nach Weida — Ankunft halb 8.

URLAUB!

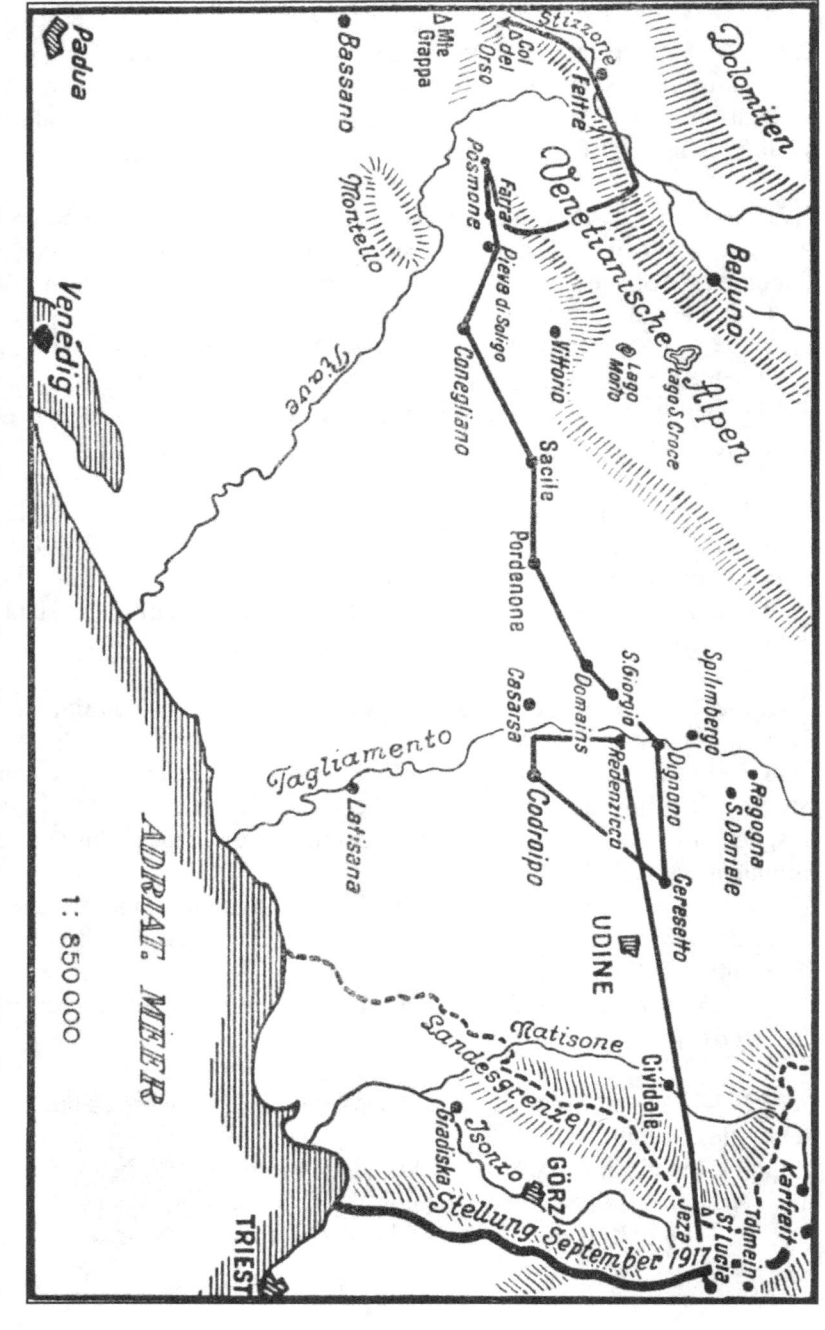

Die Vormarschrichtung von der Ausgangsposition im Oktober (oben rechts) durch Nordostitalien.

4

11.1.1918 Mittags Abfahrt in Weida. In der Nacht ist mehrstündiger Aufenthalt in Treuchtlingen, weil erst die Strecke von Militär freigeschaufelt werden muss.

12.1.1918 Früh 6 Uhr Ankunft in München mit 7.5 Stunden Verspätung. 8 Uhr bei schönstem Sonnenwetter weiter über Kufstein nach Wörgl; gutes Mittagessen. Dann über Saalfeld (Blick auf die ‚Ramseider Scharte' mit dem ‚Riemannhaus') am zugefrorenen Zellersee vorbei nach Schwarzach St. Veit — Abendessen.
    Mit Verspätung 8 Uhr abends über Gastein nach Villach. Ankunft nachts halb 1.
    Alle Hotels sind überfüllt. Endlich bekomme ich im Parkhotel ein sehr schönes geheiztes Zimmer für 3,5 Kronen. In Österreich bekommt man überall Essen ohne Marken; nur Brot gibt es nicht. Da ich unterwegs höre, dass das Alpenkorps bei Udine liegt, beschließe ich, auch dorthin zu fahren.

13.1.1918 Früh halb 9 weiter über das herrlich gelegene Tarvis nach den zerschossenen Grenzbahnhöfen Pontafel-Pontebba, wo die Stellungen waren. Hier treffe ich Leute vom Bataillon, die mir sagen, dass wir seit ein paar Tagen in Ragogna, nordwestlich Udine liegen. Ich fuhr also mit der Seitenbahn über Gemona noch ein paar Stationen weiter bis Pinzano, wo ich dann noch bei Regen in 1.5 Stunden über den Tagliamento nach Ragogna gelaufen bin, wo ich nachmittags 4 Uhr wieder beim Bataillon eintreffe. Ragogna liegt am Hang eines hohen Berges, auf welchem ein italienisches Fort ist. Von hier ist eine wundervolle Aussicht auf das Tagliamentotal, die Ebene und das schneebedeckte Gebirge.

‚Brücke über den Tagliamento bei Ragogna (Italien)'.

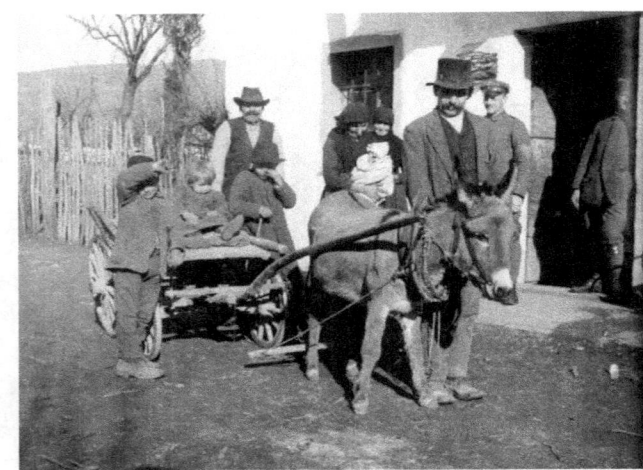

‚Ragogna (Italien) – Die Familie, bei der ich wohne – Januar 1918'.

‚Blick vom Monte di Ragogna ins Tagliamento-Tal nach Nordosten gegen Osoppo und Gemona – Februar 1918'.

Bis **7.2.1918** vergeht die Zeit in Ragogna mit Exerzieren und Übungen. Es wird beschlagnahmter Stoff verkauft. Ich nehme verschiedenes, darunter ein sehr großes, neues Leinenbetttuch für 4,50 Mark. Sonst gibt es hier gar nichts mehr. Zu Kaisers Geburtstag gab es beim Stab ein Festessen — Hasenbraten und Tagliamentofische. Kürzlich habe ich Schneidermeister Seidel aus Weida besucht, der mit seiner Landsturmkompanie in Pinzano liegt.

‚Italienische Landschaft'.

‚In Italien – Zweiter von links (Rotwein trinkend) ich'.

‚Blick auf San Daniele (Italien) – Januar 1918'.

‚Marktplatz in San Daniele (Italien) – Januar 1918'.

8.2.1918 Wir marschieren ab und erreichen über San Daniele, Fagagna, Cividale, San Pietro, Karfreit, Idrsko und Tolmin unseren ehemaligen Ausgangspunkt bei Sankt Luzia. Unterwegs sehr schlechte Quartiere, zumal in Sankt Luzia, das vollständig zerschossen ist und wo wir für 10 Offiziere nur eine kleine Stube auftreiben konnten, in der wir auf leeren Munitionskisten schliefen. Heute Abend werden wir hier verladen.

‚Karfreit – Isonzo'.

‚Idrsko – Isonzo'.

‚Isonzo'.

Wieder An Der Westfront
(1918)

1

11.2.1918 Wir sind heute hier in Sankt Luzia verladen worden. Die uns von den Österreichern gelieferten Wagen sind in einem schandbaren Zustand, ohne Abort und teilweise ohne Fensterscheiben. Wir fahren bei schönstem Wetter über Assling, Villach, am sehr schönen Veldeser See vorbei, durch den 8000-Meter langen Karawankentunnel in 20 Minuten und leider bei Nacht durch die Tauern *(hohe Gebirgspässe)* über Gastein nach Salzburg.

Weiter nach Rosenheim, wo wir 8 Stunden lang entlaust werden. Nach einem sehr schönen Wannenbad verbrachten wir die Zeit in Bademänteln, mit Essen und im Liegestuhl. Unsere Sachen wurden getrennt behandelt — die Wäsche mit heißem Dampf und die Uniformen, Ledersachen usw. mit Schwefel. Einer von uns hatte seine Lederhandschuhe irrtümlich mit dem Wäschesack getan. Als er sie wieder bekam, waren sie zur Größe von Kinderhandschuhen zusammengeschrumpft und steinhart geworden. Von hier ab bekamen wir neue, sehr schöne Wagen. Unsere Leute sind vollständig mit neuer Wäsche ausgerüstet worden.

Wir fahren weiter über München, Augsburg, Ulm, Stuttgart, Bietigheim, Karlsruhe, Rastatt, Hagenau, Saargemünd nach Benningen an der Strecke Metz-Saarbrücken, wo wir am ***14.2.1918*** abends ausgeladen werden.

15.2.1918 In der Nacht in eineinhalb Stunden nach Spittel marschiert, einem kleinen lothringischen Städtchen in der Nähe von Saarbrücken. Wir wohnen in den zu den Kohlenbergwerken gehörenden Arbeitskolonien, und zwar durchweg sehr gut. Jeder Mann hat sein Bett. Wir sind sehr freundlich aufgenommen worden, denn es sind alles Deutsche und keine Lothringer. Ich wohne sehr gut bei einem kleinen Bergwerksbeamten. Vorläufig ist mein Transport allein hier; die anderen beiden fehlen noch. Post habe ich seit 14 Tagen nicht mehr bekommen. Von morgen ab werde ich die aus Italien mitgebrachten Sachen in Paketen abschicken. Man muss das von dem preußischen Ort Lauterbach aus tun, da hier in Lothringen geschlossene Sendungen nicht zulässig sind. Ich habe noch Maismehl, Leinentücher, Stoffe, Strickbaumwolle, essbare Kastanien, Kunsthonig und kondensierte Milch.

17.2.1918   Hier sind die Leute mit den Lebensmitteln viel besser dran wie bei uns zu Hause, doch darf nichts ausgeführt werden; alle Pakete werden untersucht. Wir haben sehr schönes Wetter, aber es ist sehr kalt. Gestern habe ich zu Fuß einen Ausflug nach Saint-Avold gemacht, wohin man eine Stunde geht. Heute Abend gehen wir in das hiesige Kino. Sonst ist hier gar nichts los.

20.2.1918   Gestern habe ich mir einen Maismehlpudding nach folgendem Rezept machen lassen — 1 Tasse Milch, 1 Tasse Wasser, 4 Stück Zucker; dies wird gekocht und dann wird so viel Maismehl hineingerührt, bis es eine dicke Masse wird. Diese wird dann in eine kalte Form gefüllt; dazu Fruchtsaft. Es hat tadellos geschmeckt und der Pudding sieht so gelb aus, dass man denkt, es sind eine Menge Eier drin. Bei uns hier gibt es nichts Neues. Anscheinend bleiben wir noch lange hier. Die hiesige Bevölkerung lebt in dauernder Angst vor Fliegerangriffen. Gestern Abend waren welche gemeldet, doch sind sie nicht bis nach hier gekommen.

2.3.1918   Es ist recht langweilig hier. Infolge der Urlaubssperre darf man nicht einmal nach Saarbrücken fahren. In den letzten Tagen ist sehr schlechtes Wetter geworden; heute liegt Schnee. Vorgestern war Kompaniebesichtigung, die sehr gut ausgefallen ist. Wir haben dabei von früh 8 Uhr bis Nachmittag halb 2 im Regen gestanden. Am 4./3 haben wir schon wieder Besichtigung, dann beginnen die größeren Übungen. Wir bleiben sicher noch einige Zeit hier.

‚Eine meiner leichten M.G-Gruppen mit Gasmasken – März 1918'.

8.3.1918   Die beiden Besichtigungen sind für mich sehr gut ausgelaufen. Meine Kompanie war mit die Beste im ganzen Regiment. Bei einem Regimentsessen vor ein paar Tagen hat mir der Regimentskommandeur nochmals seine besondere Anerkennung ausgesprochen. Auch sein Ordonnanzoffizier sagte mir, dass er dauernd von der 3. Kompanie spräche.

‚Gasmaskenappell der 3. Kompanie – März 1918'.

12.3.1918 Wir sind am Sonnabend ganz plötzlich alarmiert worden und sind in 2 Tagen südlich in die Gegend von Duss (Dieuze) marschiert. Anscheinend rechnet man mit einer französischen Offensive. Hier spricht alles Französisch und die Einwohner sind äußerst unfreundlich, schlimmer als im Feindesland. Die Quartiere sind miserabel. Da war es doch in Spittel anders, wo wir als Familienmitglieder betrachtet wurden und wo es beim Abschied sehr viele Tränen gab.

‚Burgaltdorf, Lothringen – In dem Eckhaus hinter dem Brunnen habe ich gewohnt – März 1918'.

‚Weisskirchen bei Duss, Lothringen – März 1918'.

27.3.1918 Wir sind immer noch hier und machen ganz offen hinter der Front große Märsche und zünden nachts Lagerfeuer an. Anscheinend sind diese Täuschungsmanöver für den Feind. Es scheint aber so, als ob wir in nächster Zeit woanders hinkommen.

28.3.1918 Heute wurden wir verladen und fuhren über Metz, Luxemburg, Mons, Valenciennes nach Cambrai, wo wir eine Nacht blieben. Dort erfuhr ich zu meinem größten Schrecken, dass ich die Führung der Kompanie abgeben muss. Dies ist so gekommen — Infolge einer neuen Verfügung, die eine ganz unglaubliche Zurücksetzung der Reserveoffiziere bedeutet, werden aktive Offiziere, die das Abitur haben, um viele Monate vorpatentiert. Auf diese Weise wurde auf einmal Leutnant Petersen, der unter mir noch Zugführer war und erst Monate nach mir Leutnant geworden ist, fast ein halbes Jahr dienstälter als wie ich und ich wurde dadurch dienstjüngster Kompanieführer. Dabei hat er nur das Notabitur, während ich doch das richtige Abitur habe und auch noch vor dem Krieg mein Jahr abgedient und Übungen gemacht habe.

    Zum Unglück kam nun noch dazu, dass es Oberleutnant Cranz verstanden hat, seinen Bruder, einen verabschiedeten früheren aktiven Offizier, zum Bataillon zu bringen, obgleich er früher nie bei uns war. Da nun dieser Hauptmann ist, musste ich als Dienstjüngster zurücktreten und ihm die Kompanie überlassen. Meine Wut war natürlich grenzenlos, und ich habe es mir nicht ohne Weiteres gefallen lassen. Ich habe meinen Stahlhelm aufgesetzt und habe mich bei Hauptmann von Gräffendorff melden lassen. Ich habe diesem erklärt, wenn man mir, nachdem ich 2 Jahre lang die Kompanie in unzähligen Gefechten geführt habe, zumuten wolle, wieder Zugführer zu spielen, dann würde ich sofort meine Versetzung zur Infanterie beantragen. Daraufhin sagte Gräffendorff, das käme gar nicht in Frage; es wäre schon alles erwogen und man würde schon einen anderen geeigneten Posten für mich finden.

29.3.1918 Heute früh haben wir den Vormarsch ins Sommegebiet in Richtung Péronne angetreten und sind bis Nurlu, einem ganz zerstörten Dorf gekommen, wo wir in englischen Wellblechbaracken übernachten *(halbzylindrische Stahlkonstruktionen zur Unterbringung von Truppen)*. Der Marsch war dadurch besonders anstrengend, weil es unterwegs keinerlei Wasser gab, und auch hier müssen die Feldküchen das Wasser weit herbeiholen. Hier traf ich Herrn Bruno Hoffmann aus Weida, der Feldwebel bei einer Fliegerabteilung ist und habe mit ihm einen sehr alkoholischen Abend verlebt.

2

30.3.1918 Heute Nacht bin ich plötzlich zum Führer der Regimentslastautos ernannt worden. Seitdem fahre ich Tag und Nacht Lebensmittel für die Division. Es ist vorläufig ziemlich anstrengend, aber auch sehr interessant, denn man lernt auf diese Weise mal andere Menschen und den ganzen Etappenbetrieb kennen. In den Proviantämtern wurde ich bisher immer sehr freundlich zum Frühstück oder Mittag eingeladen. Diese Leute haben ja auch alles, was es an der Front nicht gibt. Schön ist es, dass ich jetzt immer mein Gepäck bei mir habe. Sehr übel ist das Fahren auf den zerschossenen Straßen. Das ganze Land an der Somme ist in 50 Kilometer-Breite eine vollständige Wüste. Kein Haus ist mehr ganz. Alle Brunnen sind verschüttet und die Bäume sind umgehackt. Ich habe in den dreieinhalb Jahren Krieg schon viel gesehen, aber eine so vollständige Verwüstung noch nicht. Täglich fahre ich jetzt durch das Gebiet unserer letzten Offensive. Es gibt da eine Zone, wo kein Quadratmeter ohne Granateinschlag ist. Überall arbeiten Mengen von gefangenen Engländern an der Wiederherstellung der Straßen. Augenblicklich bin ich in Péronne und wohne in einer englischen Wellblechbaracke. Am ersten Morgen fuhr ich mit meinen Autos nach Cambrai, wo gerade Flieger Bomben abwarfen, die in der Nebenstraße explodierten. Dort holten wir Hafer und Brot, das wir nach Aizecourt zwischen Nurlu und Péronne brachten. Am nächsten Tag wurde ich der Divisionskraftwagenkolonne angegliedert und nun brachten wir mehrere Tage die Verpflegung von Roisel und Bellicourt, westlich Péronne, nach Aizecourt.

Diese Fahrten waren sehr interessant, da zwischen Bellicourt und Hargicourt die englischen Linien lagen, die bei der letzten großen Offensive gestürmt worden waren. Die letzten 2 Tage fuhren wir von Péronne auf der großen schnurgeraden Straße südlich der Somme durch das Gebiet der ehemaligen Sommeschlacht über Estrées-Foucaucourt, dann südlich über Rosières nach Warvillers, östlich Moreuil. Während dieser Zeit wohnte ich mit Leutnant Espey, dem Führer der Divisionskraftwagenkolonne, bei Péronne auf dem ehemaligen englischen Tankreparaturplatz, und zwar in einer kleinen Hütte, bestehend aus einem mit Ölpapier überzogenen Lattengestell. Anstelle der Fensterscheiben verwenden die Engländer überall weiße Leinwand. Hier standen verschiedene reparaturbedürftige englische Tanks. Unsere Fahrten sind sehr anstrengend, denn es geht immer früh 4 Uhr weg und erst spätabends kommt man wieder, aber es ist wieder interessant, weil man durch einen großen Teil des Kampfgeländes kommt. Péronne muss früher eine sehr hübsche alte Stadt gewesen sein. Das Dorf Estrées an der großen Straße Péronne-Amiens habe ich vergeblich gesucht. Endlich fand ich ein paar Erdhügel und Baumstümpfe. Mehr war von dem ganzen großen Dorf nicht mehr da. Beim ehemaligen Dorf Villers-Carbonnel hatten die Engländer einen Wegweiser aufgestellt, mit der bezeichnenden Inschrift: „This was Villers-Carbonnel." *(„Dies war Villers-*

Carbonnel"). Ich bin bis Warvillers gekommen, östlich von Moreuil und nordwestlich von Roye. Bis dahin reichten die feindlichen Geschütze.

Die Zeugnisse der Vergangenheit

Bevor ich Frankreich und Belgien besuchte, hörte ich viele Geschichten darüber, dass die ehemaligen Schlachtfelder immer noch mit militärischen Kampfmitteln und Relikten von vor über 100 Jahren übersät sind. Wenn man sich die enorme Zerstörung vorstellt, die Alexander beschreibt, ist es schwer zu glauben, dass dies nicht der Fall ist. Während ich neben den Feldern und durch die Gebiete ehemaliger Schlachtfelder ging, stellte ich mit Erstaunen fest, dass die Spuren der Geschehnisse überall deutlich zu erkennen waren — Blindgänger und Granatsplitter, eine scharfe Handgranate, Patronenhülsen, Geschossspitzen und vieles mehr. Wahre Zeugen der Schrecken, die sich hier ereigneten:

6.4.1918 In Warvillers werde ich als Kompanieführer zum Rekrutendepot der 200. Infanteriedivision, welches noch in Lothringen liegt, kommandiert. Am Mittag mit Lastauto nach Péronne und bis 5 Uhr auf Zug gewartet. Es war ein Leerzug mit 38 Verwundeten im Güterwagen — halb 12 nachts Abfahrt.

7.4.1918 8 Uhr früh Ankunft in Cambrai; bei der Einfahrt, Bombenwürfe. In Cambrai übernachtet. Hier wohnt alles in den Kellern und überall ragen aus den mit Steinen- und Sandsäcken verbauten Kellerfenstern die rauchenden Ofenrohre heraus.

‚Marktplatz in Cambrai – April 1918'.

8.4.1918 7:30 weiter über Le Cateau, Charleville-Mézières und Sedan.

9.4.1918 Früh 7 Uhr, mit großer Verspätung Ankunft in Metz — Aufenthalt bis 1:15 mittags. Nachmittag Ankunft in Duss, wo das Rekrutendepot sein soll, wo es aber nie gewesen ist. Endlich erfahre ich, dass es in Rackringen bei Mörchingen liegt.

In Duss übernachtet.

10.4.1918 Früh mit der Bahn nach Mörchingen und zu Fuß nach Rackringen. Dieses neue Kommando habe ich wahrscheinlich Gräffendorff zu verdanken, der jetzt Divisionsadjutant ist, während dessen Vorgänger, Hauptmann von Detten, jetzt unser Bataillon führt. Natürlich bin ich nicht gern vom Bataillon weggegangen, aber andererseits bin ich lange genug an der Front gewesen; viel länger als die meisten anderen Offiziere des Bataillons, die alle jünger sind als ich. Hier habe ich nun meine feste Wohnung, lebe in Ruhe und Ordnung, habe dauernd mein Gepäck bei mir und brauche nicht dauernd Alarm zu befürchten. Ich bekomme hier das gleiche Gehalt und auch die Kompanieführerzulage von 60 Mark, also zusammen 370 Mark. Seit dem Abtransport aus Lothringen am 28./3 habe ich noch keine Post wieder bekommen.

‚Rackringen – April 1918'.

14.4.1918 Ich habe hier vorläufig gar nichts zu tun. In den nächsten Tagen geht aber hier ein Oberleutnant weg, dann bekomme ich dessen Kompanie.

‚Rackringen – April 1918'.

17.4.1918 Heute bekam ich endlich die erste Post nachgeschickt. Seit gestern bin ich in das Nachbardorf Bermeringen übergesiedelt, wo die 2. Kompanie liegt, deren Führung ich übernommen habe. Mein Kommando kann sehr lange dauern, unter Umständen bis Kriegsende, denn bei den Rekrutendepots wechselt man nicht gern mit den Kompanieführern — Ich bin also jetzt ein richtiggehendes Etappenschwein geworden — Ich wohne beim Lehrer, habe ein Reitpferd und einen italienischen Kutschwagen mit 2 tadellosen ungarischen Schimmeln *(weiße Pferde)*. Man kann es hier schon aushalten, nur ist viel Dienst und der Kommandeur, ein alter aktiver Hauptmann, ersetzt seine mangelnde Kriegserfahrung durch dauerndes Nörgeln. Alles schimpft über ihn. Auf mich macht der Mann einen sehr merkwürdigen Eindruck.

‚Meine Wohnung in Bermeringen – April 1918'.

22.4.1918 Wir haben dauernd schlechtes Wetter; eben schneit es wieder mal. Mit Lebensmitteln ist man in Lothringen sehr gut dran, nur nicht in den Orten, wo Einquartierung ist. In meinem Ort liegen fast 400 Mann und da ist natürlich nicht viel zu wollen. Eier gibt es nur wenig und dann nur für 40 Pfennig das Stück. Butter ist überhaupt nicht zu haben. Ich würde gern was nach Hause schicken, aber ich bin selbst nur auf das Feldküchenessen angewiesen. Vorn an der Front scheint es schlimm zuzugehen. Das Bataillon liegt anscheinend bei Moreuil südlich Amiens. Nach einer kurzen Mitteilung ist unser Regimentskommandeur Major von Bünau und Leutnant Lingelbach verwundet. Heute Nachmittag gehe ich mit der Kompanie nach Mörchingen ins Kino, wo das neue Angriffsverfahren vorgeführt wird. Sonst ist dort nicht viel los. Die Post geht nach hier sehr schnell, nämlich nur 3 Tage.

25.4.1918 Mein Bursche, den ich aus der Front mitgebracht habe, Gefreiter Kurt Oberreich aus Niedertrebra bei Apolda, fährt heute auf 4 Wochen in Urlaub.

28.4.1918 Heute ist fast das ganze Depot als Ersatz nach vorn abtransportiert worden und wir warten nun auf neue Leute aus der Heimat. Das

Wetter ist miserabel; es regnet fast immer. Felix Niese ist Koch und Bäcker beim Hauptmann Cranz, der wie die meisten aktiven Offiziere äußerst anspruchsvoll ist und um den dauernd eine Menge Leute zur Bedienung herumspringen müssen. Das war meine Kompanie von mir nicht gewohnt, denn ich habe mich immer nur mit meinem Burschen begnügt und keine andere Verpflegung als die Mannschaftskost verlangt. Besseres Essen kann man sich jetzt, wo es im Land nichts mehr zu kaufen gibt, doch nur auf Kosten der Leute verschaffen und das habe ich nie getan. Früher war das ganz anders. Da haben wir oft herrlich und in Freuden gelebt, denn da war das Land noch nicht so ausgesogen wie jetzt und außerdem gab es noch eine Unmenge Liebesgaben und Pakete von zu Hause. Mein Dorf liegt ungefähr 25 Kilometer hinter der Front in einer Hügellandschaft mit riesigen Teichen und großen Eichenwäldern. Wir liegen hier gerade an der Sprachgrenze. Die meisten Einwohner sprechen Deutsch und man hört hier die widerwärtige französische Sprache nicht so oft wie in der Gegend von Duss, wo alles Französisch spricht.

‚Weisskirchen – April 1918'.

‚Weisskirchen – Links nach rechts: Lt. Eisenbach, Lt. Held und ich – April 1918'.

30.4.1918 Heute ist unsere Transportstärke verlangt worden, was immer das Zeichen eines bevorstehenden Abtransports ist. Ob wir nur näher an die Division gezogen werden oder mit dieser woanders hinkommen, weiß natürlich niemand. Die Meinungen schwanken zwischen Italien und der holländischen Grenze. Mir soll es recht sein, denn ich bin so an das Zigeunerleben gewöhnt, dass ich es länger wie 14 Tage an einem Ort nicht mehr aushalte. Vor ein paar Tagen hatte ich beim Exerzieren den Besuch des Prinzen Oskar von Preußen (ein Kaisersohn), der Inspekteur der Rekrutendepots ist.

3.5.1918 Morgen früh werden wir verladen und ich muss um 4 Uhr aufstehen. Seit dem 1. Mai haben wir endlich schönes Wetter. Hoffentlich bleibt es während unserer Reise so. Anscheinend geht es in die Gegend von Valenciennes. Unsere Division soll jetzt in Ruhe liegen.

4.5.1918 Vormittag 11 Uhr sind wir über Metz, Sedan, Mézières-Charleville und Aulnoye gefahren und am 5. Mai früh 11 Uhr in Landrecies ausgeladen worden (an der Bahn Maubeuge-St.Quentin). Wir liegen 3,5 Kilometer nordwestlich in dem Dorf ‚Fontaine au Bois'. Ringsum sind nichts wie von Hecken umgebene Wiesen mit Obstbäumen. Felder sieht man nur wenig, dagegen sind große Eichen- und Buchenwälder in der Nähe. Die Bewohner leben hauptsächlich von Viehzucht. Die Kühe bleiben Tag und Nacht auf der Weide. In Landrecies, das 5000 bis 6000 Einwohner hat, ist gar nichts los. Es ist eine völlig reizlose Stadt, die einen Besuch nicht wert ist. Morgen will ich mal nach der 8-Kilometer entfernten großen Stadt Le Cateau fahren, denn ich muss mir eine Kaffeekanne, Suppenterrine usw. kaufen. Ich habe hier ein sehr gutes Quartier — Wohn- und Schlafzimmer in einer kleinen Villa. Wahrscheinlich bleiben wir hier für längere Zeit.

Das Rathaus von Le Cateau

9.5.1918 Meine ganze Tätigkeit besteht jetzt, wo wir noch keine Rekruten wieder haben, im Spaziergehen und Reiten. Vorgestern war ich mit meinem Wagen in Le Cateau, einer großen, aber wenig schönen Fabrikstadt.

Wie es beim Bataillon an der Front aussieht, geht am besten aus nachstehendem Brief meines früheren Feldwebels vom 30./4 hervor. Anscheinend liegt das Bataillon jetzt in Ruhe, aber ich weiß noch nicht wo. Mein Feldwebel schreibt mir:

„Wir liegen bei Moreuil in Stellung; eine recht finstere Gegend, wo man von 3 Seiten Flankenfeuer bekommt. Eine Stellung gibt es noch nicht. Es liegt alles in Löchern und darf sich bei Tag nicht sehen lassen. Die Verluste sind natürlich dementsprechend. Zurzeit ist die Kompanie mit 70 Mann, einschließlich Oberjäger, in Stellung. Der Kirchenführer Bergmoser, Krankenträger Kleinschmidt, Gefreiter Günther; die Jäger Kessler, Silchmüller, Altrichter und Gefreiter Ficker, sind gefallen. Oberjäger Hundt, Örtel, Willikowski; Vizefeldwebel Langer und Seelig; Gefreiter Wolf; Oberjäger Dersch; Jäger Debus, Knorz, Wagner, Gerlach usw., sind verwundet. Außerdem sind infolge des schlechten Wetters mindestens 15 Mann durch Krankheit abgängig. Die Kompanie führt Leutnant Seemann. Hauptmann Cranz führt das Bataillon. Hauptmann von Detten ist als krank nach Deutschland. Leutnant Petersen und Hitzeroth haben das Eiserne Kreuz I erhalten. Bei dem großen französischen Angriff am 18./4 an der Straße Morisel hat sich das Bataillon ganz besonders hervorgetan und 5 Tanks erbeutet beziehungsweise abgeschlagen. Wir hoffen bestimmt, dass wir hier bald herauskommen."

Aus dem Bataillon-Kriegstagebuch – Zeltlager vor Moreuil-Morisel – April 1918.

Die Deutsche Frühjahrsoffensive

3,5 Jahre ununterbrochener Dienst an drei großen Fronten des Ersten Weltkriegs — Dies ist etwas, was nicht viele Soldaten in dieser Zeit überlebt haben oder überhaupt die Gelegenheit dazu hatten, es zu erleben. Alexander hat dies alles überstanden und ist seinem Bataillon immer noch treu ergeben, auch wenn er nun zu dem geworden ist, was er schon immer am meisten gehasst hat (ein Etappenschwein). Sie denken vielleicht, dass dies wahrscheinlich eine wohlverdiente Erholung ist, oder dass er andererseits seine alte Kompanie noch immer in die Schlacht führen sollte, was er lange Zeit erfolgreich getan hat. Sie werden jedoch bald feststellen, dass dieser jüngste Befehl ihm mit ziemlicher Sicherheit das Leben gerettet hat.

Anfang 1918 waren die Feinde Deutschlands an der Westfront durch jahrelange gescheiterte Offensiven und Feldzüge erschöpft, mit niedriger Moral, Überforderung und Mangel an militärischem Personal. Die deutsche Armee wurde stattdessen durch die Massen an Männern verstärkt, die aus Italien und von der Ostfront zurückkehrten, und war mit der Planung einer Reihe von Großangriffen beschäftigt. Diese sind heute als Teil der „Deutschen Frühjahrsoffensive" bekannt, die am 21. März 1918 begann. Nach dem Kriegseintritt der USA im April 1917 war man der Ansicht, dass die feindlichen alliierten Streitkräfte nur mit einem großen Schlag besiegt werden konnten, bevor frische Soldaten und Ressourcen auf dem Kontinent eintreffen. Zu diesem Zeitpunkt in Alexanders Tagebuch hatte die deutsche Armee die größten Fortschritte gemacht, die beide Seiten jemals an der Westfront erzielt hatten. Doch logistische Probleme erschwerten es den schnell vorrückenden Sturmtruppen, ihren Vormarsch entlang der Frontlinien aufrechtzuerhalten. Alexander bemerkt nun auch, dass sich im Vergleich zur Zeit seiner Abreise in die Berge vor fast zwei Jahren vieles verschlechtert hat. Das Land ist fast völlig ausgelaugt, es gibt weniger Nahrungsmittel und die allgemeinen Lebensstandards sind offensichtlich niedriger. Auch Kampfmethoden und Erfindungen wurden weiterentwickelt, während er nicht an der Westfront war, wie zum Beispiel verbesserte Waffen und der weitverbreitete Einsatz von Sturmtrupp-Taktiken. Weiterhin wurde Alexanders Bataillon jetzt auch mit einer Erfindung konfrontiert, die eine weitere große Herausforderung darstellt, die noch nie zuvor bewältigt wurde — Tanks (Panzer). Der Brief von Alexanders Feldwebel erwähnt diese und die darauffolgenden Strapazen. Hier sind weitere Einzelheiten aus dem Bataillonstagebuch:

> „6:10 Uhr vormittags tauchten aus dem dichten Nebel und Pulverdampf 5 Tanks auf, die rasch auf die Stellung zukamen. Gleichzeitig kämmte feindliches Gewehr- und M.G-Feuer die Grabenkronen. Hinter den Tanks waren dichte Wellen französischer Infanterie im Vorgehen... Aus der neuen Stellung nahm das M.G den Tank unter Spitzgeschoß-Feuer und brachte ihn zu unverzüglichem Abdrehen. Als das M.G seinen einzigen Kasten Spitzgeschossmunition verschossen hatte und sich nun auch der anstürmenden Infanterie zuwenden musste, fuhr der Tank den vorderen deutschen Graben entlang, andauernd aus dem Geschüß und aus M.G feuernd".

3

19.5.1918 Mir geht es augenblicklich so gut wie noch selten im Krieg. Früh von 10 bis 11 Uhr Unterricht am leichten M.G und Schießen — das ist der ganze Dienst, denn unser Ersatz ist noch nicht da. Die übrige Zeit reite ich in den stundenlangen herrlichen Eichen- und Buchenwäldern. Seit einer Woche haben wir schönstes Wetter. Auch heute ist das richtige Feiertagswetter. Für unsere Division gibt es in den nächsten Tagen Urlaub, aber ich habe noch ein halbes Dutzend Vordermänner.

24.5.1918 Ich glaube nicht, dass ich je wieder an die Front komme, denn man ist bei den Rekrutendepots froh, wenn man einen älteren und kriegserfahrenen Offizier zur Ausbildung hat. Unser Kommandeur ist plötzlich auf Betreiben seines Adjutanten, der ihn wegen Unregelmäßigkeiten bei der Division gemeldet hat, geschwenkt worden. Ich hatte schon von Anfang an eine instinktive Abneigung gegen den Mann. Mir kam er gar nicht wie ein Offizier, sondern wie ein Hochstapler vor. Einen Nachfolger haben wir noch nicht.
Ich bin jetzt Gasschutzoffizier geworden, daher habe ich die Oberaufsicht über die Gasmasken. Dadurch habe ich Aussicht, zu dem zehntägigen Kursus der Heeresgasschule in Berlin kommandiert zu werden.

27.5.1918 Heute in 8 Tagen fahre ich nach Le Quesnoy zu einer Besprechung der Gasoffiziere. Dort treffe ich auch sicher jemanden vom Bataillon und erfahre alles, was vorn passiert ist.

31.5.1918 Bei uns ist seit 2 Wochen sehr schönes Wetter. Ersatz ist immer noch nicht da und ich habe also den ganzen Tag so gut wie nichts zu tun — Früh 1 Stunde M.G-Unterricht, mittags gemeinschaftliches Essen, gegen Abend 2 Stunden Reiten; Abendessen jeder für sich. Meine Villa musste ich räumen, da jetzt viele Truppen hier liegen — 1 bayerisches Bataillon, 1 Kolonne, 1 Pferdelazarett. Ich habe aber wieder ein schönes Zimmer gefunden und wohne mit Hauptmann Bindewald, dem stellvertretenden Depotführer, in einem Haus. Außerdem sind noch im Depot 4 Leutnants, 2 Feldwebelleutnants, 1 Arzt und ein paar Offiziersstellvertreter; ferner noch eine größere Anzahl Oberjäger. Von den Leutnants sind 2 aus Schlesien, 1 aus Baden und 1 aus Bayern. Die meisten der Offiziere sind kaum je vorn gewesen und haben eine höllische Angst davor, dass sie wieder an die Front kommandiert werden. Ich dagegen betone immer wieder, wie schön es doch oft vorn war und dass ich sehr gern wieder zum Bataillon zurückkehren würde. Das können die anderen nicht begreifen.

7.6.1918 Ich bekomme hier täglich 38 Gramm Zucker, den ich sammele und immer nach Hause schicke, wenn ich ein Pfund zusammen habe. In den nächsten Tagen kommt unser neuer Kommandeur, ein ‚Major von Schütz' von der Garde. Die Division liegt noch bei Le Quesnoy in Ruhe. Von uns sind jetzt einige auf Urlaub. Ich habe jetzt nur noch 2 Vordermänner.

13.6.1918 Heute habe ich nach Hause geschickt: 1 Paket Kandiszucker, 1 Paket klaren Zucker und 1 Paket mit holländischem Waschpulver. Unsere Division ist im Abmarsch; wohin unbekannt. Gestern ist unser neuer Kommandeur gekommen, der aber einen noch nicht verheilten Beinschuss hat, so dass er weder gehen noch reiten kann. Ersatz ist immer noch nicht da, so dass wir wenig zu tun haben. Ich denke, dass ich im August Urlaub bekomme und werde natürlich versuchen, mehr als 14 Tage zu bekommen.

Die Festung, das Tor und der Glockenturm von le Quesnoy.

16.6.1918 Mit dem Kommando nach Berlin kann es noch länger dauern, denn eben sagte mir der Divisions-Gasoffizier, dass jetzt zunächst erst mal Herren der Artillerie abkommandiert würden.

22.6.1918 Ich habe jetzt sehr viel zu tun. Ich bilde meine Oberjäger am deutschen leichten und schweren M.G aus, sowie am englischen und französischen leichten M.G. Außerdem nehme ich selbst an einem Kursus für Minenwerfer teil. Donnerstag ist die Besichtigung des Ausbildungspersonals durch den Inspektor der Rekrutendepots. Die beiden anderen Kompanieführer sind schon in hellster Aufregung, denn sie haben Angst, dass sie nach vorn versetzt werden, wenn nicht alles klappt. Mich lässt das vollkommen kalt, denn ich würde sehr gern wieder vorgehen. Ich habe jetzt manchmal richtige Sehnsucht nach meinem Bataillon. Ersatz haben wir immer noch nicht.

28.6.1918 Nachdem gestern unsere Besichtigung war, habe ich jetzt wieder etwas mehr Zeit. Bei uns war das Wetter eine Woche lang sehr unfreundlich. In den nächsten Tagen fährt mein letzter Vordermann 4 Wochen auf Urlaub.

3.7.1918   Bei uns ist jetzt alles an der rätselhaften spanischen Krankheit erkrankt, die von Urlaubern mitgebracht worden ist. Bis jetzt bin ich davon verschont geblieben. Das Wetter ist jetzt zu merkwürdig — ein paar drückend heiße Tage und dann ist es wieder tagelang direkt kalt. Unsere Division liegt in Ruhe, aber in den nächsten Tagen wird es wohl irgendwo wieder losgehen.

Hinweis: Die mysteriöse Krankheit, die heute als die „Spanische Grippe" bekannt ist, breitet sich schließlich auf der ganzen Welt aus und tötet rund 50 Millionen Menschen.

6.7.1918 Vor ein paar Tagen habe ich nachträglich noch das Verwundetenabzeichen bekommen für die seinerzeit in Italien am Tagliamento erhaltene leichte Verwundung.

10.7.1918 Gestern ist mein Urlaubsgesuch an die Division abgegangen. Der Major wollte mich erst gar nicht weglassen und ich habe dreiviertel Stunden gebraucht, um ihn zu beschwatzen. Ich habe 3 Wochen ohne die Reise verlangt. Da aber die Division nicht hier liegt, kann es 14 Tage dauern, bis ich Bescheid bekomme.

14.7.1918 Gestern ist mein Vordermann auf Urlaub gefahren. Er hat 13 Tage auf Bescheid gewartet. Ich werde über Metz fahren, da ich von Aulnoye bis Eisenach nicht umzusteigen brauche.

23.7.1918 Ich fürchte, dass sich mein Urlaub noch sehr hinausziehen wird, denn die Division war mit an der Marne und soll sehr schwere Verluste gehabt haben. Unter diesen Umständen ist natürlich an einen geregelten Schriftverkehr nicht zu denken. Vom Bataillon habe ich nur gehört, dass Leutnant Kramer gefallen ist.

28.7.1918 Bei unserer Division muss eine ganz unglaubliche Bummelei herrschen. Wenn man schon zu einer so einfachen Sache, wie die Bewilligung eines Urlaubsgesuches 3 Wochen braucht, dann braucht man sich nicht zu wundern, dass der Krieg nun schon 4 Jahre dauert.

26.8.1918 Ich war 3 Wochen auf Urlaub, den ich zum Teil in Bad Salzungen verbrachte. Gestern Abend um halb 11 bin ich glücklich wieder angekommen und habe das Depot noch hier in Fontaine-au-Bois vorgefunden. In Frankfurt wurde in meinem Zug viel Platz und ich konnte mich in der Nacht langlegen. Von Charleville an wurde es dagegen weniger schön; alles furchtbar überfüllt und sehr langsam — sehr heiße Fahrt. Ich bin nur froh, dass das Depot nicht weg war, denn jetzt macht das Reisen ins Ungewisse keinen Spaß. Hier hat sich nichts geändert.

29.8.1918 Am Tag nach meiner Ankunft ist leider mein Bursche Oberreich wieder zur Front versetzt worden. Mein neuer Bursche, der auch aus meiner alten 3. Kompanie stammt, hat mir viel von vorn erzählt. Außer Kramer sind noch 2 Offiziere gefallen, die es eben erst geworden waren. Totzek ist Adjutant geworden und 2 ganz junge Leutnants sind Kompanieführer. Ich habe jetzt ganze 30 Rekruten, meistens Polen aus Oberschlesien, die erst 6 Wochen ausgebildet sind und noch sehr wenig können.

1.9.1918 Hier ist gar nichts los; es regnet alle Augenblicke. Gestern habe ich wieder 25 Rekruten bekommen. Jede Woche kommt so ein kleiner Trupp. Unsere Division soll schon wieder vorn eingesetzt sein. Wenn es heute

Nachmittag nicht regnet, will ich in die Brombeeren gehen, die es hier in unheimlichen Mengen gibt.

8.9.1918 Hauptmann Bindewald ist vom Major, mit dem er sich nicht vertrug, abgesägt worden. Er hat bei der Division dessen Versetzung beantragt.

12.9.1918 Hier ist es kalt und ungemütlich; kein Tag ohne Regen und dabei ist man den ganzen Tag im Freien. An der Front ist kolossales Artilleriefeuer. Man hört es hier ganz deutlich. Anscheinend hat jetzt unser Zurückgehen aufgehört und wir haben die Linie erreicht, wo energisch Widerstand geleistet wird.

17.9.1918 Wir kommen in den nächsten Tagen weiter zurück. Wohin ist noch unbekannt. Die Front ist uns zu nahe gerückt und wir müssen Platz machen. Vorgestern Nacht war es hier sehr unruhig — ein Fliegerangriff folgte dem anderen. Ringsum krachten die Bomben, nur unser Dorf wurde verschont. In Landrecies sind ziemliche Zerstörungen an den Häusern angerichtet worden. Unsere Division liegt in der Champagne. Mein Bursche schreibt, dass meine alte Kompanie nur noch 16 Mann stark ist und von einem ganz jungen Offizier geführt wird.

21.9.1918 Wir warten auf den Abtransport; vielleicht kommen wir nach Belgien. Ich bin ganz froh, dass wir wieder mal woanders hinkommen, denn hier, wo man nun jeden Winkel kennt, wird es allmählich langweilig.

Der Anfang vom Ende

"Ununterbrochen rollt das beiderseitige Artilleriefeuer in der Nacht auf die rückwärtigen Stellungen und Verbindungen. Besonders die Ponton- und Behelfsbrücken über die Marne liegen unter schwerstem Feuer; kaum ist der Nachschubverkehr aufrecht zu halten. Mit Sonnenaufgang wird auch das Feuer auf die Stellung des Bataillons wieder gesteigert und hält ohne Unterbrechung den ganzen Tag an".

"Um 6 Uhr nachmittags kommt der Befehl, das südliche Marne-Ufer zu räumen... Die Brückenstellen liegen unter dauerndem schwerem Feuer, die Pontonbrücke ist schwer beschädigt und viele Pontons sind weggeschossen und mit Wasser gefüllt. Rechts und links der Anmarschwege liegen zahlreiche Leichen und Pferdekadaver. Aber ohne Verluste wird das unheimliche Flusstal durchschritten".

Diese beiden Auszüge aus dem Bataillonstagebuch beschreiben die Situation des Bataillons zwischen dem 17. und 19. Juli. Zu diesem Zeitpunkt war das Bataillon an der „Zweiten Marne-Schlacht" beteiligt, dem deutschen Versuch, die feindlichen alliierten Truppen aus Flandern wegzulocken, um einen Angriff in dieser Region einzuleiten. Die Offensive endete jedoch am 18. Juli, als die feindliche Gegenoffensive begann, die die Deutschen zum Rückzug auf ihre ehemaligen Aisne-Vesle-Linien zwang. Da jetzt die deutsche Armee aufgrund der steigenden Zahl der Verluste und der eintreffenden amerikanischen Streitkräfte von Woche zu Woche immer erschöpfter und zahlenmäßig immer unterlegener wird, hat die Verschiebung der Machtverhältnisse begonnen. Weiter nordwestlich in der Somme-Region begann am 8. August die „Schlacht bei Amiens", die drei bis vier Tage dauerte und von den feindlichen alliierten Streitkräften eingeleitet wurde, die diese Machtverschiebung ausnutzten. Die Niederlage Deutschlands in dieser Schlacht würde zur „Hunderttage-Offensive" führen, einem völligen Wendepunkt im Krieg. Von diesem Zeitpunkt an werden die Deutschen stetig zurückgedrängt und die Offensive der feindlichen Verbündeten droht dem völligen Zusammenbruch der deutschen Armee.

Der deutsche General Erich Ludendorff bezeichnet später den 8. August 1918 als: „Der schwarze Tag des deutschen Heeres". Die Schlacht zeichnet sich auch durch die große Zahl kapitulierender deutscher Streitkräfte und einen Schlag für die Moral aus. Der Krieg fängt auch an, sich gravierend auf die Lage im eigenen Land auszuwirken — Nahrungsmittelknappheit, eine kriegsmüde Bevölkerung und damit die Verbreitung sozialistischer und kommunistischer Ideen, wie es in Russland der Fall gewesen war. Das Bataillon, das derzeit in der Champagne in Frankreich stationiert ist, hat einen Monat lang den Stellungskrieg über sich ergehen lassen. Die Gerüchte über die bevorstehende große feindliche Offensive nehmen immer mehr zu, aber kurz nach dem Einzug in Stellungen in der Nähe von Sainte-Marie-à-Py scheint es keine Anzeichen dafür zu geben. Es wurden keine Schüsse abgefeuert und nur wenige Flugzeuge waren zu sehen. Doch am 25. September um 11 Uhr abends wird dieser Frieden endgültig durch heftiges feindliches Artilleriefeuer, gefolgt von Gas- und Nebelgranaten am nächsten Tag, gebrochen.

4

27.9.1918 Am 24./9 sind wir aus Fontaine-au-Bois abmarschiert. Es ging durch den riesigen Mormalwald, der aber zum großen Teil abgeholzt ist, weil in ihm große Sägewerke und Holzwollfabriken für den Heeresbedarf errichtet worden sind, über Berlaimont nach Pont-sur-Sambre. Am 25./9 bei ganz schauderhaftem Wetter, Regen, Wind und Kälte, durch Maubeuge bis zum dicht hinter der Grenze liegenden belgischen Dorf Grand-Reng. Schade, dass ich in Maubeuge nicht die schönen Festungstore fotografieren konnte; es regnete aber zu sehr. Am 26./9 erreichten wir bei schönem Wetter unseren Bestimmungsort Trivières-Saint-Vaast, nördlich von Binche zwischen Mons und Charleroi.

‚St. Vaast (Belgien) – Das Haus rechts vom Turm mit den weißen Fenstern ist meine Unterkunft'.

‚Straße in St. Vaast (Belgien) – September 1918'.

Wir liegen jetzt mitten im Kohlengebiet. Überall sieht man die hohen, spitzen Schutthalden. Die Dörfer hängen alle zusammen und die ganze Bevölkerung ist noch da. Man sieht unheimlich viele Kinder. Nach allen Seiten gehen elektrische Straßenbahnen, was sehr angenehm ist, da man so billig und schnell in die nächsten Städte Binche, Mons usw. kommen kann. Es gibt hier noch alles zu kaufen, aber zu unheimlichen Preisen. Ein Paar Schuhe für 10- bis 12-jährige Mädchen kosten 60 Mark. Mit meiner Wohnung habe ich mich gegen früher verbessert. Ich wohne in einer Brauerei und habe ein sehr gutes Bett, einen schönen Waschtisch und elektrisches Licht. Hier gibt es sehr gutes Bier, die große Flasche 25 Pfennig. Seife kostet 2 bis 4 Mark das Stück. Bonbons — 20 Mark das Pfund. In den nächsten Tagen werde ich mal nach Mons und Binche fahren und sehen, was da los ist. Im Allgemeinen sind die Leute hier sehr freundlich. Ich werde hier Waschpulver kaufen und nach Hause schicken. Das gibt es hier in jedem Laden, ebenso Puddingpulver.

‚Die Kirche in St. Vaast aus dem Jahr 1400 – September 1918'.

‚Eine Straße in St. Vaast'.

29.9.1918 In Binche ist nicht viel los, dagegen ist in La Louvière, 8 Minuten von hier, mit der Elektrischen, großstädtisches Leben. Wir haben jetzt sehr viele Rekruten bekommen. Meine Kompanie ist über 350-Mann stark. Seit wir aus Fontaine weg sind, habe ich keine Post mehr bekommen. Uns gefällt es hier besser als in Fontaine, denn hier ist doch wenigstens etwas Leben. Nur der Major ist nicht zufrieden, weil es hier keine Jagdgelegenheit gibt. Die Division ist wieder an einer Stelle, wo groß angegriffen wird. Nähere Nachrichten haben wir noch nicht.

10.10.1918 Gestern habe ich endlich zum ersten Mal seit unserem Abmarsch wieder Post bekommen. Beim Depot bleibe ich voraussichtlich noch lange. Der Major ist froh, dass er mich hat, denn ich bin der einzige ältere Offizier, der längere Fronterfahrung hat. Jüngere Offiziere kann man hier als Kompanieführer nicht gebrauchen.

Unsere Division scheint es wieder sehr schwer gehabt zu haben. Vom Bataillon habe ich noch nichts gehört. Vom 5. Jägerbataillon sind der Kommandeur Hauptmann Cranz, der mir meine Kompanie wegnahm, und der Adjutant, gefallen; ebenso beim 6. Jägerbataillon der Kommandeur und Adjutant. Hier ist alles entsetzt über unsere neueste Friedensbettelei. Natürlich wird man uns Bedingungen stellen, auf die wir nicht eingehen können und dann geht es eben weiter.

Gestern Abend war ich in La Louvière zu einem Theaterabend. Es war ganz hübsch. Heute Abend esse ich ein Rebhuhn, das mir einer meiner Feldwebel gewildert hat.

11.10.1918 Wahrscheinlich marschieren wir in den nächsten Tagen ab. In den belgischen Bergwerken ist heute Feiertag. Man munkelt von einem Waffenstillstand und einer Räumung Belgiens binnen 30 Tagen. Wir haben also doch klein beigegeben — es ist ein Jammer. Nun sind die 4 Jahre Kämpfe für umsonst gewesen und als Besiegte müssen wir aus dem besetzten Land schleichen. Jetzt wird es nun wieder Wochen dauern, bis ich Post von zu Hause bekomme.

16.10.1918 Eben bekam ich von zu Hause einen Brief vom 6./10. Es wird dies wohl für längere Zeit der Letzte gewesen sein, denn bei dem jetzigen Durcheinander bekommt man keine Post. Ich bin am 12. Oktober mit der Elektrischen über La Louvière und Charleroi vorweg gefahren, um in Lodelinsart für das Depot Quartiere zu machen. Wir sind aber nicht dorthin, sondern nach Gosselies nördlich Charleroi gekommen. Ich habe eine glänzende Wohnung bei einem Rechtsanwalt, mit Diener, Wasserklosett, Bad, Daunendecken. Alles ist mit Teppichen belegt. Auch ein Garten ist vorhanden, so dass man es hier schon einige Zeit aushalten kann. Leider ist das Wetter sehr schlecht. Kinderschuhe kosten hier 100 Francs. Seife kann man hier auch kaufen, und zwar allerfeinste Glycerolseife für 5 Mark in der Kantine. Wahrscheinlich geht es in den nächsten Tagen bis Deutschland zurück, und zwar immer in Fußmärschen.

9.11.1918 Die Revolution überraschte uns im Dorf Waremme nordwestlich Lüttich. Da sofort alle Proviantmagazine von den Etappentruppen geplündert wurden und unsere Lebensmittelvorräte nur noch ein paar Tage reichten, beschlossen wir, sofort in Eilmärschen nach Deutschland aufzubrechen, zumal wir ja auch für die von der Front zurückkommenden Truppen Platz machen müssen. Jede Kompanie solle getrennt für sich marschieren. Ich marschierte also am 10. November mit meinen über 350 Mann (lauter 18-Jährige) und dem ganzen Bagagen Tross ab, nachdem wir alles Überflüssige zerstört und alle nur erreichbaren Lebensmittel aufgeladen hatten.

Ein Teil der Lausejungen, über die der Revolutionstaumel gekommen war, wollte frech werden und hatte sich rote Kokarden angesteckt. Da sagte ich ihnen, wir würden durch die Eifel marschieren, also durch eine rein bäuerliche

Gegend, und da würden sie sicher von den Bauern nichts zu essen bekommen, wenn diese die roten Lappen sehen. Darauf verschwand die rote Farbe sehr bald wieder und wir kamen so weit, dass sich meine Leute auf dem Rückmarsch in Euskirchen schwarz-weiß-rote Papierfähnchen mit dem Bild von Hindenburg kauften und mit diesen geschmückt über den Rhein marschierten. Auch meine Oberjäger, die zum größten Teil vernünftig blieben, gingen scharf vor. So bekam zum Beispiel einer der Rekruten, der sein Gewehr in die Maas warf, als wir die Brücke passierten, mächtige Ohrfeigen. Im Allgemeinen ging also der Rückmarsch ganz gut vonstatten, nur verschwanden jeden Tag kleine Trupps, die wahrscheinlich glaubten, sie könnten sich irgendwo in einen Zug einschmuggeln und sich so von den Märschen drücken.

Wir überschritten also westlich von Lüttich die Maas und übernachteten hoch oben am jenseitigen Ufer in einem Dorf. Am nächsten Tag ging es weiter nach dem belgischen Badeort Spa, wo wir uns in die dortigen schönen Villen einquartierten. Am dritten Tag überschritten wir die Grenze und nun ging es in mehreren Tagesmärschen übers Hohe Venn *(eine Hochfläche)* und über Malmedy und Hellenthal nach Euskirchen. Die Gegend war herrlich. Wenn nur die trüben Gedanken nicht gewesen wären, denn wir hatten ja keine Ahnung, wie es zu Hause aussieht. Dazu kamen noch Nahrungssorgen, denn 350 Mann verbrauchen eine Menge und wir waren nur auf das angewiesen, was wir auf unseren Wagen mit uns führten. Besonders Brot fehlte. Wir hatten zwar mehrere Zentner Mehl mit, aber die kann man so nicht essen. Ich schickte daher immer einen zuverlässigen Oberjäger mit einem Wagen voll Mehl einen Tagesmarsch voraus bis in irgendein Dorf und ließ dort von unserem Mehl Brot backen. Aber mit banger Sorge sah ich die nicht mehr ferne Zeit herankommen, wo auch unser Mehl zu Ende ging. Dann konnten wir verhungern, denn um uns kümmerte sich niemand. In beschleunigten Märschen ging es daher weiter und mein Feldwebel und ich waren eigentlich sehr froh, wenn früh festgestellt wurde, dass wieder eine Portion Rekruten ausgerückt war, denn nun brauchten wir die nicht mehr mitzufüttern.

„Die Rheinbrücke – November 1918".

Am 21. November hatten wir in Euskirchen übernachtet und am 22./11 mittags marschierten wir in Stärke von 1 Offizier, 7 Oberjägern, 210 Jägern, 18 Pferden und 5 Fahrzeugen in Bonn über die Rheinbrücke und dann noch weiter bis Siegburg. Hier blieben wir einige Tage, in denen ich mich vergeblich um einen Zug zum Abtransport nach Marburg bemühte. Aber alles Telefonieren, selbst mit der Eisenbahndirektion in Frankfurt, war umsonst. Es blieb mir daher nichts weiter übrig, als den Rest meiner Leute in kleinen Trupps unter Führung eines Oberjägers, der einen Ausweis von mir bekam, nach und nach in den nach Osten fahrenden Zügen unterzubringen, mit der Weisung, sich in Marburg zu melden. Es hat dies auch ganz gut funktioniert.

Die Wagen und Pferde gab ich gegen Quittung an die Bürgermeister einiger Dörfer hinter Siegburg, also hinter der voraussichtlich vom Feind besetzten Linie ab. Endlich waren nur noch ich und mein Bursche übrig und als wir sahen, dass wir alles nach bestem Wissen und Gewissen erledigt hatten, setzten wir uns am 24./11 auch in den Zug und fuhren nach Marburg. Hier wurde ich sofort bis 10. Dezember nach Hause beurlaubt, was ja nur eine Formsache war und am 28./11 kam ich wieder in Weida an. Am ***10.1.1919*** erhielt ich dann von Neustadt vom Meldeamt die Mitteilung, dass für mich unterm 30.11.1918 die Mobilmachungsbestimmung aufgehoben sei. Damit war ich wieder Zivilist und der Krieg war für mich zu Ende. Leider war das Ende nicht so, wie ich es mir bei meinem Ausmarsch am 4. August 1914 gedacht hatte.

—.—.—.—.—.—.—.—

„Das Bataillon, das nach 51 Kriegsmonaten in seine Garnison zurückkehrte, war nicht mehr das gleiche, das 1914 opferbereit und zuversichtlich ins Feld zog. Mehr Offiziere und fast ebenso viele Oberjäger und Jäger, wie damals dem ausrückenden Bataillon überhaupt angehörten, hatten die Treue zu ihrem Deutschland mit dem Tode besiegelt. Sie lagen in bekannten und unbekannten Gräbern auf den Schlachtfeldern Belgiens und Frankreichs, der Waldkarpathen, der Bukowina und Italiens. Mehr als seinen dreifachen Bestand hatte das Feldbataillon an Gesamtverlusten opfern müssen. Aber der Geist der Jäger von 1914, der Geist der unbedingten Pflichterfüllung, der stets bereiten Hingabe bis zum Äußersten, der Opferbereitschaft bis in den Tod hatte das Bataillon durch alle Schrecken des Krieges, bei allen Entbehrungen und oft übermenschlichen Anstrengungen, nicht verlassen. Im totverachtenden, hartzupackenden Angriff, im nervenzerrüttenden Trommelfeuer, in fast hoffnungslosen, verzweifelten Lagen waren die Jäger in Manneszucht und Kameradschaft die gleichen geblieben. Stolz und mit hocherhobenen Hauptes konnten die heimkehrenden Offiziere und Mannschaften des Kurhessischen Jägerbataillons Nr. 11 im Gedenken an ihre gefallenen Kameraden die Waffen aus der Hand legen — für alle Zeiten ein leuchtendes Beispiel ungebeugten Mannesmutes, unbefleckter Waffenehre und unermesslicher Liebe zum Vaterland".

- *Das Kriegstagebuch des Kurhessischen Jägerbataillons Nr. 11*

LISTE DER GEFALLENEN

Diese Liste ist in chronologischer Reihenfolge allen 37 Männern gewidmet, die Alexander persönlich kannte oder deren Tod in seinem Tagebuch erwähnt wurde, egal in welchem Graben sie standen. Mögen sie für immer in Erinnerung bleiben:

Lt. Georg von Boxberger – geb. 28.06.86 (Marburg) – gest. 28.09.14 (Variscourt) – *ruht auf dem deutschen Friedhof Sissonne* (Block 3, Grab 468)

Lt. Prinz Heinrich XLVI zu Reuß – geb. 28.04.96 (Kauschen, Schlesien) – gest. 20.10.14 (Richebourg l'Avoué) – Sein Bruder, Heinrich XLI, fiel am 26.11.16 in Rumänien.

Lt. Hans Müller – geb. Unbekannt (Halle, Saale) – gest. Weihnachten 1914 (Richebourg l'Avoué)

Lt. Lutz von Seebach – geb. 28.09.94 (Altenburg) – gest. Weihnachten 1914 (Richebourg l'Avoué)

Pte. Percy Walsh – geb. 1892 – gest. 22.12.1914 (Richebourg l'Avoué) – *geehrt auf dem Le Touret-Denkmal, Richebourg* (Tafel 27 und 28)

Lt. Karl von Baumbach – geb. 27.08.93 (Straßburg, Elsaß) – gest. 10.03.15 (Neuve Chapelle)

Hptm. Walter Beutin – geb. Unbekannt (Sülze, Mecklenburg) – gest. 16.05.15 (Richebourg l'Avoué) – *ruht auf dem deutschen Friedhof Billy-Berclau* (Block 3, Grab 187)

Lt. Friedrich Brauch – geb. Unbekannt – gest. 16.05.15 (bei La Bassée) – *ruht auf dem deutschen Soldatenfriedhof Lens-Sallaumines* (Block 7, Grab 103)

Lt. William Middleton Wallace – geb. 23.9.1893 – gest. 22.8.1915 – *ruht auf dem Cabaret-Rouge britischen Friedhof* (Grab XII. D. 11)

Lt. Charles Gallie – geb. 4.2.1892 – gest. 22.8.1915 – *ruht auf dem Cabaret-Rouge britischen Friedhof* (Grab XII. D. 11)

Ober-Lt. Erich Swart – geb. Unbekannt (Rumbeck, Kassel) – gest. 24.09.15 (Feldlazarett 9 des 7. Armeekorps) – *ruht auf dem deutschen Friedhof Billy-Berclau* (Block 6, Grab 21)

Lt. Ernst von Baumbach – geb. 03.11.93 (Mürschnitz, Sonneberg) – gest. 25.09.15 (Auchy bei La Bassée) – *ruht auf dem deutschen Friedhof Billy-Berclau* (Block 6, Grab 20)

Lt. Hans Erich von Baumbach – geb. 14.01.94 (Ropperhausen, Ziegenhain) – gest. 25.09.15 (Auchy bei La Bassée) – *ruht auf dem deutschen Friedhof Billy-Berclau* (Block 6, Grab 22)

Fr. Alfred Karl von Bothmer – geb. 07.12.94 (Frankfurt am Main) – gest. 25.09.15 (Auchy bei La Bassée) – *ruht auf dem deutschen Friedhof Billy-Berclau* (Block 6, Grab 23)

Fr. Hubert Brieden – geb. Unbekannt (Olpe, Westfalen) – gest. 25.09.15 (Auchy bei La Bassée) – *ruht auf dem deutschen Friedhof Billy-Berclau* (Block 6, Grab 19)

Pte. Joseph Andrew Langford – geb. Unbekannt (Oldham, Lancashire) – gest. 25.09.15 (Auchy bei La Bassée) – *ruht auf dem Cabaret-Rouge britischen Friedhof, Souchez* (Grab VIII. J. 16)

Gen-Maj. George Handcock Thesiger – geb. 06.10.68 – gest. 27.09.15 (Auchy bei La Bassée) – Seine Leiche wurde nie gefunden und er gehört zu den Vermissten.

Jg. Fuchs – geb. Unbekannt – gest. 27.07.16 (Visovölgy, Rumänien)

Lt. Ernst Filler – geb. Unbekannt (Thüringen) – gest. 1916 (Verdun) – Ernst war der Bruder von Alexanders Frau Johanna. Er war ein talentierter Pianist.

Hptm. Karl Thielmann – geb. Unbekannt (Pfirt, Altkirch) – gest. 11.08.16 (Skupowa, Ukraine)

Lt. Martin Kellermann – geb. Unbekannt (Witten, Westfalen) – gest. 11.08.16 (Skupowa, Ukraine)

Vzfw. Hermann Wels – geb. Unbekannt (Stettin, Pommern) – gest. 21.08.16 (Berg Stepanski, Ukraine)

Lt. Hermann Stachelhausen – geb. Unbekannt (Zerbst, Anhalt) – gest. 11.10.16 (Stajki, Ukraine)

Lt. Otto le Roi – geb. Unbekannt (Zweibrücken, Rheinpfalz) – gest. 11.10.16 (Stajki, Ukraine)

Lt. Kurt Bode – geb. Unbekannt (Goslar, Niedersachsen) – gest. 11.10.16 (Stajki, Ukraine)

Lt. Helmuth Weber – geb. Unbekannt (Schweidnitz, Schlesien) – gest. 02.09.17 (Waschkoutz, Ukraine)

Lt. Rudolf Ernst – geb. Unbekannt (Marienmünster, Westfalen) – gest. 02.09.17 (Waschkoutz, Ukraine)

Gen-Lt. Albert von Berrer – geb. 08.09.57 (Unterkochen, Aalen) – gest. 28.10.17 (San Gottardo, Udine)

Lt. Leo von Forell – geb. 11.11.97 – gest. 30.10.17 (Codroipo, Italien) – Sein Bruder Karl fiel am 19.12.14 bei Koslow-Slajecki – *Leo ruht auf dem Pordoi-Militärfriedhof* (unter den Unbekannten)

Jg. Bergmoser – gest. 1918 (Moreuil, Somme)

Jg. Kleinschmidt – gest. 1918 (Moreuil, Somme)

Jg. Kessler – gest. 1918 (Moreuil, Somme)

Jg. Silchmüller – gest. 1918 (Moreuil, Somme)

Jg. Altrichter – gest. 1918 (Moreuil, Somme)

Gefr. Ficker – gest. 1918 (Moreuil, Somme)

Lt. Kurt Kramer – geb. Unbekannt – gest. 17.07.18 (La Chapelle) – *ruht auf dem deutschen Friedhof Soupir* (Block 2, Grab 1124)

Hptm. Helmut Cranz – geb. 08.05.84 (Cüstrin, Königsberg) – gest. 03.10.18 (St.Marie-á-Py)

NACH DEM KRIEG

Da wir nun am Ende von Alexanders vierjähriger Reise angelangt sind, fragen Sie sich wahrscheinlich, was nach all dem mit ihm passiert ist — Was für ein Leben hat er geführt? Wie war er? Wie lange hat er gelebt? — Als ich jünger war, hörte ich viele Geschichten von meinem Großvater und meiner Urgroßmutter, die ihn persönlich kannten; und auch von anderen, die ihn kennenlernten oder denen Geschichten über ihn erzählt wurden. Doch erst mit Anfang zwanzig entwickelte ich ein größeres Interesse und wollte mehr über Alexander erfahren. Wie ich bald herausfand, könnte man wirklich behaupten, dass der einzige Grund für meine Existenz all die in seinem Tagebuch beschriebenen Ereignisse sind, die zu seiner sicheren Rückkehr nach Hause geführt haben. Während seines Kriegsdienstes kam es in dem Land, das er 1914 verließ, zu erheblichen negativen Veränderungen und es versank schließlich im Chaos. Viele Freunde, Familienangehörige und Menschen aus seiner Gemeinde, die er kannte, existierten nicht mehr. Wie viele andere hatte er quälende Erinnerungen, die er nicht überwinden konnte. Zu diesen Erinnerungen gehörten die schrecklichen Schlachten um La Bassée, die Szene, wie seine Männer durch Artilleriefeuer völlig zerfetzt wurden, und der Anblick des leblosen, blutigen Körpers von Hauptmann Beutin. Die Zahl der schrecklichen Einzelheiten scheint immens zu sein, doch selbst dann muss man bedenken, dass alles, was er uns erzählt hat, nur das ist, was er offenbaren wollte. Wenn wir heute bequem zu Hause sitzen und unserem Alltag nachgehen, können wir nur im Entferntesten erahnen, was Alexander und alle anderen auf allen Seiten während des Krieges durchmachen mussten. Dies gilt auch für die Zeit danach, in der sie die Erinnerungen immer wieder durchleben mussten, Gefühle von Scham und Bedauern entwickelten und in vielen Fällen unter lang anhaltender Depression litten. Doch wie Alexander blieb ihnen allen nichts anderes übrig, als sich wieder dem zivilen Leben anzupassen. Schließlich nahm Alexander nach Kriegsende seine Tätigkeit im familiengeführten Textilunternehmen wieder auf und fast genau 9 Monate nach seiner Rückkehr nach Weida wurde meine Urgroßmutter Ingrid Pfeifer geboren.

Links: Meine Urgroßmutter Ingrid mit ihrer Mutter und älterer Schwester –
Unten: einige Jahre später.

Genau wie Alexander erzählte auch meine Urgroßmutter immer von einer schönen Kindheit, die sie im großen Haus ihrer Familie in Weida verbrachte. Obwohl Deutschland damals eine Wirtschaftskrise erlebte, konnte die Familie Urlaub machen, Ausflüge veranstalten und Aktivitäten unternehmen, die den meisten anderen Deutschen derzeit nicht möglich waren. Alexander führte anscheinend auch das normale Leben eines typischen Vaters und ließ kaum erkennen, dass er ein kampferprobter Kompanieführer und Veteran von drei großen Fronten des Ersten Weltkriegs war.

Auch wenn er anscheinend das angenehme Leben eines Familienvaters führte, weiß ich doch, dass die Zeit im Krieg ihn viel mehr beschäftigt hat, als sich jemand vorstellen kann. Wie sonst lässt sich sein Engagement für die Erstellung des Tagebuchs erklären, ebenso wie seine konsequente Dokumentation und Organisation so vieler Fotos und das Sammeln von Zeitschriften und Karten im Kontext seines Kriegsdienstes? Nach dem Krieg wurden mehrere Veteranenverbände gegründet. Der bekannteste war „Der Stahlhelm", dessen Mitglied er bis zu dessen Anschluss an die NSDAP war. Unter anderem war dies eine Möglichkeit, Gleichgesinnte in seiner Gemeinde und darüber hinaus kennenzulernen, die ähnliche Erfahrungen gemacht hatten wie er. Dies diente wahrscheinlich auch als eine Art Therapie und als Möglichkeit, Geschichten auszutauschen und neue Freundschaften zu schließen.

Alexander um 1930 in seiner Uniform aus dem Ersten Weltkrieg.

Er trägt die folgenden Auszeichnungen in dieser Reihenfolge:

- *Preußische Landwehr-Verdienstauszeichnung II. Klasse*
- *Das Eiserne Kreuz II. Klasse*
- *Der Orden vom Weißen Falken*
- *Das Eiserne Kreuz I. Klasse*
- *Das Wilhelm-Ernst-Kriegskreuz*
- *Das Karpatenabzeichen*
- *Das Verwundetenabzeichen*

In den 1930er Jahren ging das Leben für die Familie, auch für meine Urgroßmutter, wie gewohnt weiter. Doch mit dem Ausbruch eines weiteren Weltkriegs würden diese Ereignisse die Zukunft der Familie weiter prägen. Im Jahr 1938 absolvierte Ingrid eine Ausbildung zur Feldkrankenschwester und konnte ihre Kenntnisse schon bald nach Ausbruch des Krieges im Jahr 1939 anwenden.

Dies war erneut eine schwere Zeit für die Familie, da viele ihrer weiteren Mitglieder direkt involviert waren und infolgedessen ihr Leben verloren. Ingrid verbrachte viel Zeit im Soldatenlazarett Weida für Frontverwundete, außerdem verbrachte sie einige Zeit in Paris und anderen Gebieten abseits der Front. Während ihrer Dienstzeit lernte sie ihren späteren Mann Werner kennen, der an der Ostfront verwundet wurde und in ihre Obhut kam. Sie heirateten und mein Großvater Gunter kam zur Welt. Gunter wurde im Oktober 1944 geboren und wuchs in dem großen Familienhaus auf, an das er sich für den Rest seines Lebens erinnern würde. Dennoch kann man sagen, dass die Ereignisse kurz nach dem Krieg nicht gerade günstig für Gunter waren. Das Land wurde geteilt und Weida wurde Teil der DDR. Sein Vater stammte aus Köln im Westen, was das Scheitern der Ehe seiner Eltern zur Folge hatte und ihm ein Leben ohne Vater bescherte. Dies traf damals auf viele Kinder zu, die durch den Krieg oder die Teilung des Landes einen oder beide Elternteile verloren hatten. In Anbetracht von Gunters Situation war es natürlich, dass er zu der einzigen Person in seinem Leben aufblickte, die ihm wahre Führung bot und für ihn die größte Vaterfigur war – Alexander.

Alexander entwickelte eine sehr enge Beziehung zu Gunter und zeigte und lehrte ihm Dinge, die normalerweise ein Vater tun würde. Er machte ihn mit vielen seiner eigenen Interessen bekannt, wie Geschichte, Wissenschaft, Natur, Geografie – und natürlich seinen Kriegsgeschichten, Gegenständen und seinem Tagebuch. Wie Sie sich vorstellen können, bewunderte Gunter ihn sehr und blickte zu ihm auf. Er hatte auch eine sehr enge Beziehung zu seiner Großmutter Johanna. Allerdings war das Leben für die Familie zu diesem Zeitpunkt nicht mehr dasselbe wie früher. Ostdeutschland war ein kommunistischer Staat geworden, was die Enteignung zur Folge hatte. Infolgedessen hatten sie auch nicht mehr so viele Freiheiten wie zuvor, was ihnen erlaubte, zu reisen und regelmäßige Ausflüge zu machen. Jede Kritik an der Regierung würde ebenfalls zu harten Strafen führen. All dies bedeutete, dass Gunter nicht dieselben Privilegien genoss, die seine Mutter und Alexander im gleichen Alter früher hatten. Trotzdem musste sich die Familie wie alle anderen anpassen, und Gunter lebte sein Leben unter diesen Bedingungen. 1959 starb Johanna im Alter von 74 Jahren. Alexander starb 7 Jahre später, 1966, im Alter von 86 Jahren.

Nach dem Tod seiner Großeltern gelang es Gunter aufgrund unvorhergesehener Umstände, nach Westdeutschland zu übersiedeln, wo er meine Großmutter kennenlernte. Bald darauf brachte sie seine Tochter Katrin (meine Mutter) zur Welt. Einige Jahre später folgte dann auch meine Urgroßmutter Ingrid, die dann ganz in der Nähe im selben Dorf lebte. Obwohl er nun nicht mehr in seiner alten Heimat zu Hause war, hatte er immer eine tiefe Verbindung zu Weida und besuchte über die Jahre hinweg regelmäßig die kleine Stadt. Unter anderem nutzte er seine Besuche und besuchte das alte Familienhaus und den Garten sowie seine guten Freunde und Familie. Auch meine Mutter kann sich noch sehr gut an die schönen Besuche in Weida in ihrer Kindheit und später auch im Erwachsenenalter erinnern und hat eine enge Beziehung zu besonderen Menschen und der Stadt aufgebaut. Als Erwachsener sprach Gunter nur mit großer Hochachtung und größtem Respekt von seinen Großeltern. Wenn einer von ihnen auch nur im Geringsten erwähnt wurde, lobte er sie sofort und sprach über ihre liebenswerte und respektvolle Art. Wie meine Großmutter und meine Mutter mir erzählen, hatte Gunter ein sehr gutes Allgemeinwissen. Dabei handelte es sich um Interessen, die Alexander ihm nahebrachte und welche Gunter bei Gelegenheit ebenfalls an andere Menschen weitergab. Auch Alexanders Gegenstände aus dem Krieg hielt er immer in Ehren. Insbesondere das Tagebuch, das er zusammen mit vielen anderen Artefakten in einem Schrank aufbewahrte. Zu diesen Gegenständen gehörten Alexanders Orden, Uniformteile, Bilder, Zertifikate und natürlich die Gegenstände verschiedener gefallener Soldaten, die sicher in einer Metallbox aufbewahrt wurden.

Als meine Mutter meinen englischen Vater heiratete und bald darauf mich zur Welt brachte, zog ich von Deutschland nach England. Mein Bruder kam 3 Jahre später zur Welt. Meine Großeltern kamen so oft wie möglich nach England zu Besuch, genau wie wir sie in Deutschland besuchten. Ich habe mich immer sehr darauf gefreut, aber die große Entfernung und die lange Zeit bis zum nächsten Besuch machten den Abschied jedes Mal schwer. Kurz bevor wir zu Besuch nach Deutschland fuhren, verkündete Gunter den Leuten immer: „Meine Engländer kommen!". Er hat es wirklich genossen, Zeit mit meinem Bruder und mir zu verbringen, mit uns spazieren zu gehen, Weida mit uns zu besuchen und uns neue Dinge vorzustellen. Im Jahr 2007, als ich 11 Jahre alt war, starb er plötzlich und mit ihm seine persönlichen Erinnerungen an Alexander und alles andere, was er von diesem Mann gelernt hatte. Dies kann man allerdings nicht von den vielen Gegenständen sagen, die er uns hinterlassen hat.

Alexander Pfeifer
(1880 – 1966)

NACHWORT

Während ich dies schreibe, sind über vier Jahre vergangen, seit ich mit dem Vorwort zu diesem Buch begonnen habe, während ich auf Alexanders Möbeln saß, umgeben von den vielen anderen Gegenständen, die meine Familie geerbt hat. Mit dem Tod meiner Urgroßmutter Ingrid (im Alter von 98 Jahren), als ich 21 war, sind fast alle, die Alexander persönlich kannten, verstorben. Ich habe viele Hunderte, wenn nicht Tausende Stunden damit verbracht, dieses Buch ganz allein zusammenzustellen, was mir mit der Zeit natürlich das Gefühl gab, als hätte auch ich ihn persönlich gekannt, obwohl ich ihm nie begegnet bin. Es ist ein seltsames Gefühl. Vielleicht geht es Ihnen nach dem Lesen dieses Buches auch so. Ich habe sogar die vielen verschiedenen Personen kennengelernt, die mit Alexanders Tagebuch in Verbindung stehen; wie seine Kameraden zum Beispiel, die an seiner Seite kämpften und starben, seine Feinde und so viele andere, die er interessant genug fand, um uns davon zu erzählen. Seine damaligen Erfahrungen ermöglichten es mir auch, meine eigene Reise anzutreten, Menschen zu treffen und Orte zu sehen, die ich sonst nie gesehen hätte. Sie führten mich auch zu einigen Orten, an denen er viel Zeit im Krieg verbrachte und wo gute, aber auch schreckliche Erinnerungen entstanden. Ich besuchte auch die Gräber der vielen Menschen, die den dort tobenden Kämpfen zum Opfer fielen. Die Dinge, die ich gelernt habe, haben mir ein gutes Gesamtverständnis davon gegeben, was die Menschen auf allen Seiten während des Ersten Weltkriegs durchmachen mussten. Sie halfen mir auch, meine Einsicht in die Geschichte und Wurzeln meiner Familie zu vertiefen. Der gesamte Arbeitsprozess an diesem Buch war ein sehr unvergessliches Erlebnis.

Je mehr ich darüber nachdenke, desto mehr glaube ich, dass es mehrere Gründe gibt, warum Alexander so intensiv an seinem Tagebuch gearbeitet und alles, was dazu gehört, aufbewahrt hat. Wir werden nie erfahren, ob er immer vorhatte, sein Tagebuch in der Familie zu behalten, oder ob er hoffte, dass es eines Tages ein größeres Publikum erreichen würde. Nach seinem Tod hätten alle seine Besitztümer leicht in Vergessenheit geraten oder an Leute weitergegeben werden können, die kein wirkliches Interesse daran zeigten. Zum Glück war dies nicht der Fall. Der einzige Grund, warum wir heute so viel über ihn und die Dinge wissen, die er durchgemacht hat, ist, dass er es dokumentiert hat — jede Schlacht, die vielen Menschen und die Interaktionen, die er mit ihnen hatte, die Fotos und jedes kleine oder große Ereignis, egal wie bedeutend oder trivial. Unabhängig davon, ob Sie gut mit der Thematik des Ersten Weltkriegs vertraut sind oder sich neu mit dem Thema beschäftigen, werden Sie sicherlich etwas Neues gelernt haben oder vielleicht eine andere Sichtweise als zuvor haben. Mir ist persönlich bewusst geworden, dass alles, was wir tun, nachhaltige Auswirkungen hat, egal wie bedeutsam oder unwichtig diese Aktionen auch erscheinen mögen. In diesem Buch habe ich entdeckt, inwieweit Alexanders Handlungen den Lauf der Zukunft beeinflusst haben. Er war jedoch nur einer von vielen Millionen Menschen, die dies während des Krieges beeinflussten. Beim Lesen von Alexanders unglaubliche Reise und die Familiengeschichte, die ich mit ihm teile, werden die meisten sicherlich denken, dass das alles einzigartig ist. Ich kann Ihnen aber versichern, dass ich nur ein ganz normaler Mensch bin, dem Sie in Ihrem Alltag begegnen. Ich möchte Sie bitten, über die vielen Geschichten nachzudenken, die Sie dorthin geführt haben, wo Sie heute sind, und sich zu fragen — was ist Ihre Geschichte? — Wenn Sie sich nicht sicher sind, empfehle ich Ihnen, weiterzuforschen und eine Antwort auf diese Frage zusammenzutragen. Sie werden erstaunt sein, was Sie alles herausfinden könnten.

Wenn Ihnen dieses Buch gefallen hat, vergessen Sie bitte nicht, eine Rezension zu hinterlassen

BIBLIOGRAFIE

Alice Keating (1911) Census Return For 7 Marple Street, Oldham. Oldham Sub-District. *Public Record Office:* 237.

Beckett, I. F.W (2007) The Great War (2nd ed.) *Longman.*

Bihl, W. (1980) Die Ruthenen, in: Wandruszka, A; Urbanitsch, P (Hrsg.): Die Habsburgermonarchie 1848–1918, Band III: Die Völker des Reiches. *Wien 1980, Teilband 1.*

Busche, H. (1998) Formationsgeschichte der deutschen Infanterie im Ersten Weltkrieg 1914–1918 (in German). *Owschlag: Institut für Preußische Historiographie.*

Cadet, A (2015) L'Explosion des Dix-huit Ponts. Un "AZF" lillois en janvier 1916. Préface d'Yves Le Maner. *Les Lumières de Lille Éditions.*

Cadorna, L (1915) Attacco frontale e ammaestramento tattico. *Rome.*

CWGC Archive, INDEX No. Fr. 924 CABARET-ROUGE Brit. Cem. PART I (A-L).

CWGC Archive, INDEX No. Fr. 924 CABARET-ROUGE Brit. Cem. PART II (M-Z).

CWGC Archive, Index No. M.R.19 LOOS MEMORIAL PART 12.

Dabrowski, P.M. (2018) Poles, Hutsuls, and Identity Politics in the Eastern Carpathians after World War I. *Zeitschrift für Genozidforschung 16 (1): 19-34.*

Davies, F; Maddocks, G (2014) Bloody Red Tabs: General Officer Casualties of the Great War 1914-1918. *Pen and Sword Books.*

Edmonds, J. E. (1922). Military Operations France and Belgium, 1914 Mons, the Retreat to the Seine, the Marne and the Aisne August-October 1914. Vol. I (1st ed.) *London: Macmillan.*

Edmonds, J.E. (1928). Military Operations France and Belgium, 1915: Battles of Aubers Ridge, Festubert, and Loos. History of the Great War Based on Official Documents By Direction of the Historical Section of the Committee of Imperial Defence. Vol. II (1st ed.) *London: Macmillan.*

Edmonds, J. E. (1993) [1932] Military Operations France and Belgium, 1916: Sir Douglas Haig's Command to the 1st July: Battle of the Somme. History of the Great War Based on Official Documents by Direction of the Historical Section of the Committee of Imperial Defence. Vol. I *(Imperial War Museum & Battery Press ed.). London: Macmillan.*

Edmonds, J. E; Wynne, G.C. (1995) [1927] Military Operations France and Belgium, 1915: Winter 1914 – 15: Battle of Neuve Chapelle: Battles of Ypres. History of the Great War Based on Official Documents by Direction of the Historical Section of the Committee of Imperial Defence. Vol.I London: Macmillan.

Edmonds, J. E.; Davies, H. R.; Maxwell-Hyslop, R. G. B. (1995) [1937] Military Operations France and Belgium: 1918 March-April: Continuation of the German Offensives. History of the Great War Based on Official Documents by Direction of the Historical Section of the Committee of Imperial Defence. Vol. II *(Imperial War Museum & Battery Press ed.). London: Macmillan.*

Fitzpatrick, S (2008) The Russian Revolution. *Oxford University Press US.*

Gellner, E. (2006) Nations and Nationalism. *Wiley-Blackwell, Oxford.*

Gibelli, A. (2002) La Grande Guerra degli italiani. *Milan.*

Halpern, P.G (2004) The Battle of the Otranto Straits: Controlling the Gateway to the Adriatic in World War I. *Bloomington.*

Heenan, L E (1987) Russian Democracy's Fatal Blunder: The Summer Offensive of 1917. *New York: Praeger.*

Hofschröer, P. (1984) Prussian Light Infantry, 1792-1815. *London: Osprey*

Jany, C. (1967) Geschichte der Preußischen Armee vom 15. Jahrhundert bis 1914. *Osnabruck: Biblio Verlag.*

Jones, S. (2010) Underground Warfare 1914–1918. *Pen & Sword Military.*

Kerensky, A.F (1927) Chapter 9: The Catastrophe, *Periodicals Service Co.*

Kitchen, M. (2001) The German Offensives of 1918. *Stroud: Tempus.*

Lloyd, I. (2015) The Queen's Uncle and the Bravest Last Stand: Choking on gas, blown up, riddled with bullets... heroics of the Queen Mum's brother revealed 100 years after his death. *Daily Mail 26 Sep 2015.*

McCrery, N (2014) Into Touch: Rugby Internationals Killed in the Great War. *Pen and Sword.*

Mockler-Ferryman, A.F (1916) The Oxfordshire and Buckinghamshire Light Infantry Chronicle, 1915-1916: An Annual Record of the First and Second Battalions, Formerly the 43rd and 52nd Light Infantry. *Vol XXV. London: Eyre & Spottiswoode.*

National Army Museum Archive, UK, Army Registers of Soldiers' Effects (1914-1915), Hamilton. Record No. 222684.

Otto, A. (1931) Kriegstagebuch des Kurhessischen Jäger-Bataillons Nr.11. *Schmalkalden.*

Patterson, A. (2018) 'First World War: From the History Today Archive: Armistice Centenary Special. 100 Years On'. The Catastrophe at Caporetto. *History Today, November, pp. 38-41.*

Pietsch, P (1963) Die Formations- und Uniformierungs-Geschichte des preußischen Heeres 1808-1914. *Hamburg: Verlag Helmut Gerhard Schulz.*

Pipes, R. (2008) A Concise History of the Russian Revolution. *Paw Prints.*

Saunders, N (2011) Trench Art: A Brief History and Guide, 1914–1939. *Pen and Sword Military, Barnsley, 2nd revised edition.*

Schindler, J.R (2001) Isonzo: The Forgotten Sacrifice of the Great War. *Praeger.*

Sewell, E.H.D (1919) The Rugby Football Internationals Roll of Honour. London, Edinburgh: T. C. & E. C. Jack.

Spignesi, S.J. (2004). Catastrophe! The 100 Greatest Disasters Of All Time. *Kensington Publishing Corporation.*

Stevenson, D. (2017) 1917: War, Peace, and Revolution. *Oxford: Oxford University Press.*

The National Archives (TNA) WO 95/1270/1 – War Office: First World War & Army of Occupation War Diaries - 2 Infantry Brigade: 1 Battalion Loyal North Lancashire Regiment 1914 Aug 1 – 1914 Dec 12.

The National Archives (TNA) WO 95/1730/1 – War Office: First World War & Army of Occupation War Diaries - 2 Battalion Lincolnshire Regiment 1914 Nov - 1918 Jan.

The Times (1938) Thursday, 23 June; p.16; col. D *London.*

Verlustlisten Erster Weltkrieg/Projekt. (2. November 2023). *GenWiki, Retrieved on 8. July 2024 from https://wiki.genealogy.net/index.php?title=Verlusten_Erster_Weltkrieg/Projekt&oldid=2446455.*

Vickers, H (2006) Elizabeth: The Queen Mother. *Arrow Books/Random House.*

Wegner, L (2016) Rear Area on the Western Front, in: 1914-1918-online. International Encyclopaedia of the First World War. *Freie Universität Berlin.*

Wilcox, V (2016) Morale and the Italian Army during the First World War. *Cambridge University Press.*

Fotos und Karten

Ancestry.com. Great Britain, Royal Aero Club Aviators' Certificates, 1910-1950: Charles Gallie; *559*

Bailey, Chris – Private Fotosammlung – dargestellt in Kapitel 8: ‚*Ein Blick in Richtung der feindlichen Stellung*'; ‚*Ein weiterer Blick auf die englischen Linien vor der Explosion*'.

Drakegoodman (Flickr) – Private Fotosammlung – dargestellt in Kapitel 11: ‚*Englisches Flugzeug, abgeschossen am 22.8.1915 vom Feldartillerie-Regiment 58*'.

ONB - Gesprengte Tagliamentobrücke bei Codroipo 30.10.17. *(n.d.) https://data.onb.ac.at/rep/BAG_15612291*

ONB - Zerstörte Tagliamento Brücke bei Codroipo 6.11.17. *(n.d.) https://data.onb.ac.at/rep/BAG_15609650*

Otto, A. (1931) Kriegstagebuch des Kurhessischen Jäger-Bataillons Nr.11. *Schmalkalden: pp. 41, 48, 57, 70, 97, 117, 151, 160, 161, 213, 215.*

Sewell, E.H.D (1919) The Rugby Football Internationals Roll of Honour. *London, Edinburgh: T. C. & E. C. Jack.*

www.ingramcontent.com/pod-product-compliance
Lightning Source LLC
Chambersburg PA
CBHW070529010526
44118CB00012B/1084